100% 합격을 위한
해커스금융의 특

KB084607

하루 10분 개념완성 자료집(PDF)

> **MR3WXBW3GC54**

해커스금융 사이트(fn.Hackers.com) 접속 후 로그인 ▶ 우측 상단의 [교재] 클릭 ▶
좌측의 [무료 자료 다운로드] 클릭 ▶ 본 교재 우측의 개념완성자료집 [다운로드] 클릭 ▶
위 쿠폰번호 입력 후 이용

▲
무료자료 다운로드
바로가기

이론정리+문제풀이 무료 인강

해커스금융 사이트(fn.Hackers.com) 접속 후 로그인 ▶ 우측 상단의 [무료강의] 클릭 ▶
과목별 무료강의 중 [은행/외환자격증] 클릭하여 이용

* 본 교재 강의 중 일부 회차에 한해 무료 제공됩니다.

▲
무료강의
바로가기

무료 바로 채점 및 성적 분석 서비스

해커스금융 사이트(fn.Hackers.com) 접속 후 로그인 ▶ 우측 상단의 [교재] 클릭 ▶
좌측의 [바로채점/성적분석 서비스] 클릭 ▶ 본 교재 우측의 [채점하기] 클릭하여 이용

▲
바로 채점 및 성적 분석
서비스 바로가기

무료 시험후기/합격수기

해커스금융 사이트(fn.Hackers.com) 접속 후 로그인 ▶ 상단메뉴의 [은행/외환] 클릭 ▶
좌측의 [학습게시판→시험후기/합격수기] 클릭하여 이용

▲
합격수기
바로가기

20%
할인쿠폰

최종핵심문제풀이 동영상강의

> **R824F825W516M297**

해커스금융 사이트(fn.Hackers.com) 접속 후 로그인 ▶ 우측 상단의 [마이클래스] 클릭 ▶
좌측의 [결제관리 → My 쿠폰 확인] 클릭 ▶ 위 쿠폰번호 입력 후 이용

* 유효기간: 2025년 12월 31일까지(등록 후 7일간 사용 가능, ID당 1회에 한해 등록 가능)
* 해커스 은행FP(자산관리사) 1부 최종핵심 문제 풀이+모의고사(2024) 강의에만 적용 가능(이벤트 강의 적용 불가)
* 이 외 쿠폰 관련 문의는 해커스금융 고객센터(02-537-5000)로 연락 바랍니다.

합격의 기준, 해커스금융 **fn.Hackers.com**

금융자격증 1위* 해커스금융
무료 바로 채점&성적 분석 서비스

* [금융자격증 1위] 주간동아 선정 2022 올해의 교육 브랜드 파워 온·오프라인 금융자격증 부문 1위

한 눈에 보는 서비스 사용법

Step 1.
교재에 있는 모의고사를 풀고
바로 채점 서비스 확인!

Step 2.
[교재명 입력]란에
해당 교재명 입력!

Step 3.
교재 내 표시한 정답
바로 채점 서비스에 입력!

Step 4.
채점 후 나의 석차, 점수,
성적분석 결과 확인!

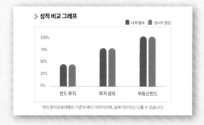

실시간 성적 분석 결과 확인

개인별 맞춤형 학습진단

**실력 최종 점검 후
탄탄하게 마무리**

해커스
은행FP
자산관리사 1부
최종핵심정리문제집

해커스금융

fn.Hackers.com

금융 · 자격증 전문 교육기관 해커스금융
fn.Hackers.com

은행FP 자산관리사 **학습방법,**
해커스가 알려드립니다.

방대한 학습량과 높은 난도의 은행FP 자산관리사 시험을 완벽하게 대비할 수 있도록
해커스는 은행FP 자산관리사 합격자들의 학습방법을 분석하고
한국금융연수원의 최신 개정된 기본서 내용을 바탕으로
최신 출제 경향을 철저히 분석하여 교재에 반영하였습니다.

「해커스 은행 FP 자산관리사 1부 최종핵심정리문제집」은
개념 이해 및 빈출포인트 파악부터 실전 마무리까지
한 권으로 합격할 수 있도록 구성하였습니다.

「해커스 은행 FP 자산관리사 1부 최종핵심정리문제집」을 통해
은행FP 자산관리사 시험을 준비하는 수험생들 모두가 합격의 기쁨을 느끼고
더 큰 목표를 향해 한걸음 더 나아갈 수 있기를 바랍니다.

해커스 은행FP 자산관리사 **학습방법**

1. 대표 문제를 통해 시험에 나오는 개념을 이해한다.
2. 풍부한 출제예상문제를 통해 실전 감각을 향상한다.
3. 학습상태를 점검하여 약점을 확인하고 완전히 극복한다.
4. 최신 출제경향이 철저히 반영된 모의고사로 마무리한다.

목차

제1과목 | 자산관리 기본지식

제2과목 | 세무설계

제3과목 | 보험 및 은퇴설계

시험에 자주 나오는 개념만 모아놓은
하루 10분 개념완성 자료집
핵심 내용을 빠르게 정리할 수 있습니다.
해커스금융(fn.Hackers.com)

핵심만 콕콕 짚은
명품 동영상강의
학습효율을 높여 단기 합격이 쉬워집니다.
해커스금융(fn.Hackers.com)

1단계 대표 문제를 통해 시험에 나오는 **개념**을 **이해**한다.

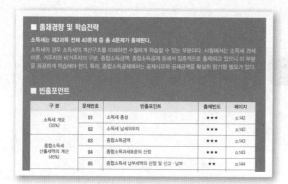

출제경향·학습전략·빈출포인트 파악

효율적인 학습을 위한 출제경향 및 학습전략과 빈출포인트를 수록하였습니다. 빈출포인트에서는 빈출포인트별 출제비중과 출제빈도를 알 수 있어 시험에 나오는 내용 위주로 단기간 학습이 가능합니다.

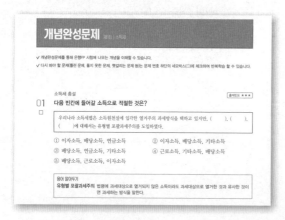

문제를 통한 개념 이해

개념완성문제를 통해 은행FP 자산관리사 시험에 나오는 개념을 이해할 수 있습니다.

또한 시험에 자주 나오는 개념을 알 수 있도록 출제빈도(★~★★★)를 표기하였고, '용어 알아두기'를 통해 생소한 전문 용어를 쉽게 이해할 수 있습니다.

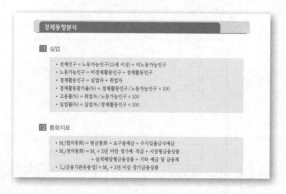

필수암기공식

계산문제에서 고득점 할 수 있도록 시험에 자주 나오는 핵심 공식을 엄선하였습니다. 이를 시험 직전까지 활용하면 실전에서 계산문제를 보다 빠르고 정확하게 풀 수 있습니다.

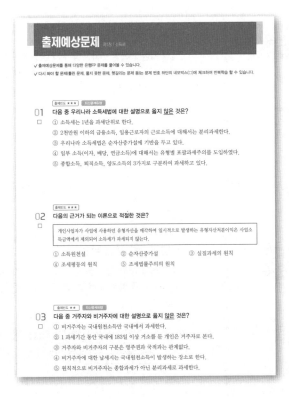

2단계 풍부한 출제예상문제를 통해 **실전 감각**을 **향상**한다.

다양한 문제로 실전 감각 향상

출제예상문제를 통해 은행FP 자산관리사 시험에 나올 확률이 높은 다양한 문제를 풀어봄으로써 실전 감각을 향상시킬 수 있습니다.

또한 시험에 자주 나오는 출제포인트를 알 수 있도록 출제빈도(★~★★★)를 표기하였고, '최신출제유형'을 통해 최근 어떤 출제포인트가 시험에 출제되었는지 확인할 수 있습니다.

명쾌한 해설 제공

명쾌한 해설을 제공하여 문제를 보다 쉽고 확실하게 이해할 수 있습니다.

3단계 학습상태를 점검하여 **약점**을 확인하고 **완전히 극복**한다.

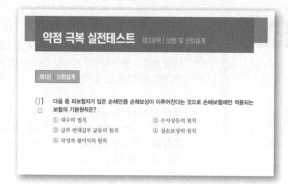

약점 극복 실전테스트

실제 시험 과목별 출제문항 수와 동일한 구성으로 개념완성문제와 출제예상문제에서 익힌 내용을 점검할 수 있습니다.

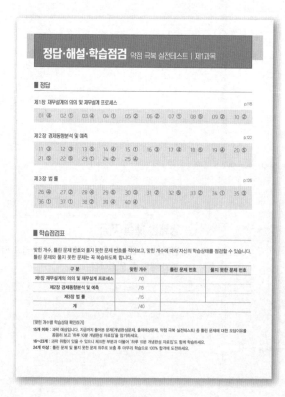

학습점검을 통해 약점 극복

각 문제에 대한 정답 및 상세한 해설을 제공하여 문제 풀이 후 틀린 내용을 확실히 짚고 넘어갈 수 있습니다.

또한 학습점검표를 통해 자신의 학습상태를 점검하고, 점검 결과에 따라 보충 학습하여 약점을 완전히 극복할 수 있습니다.

4단계 최신 출제경향이 철저히 반영된 **모의고사**로 **마무리**한다.

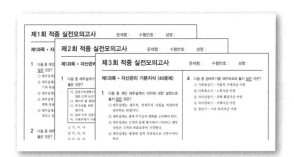

실전 마무리

실제 시험과 동일한 구성 및 난이도의 실전모의고사 3회분을 수록하여 시험 전 최종 마무리할 수 있도록 하였습니다. 이를 통해 자신의 실력을 정확하게 확인하고 실전 감각을 극대화할 수 있습니다.

OMR 답안지 제공

실제 시험과 동일한 환경에서 풀어볼 수 있도록 OMR 카드를 수록하였습니다. OMR 카드를 활용하여 실제 시험시간에 맞춰 풀어본다면 더욱 실전에 철저히 대비할 수 있습니다.

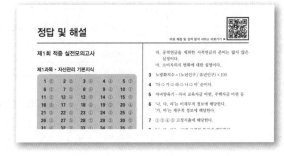

상세한 해설 제공

학습한 내용을 이해하기 쉽도록 문제별로 상세한 해설을 수록하였으며, 바로 채점 및 성적 분석 서비스를 통해 취약점을 파악하고 약점을 보완할 수 있습니다.

단기 합격의 길로 안내할, 동영상강의와 함께하고 싶다면?
해커스금융 – fn.Hackers.com

은행FP 자산관리사 **자격시험 안내**

▌은행FP(Financial Planner) 자산관리사란?

금융기관 영업부서의 재테크팀 또는 PB(Private Banking)팀에서 고객의 수입과 지출, 자산 및 부채현황, 가족상황 등 고객에 대한 각
종 자료를 수집, 분석하여 고객이 원하는 Life Plan상의 재무목표를 달성할 수 있도록 종합적인 자산설계에 대한 상담과 실행을 지원
하는 업무를 수행하는 금융전문가

▌은행FP 자산관리사 자격시험 안내

■ 시험 일정*

회 차	시험일	시험시간	원서접수일**	합격자발표
제62회	7/27(토)	1부 - 09:00~10:40 2부 - 11:00~12:40	6/18(화)~6/25(화)	8/9(금)
제63회	11/9(토)		10/1(수)~10/8(수)	11/22(금)

 * 자세한 시험 일정은 한국금융연수원 홈페이지(www.kbi.or.kr)에서도 확인할 수 있습니다.
 ** 원서접수는 시작일 오전 10시부터 마감일 오후 8시까지만 가능하므로 유의하시기 바랍니다.

■ 시험과목 및 문항 수, 배점

구 분	시험과목	세부내용	문항 수	배 점	과락기준
1부	자산관리 기본지식	재무설계의 의의 및 재무설계 프로세스	10	40	16문항 미만 득점자
		경제동향분석 및 예측	15		
		법 률	15		
	세무설계	소득세	4	40	16문항 미만 득점자
		금융소득종합과세	8		
		양도소득세	8		
		상속 · 증여세	16		
		취득세 및 재산세 · 종합부동산세	4		
	보험 및 은퇴설계	보험설계	10	20	8문항 미만 득점자
		은퇴설계	10		
	소 계		100	100점	
2부	금융자산 투자설계	금융상품	16	70	28문항 미만 득점자
		주식투자	15		
		채권투자	15		
		파생금융상품투자	12		
		금융상품 투자설계 프로세스	12		
	비금융자산 투자설계	부동산상담 사전 준비	9	30	12문항 미만 득점자
		부동산시장 및 정책 분석	9		
		부동산 투자전략	9		
		보유 부동산 자산관리 전략	3		
	소 계		100	100점	
합 계			200	200점	

■ **시험 관련 세부사항**

시험주관처	한국금융연수원
원서접수처	한국금융연수원 홈페이지(www.kbi.or.kr)
시험시간	총 200분(1부, 2부 각각 100분)
응시자격	제한 없음
문제형식	객관식 5지선다형
합격기준	다음 각 호의 요건을 모두 충족한 경우 1. 시험과목별로 40점 미만(100점 만점 기준)이 없어야 하고 2. 1부 평균, 2부 평균이 각각 60점(100점 만점 기준) 이상이어야 함 ※ 평균은 총 득점을 총 배점으로 나눈 백분율임 ※ 1부 또는 2부 시험만 합격요건을 갖춘 경우는 부분합격자로 인정함

가장 궁금해하는 **질문 BEST 4**

Q1 은행FP 자산관리사 자격증을 독학으로 취득할 수 있을까요?

A 네, 누구나 독학으로 자격증 취득이 가능합니다.
본 교재의 개념완성문제와 출제예상문제를 통하여 시험에 출제되는 주요 개념 및 문제를 정리하고, 약점 극복 실전 테스트를 통해 학습상태를 점검하여 약점을 확인하고 극복한 후 적중 실전모의고사 풀이를 통해 실전 감각을 익힌다면, 독학으로도 충분히 자격증 취득이 가능합니다.

Q2 은행FP 자산관리사 시험에 합격하기 위해서는 얼마 동안 공부를 해야 하나요?

A 1부와 2부를 합하여 4주 정도 공부하면 충분히 합격할 수 있습니다.
이론 내용을 충분히 이해하고 최신 출제경향이 반영된 문제를 반복 학습한다면 누구나 단기에 자격증을 취득하는 것이 가능합니다. 본 교재에는 문제에 '출제빈도'와 '최신출제유형' 표시가 되어 있어 시험에 자주 나오는 문제 및 최신 출제경향에 대한 파악이 가능하여 우선순위 학습을 통해 단기 합격이 더욱 쉬워집니다.

Q3 꼭 최신개정판 교재로 시험 준비를 해야 하나요?

A 최신개정판으로 학습하는 것이 가장 정확합니다.
은행FP 자산관리사 시험 문제는 매년 개정되는 한국금융연수원의 표준교재 내용을 토대로 출제되기 때문입니다.

Q4 기출문제 샘플은 어디서 풀어볼 수 있나요?

A 한국금융연수원 홈페이지(www.kbi.or.kr)에서 다운로드 받아 풀어보실 수 있습니다.
한국금융연수원 홈페이지의 [자격]-[자격시험안내]-[자산관리사(FP)]-[샘플문제 다운로드]에서 다운받으실 수 있습니다.

과목별 <u>단기 합격전략</u>

은행FP 자산관리사 시험 합격자들의 학습방법을 철저히 분석한 결과와 해커스금융만의 합격노하우를 담은 합격전략입니다.

• 은행FP 자산관리사 1부는 자산관리의 전반적인 개념과 고객의 세무, 보험, 은퇴 정보와 관련된 내용을 다루고 있습니다.
• '제1과목 자산관리 기본지식'은 학습범위가 넓으므로 출제빈도가 높은 내용 위주로 여러 번 반복 학습해야 합니다.
• '제2과목 세무설계'는 각 세금의 과세체계를 먼저 이해하고 세부내용을 학습하면 전체 내용을 쉽게 학습할 수 있습니다.
• '제3과목 보험 및 은퇴설계'는 다른 과목에 비해 상대적으로 난도가 낮은 편이므로 꼼꼼하게 학습한다면 고득점할 수 있습니다.

제1과목 자산관리 기본지식   제1과목에서는 총 40문제가 출제됩니다.

자산관리를 위한 기본적인 지식을 다루기 때문에 학습범위가 넓고 내용이 난해하게 느껴질 수 있지만, 각 장의 빈출포인트 위주로 반복한다면 큰 어려움 없이 학습할 수 있습니다.

• **제1장 재무설계의 의의 및 재무설계 프로세스** 〔10 문항〕
  출제문항 수에 비해 상대적으로 학습범위가 넓지 않으며, 시험에 자주 출제되는 포인트가 정해져 있기 때문에 출제빈도가 높은 내용을 중심으로 학습하면 고득점할 수 있어요.

• **제2장 경제동향분석 및 예측** 〔15 문항〕
  경제동향(흐름)의 이해 정도를 묻는 장이기 때문에 학습하는 과정이 다소 어렵게 느껴질 수 있어요. 하지만 실제 시험에서는 용어의 정의를 묻는 단순한 문제도 상당수 출제되고 있으니, 충분히 고득점을 노려볼 수 있어요. 또한 기준금리 상승에 따른 변화, 통화량 증가에 따른 변화와 같이 A의 변동으로 인한 B의 변화를 묻는 유형의 문제가 자주 출제되고 있으므로, 반복 학습하는 것이 중요해요.

• **제3장 법 률** 〔15 문항〕
  민법, 상법, 약관, 상속법, 자금세탁방지제도 등 굉장히 넓은 범위에서 출제되고 있어요. 또한 매 시험마다 다양한 출제경향을 보이고, 보기 지문이 길어 상대적으로 학습하기 어려울 수 있어요. 따라서 본 교재를 충분히 학습하여 교재에 수록된 내용을 철저하게 이해하는 것이 중요해요.

제2과목 세무설계　제2과목에서는 총 40문제가 출제됩니다.

세무설계는 내용이 생소하고 익숙하지 않아 다소 어렵게 느껴질 수 있으나, 기본적인 과세체계를 먼저 이해한 후 세부내용을 학습한다면 조금 더 쉽게 접근할 수 있습니다.

- **제1장 소득세** 　4 문항
  소득세의 계산구조를 이해하는 것이 중요해요. 소득세 과세이론, 종합소득금액, 종합소득공제에서 문제가 자주 출제되므로 꼼꼼하게 정리하며 학습하는 것이 좋아요.

- **제2장 금융소득종합과세** 　8 문항
  금융소득종합과세의 전반적인 내용을 이해한 후, 이자소득과 배당소득의 세부내용을 학습하는 것이 좋아요. 이자소득의 종류, 배당소득의 Gross-up, 원천징수세율, 수입시기, 절세전략 등 출제빈도가 높은 내용이 반복적으로 출제되므로 이를 중심으로 학습하세요.

- **제3장 양도소득세** 　8~9 문항
  양도소득세의 계산구조를 숙지하며 접근해야 해요. 양도소득세 과세대상, 양도차익, 장기보유특별공제, 양도소득 기본공제의 세부내용을 확실하게 정리하는 것이 중요해요. 특히 1세대 1주택 양도소득세 비과세 관련 내용은 반드시 꼼꼼하게 학습하세요.

- **제4장 상속·증여세** 　15~16 문항
  학습할 때는 다소 복잡하고 어렵게 느껴질 수 있으나, 단순한 기본개념을 물어보는 문제도 많이 출제되므로 출제비중이 높은 내용을 중심으로 꼼꼼하게 학습하는 것이 좋아요. 또한 유류분비율, 사전증여재산 계산, 상속추정재산 계산, 금융재산 상속공제, 재차증여재산의 합산기간 등 숫자를 알아야 풀 수 있는 문제가 많이 출제되므로 숫자에 대한 확실한 암기가 필요해요.

- **제5장 취득세·재산세·종합부동산세** 　4 문항
  주요 내용에 대한 암기를 통해 짧은 시간 내에 내용을 정리하는 것을 추천해요. 취득세·재산세·종합부동산세의 과세대상과 재산세의 납부기한, 종합부동산세의 납세의무자 및 세부담 상한선 등을 확실히 암기하세요.

제3과목 보험 및 은퇴설계　제3과목에서는 총 20문제가 출제됩니다.

보험 및 은퇴설계는 다른 과목에 비해 상대적으로 난도가 낮은 과목으로 꼼꼼하게 학습한다면 고득점할 수 있으므로 본 교재를 통해 출제빈도가 높은 빈출포인트를 반복한다면 큰 어려움 없이 학습할 수 있습니다.

- **제1장 보험설계** 　10문항
  세세하고 지엽적인 부분에 얽매이지 말고 기본적인 내용의 큰 틀 위주로 학습하세요. 특히 위험관리기법, 예정기초율 변화, 유니버설보험, 화재보험, 자동차보험은 출제빈도가 높으므로 관련 내용을 확실히 정리하세요.

- **제2장 은퇴설계** 　10문항
  집중하여 학습한다면 큰 어려움 없이 모든 내용을 이해할 수 있어요. 단, 국민연금과 특수직역연금의 가입대상, 보험료, 연금수령 조건과 퇴직연금제도별 특징, 연금저축계좌의 세제적격요건에서는 숫자를 중심으로 세부내용을 확실히 암기하세요.

학습플랜

자신에게 맞는 학습플랜을 선택하여 본 교재를 학습하세요.
이때 해커스금융(fn.Hackers.com) 동영상강의를 함께 수강하면 더 효과적이에요.

1주 완성 학습플랜

교재에 수록된 문제 중 출제빈도가 가장 높은 별 3개(★★★) 문제를 중심으로 1주 만에 시험 준비를 마칠 수 있어요.
전공자 또는 다른 금융 자격증 취득 경험이 있는 학습자에게 추천해요.

1주	1일 __월 __일	제1과목	제1장 재무설계의 의의 및 재무설계 프로세스 제2장 경제동향분석 및 예측	p.18~81
	2일 __월 __일	제1과목	제3장 법률 약점 극복 실전테스트 + 복습	p.82~133
	3일 __월 __일	제2과목	제1장 소득세 제2장 금융소득종합과세 제3장 양도소득세	p.136~183
	4일 __월 __일	제2과목	제4장 상속 · 증여세 제5장 취득세 · 재산세 · 종합부동산세 약점 극복 실전테스트 + 복습	p.184~242
	5일 __월 __일	제3과목	제1장 보험설계	p.246~285
	6일 __월 __일	제3과목	제2장 은퇴설계 약점 극복 실전테스트 + 복습	p.286~324
	7일 __월 __일		필수암기공식 적중 실전모의고사 3회분	p.328~333 [별책부록]

2주 완성 학습플랜

교재의 모든 내용을 2주간 집중적으로 학습할 수 있어요.
비전공자 또는 다른 금융 자격증 취득 경험이 없는 학습자에게 추천해요.

1주	1일 __월 __일	제1과목	제1장 재무설계의 의의 및 재무설계 프로세스	p.18~39
	2일 __월 __일	제1과목	제2장 경제동향분석 및 예측	p.40~53
	3일 __월 __일	제1과목	제2장 경제동향분석 및 예측	p.54~81
	4일 __월 __일	제1과목	제3장 법률	p.82~113
	5일 __월 __일	제1과목	약점 극복 실전테스트 + 복습	p.114~133
	6일 __월 __일	제2과목	제1장 소득세 제2장 금융소득종합과세	p.136~165
	7일 __월 __일	제2과목	제3장 양도소득세 제4장 상속 · 증여세	p.166~191
2주	8일 __월 __일	제2과목	제4장 상속 · 증여세 제5장 취득세 · 재산세 · 종합부동산세	p.192~221
	9일 __월 __일	제2과목	약점 극복 실전테스트 + 복습	p.222~242
	10일 __월 __일	제3과목	제1장 보험설계	p.246~285
	11일 __월 __일	제3과목	제2장 은퇴설계	p.286~313
	12일 __월 __일	제3과목	약점 극복 실전테스트 + 복습	p.314~324
	13일 __월 __일	필수암기공식 적중 실전모의고사 3회분		p.328~333 [별책부록]
	14일 __월 __일	최종 마무리 학습		

제1과목
자산관리 기본지식
[총 40문항]

■ 출제경향 및 학습전략

재무설계의 의의 및 재무설계 프로세스는 제1과목 전체 40문제 중 총 10문제가 출제된다.

재무설계의 의의 및 재무설계 프로세스의 경우 개인 재무설계의 의미 및 필요성, 재무설계 절차로 구성되며, 재무설계 절차에서 가장 많이 출제되고 있다. 개인 재무설계의 의미 및 필요성에서는 개인 재무설계가 필요한 세 가지 배경에 대한 학습이 필요하다. 재무설계 절차에서는 프로세스의 각 단계별 세부 내용을 묻는 문제가 주로 출제되기 때문에 각 단계별로 꼼꼼히 학습해야 한다.

■ 빈출포인트

구 분	문제번호	빈출포인트	출제빈도	페이지
개인 재무설계의 의미 및 필요성 (30%)	01	개인 재무설계의 의미 및 필요성	★★★	p.20
재무설계 절차 (70%)	02~03	1단계 – 고객과의 관계 정립	★★★	p.20~21
	04	2단계 – 고객 정보수집 및 재무목표 설정	★★★	p.21
	05	3단계 – 고객의 재무상태 분석 및 평가	★★★	p.22
	06~08	4단계 – 재무설계 제안	★★★	p.22~23
	09	5단계 – 재무설계 실행	★★	p.23

제1과목 **자산관리 기본지식**

· · · · ·

제1장
재무설계의 의의 및
재무설계 프로세스

✔ 개념완성문제를 통해 은행FP 자산관리사 시험에 나오는 개념을 이해할 수 있습니다.

✔ 다시 봐야 할 문제(틀린 문제, 풀지 못한 문제, 헷갈리는 문제 등)는 문제 번호 하단의 네모박스(□)에 체크하여 반복학습 할 수 있습니다.

개인 재무설계의 의미 및 필요성 · 출제빈도 ★★★

01 다음 중 개인 재무설계가 필요한 사회 경제적 배경으로 옳지 <u>않은</u> 것은?

□
① 자산의 증가

② 금융시장의 국제화

③ 금융상품 다양화

④ 비재무적 요구의 증가

⑤ 부채의 증가

1단계 – 고객과의 관계 정립 · 출제빈도 ★★★

02 다음 중 유망고객에 대한 설명으로 옳지 <u>않은</u> 것은?

□
① 자산관리사와 혈연, 지연으로 맺어진 사람도 유망고객에 해당한다.

② 상품에 가입할 능력이 없는 사람은 자산관리사에게 도움이 되지 않는다.

③ 만나기 어렵더라도 다른 조건이 완벽하다면 유망고객에 해당한다.

④ 기 계약자는 자산관리사와 이미 금융상품 계약을 체결한 사람을 말한다.

⑤ 자산관리사 혼자 유망고객을 찾는 것은 한계가 있다.

정답 및 해설

01   ④   비재무적 요구의 증가는 개인 재무설계가 필요한 배경 중 소비자의식 변화에 해당한다.

02   ③   다른 조건이 완벽하더라도 만나기 어렵다면 유망고객에 해당하지 않는다.

1단계 – 고객과의 관계 정립

03 다음 중 효과적인 질문과 경청에 대한 설명으로 옳지 <u>않은</u> 것은?

① 경청을 통해 비재무적 정보를 얻을 수 있다.

② 고객 스스로 말할 수 있도록 분위기를 이끌어 내는 질문이 좋은 질문이다.

③ 상황 파악 질문은 고객이 현재 처해 있는 배경, 사실, 정보 등을 수집하기에 적절하다.

④ 문제 인식 질문은 고객 문제로 인하여 발생하는 결과에 대한 심각성을 고객 스스로 인지하게끔 하는 질문이다.

⑤ 완고한 고객일수록 고객의 말에 적극적으로 경청하고 공감해야 한다.

2단계 – 고객 정보수집 및 재무목표 설정

04 다음 중 고객에 대한 정보수집에 관한 설명으로 옳지 <u>않은</u> 것은?

① 사회적지지, 예상수명, 위험수용 성향 등은 정성적 정보에 속한다.

② 설문서를 통해 정보를 수집할 경우 시간과 비용이 절약되며 고객과 쌍방향 의사소통을 극대화할 수 있다는 장점이 있다.

③ 직접 면담을 통해 고객 정보를 수집할 경우 고객을 잘 이해할 수 있다는 장점이 있다.

④ 이미 수집한 정보 중 간단한 질문이 필요할 경우 전화를 이용할 수 있다.

⑤ 정보수집 과정에서 얻는 정보에 대해서는 철저하게 비밀을 유지해야 한다.

정답 및 해설

03 ④ 고객 문제로 인해 발생하여 파급되는 결과에 대한 심각성을 고객 스스로 인지하게끔 하는 질문은 시사 질문이다. 문제 인식 질문은 고객이 현재 가지고 있는 문제 등을 스스로 인식하게 하는 질문이다.

04 ② 시간과 비용이 절약되며 고객과 쌍방향 의사소통을 극대화할 수 있는 장점이 있는 정보수집 방법은 인터넷이다.

05 다음 중 자산부채상태표상 금융투자자산에 해당하는 것은? `출제빈도 ★★★`

☐
① ELD ② CMA ③ 자동차
④ MMF ⑤ 만기 5개월 남은 CD

06 다음 중 제안서 작성에 대한 설명으로 옳지 <u>않은</u> 것은? `출제빈도 ★★★`

☐
① 제안서에는 현재 재무상태에 대한 진단과 자산관리사가 작성한 대안이 반영되어야 한다.
② 서문에는 고객 현황 요약, 제안 목적 등이 포함되어야 한다.
③ 제안서에는 참고제언도 함께 기록하는 것이 좋다.
④ 고객 현황 요약은 자산관리사의 전문성과 능력을 보여줌으로써 고객을 설득하는 역할을 수행한다.
⑤ 제안서 작성 시 자산관리사는 자신의 의견이 주관적임을 고려해야 한다.

07 다음 중 40대 고객에 대한 제안방법으로 옳지 <u>않은</u> 것은? `출제빈도 ★★★`

☐
① 연금은 투자형 상품으로 준비하도록 한다.
② 대출리파이낸싱을 통해 투자여력을 확보하도록 한다.
③ 배우자의 연금을 함께 고려하도록 한다.
④ 은퇴시기 연장을 위해 고객 자신에게 투자할 것을 제안한다.
⑤ 자신만의 라이프스타일을 고수하려 하는 시기임을 고려한다.

용어 알아두기

리파이낸싱 파이낸싱(Financing)은 자금 조달을 뜻하며, 현재의 대출금리가 기존의 대출금리보다 낮을 경
(Refinancing) 우 대출자는 대출이자 부담을 줄이기 위해 다시 파이낸싱을 하는데, 이러한 행위를 리파이낸
싱이라고 한다.

정답 및 해설

05 ① ②④⑤ CMA, MMF, 만기 6개월 미만의 CD는 현금성자산에 해당한다.
③ 자동차는 개인사용자산에 해당한다.
06 ② 고객 현황 요약, 제안 목적은 목차에 포함되어야 할 내용이다.
07 ⑤ 자신만의 라이프스타일을 고수하는 시기는 20대이다.

08 다음 중 근로소득자에 대한 제안방법으로 옳지 <u>않은</u> 것은?

① 노란우산공제 가입 여부를 확인한다.

② 생애 주기별 재무목표 우선순위에 달성 방안을 제안한다.

③ 은퇴 후 생활비 부족자금을 마련하기 위해 3층 보장제도를 활용한 방안을 제안한다.

④ 퇴직 후 창업 방안을 고려한다.

⑤ 소득공제 구조에 대한 이해를 고려한다.

용어 알아두기

노란우산공제 소기업, 소상공인의 폐업, 노령 등에 따른 생계위험으로부터 생활안정과 사업 재기의 기회를 제
공하기 위해 사회안전망 구축의 일환으로 도입된 제도이다.

3층 보장제도 은퇴 후 노후생활을 위한 필요소득을 보장하기 위한 제도로 1층 국민연금(국가보장), 2층 퇴직연
금(기업보장), 3층 개인연금(개인보장)으로 구성된다.

---

09 다음 중 재무설계안 실행 단계에 대한 설명으로 옳지 <u>않은</u> 것은?

① 효과적인 가입제안을 위해 감성을 자극하는 스토리텔링을 제공할 필요가 있다.

② '유 사장님은 이미 가입하셨습니다'와 같은 계약 체결 기법을 예화법이라 한다.

③ 가입을 미루는 고객에게 손해를 암시하여 계약 체결을 유도해서는 안 된다.

④ 계약 체결 시 자산관리사는 지금이 금융상품을 가입하기에 가장 좋은 기회라는 것을 구체
적으로 설득해야 한다.

⑤ 상품 가입 시 고객이 알아야 할 사항에 대해 정확히 설명해야 한다.

정답 및 해설

08 ① 노란우산공제는 개인사업자가 고려하는 사항이다.

09 ③ 계약 체결 기법에는 가입을 미루는 고객에게 손해를 암시하여 계약 체결을 유도하는 방법으로 손해 암시법이 존재한다.

✓ 출제예상문제를 통해 다양한 은행FP 자산관리사 문제를 풀어볼 수 있습니다.

✓ 다시 봐야 할 문제(틀린 문제, 풀지 못한 문제, 헷갈리는 문제 등)는 문제 번호 하단의 네모박스(□)에 체크하여 반복학습 할 수 있습니다.

출제빈도 ★★★　　최신출제유형

01 다음 중 재무설계의 의의에 대한 설명으로 옳지 <u>않은</u> 것은?

① 개인 재무설계는 개인이나 가계의 현재 재무상태를 검토하는 과정이다.

② 고객의 목표에서 시작하는 것은 재무상담이고, 고객의 문제 평가에서 시작하는 것은 재무설계이다.

③ 경제환경의 변화, 생애 주기상의 변화 등을 고려해 평생에 걸쳐 이루어져야 한다.

④ 재무설계는 단기적인 설계를 통해 중장기적인 목표 달성을 이루고자 한다.

⑤ 재무설계는 재무적 자원만이 아닌 비재무적 자원도 함께 관리하는 과정이다.

출제빈도 ★★

02 다음 중 재무설계가 필요한 사회 경제적 배경으로 옳지 <u>않은</u> 것은?

① 국내 투자자 보호를 위한 제도가 없어 투자자 보호를 위한 자산관리사의 필요성이 증가했다.

② 가계부채의 위험성에 대한 우려가 고조됨에 따라 재무설계의 중요성이 강조되었다.

③ 국내 금융업계의 경쟁이 심화되어 자산관리사의 필요성이 증가했다.

④ 자본시장의 개방과 금융구조개혁으로 자산운용의 폭이 넓어졌다.

⑤ 금융기관은 소비자들의 다양한 요구에 맞춰 다양한 금융상품을 출시했다.

출제빈도 ★★★　　최신출제유형

03 다음 중 재무설계가 필요한 인구 통계적 배경으로 옳지 <u>않은</u> 것은?

① 1인 가구가 증가하였다.

② 출산율이 지속적으로 감소하였다.

③ 전 세계에서 가장 빠르게 초고령 사회로 접어들 것이다.

④ 노동시장이 더욱 유연해졌다.

⑤ 개인의 개성과 가치와 다양성을 추구하게 될 것이다.

출제빈도 ★★★ 최신출제유형

04 다음 중 고령화 문제에 대한 설명으로 옳은 것은?

① 노년부양비는 노년인구를 생산가능인구로 나눈 값이다.

② 우리나라는 2026년에 고령 사회에 진입할 예정이다.

③ 65세 이상 고령인구와 15~64세 생산가능인구는 계속 증가하고 있지만 이를 부양할 0~14세 유년인구는 감소하고 있다.

④ 노령화지수는 노년인구를 전체인구로 나눈 값이다.

⑤ 노년부양비는 점차 감소할 것이다.

정답 및 해설

01 ② 고객의 목표에서 시작하는 것은 재무설계이고, 고객의 문제 평가에서 시작하는 것이 재무상담이다.

02 ① 국내 투자자 보호를 위한 투자자 보호 제도가 강화되면서, 세분화되고 강화된 금융 관련 법규를 개인이 파악하고 적용하기에는 한계가 있으므로 재무설계 전문가의 필요성이 증가하였다.

03 ⑤ 소비자의식 변화에 대한 설명이다.

04 ① ② 2017년에 고령 사회로 진입했으며, 2025년에 초고령 사회에 진입할 예정이다.
         ③ 15~64세 생산가능인구도 계속 감소하고 있다.
         ④ 노령화지수는 노년인구를 유년인구로 나눈 값이다.
         ⑤ 노년부양비는 지속적으로 증가할 것이다.

출제빈도 ★★

05 다음 중 소비자의식 변화에 대한 적절한 설명으로 모두 묶인 것은?

가. 개인주의적 사고방식	나. 동질성 추구
다. 재무설계 중요성 인식	라. 금융시장의 국제화
마. 재무적 요구 증대	바. 소비자 중심 경영인식 확대

① 가, 나, 다   ② 가, 다, 바   ③ 나, 라, 바
④ 다, 라, 마   ⑤ 라, 마, 바

출제빈도 ★

06 다음 중 개인 재무설계의 필요성에 대한 설명으로 옳지 <u>않은</u> 것은?

① 가계부채에 비해 가계자산의 증가속도가 높아짐에 따라, 개인 재무설계의 필요성이 증가하고 있다.

② 새로운 판매기법의 도입은 소비자들의 투자결정을 복잡하게 만들었다.

③ 베이비부머들의 퇴직으로 노후 관심이 증가하고 있다.

④ 가치는 이익달성을 위한 전략들에 영향을 미치기 때문에 비재무적 요구에 관심을 요하고 있다.

⑤ 노년부양비와 노령화지수는 지속적으로 증가하고 있다.

출제빈도 ★   최신출제유형

07 다음 중 재무설계 절차가 순서대로 나열된 것은?

가. 고객의 재무상태 분석 및 평가	나. 재무설계 실행
다. 고객과의 관계정립	라. 정기점검 및 사후관리
마. 재무설계 제안	바. 고객 정보수집 및 재무목표 설정

① 다 ⇨ 바 ⇨ 가 ⇨ 마 ⇨ 나 ⇨ 라   ② 다 ⇨ 바 ⇨ 가 ⇨ 마 ⇨ 라 ⇨ 나
③ 다 ⇨ 바 ⇨ 마 ⇨ 가 ⇨ 나 ⇨ 라   ④ 바 ⇨ 다 ⇨ 가 ⇨ 마 ⇨ 나 ⇨ 라
⑤ 바 ⇨ 다 ⇨ 마 ⇨ 나 ⇨ 라 ⇨ 가

08 고객과의 관계정립에 대한 내용으로 옳지 않은 것은?

① 최초 면담에서 고객에게 재무설계의 개념 및 절차에 대해 설명하는 과정이 필요하다.

② 고객에게 정보수집의 중요성에 대해 설명해야 한다.

③ 자산관리사는 고객과의 대화를 이끌어 나가는 동시에 고객의 말에 경청하는 자세도 요구된다.

④ 면담 시 자산관리사는 기존에 약속한 면담 예상시간을 초과하더라도 고객에게 필요한 조언을 최대한 많이 전달하는 것이 바람직하다.

⑤ 상담 과정에서 취득한 고객 정보에 대한 비밀유지를 철저히 이행할 것을 약속한다.

출제빈도 ★★

09 다음 중 유망고객에 대한 설명으로 옳지 않은 것은?

① 혈연·학연·사연 등으로 맺어진 사람들도 유망고객이 될 수 있다.

② 자산관리사는 지인이나 기 계약자를 통해 유망고객 찾기의 한계를 극복할 수 있다.

③ 실행력은 재무설계의 성공 가능성을 높이는 중요한 조건이다.

④ 다른 조건이 완벽하더라도 만남이 어려운 고객은 재무설계 실행 가능성이 거의 없다.

⑤ 금융상품에 가입할 수 있는 경제적 능력은 유망고객의 조건이 된다.

정답 및 해설

05 ② '가, 다, 바'는 적절한 설명이다.
나. 개별성을 추구한다.
라. 금융시장의 국제화는 사회 경제적 배경에 해당한다.
마. 비재무적 요구가 증대된다.

06 ① 가계자산의 증가속도에 비해 가계부채의 증가속도가 높아짐에 따라, 가계부채의 위험성에 대한 우려가 고조되고 있다.

07 ① 재무설계 절차는 '고객과의 관계정립 ⇨ 고객 정보수집 및 재무목표 설정 ⇨ 고객의 재무상태 분석 및 평가 ⇨ 재무설계 제안 ⇨ 재무설계 실행 ⇨ 정기점검 및 사후관리' 순이다.

08 ④ 고객과 약속한 면담 예상시간을 넘기지 않도록 시간을 효율적으로 사용하여 면담을 진행해야 한다.

09 ② 자산관리사의 지인이나 기 계약자의 범위는 한정되어 있으므로, 자산관리사는 유망고객 찾기의 한계를 극복하기 위해 소개를 통해 지속적인 고객 찾기를 해야 한다.

출제빈도 ★★★

10 다음 중 접촉 채널에 대한 설명으로 올바르게 짝지어진 것은?

> (가) 유망고객과 쉽게 만날 수 있으며, 고객과의 효율적/효과적인 면담이 가능하다.
> (나) 고객과의 친밀한 관계를 형성할 수 있으며, 면담을 매끄럽게 진행할 수 있다.
> (다) 상대적으로 비용이 저렴하며, 동시에 많은 사람을 접촉할 수 있다.

	(가)	(나)	(다)		(가)	(나)	(다)
①	DM	TA	SMS	②	DM	SMS	TA
③	SMS	DM	TA	④	TA	DM	SMS
⑤	TA	SMS	DM				

출제빈도 ★★★

11 다음 중 면담준비에 대한 설명으로 옳지 않은 것은?

① 자산관리사는 사전 접근을 통해 고객에게 재무설계에 대한 부담감을 줄여줘야 한다.

② DM 방식은 많은 사람들과 동시에 접촉이 가능하다.

③ SMS 방식은 비용 부담이 많지만 통화가 되지 않아도 가능하다는 장점이 있다.

④ DM 방식은 매끄러운 면담이 진행되도록 도와준다.

⑤ SMS 방식은 심리적 부담을 줄여 준다.

출제빈도 ★★★

12 다음 중 접촉 채널별 장점 및 유의점으로 옳은 것은?

① DM 발송 시 일반적인 DM을 통해 모든 고객에게 동등하게 접근해야 한다.

② 자산관리사는 TA 방식 활용 시 상품 판매를 위한 확실한 목적을 갖고 임해야 한다.

③ SMS는 TA와 달리 늦은 밤이나 새벽에 발송이 가능하다는 것이 장점이다.

④ DM과 TA는 동시에 많은 사람과 접촉할 수 있다는 장점이 있다.

⑤ DM 방식은 고객과 친밀한 관계를 만들고 동시에 많은 사람과 접촉이 가능하며, 면담을 매끄럽게 진행 가능하게 도와준다.

13 재무설계 절차 중 고객과의 관계정립 단계에서는 효과적인 질문이 중요하다. 다음 중 문제 인식 질문으로 볼 수 있는 것은?

☐

① 가족은 어떻게 되십니까?

② 자녀분의 대학 학자금은 준비되어 있습니까?

③ 정년은 언제까지인가요?

④ 거래하시는 자산관리사가 있으신지요?

⑤ 주로 어떤 금융상품에 가입하십니까?

14 다음 중 고객과의 관계정립 단계에서 고객에게 질문할 시사질문으로 옳은 것은?

☐

① 고객님이 중대질병에 걸려 큰 치료비를 부담해야 하는 경우 남은 가족들의 생활은 어떻게 될까요?

② 가족 보장 및 필요 시마다 자금을 찾는 기능이 부가된 상품은 어떠신가요?

③ 노후에도 월급처럼 생활비가 지급되는 상품이 있다면 가입하실 의향이 있습니까?

④ 어떤 상황에서도 가족의 생활자금이 안전하게 제공될 수 있다면 어떠신가요?

⑤ 저금리 시대에 이자소득이 전액 비과세되고 복리 이자를 받을 수 있는 상품이 있다면 가입하실만하지 않으신가요?

정답 및 해설

10　④　(가) TA
　　　　(나) DM
　　　　(다) SMS

11　③　SMS 방식은 상대적으로 비용이 저렴하다.

12　⑤　① 일반적인 DM을 발송한다면 고객의 불만이 생길 수 있으니 맞춤된 DM을 제작해 발송해야 한다.
　　　　② 상품 판매 목적보다는 방문 약속을 잡기 위한 목적으로 활용한다.
　　　　③ SMS 방식은 늦은 밤이나 새벽에 발송하는 것을 지양한다.
　　　　④ TA 방식은 동시에 많은 사람과 접촉하기 힘들다.

13　②　①③④⑤ 상황 파악 질문에 해당한다.

14　①　②③④⑤ 해결 질문에 해당한다.

15 다음 중 생애주기별 재무목표에 대한 설명으로 옳은 것은?

① 가족축소기에는 노후생활자금 운용, 상속 및 증여에 대한 계획 등이 있다.

② 가족형성기에는 자녀의 교육자금 마련, 주택자금 마련 등이 있다.

③ 자녀성장기에는 자녀의 결혼자금 마련, 주택 확장자금 마련 등이 있다.

④ 청년기에는 첫 직장 잡기, 주택자금 마련 등이 있다.

⑤ 자녀양육기에는 기타 목적자금 마련, 자동차 구매자금 마련 등이 있다.

16 다음 중 고객에 관한 정보수집에 대한 설명으로 옳지 않은 것은?

① 정보수집 시 고객에게 정보수집의 중요성을 설명하고 신뢰를 얻어야 한다.

② 정보수집 시 자산관리사는 질문기법, 상담기법, 전문가적인 지식과 이미지를 보유해야 한다.

③ 정보 프로파일에 의해 고객 정보를 수집하는 것이 효율적이다.

④ 정보 프로파일에는 고객이 생각하는 은퇴시기도 포함된다.

⑤ 부모와 형제의 부양 여부도 재무설계를 위해 수집해야 할 정량적 정보이다.

17 다음 중 정량적 정보에 해당하는 것은?

① 은퇴 관련 자료　　　　② 예상 수명 정보　　　　③ 위험 수용 성향

④ 재무설계 경험 정보　　⑤ 재무설계 지식 정보

18 다음 중 비재무적 정보로 모두 묶인 것은?

가. 가치관, 꿈에 대한 정보	나. 은퇴 관련 정보	다. 사회적지지 관련 정보
라. 예상 수명 관련 자료	마. 상속에 대한 정보	

① 가, 나　　　　　　　　② 가, 마　　　　　　　　③ 가, 나, 라

④ 가, 다, 라　　　　　　⑤ 가, 라, 마

출제빈도 ★★★

19 다음 중 고객의 정보를 정확하게 점검하면서 받을 수 있어 자산관리사들이 많이 사용하는 정
보수집 방법은?

① 직접 면담　　　　　② 설문서　　　　　③ 인터넷

④ 전 화　　　　　　　⑤ SMS

출제빈도 ★★★

20 다음 중 정보수집 방법에 대한 설명으로 옳지 않은 것은?

① 이메일을 통해 정보를 수집하면 시간과 비용이 절약된다.

② 기 수집 정보에 대한 간단한 질문이 필요할 경우 전화를 이용한다.

③ 설문서는 면담 진행 전 설문서와 진행 중 설문서, 진행 후 설문서 3가지가 사용된다.

④ 직접 면담을 통해 고객의 비재무적 정보도 수집할 수 있다.

⑤ 인터넷을 통해 정보를 수집하면 고객과 쌍방향 의사소통을 극대화할 수 있다.

정답 및 해설

15　③　① 가족축소기에는 노후자금 마련, 기타 목적자금 마련 등이 있다.
　　　　② 가족형성기에는 첫 자녀의 출생 준비자금 마련, 자동차 구매자금 마련 등이 있다.
　　　　④ 청년기에는 첫 직장 잡기, 결혼자금 마련 등이 있다.
　　　　⑤ 자녀양육기에는 자녀의 교육자금 마련, 주택자금 마련 등이 있다.

16　⑤　부모와 형제의 부양 여부는 정량적 정보가 아닌 개인과 부양가족에 관한 정보에 해당한다.

17　①　은퇴 관련 자료는 정량적 정보에 해당한다.
　　　　②③④⑤ 정성적 정보에 해당한다.

18　④　'가, 다, 라'는 비재무적 정보이고, '나, 마'는 재무적 정보이다.

19　②　설문서에 해당하는 설명이다.

20　③　설문서는 면담 진행 전 설문서와 진행 중 설문서 2가지가 사용된다.

21 다음 중 고객에 관한 정보수집에 대한 설명으로 옳지 <u>않은</u> 것은?

① 고객 정보는 프로파일을 통해 수집하는 것이 효율적이다.

② 면담 과정을 진행하며 설문서를 이용하는 방법은 면담 과정을 쉽게 하기 위한 목적으로 사용되는 방법이다.

③ 인터넷과 설문서는 시간을 절약할 수 있다는 장점이 있다.

④ 설문서는 자료수집 과정을 빠르게 진행할 수 있고, 고객의 생각을 반영할 수 있다는 장점이 있다.

⑤ 고객의 재무적·비재무적 정보 수집이 가능해 고객을 잘 이해할 수 있고 고객과의 신뢰가 증가하는 방법은 면담이다.

22 다음 중 자산부채상태표에 대한 설명으로 옳지 <u>않은</u> 것은?

① 자산관리사는 고객의 재무목표가 정해지고 각종 개인 정보가 수집되면 수집된 정보를 분석하고 진단해야 한다.

② 특정 시점에서 고객의 자산, 부채 등을 보여준다.

③ 자산과 부채, 순자산으로 이루어져 있다.

④ 주택담보대출 잔액은 자산부채상태표상 단기부채에 기입한다.

⑤ 총자산이 4억원이고 단기부채가 2억원, 장기부채가 1억원일 경우 순자산은 1억원이다.

23 다음 중 자산부채상태표의 현금성자산에 포함되는 것은?

① ELS   ② 채 권   ③ 뮤추얼 펀드

④ 자동차   ⑤ CMA

24 다음 중 자산부채상태표에 대한 설명으로 옳지 않은 것은?

① 거주 목적뿐만 아니라 투자 목적의 부동산도 부동산자산으로 분류한다.

② 금융투자자산이란 투자 목적이 6개월 이상인 금융상품의 잔액, 채권, 뮤추얼 펀드 등을 말한다.

③ 개인사용자산이란 개인이 사용을 목적으로 하는 자산을 말하며, 자동차, 보석 등이 포함된다.

④ 시가 4억원인 거주아파트의 안방에 4천만원의 가구와 2백만원의 현금이 있다면 현금성자산 2백만원, 부동산자산 4억원, 개인사용자산 4천만원을 기록한다.

⑤ 단기 MMF 및 유동성이 높은 주식은 현금성자산으로 기록한다.

25 다음 중 현금흐름표에 대한 설명으로 옳지 않은 것은?

① 자산관리사는 고객의 정보를 바탕으로 개인 재무제표를 작성해야 한다.

② 일정 기간 가계의 현금 유입과 유출을 나타낸 표이다.

③ 대부분 1년을 단위로 작성한다.

④ 현금흐름표를 통해 개인 자산의 구성과 유동성을 파악할 수 있다.

⑤ 변동지출은 고객의 통제가 어느 정도 가능한 지출항목이다.

정답 및 해설

21 ② 면담 과정을 진행하기 전에 설문서를 이용하는 방법이 면담 과정을 쉽게 하기 위한 목적으로 사용되는 방법이다.

22 ④ 주택담보대출 잔액은 자산부채상태표상 장기부채에 기입한다.

23 ⑤ ① ② ③ 금융투자자산에 해당한다.
         ④ 개인사용자산에 해당한다.

24 ⑤ 주식은 금융투자자산에 속한다.

25 ④ 개인 자산의 구성 및 유동성은 자산부채상태표를 통해 파악할 수 있다.

26 다음 중 현금흐름표의 사업소득에 해당하는 것은?

☐ ① 급 여 ② 보너스 ③ 이자수입

   ④ 강의료 ⑤ 임대료

27 다음 중 현금흐름표의 변동지출에 해당하는 것은?

☐ ① 공교육비 ② 교통비 ③ 세 금

   ④ 주택관리비 ⑤ 부채상환 원리금

28 다음 중 개인 재무제표에 대한 설명으로 옳지 <u>않은</u> 것은?

☐ ① 자산부채상태표는 자산과 부채로 이루어져 있다.

   ② 현금흐름표는 현금 유입과 유출로 이루어져 있다.

   ③ 자산부채상태표는 자산 및 부채의 전체 규모를 나타낸다.

   ④ 현금흐름표는 재무상태 변동의 결과를 나타낸다.

   ⑤ 현금흐름표상 현금 유출은 일정 기간 동안에 빠져나간 현금을 모두 포함해야 한다.

29 다음 중 자산부채상태표와 현금흐름표에 대한 설명으로 옳은 것은?

☐ ① 현금흐름표의 고정지출에는 주택관리비, 사교육비 등이 포함된다.

   ② 자산부채상태표는 일정 기간 동안의 가계 자산, 부채의 전체 규모를 나타낸다.

   ③ 현금흐름표는 재무상태 변동의 원인을 나타낸다.

   ④ 자산부채상태표를 통해 자산의 구성, 소득과 생활수준, 유동성 등을 파악할 수 있다.

   ⑤ 현금흐름표는 총소득과 총지출을 통해 자산 및 부채의 전체 규모를 파악할 수 있다.

출제빈도 ★

30 다음 중 제안서 작성 및 제안에 대한 설명으로 옳지 <u>않은</u> 것은?

① 훌륭한 제안은 고객이 실행을 결심하도록 좋은 상품을 권유하는 것이다.

② 고객의 재무목표와 맞는 합리적인 제안서와 대안을 작성해야 한다.

③ 제안서를 작성할 때는 제안서를 수정할 수 있는 여지를 남겨 두어야 한다.

④ 고객의 목표 달성과 이익을 최우선적으로 고려해야 한다.

⑤ 고객의 직업을 고려한 제안을 해야 한다.

출제빈도 ★★

31 다음 중 제안서에 반영되어야 할 내용으로 모두 묶인 것은?

가. 비재무적 고객 정보	나. 물가상승률에 대한 가정
다. 예 산	라. 현재 재무상태에 대한 진단
마. 고객의 문제점	

① 가

② 가, 나

③ 가, 나, 다

④ 가, 나, 다, 라

⑤ 가, 나, 다, 라, 마

정답 및 해설

26 ⑤ ①② 근로소득에 해당한다.
　　③ 금융소득에 해당한다.
　　④ 기타소득에 해당한다.

27 ② 교통비는 현금흐름표의 변동지출에 해당한다. 이외에 사교육비, 외식비, 피복비 등도 대표적인 변동지출 항목에 해당한다.
　　①③④⑤ 고정지출에 해당한다.

28 ④ 자산부채상태표가 재무상태 변동의 결과를 나타낸다.

29 ③ ① 사교육비는 변동지출에 해당한다.
　　② 자산부채상태표는 특정 시점의 가계 자산, 부채의 전체 규모를 나타낸다.
　　④ 소득과 생활수준은 현금흐름표를 통해 파악할 수 있다.
　　⑤ 현금흐름표는 총소득과 총지출을 통해 저축 및 투자금액을 파악할 수 있다.

30 ① 상품을 권유하는 것보다는 자산관리사의 도움을 필요하게 만드는 것이다.

31 ⑤ '가, 나, 다, 라, 마' 모두 제안서에 반영되어야 한다.

32 다음 중 제안서 내용으로 옳지 <u>않은</u> 것은?

① 표지 및 서문은 고객 한 사람에 관심을 표현하는 형식으로 작성하는 것이 좋다.

② 목차에는 표지 및 서문, 고객 현황 요약, 고객 재무상황 분석, 대안 제시 및 제언이 포함된다.

③ 고객 현황 요약은 이미 파악된 정보에 의해 고객의 상황을 보여준다.

④ 자산관리사는 모든 자료의 분석에 대한 가정치와 판단 근거를 제시해야 한다.

⑤ 실현 가능성이 높고 적합한 제안을 우선으로 2~3가지의 제안을 하도록 한다.

33 다음 중 제안서 작성 시 유의할 점으로 옳지 <u>않은</u> 것은?

① 고객의 재무목표에 적합한 가장 최선의 대안부터 제시해야 한다.

② 제안서에는 고객의 재무목표 및 우선순위가 포함되어야 한다.

③ 자신의 의견이 주관적이므로 다른 자산관리사에 의해 내용이 달라질 수 있음을 고려해야 한다.

④ 고객의 상황 변화를 고려하여 유연성 있는 대안을 선택하여 제시하도록 한다.

⑤ 가능한 한 많은 대안을 나열한 후 최적의 대안을 제시하도록 한다.

34 다음 중 30대 고객에 대한 재무설계 제안으로 옳지 <u>않은</u> 것은?

① 자녀에 대한 투자관심이 높은 시기이다.

② 결혼, 자녀 출생, 내 집 마련에 대한 욕구가 핵심 이슈이다.

③ 3층 보장에 의한 연금자산을 준비해야 한다.

④ 부동산 투자의 비중을 늘릴 필요가 있다.

⑤ 인생의 재무목표를 세우고 기간별로 투자할 필요가 있다.

35 다음 중 50대 고객에 대한 재무설계 제안으로 옳지 <u>않은</u> 것은?

☐ ① 부동산에 대한 애착이 강한 시기이다.

② 연금의 납입기간은 길게, 납입금액은 적게하여 수령액을 늘린다.

③ 자녀의 결혼자금 등 거액이 지출되는 시기이다.

④ 창업을 권유해 은퇴시기를 연장할 수도 있다.

⑤ 역모기지를 활용하여 노후의 현금흐름 구조를 개선한다.

36 다음 중 편의점을 운영하고 있는 A(개인사업자)에 대한 재무설계 제안으로 옳지 <u>않은</u> 것은?

☐ ① 아르바이트를 고용하고 있다면 종업원에 대한 4대 보험 가입을 고려해야 한다.

② 노란우산공제 가입 여부를 고려해야 한다.

③ 퇴직 후 재취업 및 창업 방안을 고려해야 한다.

④ 은퇴 전 준비사항을 점검하여 은퇴 부족자금을 마련해야 한다.

⑤ 세금 및 절세전략을 고려해야 한다.

정답 및 해설

32	②	목차에는 고객 현황 요약, 제안 목적, 고객 재무상황 분석, 대안 제시 및 제언이 포함된다.
33	⑤	너무 많은 대안을 나열하지 않도록 한다.
34	④	부동산에 너무 많이 투자를 해서는 안 된다.
35	②	연금의 납입기간은 짧게, 납입금액은 많게 한다.
36	③	근로소득자의 재무설계 제안에 해당한다.

37 다음 중 A치과 원장 B(전문직종사자)에 대한 재무설계 제안으로 옳지 <u>않은</u> 것은?

① 중복으로 가입된 금융상품이 있는지 확인하고 조정한다.

② 부부 중 남편이 주 소득원이라면 남편의 생애 가치를 감안하여 보장자산을 마련한다.

③ 은퇴 이후 안정적인 현금흐름을 준비한다.

④ 3층 보장제도를 활용하여 은퇴 후 적당한 생활비 부족자금을 마련한다.

⑤ 노출되지 않은 자산에 대한 세무조사를 대비한다.

38 다음 중 월 1,200만원의 임대수입이 있는 C(62세)에 대한 재무설계 제안으로 적절하게 묶인 것은?

> 가. 사전증여를 통해 절세를 하거나 상속세를 마련해야 한다.
> 나. 노출되지 않은 자산에 대한 세무조사에 대비해야 한다.
> 다. 현재 시점의 실물자산과 금융자산의 비율을 조정해야 한다.
> 라. 실물자산을 통해 효과적으로 자산을 이전해야 한다.
> 마. 수익성 상가보다는 연금보험을 이용하여 더 나은 노후생활을 위한 자금마련을 고민해야 한다.
> 바. 퇴직 후 창업에 대해 고민해야 한다.

① 가, 나   ② 다, 바   ③ 가, 나, 다

④ 나, 라, 마   ⑤ 라, 마, 바

39 다음 중 효과적인 가입 제안 및 체결의 자세로 옳지 <u>않은</u> 것은?

① 고객이 가입해야 하는 이유를 논리적으로 설명한다.

② 가입을 거절하는 고객을 설득할 수 있는 거절 처리 기법을 보유해야 한다.

③ 감성에 호소하여 가입하도록 유도하는 자세는 지양한다.

④ 상품 가입 시 고객이 알아야 할 사항에 대해 정확히 안내해야 한다.

⑤ 고객의 재무목표 달성에 도움을 주는 전문가라는 신뢰감을 주어야 하며, 고객의 이익에 반하는 결정을 해서는 안 된다.

40 다음 중 예화법에 해당하는 계약 체결 기법은?

출제빈도 ★★★　최신출제유형

① 건강은 어떠신가요? 보험 만기는 10년이 괜찮으시죠?

② 상담은 언제가 좋으십니까? 두 시에 하시겠습니까, 세 시에 하시겠습니까?

③ 아드님이 현재 고등학생이죠? 그럼 수익자는 아드님으로 할까요?

④ 기준금리가 또 떨어질 것이기 때문에 지금 가입하시는 것이 유리합니다.

⑤ 영업팀 소태희 실장님도 가입하셨습니다.

41 다음 중 정기점검 및 사후관리에 대한 설명으로 옳지 않은 것은?

출제빈도 ★　최신출제유형

① 자산관리사는 긍정적 피드백과 발전적 피드백을 고객의 상황에 맞게 해주어야 한다.

② 투자에 관한 점검 사항으로는 고객의 수입원 변화, 경제상황의 변화 점검 등이 있다.

③ 고객의 재무목표, 건강상태의 변화를 정기적으로 점검해야 한다.

④ 자산관리사는 실행 중인 대안들을 정기적으로 점검하고 있다는 것을 고객에게 고지해야 한다.

⑤ 개인 재무설계의 마지막 단계는 정기점검 및 사후관리 단계이다.

정답 및 해설

37　④　근로소득지의 재무설계 제안에 해당한다.

38　①　'가, 나'는 적절한 제안이다.
　　　　다. 은퇴 시점의 실물자산과 금융자산의 비율을 조정해야 한다.
　　　　라. 금융상품을 통해 효과적으로 자산을 이전해야 한다.
　　　　마. 수익성 상가와 연금보험을 비교하여 더 나은 노후생활을 위한 자금마련을 고민해야 한다.
　　　　바. 근로소득자의 경우에 퇴직 후 창업에 대해 고민해야 한다.

39　③　감성을 자극하는 스토리텔링을 제공해야 한다.

40　⑤　①③ 묵시적 동의법에 해당한다.
　　　　② 양자택일법에 해당한다.
　　　　④ 손해암시법에 해당한다.

41　②　정기점검 내용은 크게 고객에 관한 사항과 투자에 관한 사항으로 구분되는데, 고객의 수입원 변화는 고객에 관한 사항에 포함된다.

■ 출제경향 및 학습전략

경제동향분석 및 예측은 제1과목 전체 40문제 중 총 15문제가 출제된다.

경제동향분석 및 예측의 경우 생산물시장과 노동시장, 대부자금시장, 외환시장, 경제동향분석과 경기변동
은 비슷한 비중으로 자주 출제된다. 암기 위주의 학습을 해도 문제가 없지만, 내용을 이해할 경우 훨씬 수
월하게 학습할 수 있는 부분이다. 가능하면 이해하며 학습하되 이해가 어려울 경우 암기를 병행하는 학습
이 필요하다.

■ 빈출포인트

구 분	문제번호	빈출포인트	출제빈도	페이지
개방경제하에서의 거시경제 (7%)	01	개방경제하의 거시경제 모형	★★★	p.42
생산물시장과 노동시장 (26%)	02	국민소득 순환	★★	p.42
	03~04	생산물시장	★★★	p.43
	05	노동시장	★★	p.44
	06~07	물가와 실업	★★★	p.44
	08	재정정책	★★★	p.45
대부자금시장 (20%)	09	통 화	★	p.45
	10~12	통화정책	★★★	p.46~47
	13~14	이자율	★★★	p.47~48
외환시장 (20%)	15~16	외환과 환율	★★★	p.48~49
	17	국제수지표	★★	p.49
경제동향분석과 경기변동 (20%)	18~19	경제동향분석	★★	p.50
	20~21	외부충격과 경제동향분석	★★★	p.51
	22	경기와 경기변동	★★	p.52
경기예측 (7%)	23~25	경기예측	★★	p.52~53

제1과목 **자산관리 기본지식**

· · · · ·

제2장
경제동향분석 및 예측

✓ 개념완성문제를 통해 은행FP 자산관리사 시험에 나오는 개념을 이해할 수 있습니다.

✓ 다시 봐야 할 문제(틀린 문제, 풀지 못한 문제, 헷갈리는 문제 등)는 문제 번호 하단의 네모박스(□)에 체크하여 반복학습 할 수 있습니다.

개방경제하의 거시경제 모형   출제빈도 ★★★

01 다음 중 개방경제하의 거시경제 모형에 대한 설명으로 옳지 않은 것은?

□

① 개방경제하에서 거시경제 모형은 4개의 시장과 5개의 경제주체로 이루어져 있다.

② 4개의 시장에는 생산물시장, 요소시장, 대부자금시장, 외환시장이 있다.

③ 5개의 경제주체에는 가계, 기업, 정부, 해외, 중앙은행이 있다.

④ 요소시장의 총수요와 총공급이 일치하는 점에서 균형 실질GDP와 물가가 결정된다.

⑤ 가계는 대부자금시장에서 대부자금의 공급자 역할을 한다.

국민소득 순환   출제빈도 ★★

02 다음 중 국민소득 순환모형에 대한 설명으로 옳지 않은 것은?

□

① 2부문 소득순환모형은 생산물시장, 요소시장, 가계부문, 기업부문만이 존재하는 가장 단순한 모형이다.

② 폐쇄경제 순환모형은 3부문에 대부자금시장을 추가한 모형이다.

③ 3부문은 2부문에 정부부문을 추가한 모형이다.

④ 개방경제하의 순환모형은 폐쇄경제 순환모형에서 해외부문과 중앙은행 등을 고려한 모형이다.

⑤ 민간 순저축이 증가하고 재정수지가 감소한다면 상품·서비스수지는 흑자가 된다.

정답 및 해설

01 ④ 생산물시장의 총수요와 총공급이 일치하는 점에서 균형 물가와 실질GDP가 결정되며, 요소시장의 총수요와 총공급이 일치하는 점에서 실질임금과 고용량이 결정된다.

02 ⑤ '상품·서비스수지 = 민간 순저축 + 재정수지'이기에 민간 순저축이 증가하고 재정수지가 감소한다면 상품·서비스수지는 알 수 없다.

생산물시장

03 다음 중 총공급에 대한 설명으로 옳지 <u>않은</u> 것은?

☐

① 단기 총공급곡선은 우상향한다.

② 단기 총공급곡선은 경제활동인구 수와 음의 관계이다.

③ 물가에 대한 장기 총공급곡선은 비탄력적이다.

④ 장기 총공급곡선은 경제활동참가율이 증가할 경우 우측으로 이동한다.

⑤ 노동시장에서 결정되는 고용량, 자본스톡, 생산기술에 의하여 장기 총공급의 크기가 결정된다.

생산물시장

04 다음 중 물가가 하락할 때 총수요량이 증가하는 이유가 <u>아닌</u> 것은?

☐

① 기술진보 효과

② 실질통화 공급 효과

③ 구매력 효과

④ 순수출 효과

⑤ 부의 효과

정답 및 해설

03 ② 단기 총공급곡선은 경제활동인구 수와 양의 관계이다. (우측 이동)

04 ① 기술진보 효과는 물가가 하락할 때 총수요량이 증가하는 이유가 아니다.

05 다음 중 노동시장에 대한 설명으로 옳지 <u>않은</u> 것은?

출제빈도 ★★

☐ ① 완전고용 상태에서의 실업률을 잠재실업률이라 한다.

② 노동공급곡선은 가로 축에 고용량, 세로 축에 실질임금의 평면에서 우상향한다.

③ 단기에는 자본량과 생산기술 등이 고정되어 있다.

④ 실질임금이 하락하면 기업의 노동수요량은 증가한다.

⑤ 단기에 노동고용량을 증가시킬 경우 총생산량은 체감적으로 증가한다.

물가와 실업

06 다음 중 인플레이션에 대한 설명으로 옳지 <u>않은</u> 것은?

출제빈도 ★★★

☐ ① 일회적인 물가상승은 인플레이션이 아니다.

② 순수출 증가는 수요견인 인플레이션의 원인이 된다.

③ 비용인상 인플레이션에 따라 물가가 상승하고 거래량이 증가한다.

④ 물가와 실업률이 상승하고 실질국민소득이 감소하는 것을 스태그플레이션이라 한다.

⑤ 진행형 인플레이션이란 비용인상 인플레이션이 또다시 비용인상 인플레이션이나 수요견인 인플레이션을 유발하는 것을 말한다.

물가와 실업

07 다음 중 노동의 수요와 공급이 일시적으로 일치되지 않아 생기는 실업은?

출제빈도 ★★★

☐ ① 마찰적 실업   ② 구조적 실업   ③ 자연적 실업

④ 계절적 실업   ⑤ 경기적 실업

정답 및 해설

05 ① 완전고용 상태에서의 실업률을 자연실업률이라 한다.

06 ③ 비용인상 인플레이션은 물가를 상승시키고 거래량을 감소시킨다.

07 ① 노동의 수요와 공급이 일시적으로 일치되지 않아 생기는 실업은 마찰적 실업이다.

08 다음 중 재정정책에 대한 설명으로 옳지 <u>않은</u> 것은?

① 재량적 재정정책은 정책 담당자의 판단에 의해 재정수입이나 지출이 변동하는 것을 말한다.

② 비재량적 재정정책은 자동안정화장치를 말한다.

③ 국채를 공개시장에서 매입할 경우 구축효과가 나타난다.

④ 국채를 중앙은행이 인수할 경우 구축효과가 발생하지 않는다.

⑤ 재정지출의 확대를 위한 재원을 조세로 조달할 경우에 나타나는 소비감소는 재정지출 확대효과를 완전히 상쇄하지 않는다.

> **용어 알아두기**
> **구축효과** 정부가 국채를 공개시장에 매각하는 등의 재정정책을 통해 이자율이 상승하여 민간부문의 소비·투자가 감소하는 효과를 말한다.

09 다음 중 금융기관유동성(L_f)에 해당하지 <u>않는</u> 것은?

① 현금통화

② 정부가 발행한 유동성 시장금융상품

③ 만기 2년 이상 금융상품

④ 요구불예금

⑤ 기타 예수금

> **용어 알아두기**
> **예수금** 거래처·종업원 등이 제3자에게 지급해야 할 금액을 회사가 미리 받아 대신 지급하기 위해 일시적으로 보관하는 경우의 그 미지급채무를 처리하는 계정을 말한다.

정답 및 해설

08 ③ 국채를 공개시장에서 매각할 경우 구축효과가 나타난다.

09 ② 정부가 발행한 유동성 시장금융상품은 광의유동성(L)에 해당한다.

출제빈도 ★★★

10 다음 중 통화정책에 대한 설명으로 옳지 <u>않은</u> 것은?

① 예금자의 현금보유비율은 요구불예금 이자율이 낮아질수록, 소득이 낮을수록 높아진다.

② 중앙은행의 공개시장조작이나 외환시장 개입을 통해 본원통화는 증가한다.

③ 지급준비율과 M_2 통화승수는 음(−)의 관계이다.

④ 중앙은행이 외환을 매도하거나 은행에 대출해줄 경우 본원통화는 감소한다.

⑤ 본원통화는 현금통화와 예금은행 시재금, 중앙은행 지준예치금의 합이다.

통화정책

출제빈도 ★★★

11 다음 중 통화정책에 대한 설명으로 옳지 <u>않은</u> 것은?

① 중앙은행이 대출금리를 높이면 통화공급이 감소한다.

② 중앙은행이 외환시장에서 외환을 매도하면 통화공급이 감소한다.

③ 다른 조건이 동일하다면 기준금리가 상승할 경우 환율이 하락할 것이다.

④ 통화정책 담당자가 경제기조가 변동했다는 것을 인식하는 데 걸리는 시간이 변경된 통화정책의 효과가 완전하게 나타나는 데 걸리는 시간보다 길다.

⑤ 한국은행은 물가안정목표를 달성하기 위해 환매조건부채권 금리를 운용목표로 한다.

정답 및 해설

10 ④ 중앙은행이 은행에 대출할 경우 본원통화는 증가한다.

11 ④ 통화정책 담당자가 경제기조가 변동했다는 것을 인식하는 데 걸리는 시간이 변경된 통화정책의 효과가 완전하게 나타나는 데 걸리는 시간보다 짧다.

12 1998년 한국은행법 개정 이후 한국은행이 통화정책의 기준으로 채택하고 있는 방식으로 옳은 것은?

① 환율목표제　　　　　② 통화량목표제　　　　　③ 이자율목표제

④ 명목GDP목표제　　　⑤ 물가안정목표제

13 무위험이자율에 대한 설명으로 옳지 <u>않은</u> 것은?

① 실질이자율의 기초가 되는 이자율로서, 위험, 만기 등의 보상(Premium)이 없는 경우의 이자율이다.

② 무위험이자율은 한 사회의 화폐에 대한 시간선호율을 나타낸다.

③ 무위험이자율이 높을수록 현재 소비를 줄이고 저축을 많이 할 것이다.

④ 현재 소비와 미래 소비에 대한 상충관계를 반영하지 못한다.

⑤ 실질이자율의 변동에 영향을 미치는 요인에는 무위험이자율 이외에 위험, 조세·정부보조, 만기가 있다.

정답 및 해설

12　⑤　한국은행은 최종목표인 물가상승률 자체를 통화정책의 기준지표로 하는 물가안정목표제 방식을 채택하고 있다.

13　④　현재 소비와 미래 소비에 대한 상충관계를 반영한다.

14 다음 중 대부자금의 실질이자율 결정에 대한 설명으로 옳지 <u>않은</u> 것은?

① 대부자금의 공급곡선은 실질GDP가 증가할 경우 이동한다.

② 정부의 재량적 조세징수가 늘어나면 대부자금의 수요곡선은 좌측으로 이동한다.

③ 국내 국가위험이 증가한다면 대부자금 공급곡선은 좌측으로 이동한다.

④ 기업에 대한 규제가 증가한다면 대부자금의 수요는 감소한다.

⑤ 이자율이 상승할 것이라고 기대된다면 대부자금의 수요곡선은 좌측으로 이동한다.

15 다음 중 환율에 대한 설명으로 옳지 <u>않은</u> 것은?

① 자국통화 표시환율은 외국통화를 기준으로 외국통화 1단위당 교환되는 자국통화의 단위량을 말한다.

② 실질환율이 높으면 상대적으로 자국의 재화가 상대국의 재화보다 비싸다.

③ 선도환율은 거래일로부터 2영업일을 초과해 결제되는 외환거래에 적용되는 환율을 말한다.

④ 자국통화가 개입되지 않은 외국통화 간의 환율을 교차환율이라 한다.

⑤ European Term 방식은 미 1달러를 기준으로 외국통화의 교환비율을 표시하는 방법으로 대부분의 국제 외환시장에서 사용하고 있다.

정답 및 해설

14 ⑤ 이자율 상승에 대한 기대는 대부자금의 수요곡선을 우측으로 이동시킨다.

15 ② 실질환율이 높으면 상대적으로 자국의 재화가 상대국의 재화보다 싸다.

16 다음 중 환율 상승의 원인으로 옳은 것은?

① 국내 실질GDP 상승

② 국내 실질이자율 상승

③ 국내 물가 하락

④ 민간수지 흑자

⑤ 국내 투자수익률 상승 기대

17 다음 중 국제수지표에 대한 설명으로 옳지 않은 것은?

① 국제수지표란 일정 시점에서 한 나라의 거주자와 비거주자 간에 발생한 모든 경제적 거래를 기록하고 정리한 표이다.

② 복식부기 방식으로 작성된다.

③ 이전거래와 같이 대가를 지급하지 않는 일방적인 거래도 별도의 항목을 설정해 작성해야 한다.

④ 경상계정에는 상품수지, 서비스수지, 본원소득수지, 이전소득수지가 포함된다.

⑤ 준비자산의 증감은 자본·금융계정에 기록한다.

정답 및 해설

16　①　국내 실질GDP의 상승은 환율 상승의 원인이다.

17　①　국제수지표란 일정 시점이 아닌 일정 기간 동안 한 나라의 거주자와 비거주자 간에 발생한 모든 경제적 거래를 체계적으로 기록·정리한 표이다.

18 다음 중 4시장 모형에 대한 설명으로 옳지 <u>않은</u> 것은?

출제빈도 ★★

① 물가가 상승할 경우 기업 생산물의 공급이 증가한다.

② 환율이 하락하면 수출이 감소한다.

③ 대부자금의 수요가 증가하면 실질이자율이 상승한다.

④ 생산물시장에서 총공급이 증가할 경우 실업률이 감소한다.

⑤ 자국통화에 대한 수요가 증가하면 수입이 감소한다.

19 다음 중 4시장의 경제상태분석에 대한 설명으로 옳지 <u>않은</u> 것은?

출제빈도 ★★

① 잠재GDP가 실제GDP보다 클 경우 인플레이션 없이 실질GDP가 증가할 수 있다.

② 노동수요곡선은 우하향하는 형태를 갖는다.

③ 실질임금이 하락하면 노동공급량은 감소한다.

④ 대부자금수요의 실질이자율 탄력성이 작을수록 통화정책의 효과는 커진다.

⑤ 낮은 실질임금 수준에서는 노동공급의 실질임금에 대한 탄력성이 크다.

정답 및 해설

18 ⑤ 자국통화에 대한 수요가 증가하면 환율이 하락하고 수입이 증가한다.

19 ④ 대부자금수요의 실질이자율 탄력성이 작을수록 통화정책의 효과는 작아진다.

출제빈도 ★★★

20 다음 중 확장적 재정정책의 파급효과에 대한 설명으로 옳지 <u>않은</u> 것은?

① 대부자금시장의 수요곡선은 비탄력적이고 공급곡선은 탄력적인 형태를 보인다.

② 정부가 국채를 매각할 경우 대부자금수요가 증가하고 이자율이 상승한다.

③ 지급준비율을 낮출 경우 통화공급이 증가하여 균형거래량이 늘어난다.

④ 노동시장에서 생산물이 증가하고 노동수요곡선이 우측으로 이동한다.

⑤ 국가 간 자본이동성이 낮을 경우 재정지출의 증가가 자본·금융계정에 미치는 영향이 경상계정에 미치는 영향보다 적다.

용어 알아두기

지급준비율 금융기관의 예금총액에 대한 현금준비 비율을 의미하며, 지급준비율을 높일 경우 금융기관이 보다 많은 현금을 지급준비해야 하므로 통화공급이 감소하게 된다.

출제빈도 ★★★

21 다음 중 확장적 재정정책에 따른 거시경제 변수의 변화로 옳지 <u>않은</u> 것은?

① 실질GDP – 증가

② 고용량 – 증가

③ 통화공급량 – 증가

④ 실질이자율 – 상승

⑤ 실질환율 – 하락

정답 및 해설

20 ③ 지급준비율을 낮추는 정책은 확장적 재정정책의 파급효과가 아니라 확장적 통화정책의 파급효과에 해당한다.

21 ③ 통화공급량은 변화없다.

22 다음 중 경기변동에 대한 설명으로 옳지 <u>않은</u> 것은?

① 회복기, 정점, 수축국면, 저점의 4단계로 구분된다.

② 일반적으로 국민경제 활동 수준이 3분기 이상 장기추세선을 상회할 경우 확장국면으로 본다.

③ 정점에서 정점까지를 주기, 정점에서 저점까지를 진폭이라 한다.

④ 경기 확장국면에서는 GDP 갭이 양(+)의 값을 가진다.

⑤ 경기변동은 비체계적으로 변동한다.

23 다음 중 개별경제지표에 대한 설명으로 옳지 <u>않은</u> 것은?

① 가장 기본적인 경기분석기법이다.

② 전체 경기의 움직임을 포괄적으로 파악할 수 있다.

③ 분석이 개인의 주관에 의해 달라질 수 있다.

④ 가계소비, 기업투자, 조세는 총수요와 관련된 경기순응적인 지표이다.

⑤ 금융 관련 지표로는 한국은행의 통화지표·외환보유고와 금융투자협회의 회사채수익률 등이 있다.

정답 및 해설

22 ② 일반적으로 국민경제 활동 수준이 2분기 이상 장기추세선을 상회할 경우 확장국면으로 본다.

23 ② 전체 경기의 움직임을 포괄적으로 파악하기 어렵다.

24 다음 중 경기순응 경제지표 행태에 해당하는 것으로 모두 묶인 것은?

가. 가계소비	나. 기업투자	다. 소비자물가지수
라. 노동생산성	마. 실업률	

① 가

② 가, 나

③ 가, 나, 다

④ 가, 나, 다, 라

⑤ 나, 다, 라, 마

25 다음 중 경기종합지수를 이용한 경기예측 시 주의사항으로 옳지 않은 것은?

① 경기종합지수는 경기변동의 상황 판정에 대한 명확한 기준이 없기에 해석 시 주의한다.

② 경기종합지수는 장기적인 경기추세와 경기의 움직임을 동시에 포함하고 있다.

③ 각 구성지표의 움직임을 따로 파악해야 한다.

④ 동행종합지수 순환변동치와 선행종합지수 전년동월비는 움직이는 방향보다는 증감률과 진폭 등이 큰 의미를 갖는다.

⑤ 일시적 변동이 있을 수 있으니 일정 기간의 추세를 고려해야 한다.

정답 및 해설

24 ④ '가, 나, 다, 라'는 경기순응 경제지표 행태에 해당한다.
　　 마. 실업률은 경기역행 경제지표 행태에 해당한다.

25 ④ 동행종합지수 순환변동치와 선행종합지수 전년동월비는 증감률보다 움직이는 방향에 의미가 있다.

✓ 출제예상문제를 통해 다양한 은행FP 자산관리사 문제를 풀어볼 수 있습니다.

✓ 다시 봐야 할 문제(틀린 문제, 풀지 못한 문제, 헷갈리는 문제 등)는 문제 번호 하단의 네모박스(□)에 체크하여 반복학습 할 수 있습니다.

출제빈도 ★   최신출제유형

01 다음 중 거시경제에서의 단기와 장기에 대한 설명으로 옳은 것은?

□
   ① 단기에서의 가격과 임금은 신축적이다.

   ② 단기의 생산요소는 완전고용이 달성된다.

   ③ 장기에서의 가격과 임금은 경직적이다.

   ④ 장기의 생산요소는 불완전고용이 될 수 있다.

   ⑤ 최장기의 경우 생산요소의 총량이 가변적이다.

출제빈도 ★

02 생산물시장에서 결정되는 것으로 옳지 <u>않은</u> 것은?

□
   ① 균형 실질GDP와 물가

   ② 경제성장률

   ③ 요소소득

   ④ 물가상승률

   ⑤ 소득분배

출제빈도 ★★

03 다음 중 거시경제의 4시장에 대한 설명으로 옳지 <u>않은</u> 것은?

□
   ① 생산물시장에서는 균형 실질GDP와 물가가 결정된다.

   ② 요소시장에서는 균형 이자율과 자금거래량이 결정된다.

   ③ 생산요소에는 자원, 자본, 노동, 기업가가 있다.

   ④ 중앙은행의 정책, 가계 저축, 이자율 등은 대부자금시장에 영향을 미치는 요인들이다.

   ⑤ 외환시장에서는 균형 환율과 외환거래량이 결정된다.

출제빈도 ★★★

04 다음 중 거시경제에서 가정하는 가계부문의 기능으로 모두 묶인 것은?

□

> 가. 해외에서 수입한 재화와 용역의 수요   나. 정부부문에 조세 납부
> 다. 생산요소의 수요   라. 대부자금시장에서 대부자금의 공급
> 마. 기업부문에서 생산하는 재화 및 용역의 수요

① 가, 다   ② 나, 다, 라   ③ 가, 나, 라, 마

④ 나, 다, 라, 마   ⑤ 가, 나, 다, 라, 마

출제빈도 ★★

05 다음 중 개방경제하의 거시경제 모형의 가정으로 옳지 <u>않은</u> 것은?

□

① 장기라고 명시적으로 언급하지 않는다면 단기로 가정한다.

② 모형을 확대하면서 새로운 변수나 구성요소가 추가될 때에만 그 변수나 구성요소를 고려한다.

③ 저축, 투자, 조세 등 필수요소들은 모형에서 반드시 고려한다.

④ 거시경제 변수 사이의 관계를 설명할 때에는 Ceteris Paribus를 가정한다.

⑤ 단기에 실물과 화폐의 교환비율은 1:1로 가정한다.

정답 및 해설

01 ⑤ ① 단기에서의 가격과 임금은 경직적이다.
      ② 단기의 생산요소는 불완전고용이 된다.
      ③ 장기에서의 가격과 임금은 신축적이다.
      ④ 장기의 생산요소는 완전고용이 될 수 있다.

02 ③ 요소소득은 요소시장에서 결정된다.

03 ② 요소시장에서는 균형 실질임금과 고용량이 결정된다.

04 ③ '가, 나, 라, 마'는 가계부문의 기능에 해당한다.
      다. 생산요소의 공급이 가계부문의 기능이며, 생산요소의 수요는 기업부문의 기능에 해당한다.

05 ③ 저축, 투자, 조세 등 거시경제 변수들이 모형에서 언급되지 않을 때에는 없다고 가정한다.

06 다음 중 국민소득의 순환에 대한 설명으로 옳지 <u>않은</u> 것은?

① 한 국가 내 모든 경제주체가 특정 시점에 새로이 생산한 재화와 서비스의 가치를 시장가격으로 평가하여 합산한 것을 국민소득이라 한다.

② 소득의 흐름 측면에서 국민소득은 최종생산물 생산에 공급된 생산요소의 대가인 요소소득으로 측정된다.

③ 지출의 흐름 측면에서 국민소득은 최종생산물에 대한 총지출로 측정된다.

④ 소득의 흐름 측면과 지출의 흐름 측면에서 측정된 국민소득은 동일하다.

⑤ 국민소득은 보통 국내총생산(GDP)으로 볼 수 있다.

07 다음 중 국민소득 순환모형에 대한 설명으로 옳지 <u>않은</u> 것은?

① 2부문 소득순환모형은 생산물시장과 요소시장, 가계, 기업부문만 존재하는 모형이다.

② 2부문에서 가계부문의 소비지출과 요소소득은 같다.

③ 3부문 소득순환모형은 2부문 소득순환모형에 정부부문을 추가한 모형이다.

④ 가계의 조세 납부를 통한 재정확보를 국민소득 순환모형에서 주입이라고 한다.

⑤ 3부문 순환모형에서의 국민소득은 소비와 재정지출의 합과 같다.

08 다음 중 폐쇄경제 국민소득 순환모형에 대한 설명으로 옳지 <u>않은</u> 것은?

① 3부문 모형에 대부자금시장이 추가된 모형이다.

② 지출의 흐름 측면에서 국민소득은 소비, 국내투자, 재정지출의 합이다.

③ 소비의 흐름 측면에서 가처분소득은 국민소득에서 조세를 차감한 값이다.

④ 국내총생산에 대한 지출은 국민소득의 처분과 같다.

⑤ 국민소득은 소비, 저축의 합이다.

出题频度 표시 ★★

09 다음 중 개방경제하의 국민소득 순환모형에 대한 설명으로 옳지 <u>않은</u> 것은?

① 가계, 기업, 정부, 해외부문, 중앙은행의 5개 경제주체가 존재한다.

② 순수출은 국내총생산에서 재정지출을 뺀 값이다.

③ 국민소득은 가계소비, 국내투자, 재정지출, 순수출의 합과 같다.

④ 생산물, 요소, 대부자금, 외환시장의 4개 시장이 존재한다.

⑤ 상품·서비스수지는 민간 순저축과 재정수지의 합과 같다.

出题频度 표시 ★★

10 다음 중 개방경제하의 국민소득 순환모형에 대한 설명으로 옳지 <u>않은</u> 것은?

① 상품·서비스수지가 흑자인 경우에는 자본·금융계정의 유출이 상품·서비스계정의 유입과 같아진다.

② 상품·서비스수지가 흑자일 경우에는 국내 생산이 증가하고 중앙은행의 준비자산을 증가시킬 수 있다.

③ 상품·서비스수지는 국내총저축에서 국내투자를 차감한 값이다.

④ 민간에서 투자보다 저축을 많이 했지만, 재정수지가 적자일 경우에 상품·서비스수지는 적자가 된다.

⑤ 순대외투자는 국내총생산에서 국내총지출을 차감한 것을 의미한다.

정답 및 해설

06	①	모든 경제주체가 일정 기간 동안에 새로이 생산한 재화와 서비스의 가치를 시장가격으로 평가하여 합산한 것을 국민소득이라 한다.
07	④	가계의 국세 납부를 통한 재정확보를 국민소득 순환모형에서 누출이라고 한다.
08	⑤	국민소득은 소비, 저축, 조세의 합이다.
09	②	순수출은 국내총생산에서 국내총지출(가계소비＋국내투자＋재정지출)을 뺀 값이다.
10	④	'저축 – 국내투자'가 양의 값이고, 재정이 음의 값이기 때문에 상품·서비스수지는 알 수 없다.

11 **다음 중 생산물시장의 총공급에 대한 설명으로 옳지 <u>않은</u> 것은?**

① 총공급은 주어진 물가와 임금 수준에서 기업이 공급하려 하는 재화·용역의 총생산물이다.

② 총공급의 크기는 고용량, 자본, 생산기술에 의해 결정된다.

③ 가계는 노동시장에서 실질임금에 따라 노동을 공급한다.

④ 기업은 생산물시장에서 가격, 원가 등을 고려하여 공급량을 결정한다.

⑤ 생산물시장의 총공급곡선은 실질임금과 노동공급량의 평면에서 나타난다.

12 **다음 중 총수요에 대한 설명으로 옳지 <u>않은</u> 것은?**

① 총수요곡선은 물가와 실질국민소득의 좌표평면에서 우하향하는 형태이다.

② 물가가 하락하면 실질통화의 공급이 증가하여 실질이자율은 하락한다.

③ 물가 이외의 요인이 변동하면 총수요량이 변화한다.

④ 중앙은행이 통화공급을 증가시키면 총수요가 증가하여 총수요곡선은 우측으로 이동한다.

⑤ 상대물가가 상승하면 순수출이 감소하여 총수요곡선은 좌측으로 이동한다.

13 **다음 중 생산물시장의 단기 총공급곡선의 이동 요인이 <u>아닌</u> 것은?**

① 임금 하락   ② 총수요 증가 예상   ③ 물가 상승

④ 기술 발전   ⑤ 기업투자 증가

14 **다음 중 생산물시장의 장기 총공급곡선의 이동 요인은?**

① 총수요 증가 기대   ② 자연재해   ③ 인구 증가

④ 석유 공급의 중단   ⑤ 환율 상승

출제빈도 ★★

15 다음 중 생산물시장에서 물가가 하락하면 총수요량이 증가하는 이유가 <u>아닌</u> 것은?

☐ ① 구매력 효과　　　　② 명목통화 공급 효과　　　③ 부의 효과

④ 순수출 효과　　　　⑤ 실질이자율 하락 효과

출제빈도 ★★　최신출제유형

16 총수요의 변동요인으로 옳지 <u>않은</u> 것은?

☐ ① 가계의 소비지출　　② 기업의 총투자지출　　　③ 정부의 재정지출

④ 인적자본에 대한 투자　⑤ 순수출

정답 및 해설

11　⑤　생산물시장의 총공급곡선은 물가와 실질GDP의 평면에서 나타난다.

12　③　물가 이외의 요인이 변동하면 총수요가 변동한다.

13　③　물가 변동은 총공급곡선의 이동이 아닌 총공급량의 변화를 가져오는 요인이다.

14　③　인구증가는 생산물시장의 장기 총공급곡선의 이동 요인이다.
　　　　① ② ④ ⑤ 단기 총공급곡선의 이동 요인이다.

15　②　명목통화 공급 효과가 아닌 실질통화 공급 효과가 나타난다.

16　④　총수요의 변동요인에는 가계의 소비지출, 기업의 총투자지출, 정부의 재정지출, 순수출이 있다.

17 다음 중 생산물시장의 총수요곡선에 대한 설명으로 옳지 <u>않은</u> 것은?

① 실질이자율의 상승은 총수요곡선을 우측으로 이동시킨다.

② 가계 부채가 증가할 경우, 총수요곡선은 좌측으로 이동한다.

③ 가계의 부의 증가는 총수요와 정(+)의 관계를 나타낸다.

④ 소득세의 증가는 총수요곡선을 좌측으로 이동시킨다.

⑤ 가계의 실질소득이 증가할 경우, 총수요곡선은 우측으로 이동한다.

18 다음 중 생산물시장의 총수요곡선에 대한 설명으로 옳지 <u>않은</u> 것은?

① 기술의 발전은 투자의 증가를 가져온다.

② 실질이자율이 상승한다면 투자지출은 감소할 것이다.

③ 미래 물가가 상승할 것으로 기대된다면 총수요곡선은 좌측으로 이동할 것이다.

④ 실질소득과 투자지출은 정(+)의 관계에 있다.

⑤ 정부는 재량적 지출을 통해 총수요를 증가시킬 수도 있지만 감소시킬 수도 있다.

19 다음 중 생산물시장에서 순수출이 감소하는 요인은?

① 환율 상승

② 상대물가 상승

③ 자국의 관세 강화

④ 자국의 실질이자율 하락

⑤ 상대국 실질국민소득의 상대적 증가

20 다음 중 물가와 실질국민소득에 대한 설명으로 옳지 <u>않은</u> 것은?

① 물가와 실질국민소득은 총수요와 총공급이 일치하는 균형점에서 결정된다.

② GDP 갭이 양(+)의 값이면 경기가 과열되어 인플레이션이 가속화된다.

③ 양(+)의 GDP 갭은 실제GDP가 잠재GDP를 초과한 상태를 의미한다.

④ 음(−)의 GDP 갭은 한 나라가 최대한 생산할 수 있는 수준 미만에서 생산하고 있음을 의미한다.

⑤ GDP 갭이 양(+)의 값이면 실업률을 증가시키지 않고 실질GDP를 증가시킬 수 있다.

출제빈도 ★★

21 다음 중 노동시장에 대한 설명으로 옳지 <u>않은</u> 것은?

① 단기에는 자본과 기술은 생각하지 않고 노동만을 고려한다.

② 단기에 고용량을 증가시킬 경우에 노동의 한계생산량은 양(+)의 값을 갖는다.

③ 단기에 고용량을 증가시키면 노동의 한계생산량은 체증한다.

④ 단기에 고용량을 증가시키면 노동의 총생산량은 체감하면서 증가한다.

⑤ 실질임금은 노동자가 여가를 포기하고 노동을 제공하여 받는 기회비용이다.

정답 및 해설

17 ① 실질이자율의 상승은 총수요곡선을 좌측으로 이동시킨다.

18 ③ 미래 물가가 상승할 것으로 기대된다면 총수요곡선은 우측으로 이동할 것이다.

19 ② 상대물가 상승은 생산물시장에서 순수출이 감소하는 요인이다.
① ③ ④ ⑤ 순수출이 증가하는 요인이다.

20 ⑤ GDP 갭이 음(−)의 값이면 실업률을 증가시키지 않고 실질GDP를 증가시킬 수 있다.

21 ③ 단기에 고용량을 증가시키면 노동의 한계생산량은 체감한다.

22 다음 중 노동시장에 대한 설명으로 옳지 <u>않은</u> 것은?

① 실질임금이 하락하면 노동공급량은 감소하게 된다.

② 실질임금이 높아질수록 여가에 대한 기회비용이 상승하게 된다.

③ 실질임금의 변동은 노동공급곡선에 영향을 준다.

④ 완전고용이 달성되어 생산하는 총생산을 잠재GDP라 한다.

⑤ 자연실업률이 존재할 경우, 기대 인플레이션율과 실제 인플레이션율이 같다.

23 다음 중 인플레이션에 대한 설명으로 옳지 <u>않은</u> 것은?

① 임금 상승, 자연재해 등은 비용인상 인플레이션의 원인이 된다.

② 총공급곡선이 수직일 때의 인플레이션은 실질국민소득 증가와 물가상승이라는 상반된 효과를 가져온다.

③ 가계에 대한 조세부담 완화는 수요견인 인플레이션을 가져온다.

④ 비용인상 인플레이션은 총공급의 감소로 발생하는 인플레이션이다.

⑤ 단발적인 물가상승은 인플레이션이 아니다.

24 다음 중 인플레이션에 대한 설명으로 옳지 <u>않은</u> 것은?

① 비용인상 인플레이션에 따라 물가와 실업률은 상승하고 실질국민소득은 하락하는 현상을 스태그플레이션이라고 한다.

② 수요견인 인플레이션이 비용인상 인플레이션으로 인하여 발생하는 것을 진행형 인플레이션이라 한다.

③ 비용인상 인플레이션이 수요견인 인플레이션으로 인하여 발생하는 것을 진행형 인플레이션이라 한다.

④ 통화량이 잠재GDP보다 빠르게 증가할 때 인플레이션이 발생한다.

⑤ 장기적인 물가상승은 총수요, 총공급곡선을 통해 파악할 수 있다.

25 다음 중 인플레이션의 문제점에 대한 설명으로 옳지 <u>않은</u> 것은?

☐   ① 채무자보다 채권자가 유리해지며 부가 재분배된다.

    ② 가격기구의 기능을 저하시켜 효율적 자원배분을 어렵게 한다.

    ③ 조세체계를 변화시켜 저축, 투자에 관한 의사결정을 왜곡시키고 근로의욕을 감소시킨다.

    ④ 현금보유에 따른 기회비용이 높아질 수 있어 이를 위한 비용을 발생시킨다.

    ⑤ 자국의 상대적 인플레이션율의 증가가 같은 크기의 환율 상승으로 상쇄되지 않는다면 국제경쟁력이 약화될 수 있다.

26 다음 중 실업에 대한 설명으로 옳지 <u>않은</u> 것은?

☐   ① 노동가능인구는 경제활동인구와 비경제활동인구의 합이다.

    ② 경제활동인구는 실업자와 취업자의 합이다.

    ③ 경제활동참가율은 경제활동인구를 노동가능인구로 나눈 값이다.

    ④ 고용률은 취업자를 노동가능인구로 나눈 값이다.

    ⑤ 실업률은 실업자를 노동가능인구로 나눈 값이다.

정답 및 해설

22	③	실질임금의 변화는 노동공급량에 영향을 주고, 실질임금 이외 요소의 변화는 노동공급곡선에 영향을 준다.
23	②	총공급곡선이 수직일 때는 실질소득의 변화 없이 물가만 상승하게 된다.
24	⑤	장기적이고 지속적인 물가상승은 총수요, 총공급곡선으로 설명되지 못한다.
25	①	채무자가 채권자보다 유리하게 되는 부의 재분배가 일어난다.
26	⑤	실업률은 실업자를 경제활동인구로 나눈 값이다.

27 다음 중 실업에 대한 설명으로 옳은 것은?

① 마찰적 실업은 요구되는 기술의 변화 등의 이유로 발생하는 실업이다.

② 구조적 실업은 노동 수요·공급의 일시적 불일치로 생기는 실업이다.

③ 주어진 임금 수준에서 일할 의사가 있지만 능력이 없고 취업의 기회가 주어지지 않은 상태를 실업이라 한다.

④ 매월 15일이 속한 1주일 동안 수입을 목적으로 1시간 이상 일한 사람을 취업자로 분류한다.

⑤ 경기적 실업은 경기확장기와 수축기에 증가하는 실업이다.

28 다음 중 자연실업률에 대한 설명으로 옳지 <u>않은</u> 것은?

① 잠재GDP 수준하에서 발생하는 실업률을 말한다.

② 사회관습 등과 관계없이 현실적이고 실질적으로 발생되는 실업이다.

③ 자연실업률 상태에서는 인플레이션과 실업률과의 상충관계가 없다.

④ 계절적, 경기적 실업 없이 마찰적, 구조적 실업만 존재하는 상태이다.

⑤ 완전고용 상태에서 발생하는 실업률을 말한다.

29 다음 중 자연실업률에 대한 설명으로 옳은 것은?

① 자연실업률일 때 장기필립스곡선은 인플레이션율과 실업률의 평면에서 수평인 형태를 보인다.

② 재정정책은 장기적으로 물가나 화폐임금 등 명목변수에 영향을 주지 못한다.

③ 실업률을 자연실업률 이하로 감소시키기 위한 정책은 장단기적으로 무의미하다.

④ 자연실업률은 구조적 정책에 의해서만 변화될 수 있다.

⑤ 자연실업률에서 정부의 총수요관리정책은 산출량, 고용량에 영향을 미친다.

30 다음 중 잠재GDP를 결정하는 요인이 중요한 이유로 옳지 <u>않은</u> 것은?

① 완전고용하에서 실제GDP와 잠재GDP를 결정하는 요인들이 동일하다.

② 실제GDP의 평균 값은 잠재GDP와 같다.

③ 실제GDP는 일시적으로 잠재GDP를 초과할 수 있기 때문에 잠재GDP는 지속 가능한 총생산의 상한선 역할을 할 수 없다.

④ '잠재GDP < 실제GDP'이면 확장국면이다.

⑤ GDP 갭이 마이너스면 수축국면으로 판단할 수 있다.

31 다음 중 자연실업률의 변동에 대한 설명으로 옳지 <u>않은</u> 것은?

① 효율임금 증가 – 자연실업률 감소

② 경제구조 변화 – 자연실업률 증가

③ 최저임금 감소 – 자연실업률 감소

④ 실업급여 감소 – 자연실업률 감소

⑤ 젊은 연령인구 비율 증가 – 자연실업률 증가

정답 및 해설

27 ④ ① 구조적 실업은 요구되는 기술의 변화 등의 이유로 발생하는 실업이다.
② 마찰적 실업은 노동 수요·공급의 일시적 불일치로 생기는 실업이다.
③ 일할 의사와 능력이 있지만 취업의 기회가 주어지지 않은 상태를 실업이라 한다.
⑤ 경기적 실업은 경기확장기에는 감소하고 경기수축기에는 증가하는 실업을 말한다.

28 ② 노동시장의 효율성, 독점 정도, 사회관습 등의 경제여건에 따라 현실적, 실질적으로 발생되는 실업이다.

29 ④ ① 실업률의 평면에서 수직인 형태를 보인다.
② 물가 등 명목변수에 영향을 주고, 산출량이나 고용량에는 영향을 주지 못한다.
③ 단기적으로는 유효할 수 있다.
⑤ 총수요관리정책은 산출량, 고용량에 영향을 미치지 않는다.

30 ③ 실제GDP는 일시적으로 잠재GDP를 초과할 수 있기 때문에 잠재GDP는 지속 가능한 총생산의 상한선 역할을 할 수 있다.

31 ① 효율임금이 증가하면 자연실업률은 증가한다.

32 다음 중 필립스곡선에 대한 설명으로 옳지 않은 것은?

① 단기필립스곡선은 기대인플레이션(π^e)과 자연실업률이 일정하다는 가정 하에 인플레이션과 실업의 상충관계를 보여준다.

② 장기필립스곡선은 인플레이션과 실업률의 평면에서 수직인 형태를 보인다.

③ 기대인플레이션(π^e)이 상승할 경우, 단기필립스 곡선은 위쪽으로 평행이동한다.

④ 자연실업률이 상승하면 단기필립스곡선은 이동한다.

⑤ 자연실업률이 상승하면 장기필립스곡선은 이동하지 않는다.

33 다음 중 재정정책에 대한 설명으로 옳지 않은 것은?

① 재량적 재정정책이란 정책 담당자의 재량으로 기존 법의 수정 등을 통해 재정수입, 지출을 조정하는 것이다.

② 경기침체기에 실업급여를 제공하는 것을 자동안정화장치라고 한다.

③ 경기확장기에 세수가 증가하여 총수요를 억제하는 것을 비재량적 재정정책이라 한다.

④ 재정흑자로 민간 소비, 투자가 증가하여 총수요가 증가하는 피드백 효과가 나타나 전체적인 총수요가 증가한다.

⑤ 재정적자로 인해 발생한 부족자금을 조달하기 위해 국채를 공개시장에서 매각할 경우, 구축효과가 발생한다.

34 다음 중 재정정책에 대한 설명으로 옳은 것은?

① 정부가 조세를 통해 재원을 조달할 경우, 가계의 가처분소득이 감소하여 구축효과가 발생한다.

② 국채를 공개시장에 매각할 경우에 이자율 하락, 소비의 평활화로 구축효과가 발생한다.

③ 국채의 중앙은행 인수는 순수한 재정정책으로 통화공급에 변동이 없다.

④ 경제기조 변동에 따라 재정정책을 변경하는 데 걸리는 시간은 통상 통화정책에 비해 길다.

⑤ 정책 담당자가 경제기조의 변동을 인식하는 데 걸리는 시간은 재정정책의 변경 효과가 완전히 나타나는 데 걸리는 시간보다 짧다.

출제빈도 ★

35 다음 중 통화에 대한 설명으로 옳지 <u>않은</u> 것은?

① 우리나라는 금융상품의 다양성 정도에 따라 협의통화, 광의통화 등의 통화지표를 사용한다.

② 교환의 매개수단, 가치의 척도, 가치의 저장수단으로 사용된다.

③ 익명성이 보장되기 때문에 불법적 거래에서 훌륭한 가치저장 수단이다.

④ 통화가 너무 느리게 증가할 경우, 경기침체를 유발sw시킬 수 있다.

⑤ 거시경제에서의 통화는 형식 등에 의해 정의되지 않고 기능에 의해 정의된다.

출제빈도 ★ │ 최신출제유형

36 다음 중 광의통화에 해당하는 것은?

① 만기 2년 이상 금융상품

② 요구불예금

③ 정부가 발행한 유동성 시장금융상품

④ 기타 예수금

⑤ 기업이 발행한 유동성 시장금융상품

정답 및 해설

32 ⑤ 자연실업률이 상승하면 장단기필립스곡선은 우측으로 이동한다.

33 ④ 재정흑자로 민간 소비, 투자가 증가하여 총수요가 증가하는 피드백 효과가 나타나 전체적인 총수요는 감소한다.

34 ④ ① 조세의 일부는 소비감소, 일부는 저축감소로 납부되기에 불완전 구축효과가 나타난다.
   ② 이자율 상승, 소비의 평활화로 구축효과가 발생한다.
   ③ 국채의 중앙은행 인수는 재정정책과 통화정책이 혼합된 정책으로, 통화공급이 증가한다.
   ⑤ 재정정책의 변경 효과가 완전히 나타나는 데 걸리는 시간보다 길다.

35 ① 금융상품의 유동성에 따라 협의통화, 광의통화 등의 통화지표를 사용한다.

36 ② ① 만기 2년 이상 금융상품 – 금융기관유동성(Lf)
   ③ 정부가 발행한 유동성 시장금융상품 – 광의유동성(L)
   ④ 기타 예수금 – 금융기관유동성(Lf)
   ⑤ 기업이 발행한 유동성 시장금융상품 – 광의유동성(L)

37 화폐발행액이 200억원이고 지급준비금이 150억원이며 현금통화가 100억원인 경우, 본원통화는 얼마인가?

① 50억원   ② 100억원   ③ 250억원

④ 350억원   ⑤ 450억원

38 다음 중 통화공급 과정 중 본원통화에 대한 설명으로 옳지 <u>않은</u> 것은?

① 중앙은행은 공개시장조작, 외환시장 개입, 은행 대출 등을 통해 본원통화를 조절한다.

② 중앙은행이 재화, 용역을 매입할 경우에 본원통화는 증가한다.

③ 중앙은행이 외환을 매입할 경우에 본원통화는 증가한다.

④ 중앙은행이 은행에 대출해줄 경우에 본원통화는 감소한다.

⑤ 중앙은행이 주식을 매도할 경우에 본원통화는 감소한다.

39 다음 중 통화공급 과정에 대한 설명으로 옳지 <u>않은</u> 것은?

① 준통화비율은 M_2 통화승수와 정(+)의 관계이다.

② 지급준비율이 상승하면 M_2 통화승수는 증가한다.

③ '민간현금보유액 ÷ 요구불예금'이 증가하면 M_2 통화승수는 감소한다.

④ 지급준비율이 인하되면 가계소비가 증가한다.

⑤ '초과지급준비금 ÷ 요구불예금'은 M_2 통화승수와 음(-)의 관계이다.

출제빈도 ★★★

40 다음 중 통화정책에 대한 설명으로 <u>잘못</u> 연결된 것은?

□　① 차입지급준비금 이자율 하락 – 통화공급 증가

　　② 초과지급준비율 상승 – 통화공급 감소

　　③ 요구불예금 이자율 하락 – 통화공급 감소

　　④ 예금자 소득감소 – 현금보유비율 증가

　　⑤ 실질이자율 하락 – 초과지급준비율 상승

출제빈도 ★★★

41 다음 중 통화정책 수단에 대한 설명으로 올바르게 연결된 것은?

□　① 지급준비제도 : 지급준비율 상승 ⇨ 통화량 증가

　　② 공개시장조작 : 중앙은행 보유 증권 매도 ⇨ 통화량 증가

　　③ 공개시장조작 : 통화안정증권 발행 ⇨ 통화량 증가

　　④ 공개시장조작 : 금융기관으로의 대출금리 상승 ⇨ 통화량 증가

　　⑤ 외환시장 개입 : 외환 매입 ⇨ 통화량 증가

정답 및 해설

37　③　본원통화 = 현금통화 + 지급준비금 = 100억원 + 150억원 = 250억원
　　　　[참고] 본원통화 = 화폐발행액 + 지준예치금 = 현금통화 + 지급준비금 = 현금통화 + 시재금 + 지준예치금

38　④　중앙은행이 은행에 대출해줄 경우에 본원통화는 증가한다.

39　②　지급준비율이 상승하면 M_2 통화승수는 감소한다.

요 소	변동방향	M_2 통화승수	통화승수와의 관계
지급준비율	상 승	감 소	음(−)의 관계
현금보유비율	상 승	감 소	음(−)의 관계
준통화비율	상 승	증 가	정(+)의 관계
초과지급준비율	상 승	감 소	음(−)의 관계

40　①　차입지급준비금 이자율이 하락하면 초과지급준비율은 상승하고 이에 통화공급이 감소한다.

41　⑤　① 지급준비제도 : 지급준비율 상승 ⇨ 통화량 감소
　　　　② 공개시장조작 : 중앙은행 보유 증권 매도 ⇨ 통화량 감소
　　　　③ 공개시장조작 : 통화안정증권 발행 ⇨ 통화량 감소
　　　　④ 중앙은행의 대출제도 : 금융기관으로의 대출금리 상승 ⇨ 통화량 감소

42 다음 중 통화정책에 대한 설명으로 옳지 <u>않은</u> 것은?

① 중앙은행은 본원통화 또는 통화승수에 영향을 주어 통화공급을 변동시킨다.

② 기준금리 변경은 시장금리에 직접적으로 영향을 주어 통화공급을 변동시킨다.

③ 기준금리가 상승하면 소비는 줄고 저축은 늘어난다.

④ 일반적으로 통화정책은 침체된 경기를 부양하는 것보다 과열된 경기를 식히는 데 더 효과적이다.

⑤ 일반적으로 통화정책은 내부시차는 긴 편인 반면, 외부시차는 짧고 그 길이의 변화도 작은 편이다.

43 다음 중 실질이자율 변동 원인에 대한 설명으로 옳지 <u>않은</u> 것은?

① 무위험이자율은 화폐의 시간선호율을 나타낸 이자율로 현재와 미래 소비의 상충관계를 반영한다.

② 무위험이자율이 높을수록 현재 소비를 줄이고 저축을 많이 할 것이다.

③ 채무자의 채무상환 능력, 의지에 관한 위험 보상을 신용위험에 대한 보상이라 한다.

④ 조세는 실질이자율 하락 요인이고 정부보조는 실질이자율 상승 요인이다.

⑤ 같은 위험에서의 이자율과 만기의 체계적인 관계를 이자율의 기간구조라 한다.

44 다음 중 이자율에 대한 설명으로 옳지 <u>않은</u> 것은?

① 향후 이자율이 상승할 것으로 예상한다면 고정금리로 차입하는 것이 유리하다.

② 향후 이자율이 하락할 것으로 예상한다면 단기 자금을 차입하여 롤링오버하는 것이 유리하다.

③ 유동성프리미엄 이론하에서 수익률곡선이 우하향할 경우, 미래 단기이자율이 약간 하락할 것으로 기대한다고 본다.

④ 기대이론은 수익률곡선이 우상향하는 것을 설명하지 못한다.

⑤ 시장분할이론에서는 만기별 이자율이 시장의 수요와 공급에 의해 결정된다고 본다.

출제빈도 ★★★

45 다음 중 대부자금시장에서 실질이자율이 상승했을 때 공급의 변화로 옳지 <u>않은</u> 것은?

① 가계는 저축을 늘린다.

② 정부나 기업은 대부자금 공급량을 늘린다.

③ 대부자금 공급곡선은 우측으로 이동한다.

④ 화폐보유 비중이 감소한다.

⑤ 해외로부터 자금유입이 증가한다.

출제빈도 ★★★

46 다음 중 대부자금에 관한 실질이자율의 결정에 대한 설명으로 옳지 <u>않은</u> 것은?

① 가계부채 증가, 실질 부 감소 등은 대부자금 공급을 감소시킨다.

② 실질GDP 증가, 가계부채 증가, 조세부담 감소 등은 대부자금 공급을 증가시킨다.

③ 재정의 비재량적인 부분은 대부자금 공급에 영향을 미치는 주요인이 아니다.

④ 경상수지 흑자인 경우에는 해외부문의 국내 대부자금에 대한 수요가 증가한다.

⑤ 중앙은행 대출제도의 이자율을 낮추면 대부자금 공급이 증가한다.

정답 및 해설

42 ⑤ 일반적으로 통화정책은 내부시차는 짧고, 외부시차는 길며 그 길이의 변화도 큰 편이다.

43 ④ 조세는 실질이자율 상승 요인이고 정부보조는 실질이자율 하락 요인이다.

44 ③ 미래 단기이자율이 상당히 하락할 것으로 기대한다고 본다.

45 ③ 실질이자율의 변화는 공급곡선의 이동이 아닌 공급곡선상의 이동을 가져와 공급량이 변동한다.

46 ① 가계부채의 증가, 실질 부의 감소 등으로 인한 부정적인 미래 기대는 현재의 소비를 억제하고 저축을 증가시켜 대부자금 공급을 증가시킨다.

47 다음 중 대부자금시장에서 실질이자율이 하락했을 때의 수요의 변화로 옳지 <u>않은</u> 것은?

① 가계는 소비지출을 위한 대부자금 수요를 줄인다.

② 커버된 금리 차익거래를 실행할 수 있다.

③ 수요곡선은 이동하지 않는다.

④ 대부자금 수요량은 증가한다.

⑤ 대부자금 수요곡선은 우하향한다.

48 다음 중 대부자금시장에서의 수요에 대한 설명으로 옳지 <u>않은</u> 것은?

① 가계의 물가 상승 기대는 대부자금 수요를 증가시킨다.

② 가계의 이자율 상승 기대는 대부자금 수요를 증가시킨다.

③ 가계부채가 증가할 경우, 대부자금 수요는 감소한다.

④ 실질GDP가 증가하면 정부의 대부자금 수요는 감소한다.

⑤ 정부보조가 증가하면 해외부문으로부터 국내 대부자금에 대한 수요가 감소한다.

49 다음 중 외부충격과 대부자금 실질이자율에 대한 설명으로 옳지 <u>않은</u> 것은?

① 국내투자는 가계저축, 정부저축, 상품·서비스수지로 설명된다.

② 다른 조건이 일정하고 재정흑자일 때, 대부자금 공급곡선은 우측으로 이동하고 투자가 증가한다.

③ 다른 조건이 일정하고 재정적자일 때, 완전구축효과는 발생하지 않는다.

④ 확장적 통화정책은 실질이자율을 증가시킨다.

⑤ 경기변동과 대부자금 실질이자율 사이에는 강한 상관관계가 존재하지 않는다.

출제빈도 ★★★　최신출제유형

50 다음 중 환율에 대한 설명으로 옳지 <u>않은</u> 것은?

① 외국통화 표시환율이란 외국통화 기준, 외화 1단위와 교환되는 자국통화의 단위량을 말한다.

② 자국통화 표시환율은 지급환율, 외국통화 표시환율은 수취환율이라고도 한다.

③ 미 1달러를 기준으로 외국통화 교환비율을 표시하는 방법을 European Terms라 한다.

④ 외국통화 1단위를 기준으로 미 달러와의 교환비율을 표시하는 것을 American Terms라 한다.

⑤ 국제외환시장에서는 대부분 European Terms를 사용한다.

출제빈도 ★★★　최신출제유형

51 다음 중 환율의 종류와 설명이 <u>잘못</u> 연결된 것은?

① 매도환율 : 딜러가 고객에게 팔 때 적용되는 환율로, 매도환율과 매입환율의 차액인 Bid - Ask Spread는 딜러의 매매차익이 됨

② 선도환율 : 결제가 거래일로부터 2영업일을 초과하여 이루어지는 거래에 적용되는 환율

③ 재정환율 : 외국통화 간의 환율(자국통화가 개입되지 않음)

④ 실질환율 : 명목환율 × (상대국물가 ÷ 자국물가)

⑤ 실효환율 : 자국통화와 2개국 이상의 통화 간의 환율을 가중치로 가중평균한 환율

정답 및 해설

47　①　가계는 소비지출을 위한 대부자금 수요를 늘린다.

48　⑤　정부보조가 증가하면 해외부문으로부터 국내 대부자금에 대한 수요가 증가한다.

49　④　확장적 통화정책은 실질이자율을 하락시킨다.

50　①　자국통화 표시환율에 대한 설명이다. 외국통화 표시환율은 자국통화 기준, 자국통화 1단위와 교환되는 외국통화의 단위량을 말한다.

51　③　외국통화 간의 환율(자국통화가 개입되지 않음)은 재정환율이 아닌 교차환율이다.
　　　　재정환율이란 두 국가의 통화 간의 환율을 기준환율로 정하고, 그 기준이 되는 국가의 통화와 또 다른 국가의 통화 간의 교차환율과 기준환율과의 관계로부터 도출되는 환율을 말한다.

52 다음 중 외환과 환율에 대한 설명으로 옳지 <u>않은</u> 것은?

① 현물환시장은 계약 후 2영업일 이내에 결제가 이루어지는 시장을 말한다.

② 환율은 외환시장에서 외환의 수요와 공급에 의해 결정된다.

③ 수입업자, 관광객, 국내로 수출하는 해외 수출업자, 증권 투자자, 중앙은행 등이 외환수
요자가 된다.

④ 수입업자의 입장에서 환율이 하락하면 국내 수요가 하락하고 외환수요량도 하락한다.

⑤ 외국관광객, 국내수출업자, 국내에 투자하고 있는 해외투자자, 중앙은행 등이 외환공급
자가 된다.

53 다음 중 환율변동의 원인으로 올바르게 연결된 것은?

① 국내 물가 상승 – 환율 하락

② 국내 투자수익률 상승 – 환율 상승

③ 국내 실질GDP 고성장률 – 환율 상승

④ 환율 상승 기대 – 환율 하락

⑤ 중앙은행 외환 매입 – 환율 하락

54 다음 중 환율 하락의 효과로 옳은 것은?

① 수입상품가격이 상승한다.

② 수입원자재가격이 상승한다.

③ 외화표시외채의 원리금상환부담이 가중된다.

④ 수출채산성이 향상된다.

⑤ 물가가 안정된다.

출제빈도 ★★ | 최신출제유형

55 다음 중 국제수지표에 대한 설명으로 옳지 <u>않은</u> 것은?

① 일정 기간 동안 한 나라의 거주자와 비거주자 사이에 일어난 모든 경제거래를 체계적으로 기록한 표이다.

② 거래 성질에 따라 경상계정과 자본·금융계정으로 나누어 작성한다.

③ 거주자와 비거주자는 국민으로서의 신분인 국적으로 구분한다.

④ 국제수지는 일정 기간 동안의 유량(Flow)통계이다.

⑤ 복식부기 원리에 의거하고 국제 통일 기준에 의해 작성한다.

출제빈도 ★★★ | 최신출제유형

56 다음 중 국제수지표의 대변(자금의 원천)에 작성될 항목은?

① 대외로 이전소득 지출 ② 대외로부터 재화·용역 수입

③ 대외부채 감소 ④ 거주자의 해외투자

⑤ 비거주자의 국내투자

정답 및 해설

52 ④ 수입업자의 입장에서 환율이 하락하면 국내 수요가 증가하고 외환수요량도 증가한다.

53 ③ ① 국내 물가 상승 – 환율 상승
② 국내 투자수익률 상승 – 환율 하락
④ 환율상승 기대 – 환율 상승
⑤ 중앙은행 외환 매입 – 환율 상승

54 ⑤ ① 수입상품가격이 하락한다.
② 수입원자재가격이 하락한다.
③ 외화표시외채의 원리금상환부담이 감소한다.
④ 수출채산성이 악화된다.

55 ③ 거주자와 비거주자는 국적 등에 의해 구분하지 않고 경제활동의 이익 중심에 의해 구분한다.

56 ⑤ 비거주자의 국내투자는 국제수지표의 대변에 작성된다.
①②③④ 차변(자금의 사용)에 작성된다.

57 다음 중 동일한 조건에서 4시장 모형에 따라 형성되는 관계로 올바르게 연결된 것은?

① 생산물시장 : 물가상승 ⇨ 기업의 생산물 공급 증가

② 노동시장 : 실질임금 상승 ⇨ 기업의 노동수요량 증가

③ 대부자금시장 : 실질이자율 하락 ⇨ 대부자금의 공급량 증가

④ 외환시장 : 외환 수요 증가 ⇨ 환율 하락

⑤ 대부자금시장 : 대부자금 공급 감소 ⇨ 실질이자율 하락

58 다음 중 경제동향분석 절차에 대한 설명으로 옳지 <u>않은</u> 것은?

① 4시장의 현재 경제상태를 분석하고 외부충격을 분석한 후, 외부충격에 따른 4시장의 연쇄반응을 분석한다.

② 대부자금수요의 실질이자율 탄력성이 작을수록 재정정책의 효과는 커지고 통화정책의 효과는 작아진다.

③ 생산물시장에서 디플레이션 갭의 절대값이 클수록 인플레이션을 가속시키지 않고 실질GDP를 증가시킬 수 있다.

④ 노동시장의 높은 실질임금수준에서는 여가의 기회비용이 커진다.

⑤ 생산물시장에서 '실질GDP < 잠재GDP' 상태이면 총수요 증가에 따른 실질GDP의 증가폭이 작아지고 물가만 상승한다.

59 경기침체국면 시 생산물시장 및 노동시장에 대한 설명으로 옳지 <u>않은</u> 것은?

① 실업률이 높고, 설비이용률이 낮다.

② 실질GDP 성장률이 낮다.

③ 생산물시장에서 총공급의 물가에 대한 탄력성이 작은 편이다.

④ 기업은 실질임금 상승 압력 없이 고용량을 늘릴 수 있다.

⑤ 고용량의 실질임금에 대한 탄력성이 크다.

출제빈도 ★★

60 다음 중 경기침체 시의 경제상태분석에 대한 설명으로 옳지 <u>않은</u> 것은?

① 기업은 실질임금의 상승 압력 없이 고용량을 늘릴 수 있다.

② 생산물시장에서 총수요가 증가할 때, 실질GDP 증가율이 물가상승률보다 크다.

③ 실질이자율에 대한 대부자금 수요는 탄력적이다.

④ 해외부문을 고려하면 실질이자율에 대한 대부자금 공급은 탄력적이다.

⑤ 중앙은행은 외환시장에 개입하지 않음을 가정한다.

출제빈도 ★★★

61 다음 중 경기침체 시 확장적 재정정책에 대한 설명으로 옳지 <u>않은</u> 것은?

① 정부가 국채를 공개시장에서 매각하여 자금을 조달하면 대부자금 수요곡선은 우측으로 이동하고 균형 실질이자율이 상승하여 균형 대부자금거래량도 증가한다.

② 대부자금시장의 총공급곡선은 탄력적이다.

③ 노동시장에서는 실질임금이 조금만 상승해도 노동공급량이 대폭 증가한다.

④ 국가 간 자본이동성이 높으면 재정지출 증가가 자본·금융계정에 미치는 영향보다 경상계정에 미치는 영향이 더 크다.

⑤ 실질이자율 상승에 따른 민간부문의 대부자금수요가 감소하는 구축효과 때문에 균형 대부자금거래량의 증가보다 재정지출의 증가가 더 크다.

정답 및 해설

57 ① ② 노동시장 : 실질임금 상승 ⇨ 기업의 노동수요량 감소
　　 ③ 대부자금시장 : 실질이자율 상승 ⇨ 대부자금의 공급량 증가
　　 ④ 외환시장 : 외환 수요 증가 ⇨ 환율 상승
　　 ⑤ 대부자금시장 : 대부자금 공급 증가 ⇨ 실질이자율 하락

58 ⑤ 생산물시장에서 '실질GDP > 잠재GDP' 상태이면 총수요 증가에 따른 실질GDP의 증가 폭이 작아지고 물가만 상승한다.

59 ③ 가용 유휴 생산요소가 많아 총공급의 물가에 대한 탄력성은 큰 편이다.

60 ③ 실질이자율에 대한 대부자금 수요는 비탄력적이다.

61 ④ 국가 간 자본이동성이 낮으면 재정지출 증가가 자본·금융계정에 미치는 영향보다 경상계정에 미치는 영향이 더 크다.

62 다음 중 경기침체 시 확장적 재정정책에 따른 거시경제 변수의 변동에 대한 설명으로
☐ 잘못 연결된 것은?

① 실질GDP – 증가, 명목GDP – 증가

② 본원통화 – 변동 없음

③ 명목환율 – 감소, 실질환율 – 감소

④ 국내 민간 총투자 – 알 수 없음

⑤ 실업률 – 감소, 실질임금 – 감소

63 다음 중 경기침체 시 확장적 통화정책에 따른 거시경제 변수의 변동에 대한 설명으로
☐ 잘못 연결된 것은?

① 자본·금융수지 – 감소

② 경상수지 – 감소

③ 물가 – 상승, 명목GDP – 상승

④ 고용률 – 상승, 명목임금 – 상승

⑤ 국내 민간 총투자 – 증가

64 다음 중 경기변동의 일반적 특징으로 옳은 것은?
☐ ① 경기변동을 가져오는 변수들은 같은 시기에 동일한 방향으로 움직인다.

② 실업률의 변동성은 GDP 변동성과 비슷하고 경기에 선행한다.

③ 가계, 정부의 소비지출에 비해 기업의 투자의 변동성은 작다.

④ 경기변동의 주기는 일정하며 반복적으로 나타난다.

⑤ 내구재 산업의 생산과 고용의 진폭은 작은 편이나 가격변화가 크다.

출제빈도 ★

65 다음 중 개별경제지표에 대한 설명으로 옳지 않은 것은?

① 가장 기본적인 경기분석기법으로 경기 전체의 움직임을 포괄적으로 파악하기 어렵다.

② 경기동향 분석은 개인의 주관이 개입될 수 있다.

③ 수출은 경기에 순응하는 지표이다.

④ 정부 이전지출은 경기에 역행하는 지표이다.

⑤ 통화공급과 신용은 경기순응지표이다.

출제빈도 ★★

66 다음 중 외국인국내증권투자현황을 발표하는 기관은?

① 한국은행　　　　　　② 통계청　　　　　　③ KDB

④ 금융투자협회　　　　⑤ 금융감독원

정답 및 해설

62　⑤　실업률 – 감소, 실질임금 – 증가

63　②　경상수지 – 증가

64　①　② 생산성의 변동성은 GDP 변동성과 비슷하고 경기에 선행하고, 실업률의 변동성은 GDP 변동성보다 작고 경기에 후행한다.
　　　　③ 가계, 정부의 소비지출에 비해 기업의 투자의 변동성이 크다.
　　　　④ 경기변동의 주기는 일정하지 않지만 반복적으로 나타난다.
　　　　⑤ 비내구재 산업의 생산과 고용의 진폭은 작은 편이나 가격변화가 크다.

65　③　수출은 경기에 중립적인 지표이다.

66　⑤　외국인국내증권투자현황을 발표하는 기관은 금융감독원이다.

출제빈도 ★★ 최신출제유형

67 다음 중 동행종합지수에 해당하는 지표는?

① 광공업생산지수   ② 재고순환지표   ③ 생산자제품재고지수

④ 건설수주액   ⑤ 소비자기대지수

출제빈도 ★

68 다음 중 경기종합지수에 대한 설명으로 옳지 <u>않은</u> 것은?

① 일시적인 증감률 변동이 있을 수 있다.

② 10개 지표 중 2개의 증가율이 나머지 8개보다 클 경우에는 경기상승으로 볼 수도 있지만 경기하강으로 볼 수도 있다.

③ 월 단위의 미세한 변동은 파악할 수 없다.

④ 경기변동의 방향, 경기국면, 경기전환점, 속도를 파악할 수 있다.

⑤ 선행종합지수의 전년동월비와 동행종합지수의 순환변동치는 그 크기, 증감률, 진폭이 큰 의미를 갖지 않는다.

출제빈도 ★

69 다음 중 경제지표를 이용한 경기예측의 문제점으로 옳지 <u>않은</u> 것은?

① 지표가 어느 정도 움직여야 전환이 예측되는지 명확하지 않다.

② 경제지표들이 서로 다른 신호를 나타내지 못해 해석의 왜곡을 가져올 수 있다.

③ 경기전환이 예측되었어도 실제로 경기가 전환되지 않을 수 있다.

④ 경제지표가 경제구조의 변화에 대응하기 힘들 수 있다.

⑤ 경제지표의 경기전환예측 시점부터 실제 경기전환발생 시점까지의 기간이 일정하지 않다.

출제빈도 ★★

70 긍정적이라는 응답이 82개, 부정적이라는 응답이 18개인 경우 기업경기실사지수는?

① 18   ② 64   ③ 82

④ 118   ⑤ 164

출제빈도 ★★

71 설문조사 방법에 의한 경기예측에 대한 설명으로 옳지 <u>않은</u> 것은?

① 기업경기실사지수와 소비자동향지수는 설문조사 방법에 의한 경기예측에 해당한다.

② 기업경기실사지수는 단기 경기예측의 수단으로서, 경기분석과 예측을 보완하는 데 이용된다.

③ 설문조사 방법에 의한 경기예측은 구체적인 경기전환점 파악이 가능하다.

④ 설문 대상 응답자가 과대 또는 과소 반응하는 경우에는 실제보다 과대 또는 과소 예측될 수 있다.

⑤ 결과 분석 시 분석자의 주관이 개입될 가능성이 있다.

출제빈도 ★   최신출제유형

72 다음 중 계량모형을 이용한 경기예측에 대한 설명으로 옳지 <u>않은</u> 것은?

① 시계열모형 : 자기시차나 일부 관심경제변수 간의 상관관계를 바탕으로 작성된다.

② 시계열모형 : 간단하게 작성할 수 있고 비용이 적게 들지만 이론적 근거가 취약하다.

③ 시계열모형 : 과거 행태가 반복되고 경제의 외부충격이 없는 경우 장기예측에 유용하다.

④ 거시계량모형 : 전체 경제구조를 파악함에 있어 일관성을 유지할 수 있다.

⑤ 거시계량모형 : 필연적으로 오차가 발생하며, 모형의 작성과 유지에 많은 시간과 노력이 소모된다.

정답 및 해설

67 ① ②④⑤ 선행종합지수에 해당한다.
　　　　③ 후행종합지수에 해당한다.

68 ③ 월 단위의 미세한 변동도 파악이 가능하다.

69 ② 경제지표들이 경기에 대해 서로 상반된 신호를 나타낼 수 있다.

70 ⑤ 기업경기실사지수(BSI) = $\dfrac{(긍정\ 응답자\ 수 - 부정\ 응답자\ 수)}{총\ 응답자\ 수} \times 100 + 100$

　　　　$= \dfrac{(82개 - 18개)}{100개} \times 100 + 100 = 164$

71 ③ 구체적인 경기전환점을 파악하기 어렵다.

72 ③ 과거 행태가 반복되고 경제의 외부충격이 없는 경우 단기예측에 유용하다.

■ 출제경향 및 학습전략

법률은 제1과목 전체 40문제 중 총 15문제가 출제된다.

법률의 경우 기본직무, 투자설계 관련 법규, 부수업무 관련 법규, FP직무 관련 컴플라이언스로 구성되어 있으며, 이 중 기본직무가 법률파트에서 가장 많이 출제되고 있다. 처음 접하는 입장에서 법률 내용이 어렵게 느껴질 수 있기 때문에 법의 취지를 이해하면서 자세한 규제 항목을 학습하고 암기하도록 한다.

■ 빈출포인트

구 분	문제번호	빈출포인트	출제빈도	페이지
기본직무 관련 법규 (47%)	01	민법의 기본원리 및 구조	★	p.84
	02~03	물 권	★★★	p.84~85
	04	채 권	★★	p.85
	05	계 약	★★	p.86
	06~08	상법에 대한 이해	★★★	p.86~87
	09~11	은행거래 기본법률	★★★	p.88~89
	12	약관의 규제에 관한 법률	★★	p.89
	13	신탁법에 대한 이해	★★★	p.89
	14	부동산신탁	★★★	p.90
	15~16	금융소비자보호에 대한 이해	★★	p.90~91
투자설계 관련 법규 (13%)	17	은행법에 대한 이해	★★	p.91
	18~19	자본시장법에 대한 이해	★★★	p.92
	20	여신전문금융업법에 대한 이해	★★★	p.93
부수업무 관련 법규 (20%)	21	혼인·이혼	★★	p.93
	22	친권·후견	★★	p.94
	23	상 속	★★★	p.94
	24	유언·유증·유류분	★★	p.95
	25	주식회사의 합병과 분할에 대한 이해	★★	p.95
	26	개인회생제도에 대한 이해	★★★	p.96
FP직무 관련 컴플라이언스 (20%)	27	자금세탁방지제도에 대한 이해	★★★	p.96
	28	투자권유 프로세스	★★	p.97
	29~30	금융분야 개인정보 보호	★★★	p.97

제1과목 **자산관리 기본지식**

．
．
．
．
．

제3장
법 률

✔ 개념완성문제를 통해 은행FP 자산관리사 시험에 나오는 개념을 이해할 수 있습니다.

✔ 다시 봐야 할 문제(틀린 문제, 풀지 못한 문제, 헷갈리는 문제 등)는 문제 번호 하단의 네모박스(□)에 체크하여 반복학습 할 수 있습니다.

민법의 기본원리 및 구조

출제빈도 ★

01 다음 중 민법의 기본원리가 <u>아닌</u> 것은?

□

① 권리남용의 금지 원칙

② 사적자치의 원칙

③ 신의성실의 원칙

④ 사유재산권 존중의 원칙

⑤ 무과실책임의 원칙

물 권

출제빈도 ★★★

02 다음 중 물권의 성격으로 <u>잘못</u> 연결된 것은?

□

① 기본물권 – 소유권　　　　　② 제한물권 – 전세권

③ 담보물권 – 유치권　　　　　④ 제한물권 – 점유권

⑤ 용익물권 – 전세권

정답 및 해설

01　⑤　민법의 기본원리는 과실책임의 원칙이다.

02　④　점유권은 기본물권에 해당한다.

물 권

출제빈도 ★★★

03 다음 중 물권에 대한 설명으로 옳지 <u>않은</u> 것은?

□

① 물건이 멸실되면 물권은 소멸한다.

② 담보물권의 소멸시효는 20년이다.

③ 물권의 포기는 단독행위이다.

④ 혼동은 서로 대립하는 법률적 지위나 자격이 동일인에게 귀속되는 경우에 어느 한 쪽이 다른 한 쪽으로 흡수되어 소멸되는 것을 말한다.

⑤ 부동산물권의 포기는 등기를 해야 효력이 생긴다.

> 용어 알아두기
> **단독행위** 일방행위라고도 하며, 일방 당사자의 의사표시만으로도 성립하는 법률행위를 말한다.

채 권

출제빈도 ★★

04 다음 중 채권의 소멸 원인으로 모두 묶인 것은?

□

가. 상 계	나. 변 제	다. 경 개
라. 혼 동	마. 공 탁	

① 가, 나   ② 가, 나, 다   ③ 가, 나, 다, 라

④ 가, 나, 다, 마   ⑤ 가, 나, 다, 라, 마

정답 및 해설

03 ② 담보물권은 성질상 소멸시효에 걸리지 않으며, 용익물권(지상권, 지역권, 전세권)의 소멸시효는 20년이다.

04 ⑤ '가, 나, 다, 라, 마' 모두 채권의 소멸 원인(변제, 대물변제, 공탁, 상계, 경개, 면제, 혼동)에 해당한다.

05 다음 중 계약에 대한 설명으로 옳은 것은?

① 계약은 당사자의 청약의 내용과 승낙의 내용이 객관적으로 서로 일치하지 않더라도 성립한다.

② 요물계약은 당사자의 합의만으로 성립하는 반면, 낙성계약은 당사자의 합의 외에도 물건의 인도 기타 급부가 있어야만 성립한다.

③ 계약의 해지란 유효한 계약의 효력을 당사자 일방의 의사표시에 의해 처음부터 없었던 상태로 되돌아가게 하는 것을 말한다.

④ 소비대차는 요물계약이기에 당사자의 합의 외에도 실제 금전을 수수해야만 계약이 성립한다.

⑤ 소비임치란 목적물의 소유권을 수치인에게 이전하기로 하고 수치인은 그것과 동종·동질·동량의 것을 반환하기로 약정하는 경우이다.

06 다음 중 주식회사에 대한 설명으로 옳지 않은 것은?

① 설립 중의 회사는 권리능력이 없는 사단이다.

② 설립 중의 회사의 성립시기는 정관이 작성되고 발기인이 1주 이상의 주식을 인수한 때이다.

③ 발기설립의 경우, 모든 발기인은 주식총수를 인수하고 지체 없이 각 주식에 대하여 그 인수가액의 전액을 금융기관에 납입해야만 한다.

④ 발기설립의 경우, 발기인의 의결권은 그 인수주식 1주당 1개로 한다.

⑤ 모집설립의 경우, 발기인들이 주식의 일부를 인수하고 나머지는 주주모집을 하여 인수시킨다.

정답 및 해설

05 ⑤ ① 계약은 둘 이상의 서로 대립하는 의사표시(계약당사자의 청약과 승낙)의 일치에 의해 성립하는 법률행위로, 성립 시 법률효과로서의 권리와 의무가 발생한다.
② 요물계약 ↔ 낙성계약
③ 계약의 해제에 대한 설명이다. 계약의 해지란 계속적 계약의 효력을 장래를 향해 소멸하게 하는 단독행위를 말한다.
④ 소비대차는 낙성계약이기에 실제 금전 수수가 없어도 당사자의 일정한 합의만 있으면 성립한다.

06 ③ 발기설립의 경우 발기인은 인수가액의 전액을 금융기관에 납입해야 하나, 자본금 총액이 10억원 미만인 소규모 주식회사의 경우에는 납입금 보관금액 증명서를 금융기관의 잔고증명서로 대체할 수 있다.

07 다음 중 주식회사의 기관에 대한 설명으로 옳지 <u>않은</u> 것은?

① 주주총회는 상법이나 정관에서 정하는 사항에 한하여 의결할 수 있다.

② 소집공고는 총회일 2주 전에 해야 한다.

③ 대표이사는 이사회의 결의로 이사 중에서 선임된다.

④ 보통결의는 출석 주주의 의결권 과반수와 발행주식총수의 3분의 1 이상의 수로 하는 결의이다.

⑤ 회사는 대표이사에 갈음해 집행임원을 둘 수 있다.

용어 알아두기
의결권 주주가 주주총회에 출석하여 결의에 참가할 수 있는 권리를 말한다.

---

08 다음 중 자본금의 증감에 대한 설명으로 옳지 <u>않은</u> 것은?

① 신주발행은 상환해야 할 주식이 아니다.

② 이사회의 결정만으로도 자본을 증가시킬 수 있다.

③ 신주인수권은 양도할 수 있다.

④ 신주인수자는 변경등기한 날로부터 1년이 경과하면 사기를 이유로도 인수를 취소할 수 없다.

⑤ 이사회의 결정만으로도 자본을 감소시킬 수 있다.

정답 및 해설

07 ④ 보통결의는 출석 주주의 의결권 과반수와 발행주식총수의 4분의 1 이상의 수로 하는 결의이다.

08 ⑤ 자본금 감소를 위해서는 주주총회의 특별결의가 필요하다.

09 다음 중 수신·여신거래에 대한 설명으로 옳지 <u>않은</u> 것은?

① 어음·수표로 입금한 경우의 예금계약은 예금자의 의사표시와 은행직원의 확인으로 성립한다.

② 무기명식 예금을 제외하고는 예금채권의 양도나 담보제공이 금지된다.

③ 은행이 충분한 주의를 했다면 서명의 위조 등의 사건으로 예금주에게 손해가 생겨도 책임지지 않는다.

④ 대출계약은 차주가 금전소비대차약정서를 은행에 제출하고 은행이 이의 없이 수리했을 때 성립한다.

⑤ 대출은 민법상의 소비대차에 해당하며, 유상의 낙성·쌍무계약이다.

> **용어 알아두기**
> **낙성계약** 당사자 간의 의사표시가 일치하면 계약이 성립하며, 그 외의 다른 형식·절차가 필요하지 않는 계약을 말한다.

10 다음에서 설명하는 대출금 채권 회수 방법으로 옳은 것은?

> A는 B에 대하여 200만원의 예금채권을 가지고 있고, B는 A에 대하여 100만원의 대출채권을 가지고 있다. A와 B는 각 상대방에 대한 일방적인 의사표시로 100만원의 범위 내에서 그들의 채권을 소멸시키고자 한다.

① 혼 동　　　　　　② 공 탁　　　　　　③ 경 개

④ 면 제　　　　　　⑤ 상 계

정답 및 해설

09　①　어음·수표로 입금한 경우의 예금계약은 은행이 증권을 교환해 부도반환시한이 지나고 결제를 확인한 때에 성립한다.

10　⑤　채권자와 채무자가 서로 같은 종류를 목적으로 하는 채권·채무를 가지고 있는 경우에 그 채무들을 대등액에서 소멸하게 하는 단독행위를 상계라고 한다.

은행거래 기본법률

출제빈도 ★ ★ ★

11 다음 중 상계의 요건으로 옳지 <u>않은</u> 것은?

① 최소한 자동채권은 변제기에 있을 것

② 서면에 의한 상계 통지를 할 것

③ 채권의 성질상 상계가 허용될 것

④ 자동채권과 수동채권이 모두 변제기에 있을 것

⑤ 타종의 채권이 서로 대립하고 있을 것

용어 알아두기

자동채권 상계권 행사자가 가지고 있는 채권이다.

수동채권 상계를 당하는 자의 채권이다.

약관의 규제에 관한 법률

출제빈도 ★ ★

12 다음 중 약관의 해석원칙이 <u>아닌</u> 것은?

① 작성자 불이익의 원칙   ② 신의성실의 원칙

③ 객관적 해석의 원칙   ④ 이해상충 방지 원칙

⑤ 개별약정우선의 원칙

신탁법에 대한 이해

출제빈도 ★ ★ ★

13 다음 중 신탁재산의 독립성에 대한 설명으로 옳지 <u>않은</u> 것은?

① 신탁재산은 경매의 대상이 되지 못한다.

② 수탁자가 파산 시 신탁재산은 수탁자의 파산재단에 속하지 않는다.

③ 신탁재산에 대해 독립적인 강제집행이 가능하다.

④ 신탁재산에 속하는 채권과 신탁재산에 속하지 않는 채무와는 상계할 수 없다.

⑤ 수탁자가 사망하는 경우 신탁재산은 수탁자의 상속재산에 귀속되지 않는다.

정답 및 해설

11 ⑤   동종의 채권이 서로 대립하고 있어야 한다.

12 ④   이해상충 방지 원칙은 약관의 해석원칙에 해당하지 않는다.

13 ③   신탁재산에 대해 강제집행이 불가능하다.

14 부동산신탁의 유형에 대한 설명으로 옳지 <u>않은</u> 것은?   출제빈도 ★★★

① 부동산투자신탁이란 다수의 소액투자자로부터 공모에 의하여 자금을 조달하여 부동산에 대한 투자를 행하고, 그 운용수익을 투자자에게 배분하는 것을 말한다.

② 부동산투자회사의 형태는 자기관리형 부동산투자회사, 위탁형 부동산투자회사 및 기업구조조정 부동산투자회사로 구분된다.

③ 신탁방식에 의한 자산유동화는 실무에서 흔히 이루어지는 방식이다.

④ 담보부사채신탁이란 기업이 회사채를 발행할 때 금융기관에 유가증권이나 부동산 등의 담보물건을 신탁하고 담보가액의 범위 내에서 사채를 발행하는 것을 말한다.

⑤ 담보부사채신탁을 통해 사채발행기업은 사채에 신용을 강화하여 발행비용을 절감할 수 있다.

금융소비자보호에 대한 이해

15 다음 중 금융소비자보호에 대한 설명으로 옳지 <u>않은</u> 것은?   출제빈도 ★★

① 전문금융소비자와 일반금융소비자의 구분에 따라 판매규제의 적용범위를 달리하지 않으며, 금융소비자의 특성에 따라 보호의 정도에 차이를 두고 있다.

② 정보의 비대칭성으로 인해 금융소비자의 교섭력이 떨어진다.

③ 금융상품판매업자는 금융상품으로 인한 재산상 위해가 발생하지 않도록 필요한 조치를 강구할 책무가 있다.

④ 금융소비자는 금융시장을 구성하는 주체로서 스스로 필요한 지식과 정보를 습득하도록 노력해야 한다.

⑤ 금융상품자문업자를 대상으로 금전적 제재 필요성이 있는 규제위반에 대해 해당 위반행위로 인해 발생한 수입의 50% 범위에서 부과할 수 있다.

정답 및 해설

14 ③ 실무에 있어서 신탁방식에 의한 자산유동화는 거의 이루어지지 않고, 부동산의 소유자가 유동화전문회사에게 직접 소유권을 양도하는 방식으로 이루어진다.

15 ① 전문금융소비자와 일반금융소비자의 구분에 따라 판매규제의 적용범위를 달리하여 금융소비자의 특성에 따라 보호의 정도에 차이를 두고 있다.

16 다음 중 금융소비자보호법에 대한 설명으로 옳지 않은 것은?

① 금융소비자보호법은 금융상품을 예금성·투자성·보장성·대출성으로 분류하였으며, 6대 판매원칙을 통해 상품유형에 따른 위험 및 특성을 감안하여 규제내용을 차별화하였다.

② 금융회사의 판매원칙(광고규제 제외) 위반에 따른 금융소비자의 위법계약해지권은 금융 상품 계약을 체결한 날부터 최대 5년 이내, 위법사실을 안 날로부터 1년 이내에 행사할 수 있다.

③ 금융회사가 판매원칙(광고규제 제외)을 위반했을 때 금융소비자가 계약해지를 요구하면 위약금, 수수료 부과 없이 해당 계약은 중도해지 된다.

④ 금융소비자가 금융회사를 상대로 설명의무 위반에 따른 손해배상청구 소송을 제기하는 경우 고의·과실의 입증책임은 금융소비자에게 있다.

⑤ 금융소비자가 소송 등의 목적으로 금융회사에 관련 자료 열람을 요청하면, 금융회사는 요구받은 날부터 10일 이내에 금융소비자가 열람할 수 있도록 해야 한다.

용어 알아두기
6대 판매원칙 적합성원칙, 적정성원칙, 설명의무, 불공정영업행위금지, 부당권유행위금지, 광고규제가 6대 판매원칙에 해당한다.

---

17 다음 중 은행의 건전성 감독기구가 아닌 것은?

① 기획재정부　　　　② 금융위원회　　　　③ 증권선물위원회

④ 금융투자협회　　　⑤ 한국은행

정답 및 해설

16 ④ 통상의 소송에서는 손해를 주장하는 사람(소비자)이 상대방의 고의·과실에 대하여 입증책임을 부담하지만, 금융상품 판매 시 설명의무 위반에 대해서는 금융회사가 설명의무를 고의·과실 없이 했다는 것을 입증하도록 규정하고 있다.

17 ④ 기획재정부, 금융위원회, 증권선물위원회, 금융감독원, 한국은행이 해당한다.

출제빈도 ★★★

18 다음 중 자본시장법 도입 후 변화에 대한 설명으로 옳지 <u>않은</u> 것은?

① 금융투자업에 대한 겸영이 가능해졌다.

② 겸영 허용을 통한 업무영역 확대로 금융투자업자 내 이해상충방지제도를 신설하였다.

③ 기능별에서 기관별로 금융투자업을 구분하게 되었다.

④ 열거주의에서 포괄주의로 금융상품을 구분하게 되었다.

⑤ 일반투자자로 취급되는 주권상장법인은 장외파생상품 매매 시 전문투자자로의 전환이 가능하다.

용어 알아두기

열거주의 원칙적으로 모든 것을 금지하고 예외적으로 규제나 금지가 되지 않는 사항을 나열하는 체제이다.

포괄주의 규제나 금지하는 규정 및 사항을 나열하고 나머지는 원칙적으로 자유화하는 체제로, 포괄주의가 열거주의보다 더 자유로운 제도라고 볼 수 있다.

출제빈도 ★★★

19 다음 중 누구의 명의로 하든지 타인의 계산으로 금융투자상품의 매도·매수·청약 등을 영업으로 하는 금융투자업은?

① 투자매매업   ② 투자중개업   ③ 집합투자업

④ 투자일임업   ⑤ 신탁업

정답 및 해설

18 ③ 기관별에서 기능별로 금융투자업을 구분하게 되었다.

19 ② 투자중개업에 대한 설명이다.

20 다음 중 여신전문금융업법상 신용카드에 대한 설명으로 옳지 <u>않은</u> 것은?

① 신용카드는 본인의 신청에 의해서만 발급된다.

② 신용카드는 길거리 모집이 제한적으로 허용된다.

③ 가맹점을 모집하려면 카드사가 직접 실사업장을 방문해서 개별적인 계약을 체결해야 한다.

④ 가맹점은 신용카드 대금결제를 이유로 물품의 판매를 거절할 수 없다.

⑤ 신용카드 가맹점 수수료를 신용카드 회원에게 귀속시킬 수 없다.

21 다음 중 혼인과 이혼에 대한 설명으로 옳지 <u>않은</u> 것은?

① 혼인은 민법상의 계약이다.

② 재산분할청구권의 소멸시효는 3년이다.

③ 부부 누구에게 속하는지 확실하지 않은 재산은 공유로 한다.

④ 이혼이 성립하면 혼인으로 생긴 인척관계는 모두 소멸한다.

⑤ 혼인 중 자기명의로 취득한 재산은 그의 특유재산으로 한다.

용어 알아두기
특유재산 부부 일방이 혼인 전부터 가진 고유재산과 혼인 중에 자기명의로 취득한 재산이다.

정답 및 해설

20   ②   신용카드는 길거리 모집이 금지된다.

21   ②   재산분할청구권의 소멸시효는 2년이다.

22 다음 중 친권과 후견에 대한 설명으로 옳지 <u>않은</u> 것은?

① 친권은 미성년 자녀를 보호하는 부모의 권리이자 의무이다.

② 친권자가 자녀와 이해상반되는 행위를 특별대리인 없이 한 경우 그 행위는 무효이다.

③ 부모가 협의 이혼을 한 경우, 부모의 협의로 친권자를 정해야 한다.

④ 성년후견은 사무처리 능력이 지속적으로 결여된 성인을 지원하는 제도이다.

⑤ 특정후견은 사무처리 능력이 결여된 상황에 대비하여 대리권을 수여하는 계약이다.

23 다음 중 상속에 대한 설명으로 옳지 <u>않은</u> 것은?

① 상속은 상속순위대로 정해지며, 선순위에서 상속이 이루어지면 나머지 상속인은 후순위가 되어 상속받지 못한다.

② 직계비속이 여러 명인 경우 최근친이 선순위가 되고, 최근친인 직계비속이 여러 명인 경우 공동상속인이 된다.

③ 공동상속의 경우 상속이 개시되면 상속재산은 공동상속인이 공유하는 상태가 된다.

④ 상속개시가 있음을 안 날로부터 3개월 이내에 승인이나 포기를 하지 않으면, 포기한 것으로 의제된다.

⑤ 상속포기 시 그 상속인의 상속분은 다른 상속인에게 귀속된다.

정답 및 해설

22 ⑤ 사무처리 능력이 결여된 상황에 대비하여 대리권을 수여하는 계약은 임의후견(후견계약)이다.

23 ④ 상속개시가 있음을 안 날로부터 3개월 이내에 승인이나 포기를 하지 않으면, 단순승인한 것으로 의제한다.

24 다음 중 유언·유증·유류분에 대한 설명으로 옳지 <u>않은</u> 것은?

① 유언과 유증은 단독행위로 볼 수 있다.

② 유언은 유언의 작성이 완료되는 때에 효력이 발생한다.

③ 직계비속의 유류분은 법정상속분의 2분의 1이다.

④ 유류분 반환청구권은 증여나 유증사실을 안 날로부터 1년, 상속 개시 후 10년 이내에 행사해야 한다.

⑤ 유언이 일정한 방식에 따르지 않았다면 유언자의 진정한 의사에 합치하더라도 무효이다.

25 다음 중 주식회사의 합병에 대한 설명으로 옳은 것은?

① 합병은 동일한 종류의 회사 간에만 가능한 것이 원칙이며, 존속회사의 본점소재지에서 변경등기를 한 때 혹은 신설회사의 본점소재지에서 설립등기를 한 때 효력이 발생한다.

② 합병승인을 반대하는 주주는 주주총회 결의일로부터 10일 이내에 자신이 소유한 주식의 매수를 청구해야 한다.

③ 채권자가 기간 내에 이의를 제출하지 않으면 합병을 승인한 것으로 간주한다.

④ 합병 시 채권자 보호절차를 거치지 않더라도 합병은 무효가 될 수 없다.

⑤ 흡수합병의 경우 모든 합병당사회사가 소멸한다.

정답 및 해설

24 ② 유언은 유언자가 사망하는 때에 효력이 발생한다.

25 ③ ① 회사는 원칙적으로 어떠한 종류의 회사와도 합병할 수 있다.
② 합병승인을 반대하는 주주는 주주총회 결의일로부터 20일 이내에 자신이 소유한 주식의 매수를 청구해야 한다.
④ 상법에서는 합병 시 반드시 채권자 보호절차를 거치도록 하고 있기 때문에, 이를 거치지 않은 경우에는 합병무효의 원인이 된다.
⑤ 흡수합병의 경우 존속회사 이외의 합병당사회사가 소멸하고, 신설합병의 경우 모든 합병당사회사가 소멸한다.

26 다음 빈칸에 들어갈 내용으로 올바르게 묶인 것은?

출제빈도 ★★★

> 개인회생제도는 담보권이 있는 개인회생채권 (   ), 담보권이 없는 개인회생채권 (   ) 이하인
> 급여소득자 또는 영업소득자에 한해서 신청할 수 있다.

① 10억원, 10억원   ② 15억원, 10억원

③ 15억원, 15억원   ④ 15억원, 20억원

⑤ 20억원, 10억원

27 다음 중 자금세탁방지제도에 대한 설명으로 옳지 <u>않은</u> 것은?

출제빈도 ★★★

① 공중협박에 이용됨을 알면서도 자금조달을 도울 경우, 10년 이하의 징역이나 1억원 이하의 벌금을 부과한다.

② 금융정보분석원장에게 보고한 사항 중 금융정보분석원장이 법집행기관에 제공한 특정금융거래정보는 재판에서 증거로 채택할 수 있다.

③ 공중협박자금을 파악한 후에도 신고하지 않았을 경우, 2년 이하의 징역이나 1천만원 이하의 벌금을 부과한다.

④ 의심거래보고를 한 경우, 발생한 손해에 대하여 손해배상책임을 지지 않는다.

⑤ 금융거래제한대상자와 거래를 할 경우, 3년 이하의 징역 또는 3천만원 이하의 벌금을 부과한다.

정답 및 해설

26 ② 유치권·질권·저당권·전세권 또는 우선특권으로 담보된 개인회생채권은 (15억원), 그 밖의 무담보 개인회생채권은 (10억원)을 넘지 않아야 한다.

27 ② 금융정보분석원장이 법집행기관에 제공한 특정금융거래정보는 재판에서 증거로 채택할 수 없다.

투자권유 프로세스 출제빈도 ★★

28 다음 중 금융회사 임직원이 투자권유를 함에 있어서 금지사항이 <u>아닌</u> 것은?

① 투자권유요청을 받지 않고 방문이나 전화 등을 하는 행위

② 투자권유를 받은 투자자가 투자권유에 대한 거부표시를 하였음에도 계속 투자권유를 하는 행위

③ 투자권유를 받은 투자자가 투자권유에 대한 거부표시를 하고 2개월이 지난 후에 다시 투자권유를 하는 행위

④ 투자자로부터 금전의 대리를 요청받지 않고 이를 조건으로 투자권유를 하는 행위

⑤ 투자권유를 받은 투자자가 투자권유에 대한 거부표시를 하였음에도 같은 금융투자상품에 대하여 투자권유를 하는 행위

금융분야 개인정보 보호 출제빈도 ★★★

29 다음 중 금융분야의 개인정보 보호에 대한 설명으로 옳지 <u>않은</u> 것은?

① 개인신용정보에서 기업이나 법인에 관한 정보는 제외된다.

② 정보주체와의 계약 체결에 필요한 정보는 정보주체의 동의 없이 수집 가능하다.

③ 개인정보 유출 시 5일 이내에 통지해야 한다.

④ 거래 상대방의 신용거래능력을 판단하는 데 필요한 정보는 정보주체의 동의 없이 수집 가능하다.

⑤ 개인정보는 당초 수집한 목적 외로 이용하는 것은 불가능하다.

금융분야 개인정보 보호 출제빈도 ★★★

30 다음 중 개인정보보호법상 민감정보가 <u>아닌</u> 것은?

① 사상 및 신념 ② 노동조합 및 정당의 가입탈퇴

③ 정치적 견해 ④ 유전정보

⑤ 주민등록번호

정답 및 해설

28 ③ 투자권유를 받은 투자자가 투자권유에 대한 거부표시를 한 후 1개월이 지난 후에 다시 투자권유를 하는 행위는 가능하다.

29 ⑤ 정보주체의 별도 동의를 받으면 당초 수집목적 외의 목적으로 이용할 수 있다.

30 ⑤ 주민등록번호는 개인정보보호법에 따른 고유식별정보에 해당한다.

✔ 출제예상문제를 통해 다양한 은행FP 자산관리사 문제를 풀어볼 수 있습니다.

✔ 다시 봐야 할 문제(틀린 문제, 풀지 못한 문제, 헷갈리는 문제 등)는 문제 번호 하단의 네모박스(□)에 체크하여 반복학습 할 수 있습니다.

출제빈도 ★

01 다음 중 민법의 기본구조에 대한 설명으로 옳지 <u>않은</u> 것은?

□
① 민법은 권리·의무의 발생원인, 법률관계, 법률관계의 존속·변동으로 이루어져 있다.

② 채권의 객체는 채무자의 일정한 행위이고, 친족법상 권리의 객체는 신분상의 지위이다.

③ 법인은 설립 시 권리·의무의 주체가 될 수 있는 능력을 갖는다.

④ 모든 법률관계에서는 객체가 필요하다.

⑤ 법에 의해 보호되는 사람의 지위를 권리라고 한다.

출제빈도 ★★★

02 다음 중 물권의 의의와 효력에 대한 설명으로 옳은 것은?

□
① 근저당권은 근저당권설정 계약만으로 성립하며, 등기는 필요하지 않다.

② 상가건물임대차보호법에 의해 대항력 요건과 확정일자를 갖춘 상가건물은 물권으로 본다.

③ 민법은 기본물권으로 점유권·소유권·저당권을 인정하고 제한물권으로 지상권·지역권·유치권·질권을 인정한다.

④ 피담보채권이 소멸해도 저당권은 소멸하지 않지만, 근저당권은 소멸한다.

⑤ 소유권과 제한물권이 병존하는 경우에는 제한물권이 우선한다.

출제빈도 ★★★ 최신출제유형

03 다음 중 물권에 대한 설명으로 옳지 <u>않은</u> 것은?

□
① 민법은 부동산물권에 대해서는 공신의 원칙을 인정하지 않는다.

② 제한물권은 소멸시효의 대상이 된다.

③ 후순위저당권이 있는 상태에서 선순위저당권자가 소유권을 취득하면 혼동으로 저당권이 소멸하지 않는다.

④ 채권이나 소유권 등을 제외한 재산권의 소멸시효는 20년이다.

⑤ 상속이나 경매로 인해 부동산의 물권을 등기 없이 취득할 수는 있지만 이를 등기 없이 처분할 수는 없다.

출제빈도 ★★★ | 최신출제유형

04 다음 중 제한물권에 대한 설명으로 옳지 <u>않은</u> 것은?

☐
① 용익물권에는 지상권, 지역권, 전세권이 있다.

② 유치권은 물건을 점유한 사람이 그 채권의 변제를 받을 때까지 물건을 유치할 수 있는 권리로 점유를 상실하면 소멸한다.

③ 저당권은 계속적인 거래관계에서 발생·소멸하는 불특정 다수의 장래 채권을 결산기에 계산한 후, 잔존 채무를 일정 범위 내에서 담보하는 권리를 말한다.

④ 민법이 인정하는 저당권의 객체는 부동산, 지상권, 전세권이다.

⑤ 주식의 특허권, 상표권, 저작권에 대해서 질권을 설정할 수 있다.

정답 및 해설

01 ③ 법인은 등기 등의 일정한 법적 요건을 갖출 경우에 정관으로 정한 목적의 범위 내에서 권리·의무의 주체가 될 수 있는 능력을 갖는다.

02 ⑤ ① 근저당권은 근저당권설정 계약과 등기에 의해 성립하며, 근저당권이라는 것과 채권의 최고액이 등기되어야 한다.
      ② 상가건물임대차보호법에 의해 대항력 요건과 확정일자를 갖춘 상가건물은 물권과 대등하지만 채권으로 본다.
      ③ 저당권은 제한물권이다.
      ④ 피담보채권이 소멸하면 저당권도 소멸하는데, 근저당권은 부종성이 완화되어 있어서 피담보채권이 소멸해도 소멸하지 않는다.

03 ② 용익물권은 소멸시효의 대상이 된다.

04 ③ 근저당권은 계속적인 거래관계에서 발생·소멸하는 불특정 다수의 장래 채권을 결산기에 계산한 후, 잔존 채무를 일정 범위 내에서 담보하는 저당권을 말한다.

05 다음 중 채권에 대한 설명으로 옳지 <u>않은</u> 것은?

□

① 금전채권은 일정액의 금전 급부를 목적으로 하는 채권을 말한다.

② 채무인수는 채무를 그 동일성을 유지하면서 인수인에게 이전시키는 계약을 말한다.

③ 계약인수는 계약당사자의 권리·의무를 승계하는 목적으로 하는 계약을 말한다.

④ 지시채권은 특정인 또는 그가 지정한 자에게 변제해야 하는 증권적 채권이다.

⑤ 종래의 채무자가 새로운 채무자와 중복하여 채무자가 되는 것은 면책적 채무인수이다.

06 다음 중 채권의 소멸 원인에 대한 설명으로 옳지 <u>않은</u> 것은?

□

① 상계는 채권자와 채무자가 채권·채무를 대등하게 소멸시키는 쌍방행위를 통해 채권을 소멸시키는 것이다.

② 채무자가 채무의 목적물을 다른 물건으로 갈음하여 채무를 소멸시킬 수 있다.

③ 공탁은 채무자가 채무를 공탁소에 맡기면 채권이 소멸하는 것이다.

④ 이해관계에 있는 제3자가 채무의 내용인 급부를 실현하면 채권은 소멸한다.

⑤ 채무자 A가 그 채권을 양수했을 경우에 채권은 소멸한다.

07 회사에 대한 설명으로 올바르게 묶인 것은?

□

> 가. 합명회사는 회사채무에 대해 무한·직접·연대책임이 있고, 그 회사에 대한 업무집행권과 대표권을 가진 무한책임사원으로만 구성된다.
>
> 나. 합자회사는 합명회사의 사원과 동일한 책임을 지는 무한책임사원과 회사채권자에 대해 출자액을 한도로 직접·연대책임을 지는 유한책임사원으로 구성된다.
>
> 다. 유한책임회사는 출자금액을 한도로 유한책임을 지는 사원만으로 구성된 회사로, 내부조직이나 업무집행 등이 주식회사와 동일하다.
>
> 라. 유한회사의 사원은 회사채권자에 대해서는 아무런 책임을 지지 않고 오직 회사에 대한 일정 출자의무만을 부담한다.

① 가, 나, 라   ② 가, 다, 라   ③ 가, 나, 다

④ 나, 다, 라   ⑤ 가, 나, 다, 라

출제빈도 ★★★ 최신출제유형

08 주식회사에 대한 설명으로 올바르게 묶인 것은?

가. 주주는 주식회사의 사원으로 자격제한이 없으며, 주주 1인 회사도 인정된다.

나. 발기설립은 설립 시 발생하는 주식의 2분의 1 이상을 발기인이 인수하는 설립방법이다.

다. 모집설립의 경우, 창립총회의 종결 후 2주 이내에 설립등기를 해야 한다.

라. 발기설립 시 현물출자 및 재산인수의 총액이 자본금의 5분의 1과 5천만원을 초과하지 않으면 검사인에게 설립경과조사를 받지 않아도 된다.

마. 계좌부의 기재를 변경시키는 방법에 의하여 주식의 결제가 이루어지는 것을 예탁결제제도라 한다.

바. 모집설립은 출석한 주식인수인 의결권의 2분의 1 이상이며, 인수된 주식총수의 과반수에 해당하는 다수로 이사와 감사를 선임한다.

① 가, 나, 다   ② 가, 다, 라   ③ 가, 마, 바

④ 나, 라, 마   ⑤ 다, 마, 바

출제빈도 ★★

09 다음 중 주주총회 특별결의 사항이 아닌 것은?

① 회사의 분할   ② 자본의 감소   ③ 이사·감사의 해임

④ 회사의 합병   ⑤ 이사·감사의 선임

정답 및 해설

05 ⑤ 종래의 채무자가 새로운 채무자와 중복하여 채무자가 되는 것은 중첩적 채무인수이다.

06 ① 단독행위를 통해 채권을 소멸시키는 것이다.

07 ① '가, 나, 라'는 올바른 설명이다.

다. 유한책임회사는 사원이 모두 유한책임을 누린다는 점에서 주식회사, 유한회사와 동일하지만 내부조직이나 업무집행 등은 기존의 합명회사, 합자회사와 유사하다.

08 ② '가, 다, 라'는 올바른 설명이다.

나. 발기인이 설립 시 발생하는 주식의 전부를 인수하는 방식이다.

마. 예탁결제제도 → 대체결제

바. 모집설립은 출석한 주식인수인 의결권의 3분의 2 이상이며, 인수된 주식총수의 과반수에 해당하는 다수로 이사와 감사를 선임한다.

09 ⑤ 이사·감사의 선임은 보통결의 사항에 해당한다.

10 다음 중 주식회사의 기관에 대한 설명으로 옳지 <u>않은</u> 것은?

☐

① 주주총회는 회사의 기본적 사항에 관하여 회사의 의사를 결정하는 필요상설기관이다.

② 주주총회는 상법 또는 정관이 정하는 사항만 의결이 가능하다.

③ 이사와 대표이사는 주주총회에서 선임되는 것을 원칙으로 한다.

④ 대표이사의 인원수에는 제한이 없어 1명 또는 여러 명이 선임될 수 있다.

⑤ 감사위원회는 자율적으로 정관에 의하여 설치하는 것을 원칙으로 하며, 감사위원회를 설치하면 감사를 둘 수 없다.

11 주식회사의 자본금 증감에 대한 설명으로 옳지 <u>않은</u> 것은?

☐

① 주식회사의 자본조달방법에는 신주발행과 사채발행 등이 있다.

② 신주발행은 타인자본으로서 회사의 부채이기 때문에 일정 기간이 지나면 상환해야 한다.

③ 신주인수권은 회사가 신주를 발행하는 경우 주주가 소유주식수의 비율에 따라 우선적으로 신주를 인수할 수 있는 권리이다.

④ 자본금의 감소는 허용되지 않으나, 회사에 결손이 생긴 경우 등 자본금을 감소시킬 필요가 있는 때에 감소시킬 수 있다.

⑤ 회사는 자본금 감소의 주주총회 결의일로부터 2주 이내에 회사채권자에게 1개월 이상의 일정 기간 내에 자본금 감소에 대해 이의를 제출할 것을 공고해야 한다.

12 주식회사의 이익배당에 대한 설명으로 옳지 <u>않은</u> 것은?

☐

① 이익의 분배는 영리법인의 본질이고, 주주의 이익배당청구권은 주주 고유권이다.

② 상법상 법정준비금은 이익준비금과 자본준비금으로 나누어진다.

③ 배당금은 이익배당 결의가 있은 날로부터 3개월 이내에 지급해야 하며, 배당금지급청구권 소멸시효는 5년이다.

④ 주식배당은 주식평등의 원칙에 의해 지분율에 따라 무상으로 신주를 분배한다.

⑤ 주식배당을 하면 배당가능이익이 자본화됨에 따라 그만큼 발행주식총수가 증가하고 자본도 증가하지만, 회사의 자산에는 변동이 없다.

출제빈도 ★★

13 다음 중 예금계약에 대한 설명으로 옳지 <u>않은</u> 것은?

① 예금계약의 법률적 성격은 소비임치이다.

② 은행은 원칙적으로 수취인과 송금인의 착오로 인한 자금이체 여부에 관해 조사할 의무가 있다.

③ 유가증권으로 입금한 경우, 은행이 증권을 교환에 돌려 부도반환시한이 지나고 결제를 확인한 때에 예금계약이 성립한다.

④ 전자자금 이체의 경우 수취인의 계좌가 개설되어 있는 금융회사의 계좌원장에 입금기록이 끝난 때에 예금계약이 성립한다.

⑤ 은행이 서명의 변조 등을 알 수 있었을 때에 예금주에게 손해가 생겼다면 책임을 져야 한다.

출제빈도 ★★★

14 다음 중 대출계약에 대한 설명으로 옳지 <u>않은</u> 것은?

① 여신계약의 주요내용 중 기본적인 내용은 여신거래기본약관이 규정하고 나머지 세부사항은 여신거래약정서를 이용해 작성한다.

② 채무자가 연대보증인을 담보로 한 대출을 변제한 후에 변제를 취소할 경우에도 반드시 연대보증인의 동의를 받아야 한다.

③ 증서대출은 여신거래약정서 이외에 채무이행을 담보하기 위한 어음을 추가로 징구하는 대출이다.

④ 당좌대출은 은행과 당좌거래를 하고 있는 기업이 당좌예금 잔액을 초과하여 어음 또는 수표를 발행하고 은행이 자동대출의 형태로 지급에 응하는 대출이다.

⑤ 은행여신거래기본약관은 기한이익 상실 사유를 당연한 기한이익의 상실사유와 독촉에 의한 기간이익 상실사유로 구분하고 있다.

정답 및 해설

10 ③ 이사는 주주총회에서 선임되며, 대표이사는 이사 중에서 이사회의 결의로 선임되는 것을 원칙으로 한다.

11 ② 사채발행에 대한 설명이다. 신주발행은 상환주식이 아닌 한 자기자본이므로 상환에 대한 부담이 없다.

12 ③ 배당금은 이익배당 결의가 있은 날로부터 1개월 이내에 지급해야 한다.

13 ② 은행은 원칙적으로 수취인과 송금인의 착오로 인한 자금이체 여부에 관해 조사할 의무가 없다.

14 ③ 어음대출에 대한 설명이다. 증서대출은 대출 시 차주로부터 여신거래약정서를 받고 자금을 빌려주는 대출이다.

15 다음 중 대출금 채권의 회수에 대한 설명으로 옳지 <u>않은</u> 것은?

① 상계의 의사표시를 하여야만 상계의 효과가 발생한다.

② 유효한 상계가 있으면 자동채권과 수동채권은 그 상계적상시로 소급하여 대등액에 관하여 소멸한다.

③ 상계를 실행하는 경우에 채권·채무의 이자, 지연배상금 등의 계산기간은 은행의 상계통지가 채무자에게 도달한 날로 한다.

④ 상계적상이 발생한 이후에는 상계에 의하여 소멸하는 채권에 대하여 지연손해금이 발생한다.

⑤ 여신거래기본약관은 원칙적으로 서면에 의한 상계의 의사표시를 해야 상계의 효과가 발생한다고 규정하고 있다.

16 다음 중 약관에 대한 설명으로 옳지 <u>않은</u> 것은?

① 약관은 당사자 사이의 편입에 관한 합의가 있으면 계약내용이 된다.

② 은행이 약관내용 명시의무 및 사본교부의무를 위반하는 계약을 체결했다면 그 계약은 무효가 된다.

③ 부득이한 경우에는 구두로 설명하지 않아도 설명의무를 다했다고 볼 수 있다.

④ 설명의무를 위반한 경우에는 당해 개개의 조항의 효력만 문제가 된다.

⑤ 약관과 개별약정이 충돌할 때에는 충돌부분에 대해서는 개별약정이 우선한다.

17 다음 중 신탁에 대한 설명으로 옳은 것은?

① 신탁법과 자본시장법이 충돌할 경우에는 신탁법이 우선한다.

② 수탁자는 자신의 고유재산과 신탁재산을 통합 관리해야 한다.

③ 수익자는 수익권을 취득하기 위한 수익의 의사표시를 하여야 한다.

④ 제3자에게 신탁재산임으로 대항하기 위해서는 신탁의 설정에 의해 신탁재산이 이전, 기타 처분이 행해진 것과 신탁재산인 것이 반드시 공시되어야 한다.

⑤ 사해신탁일지라도 수탁자가 선의일 경우 수탁자나 수익자에게 원상회복을 청구할 수 없다.

출제빈도 ★★★

18 다음 중 신탁목적의 제한 및 종류에 대한 설명으로 옳지 <u>않은</u> 것은?

① 법령에 따라 재산권을 향유하는 것이 금지된 자가 수익자로 된 신탁은 무효이다.

② 공익신탁은 학술·종교·제사·기예·환경 기타 공익을 목적으로 하는 신탁이다.

③ 집단신탁은 개별 위탁자마다 각각 체결되어 각 신탁재산마다 분별관리되는 신탁이다.

④ 영업신탁을 영위하려면 자본시장법에 의한 인가가 필요하다.

⑤ 자본시장법은 관리신탁을 금융투자상품에서 제외하고 있다.

출제빈도 ★★

19 다음 중 금융소비자 보호에 대한 설명으로 옳지 <u>않은</u> 것은?

① 적정성 원칙이란 금융상품판매업자 등이 일반금융소비자의 재산상황, 금융상품 취득 또는 처분 경험 등에 비추어 부적합한 계약체결의 권유를 금지하는 원칙이다.

② 적합성 원칙은 전문금융소비자가 아닌 일반금융소비자에게만 적용된다.

③ 금융소비자보호법은 금융상품을 판매함에 있어, 자신의 우월적 지위를 이용하여 금융소비자의 권익을 침해하는 행위를 불공정영업행위로 금지하고 있다.

④ 금융상품판매업자는 대출성 상품, 그 밖에 시행령으로 정하는 금융상품에 관한 계약체결과 관련하여 금융소비자의 의사에 반하여 다른 금융상품의 계약체결을 강요하는 행위를 해서는 안 된다.

⑤ 일반금융소비자는 금융상품판매업자에게 금융상품을 권유하기 위한 연락을 금지하도록 요구할 수 있고, 금융상품판매업자는 그 요구에 따라야 한다.

정답 및 해설

15 ④ 상계적상이 발생한 이후에는 상계에 의하여 소멸하는 채권에 대하여 약정이자나 지연손해금이 발생하지 않는다.

16 ② 계약이 무효가 되는 것이 아니라 당해 약관을 계약의 내용으로 주장할 수 없게 된다.

17 ④ ① 신탁법과 자본시장법이 충돌할 경우에는 자본시장법이 우선한다.
   ② 수탁자는 자신의 고유재산과 신탁재산을 구분 관리해야 한다.
   ③ 수익자는 별도의 수익 의사표시 없이 수익권이 발생한 시점에 당연히 수익권을 취득한다.
   ⑤ 수탁자가 선의이더라도 수탁자나 수익자에게 사해행위 취소 및 원상회복을 청구할 수 있다.

18 ③ 개별신탁에 대한 설명이다. 집단신탁은 불특정다수와 정형화된 약관에 의해 체결되는 신탁이다.

19 ① 적합성 원칙에 대한 설명이다.

20 금융소비자보호법에서 규정한 4가지 상품유형에 해당하지 <u>않는</u> 것은?

① 예금성 상품   ② 대출성 상품   ③ 투자성 상품

④ 저축성 상품   ⑤ 보장성 상품

21 다음 중 금융소비자보호법에서 규정하는 청약철회권에 대한 설명으로 옳은 것은?

① 청약철회권은 계약 청약 이후 청약과정 등에 하자가 있을 시 청약을 철회할 수 있는 일반 금융소비자의 권리이다.

② 청약철회권은 보장성 및 투자성 상품에 적용되며, 예금성 및 대출성 상품에는 적용되지 않는다.

③ 금융소비자가 청약철회를 요청하는 경우 판매자인 금융회사는 이미 받은 금전 및 재화 등의 원본을 금융소비자에게 반환해야 한다.

④ 청약철회권은 금융회사 판매행위의 위법성을 발생요건으로 한다.

⑤ 청약철회권 행사 시 계약은 중도해지된다.

22 다음 중 은행법에 대한 설명으로 옳지 <u>않은</u> 것은?

① 차주의 의사에 반하여 예금 가입을 강요하거나 부당하게 담보를 요구하는 것은 불공정영업행위이다.

② 은행법상 산업자본은 은행의 의결권 있는 주식의 4%를 초과하여 소유할 수 없다.

③ 금융감독원은 은행의 건전성감독기구 중 하나로 무자본특수법인이다.

④ 금융위원회는 어떠한 경우에도 영장발급 없이 금융거래정보를 제공받을 수 있는 것은 아니다.

⑤ 예금자보호법은 1인당 5천만원 한도로 예금을 보호해준다.

출제빈도 ★★★

23 다음 중 자본시장법에 대한 설명으로 옳지 않은 것은?

① 자본시장법은 투자자를 전문투자자와 일반투자자로 구분한다.

② 금융투자상품은 거래소 시장 거래 여부에 따라 증권과 파생상품으로 나뉜다.

③ 자본시장법은 설명의무의 이행을 강제한다.

④ 자본시장법은 모든 금융상품을 규제하는 것이 아닌, 투자성이 있는 금융투자상품만을 규제하는 법이다.

⑤ 기능별 규율체제의 도입으로 동일한 기능을 수행하는 금융투자업자에 대해서 동일한 규제를 적용한다.

출제빈도 ★★★

24 다음 중 누구의 명의로 하든지 자기계산으로 금융투자상품의 매도·매수, 증권의 발행·인수, 청약, 청약의 승낙을 영업으로 하는 금융투자업은?

① 투자매매업　　　② 투자중개업　　　③ 집합투자업

④ 투자자문업　　　⑤ 투자일임업

정답 및 해설

20　④　금융소비자보호법에서 규정한 4가지 상품유형은 예금성·투자성·보장성·대출성 상품이다.

21　③　① 청약철회권은 청약과정 등에 하자가 없음에도 일반금융소비자가 일방적으로 청약을 철회할 수 있는 권리이다.
　　　　② 청약철회권은 예금성 상품을 제외한 투자성(일부)·보장성·대출성 상품에 적용된다.
　　　　④ 청약철회권은 단순 변심처럼 별도의 요건 없이 행사할 수 있다.
　　　　⑤ 청약철회권 행사 시 계약은 무효가 된다.

22　⑤　1인 단위가 아닌 하나의 금융기관별 5천만원 한도로 예금을 보호해준다.

23　②　금융투자상품은 원본초과손실 여부에 따라 증권과 파생상품으로 나뉜다.

24　①　투자매매업에 대한 설명이다.

25 다음 중 자본시장법의 영업행위 규제에 대한 설명으로 옳지 않은 것은?

① 어떠한 이해상충이라도 고객의 손해를 발생시켰다면 그 손해를 배상해야 한다.

② 투자자가 입은 손실을 사후에 보조해주는 행위는 금지된다.

③ 투자자에게 일정한 이익을 사후에 제공하는 것은 금지된다.

④ 금융투자업 간에는 이해상충 가능성이 있는 정보의 제공이 금지된다.

⑤ 자본시장법에서는 이해상충 관리와 정보교류차단장치의 설치를 의무화하고 있다.

26 다음 중 여신전문금융업법에 대한 설명으로 옳지 않은 것은?

① 자산건전성은 정상, 요주의, 고정, 회수의문, 추정손실의 5단계로 구분된다.

② 시설대여업에서 시설대여(리스)는 리스이용자가 리스를 이용하는 목적에 따라 금융리스와 운용리스로 구분된다.

③ 신기술사업자에 대한 투자 중 주식투자는 신기술사업자가 발행한 보통주 중심으로 이루어진다.

④ 전업카드사가 아닌 기타 여신전문금융회사는 금융위원회에 허가를 받아야 진입이 가능하다.

⑤ 여신전문금융업법은 신용카드업법, 시설대여업법, 할부금융업법, 신기술금융지원법을 통합한 것이다.

27 다음 중 혼인과 이혼에 대한 설명으로 옳지 않은 것은?

① 민법은 부부재산의 귀속에 대해 별산제를 적용하고 있다.

② 배우자가 혼인 중 배우자 명의로 취득한 재산은 배우자의 특유재산이다.

③ 일상의 가사에 대해서 부부는 대리권이 있다.

④ 협의 이혼은 재판상 이혼과 달리 당사자의 협의만으로 효력이 생긴다.

⑤ 재판상 이혼은 일정한 사유가 있는 경우에만 허용된다.

출제빈도 ★★

28 다음 중 친권과 후견에 대한 설명으로 옳지 <u>않은</u> 것은?

① 이해상반행위에는 친권행사를 제한하고 가정법원이 선임한 특별대리인이 대신한다.

② 한정후견의 경우에 피한정후견인은 홀로 법률행위를 할 수 없다.

③ 피특정후견인이 후견인의 대리를 통하지 않고 법률행위를 한 경우에 후견인은 이를 취소할 수 없다.

④ 임의 후견은 자신의 재산관리 및 신상보호에 관한 사무를 위탁하는 계약이다.

⑤ 후견심판은 배우자나, 4촌 이내 친족, 지방자치단체장 등이 청구할 수 있다.

정답 및 해설

25	①	투자매매업이나 투자중개업과 집합투자업을 함께 영위함에 따라 발생하는 이해상충은 금융투자자가 상당히 주의하였음이 증명되거나, 투자자가 그 사실을 알고 있을 경우에는 배상책임이 없다.
26	④	전업카드사는 금융위원회의 허가가 필요하지만 기타 여신전문금융회사는 금융위원회에 등록하면 영위가 가능하다.
27	④	이혼에 대한 합의와 가정법원의 확인을 받고 신고함으로써 효력이 생긴다.
28	②	한정후견의 경우에 피한정후견인은 홀로 법률행위를 할 수 있다.

29 다음 사례에 대한 설명으로 옳은 것은?

> A(피상속인)는 아버지 B와 사실혼 배우자 C, C 사이에서 낳은 딸 D와 양자 E가 있다. D는 A가 사망하기 1년 전에 사망하였고 D에게는 배우자 F와 딸 G가 있으며 E에게는 배우자 H가 있다.

① B는 상속인이 될 수 있다.

② C는 법정상속분의 5할을 더하여 받는다.

③ G는 D의 상속분만을 F와 함께 대습상속을 받을 수 있다.

④ H는 대습상속을 받을 수 있다.

⑤ E가 상속을 포기할 경우, 상속결격과는 달리 E의 상속분은 국고에 귀속된다.

30 다음 중 유언에 대한 설명으로 옳지 않은 것은?

① 자필증서 유언은 유언자가 직접 쓴 것이 아니라면 유언의 효력이 없으므로, 컴퓨터 등의 문서작성기구를 이용해서 작성된 것도 효력이 없다.

② 자필증서의 방식은 유언장에 날인 대신 서명에 의하여도 효력이 인정된다.

③ 공정증서 유언은 유언자의 사망 후 유언장의 존재를 입증하는 법원의 검인절차를 밟지 않아도 된다.

④ 비밀증서로 작성된 유언봉서는 그 표면에 기재된 날로부터 5일 내에 공증인 또는 법원서기에게 제출하여 그 봉인 상에 확정일자인을 받아야 한다.

⑤ 구수증서에 의한 유언을 한 경우에는 그 증인 또는 이해관계인이 급박한 사유가 종료한 날로부터 7일 내에 법원에 검인을 신청해야 한다.

31 다음 중 상속에 대한 설명으로 옳지 않은 것은?

① 상속의 승인은 상속개시가 있음을 안 날로부터 3개월 내에 행사할 수 있다.

② 자필증서 유언은 증인이 필요하지 않다.

③ 상속인은 상속이 개시된 때에 피상속인의 재산에 대한 모든 권리·의무를 포괄적 승계한다.

④ 배우자의 유류분은 법정상속분의 2분의 1이고, 직계존속, 직계비속 및 형제자매의 유류분은 3분의 1이다.

⑤ 유류분 반환청구권은 반환해야 할 증여나 유증을 안 날로부터는 1년, 상속개시 후부터는 10년 이내에 청구해야 한다.

32 다음 중 개인회생제도에 대한 설명으로 옳지 <u>않은</u> 것은?

☐ ① 변제계획안은 개인회생절차 개시 신청일로부터 14일 이내에 제출해야 한다.

② 변제기간은 변제개시일로부터 3년을 초과해서는 안 되지만, 특별한 사정이 있을 때는 변제개시일로부터 5년을 초과하지 아니하는 범위에서 변제기간을 정할 수 있다.

③ 개인회생절차 개시결정에 의하여 중지된 회생·파산절차와 개인회생채권에 기한 강제집행·가압류·가처분은 그 효력을 잃지 않는다.

④ 면책을 통해서도 개인회생채권자가 채무자의 보증인에게 가지는 권리에는 영향을 미치지 못한다.

⑤ 면책이 된 뒤에도 면책을 취소할 수 있다.

정답 및 해설

29 ③ ① B는 상속인이 될 수 없다.
　② C는 사실혼 배우자로 상속인이 될 수 없다.
　④ H는 E가 생존하고 있기 때문에 대습상속을 받을 수 없다.
　⑤ 상속 포기의 경우 상속분은 다른 상속인의 상속분 비율로 귀속된다.

30 ② 유언자의 날인이 없는 유언장은 자필증서에 의한 유언의 효력이 없으므로, 자필증서의 방식으로 유언을 할 때에는 반드시 유언장에 날인해야 한다.

31 ④ 배우자와 직계비속의 유류분은 법정상속분의 2분의 1이고, 직계존속과 형제자매는 3분의 1이다.

32 ③ 개인회생절차 개시결정에 의하여 중지된 회생·파산절차와 개인회생채권에 기한 강제집행·가압류·가처분은 그 효력을 잃는다.

33 다음 중 자금세탁방지제도에 대한 설명으로 옳지 <u>않은</u> 것은?

① 의심거래보고제도에서 의심에 대한 합당한 근거의 판단주체는 금융위원회이다.

② 1거래일 동안 1천만원 이상의 현금을 입출금한 경우, 고액현금거래보고제도에서는 거래자의 신원 등 객관적 사실을 전산으로 자동 보고하도록 하고 있다.

③ 1백만원 이상의 전신송금, 외국통화로 표시된 1만달러 이상의 외국환 거래는 고객확인제도 적용대상이다.

④ 강화된 고객확인제도는 위험중심 접근법에 기초한다.

⑤ 자금세탁의 범죄화는 자금세탁범죄가 본 범죄와 별개로 처벌되는 것을 말한다.

34 다음 중 투자권유 프로세스에 대한 설명으로 옳지 <u>않은</u> 것은?

① 고객의 투자성향과 투자위험도를 5단계로 구분하고 있다.

② 적합성 원칙에 따라 금융회사가 투자자에게 투자권유 없이 투자상품을 판매하는 경우 면담·질문 등을 통해 투자자 정보를 파악해야 한다.

③ 투자자정보는 원칙적으로 투자자 본인으로부터 파악해야 한다.

④ 투자정보 제공을 거부하는 투자자에게는 일반투자자로 보호를 받을 수 없다는 점을 알리고 거부 의사를 서면으로 확인받아야 한다.

⑤ 계열사의 집합투자업자 펀드를 투자권유 시, 그 집합투자업자가 회사의 계열사임을 고지하고 계열사가 아닌 집합투자업자의 유사한 펀드를 함께 권유해야 한다.

35 다음 중 개인(신용)정보 수집에 대한 설명으로 옳은 것은?

① 거래 상대방의 신용거래능력을 판단할 때에 필요한 개인정보는 정보주체의 동의를 받아야 수집 가능하다.

② 개인정보는 어떠한 경우에도 당초 수집 목적 외로 이용할 수 없다.

③ 개인정보보호법에 따른 고유식별정보에는 외국인등록번호, 여권번호 등이 있다.

④ 개인신용정보에 대해 정보주체의 파기 동의가 있지만, 법령상 보존기한이 불분명할 경우에는 법령상 보존기한이 명시될 때까지 보존해야 한다.

⑤ 민감정보는 원칙적으로 제공할 수 없으며, 예외의 사유에 해당하는 경우에는 동의를 받아야 제공이 가능하다.

36 다음 중 정보주체의 권리보장과 개인정보 유출 시에 조치방법에 대한 설명으로 옳지 않은 것은?

① 특별한 경우가 아니면 정보주체는 신용정보법에서 정한 자신의 개인신용정보를 열람할 수 없다.

② 개인정보의 삭제를 요청할 경우, 10일 이내에 조치하고 통지해야 한다.

③ 개인정보가 유출된 경우, 5일 이내에 조치하고 통지해야 한다.

④ 개인정보의 처리정지를 요청할 경우, 10일 이내에 조치해야 한다.

⑤ 금융기관은 사실과 다른 개인정보를 정정하고 그 결과를 7일 이내에 통보해야 한다.

정답 및 해설

33 ① 의심거래보고제도에서 의심에 대한 합당한 근거의 판단주체는 금융회사이다.

34 ② 적합성 → 적정성

35 ③ ① 정보주체의 동의 없이 수집 가능하다.
② 개인정보는 당초 수집 목적 외로 이용할 수 있으며, 이 경우 별도 동의를 받아야 한다.
④ 정보주체의 파기 동의가 있지만, 법령상 보존기한이 불분명할 경우에는 정보주체가 동의한 보유기간 경과 후에 파기한다.
⑤ 원칙적으로 동의를 받아야 이용할 수 있으며, 예외의 경우에는 동의 없이 가능하다.

36 ① 정보주체는 신용정보법에서 정한 특별한 경우가 아니더라도 열람할 수 있다.

■ 학습안내

약점 극복 실전테스트는 은행FP 자산관리사 시험에서 잘 틀리는 문제와 자주 출제되어 매우 중요한 문제들로 과목별 시험의 1배수를 구성하였습니다. 개념완성문제 및 출제예상문제에서 은행FP 자산관리사의 전반적인 문제 유형을 학습했다면, 약점 극복 실전테스트에서는 틀리기 쉬운 문제와 중요도 높은 문제를 통해 학습상태를 점검하여 약점을 확인하고 극복할 수 있도록 합니다.

■ 학습방법

1단계
약점 극복 실전테스트를 풀어봅니다.

2단계
p.130에 있는 정답 및 해설을 확인하여 채점 후 풀지 못했거나 틀린 문제는 정답 하단에 있는 학습점검표에 정리합니다.

3단계
학습점검표 하단의 맞힌 개수별 학습상태를 확인하여, 본인의 학습상태에 맞는 학습방법으로 복습합니다.

■ 출제비중

10문항	15문항	15문항
제1장 재무설계의 의의 및 재무설계 프로세스	제2장 경제동향분석 및 예측	제3장 법 률

제1과목 **자산관리 기본지식**

:
:

약점 극복
실전테스트

제1장 | 재무설계의 의의 및 재무설계 프로세스

01 다음 중 202X년 우리나라의 노년부양비로 옳은 것은?

□

> [202X년 우리나라의 인구 통계 자료]
> • 전체인구수 : 50,000,000명   • 노년인구수 : 5,500,000명
> • 유년인구수 : 7,000,000명   • 생산가능인구수 : 36,000,000명

① 3.5%   ② 7.9%   ③ 11.0%   ④ 15.3%   ⑤ 19.4%

02 최초 면담 시 활용 가능한 질문에 대한 설명으로 옳지 <u>않은</u> 것은?

□

① 시사 질문은 고객의 현 상황이나 정보 등을 수집하기 위한 질문이다.

② 문제인식 질문은 고객 스스로 현재의 어려운 상황을 인식하도록 유도하는 질문이다.

③ A증권사에 대해 어떻게 생각하십니까? 등은 상황 파악 질문에 해당한다.

④ 고객님께 안 좋은 일이 생긴다면 자녀분들의 삶은 어떻게 될까요? 등은 시사 질문에 해당한다.

⑤ 위의 문제점을 해결할 수 있는 방법이 있다면 어떻게 하시겠습니까? 등은 해결 질문에 해당한다.

03 다음 중 각 삶의 단계별 재무적 목표에 대한 설명으로 적절하게 연결된 것은?

□

> A. 자동차 구매자금 마련   B. 자녀 교육 및 결혼자금 마련   C. 기타 목적자금 마련

> 가. 자녀성장 단계   나. 은퇴 단계   다. 자녀양육 단계
> 라. 가족형성 단계   마. 가족축소 단계

	A	B	C			A	B	C
①	다	가	나		②	다	라	나
③	라	가	나		④	라	가	마
⑤	라	다	마					

04 **자산부채상태표에 대한 설명으로 옳지 <u>않은</u> 것은?**

☐ ① 일정 기간 동안의 고객의 자산 및 부채, 순자산을 표시한다.

② 고객 자산의 구성 및 부채의 규모, 유동성 등을 보여준다.

③ 현금성자산에는 CMA, MMF, 수시 입출금식 예금 등이 있다.

④ 고객의 다이아몬드 반지와 자동차는 개인사용자산에 해당한다.

⑤ 뮤추얼펀드는 금융투자자산이다.

[05~06] 다음은 자산관리사가 상담한 고객의 정보이다. 다음 자료를 참고하여 각 물음에 답하시오.

[고객 강하늘 씨의 정보]

• 자 산

항 목	금 액
은행예금	1,200만원
만기 3개월인 양도성예금증서(CD)	300만원
CMA 통장 잔액	500만원
수익증권 및 펀드	2,500만원
거주아파트	4억 8,000만원
자동차	3,500만원

• 현금의 유출

항 목	금 액
대출금 상환금	450만원
세 금	500만원
교통통신비	1,500만원
주택관리비	300만원
공교육비	500만원
사교육비	1,250만원
외식비	300만원
저축 및 투자	1,800만원

05 다음 중 고객 강하늘의 자산 중 현금성자산의 합계 금액으로 적절한 것은?

① 1,700만원   ② 2,000만원   ③ 4,500만원

④ 5,500만원   ⑤ 5억원

06 다음 중 고객 강하늘의 지출 중 고정지출의 합계 금액으로 적절한 것은?

① 1,450만원   ② 1,750만원   ③ 2,300만원

④ 3,000만원   ⑤ 3,550만원

07 제안서 작성에 대한 설명으로 옳지 <u>않은</u> 것은?

① 가능한 많은 대안을 고려하여 제시한 후 최적의 대안을 도출한다.

② 제안서에는 일반 경제에 대한 가정과 자산관리사가 작성한 대안과 그 대안에 대한 예산을 포함시켜야 한다.

③ 자산관리사는 고객에게 모든 자료 분석에 따른 가정치를 제시해야 하며, 그 판단 근거도 제시해야 한다.

④ 목차는 가능한 한 핵심 단어를 위주로 작성하도록 한다.

⑤ 자산관리사는 자신의 의견이 주관적일 수 있음을 고려해야 한다.

08 40대 고객에 대한 설명으로 옳지 <u>않은</u> 것은?

① 교육비 지출이 다른 시기에 비해 많은 편이다.

② 목표한 자금이 많지만 투자할 여유가 없다.

③ 투자형 연금상품이 필요하다.

④ 대출리파이낸싱을 활용한다.

⑤ 본인만의 라이프스타일을 유지하려 한다.

09 근로소득자에 대한 설명으로 옳지 <u>않은</u> 것은?

① 본인의 노후자금이 부족할 수 있으므로 노후자금에 대해 고려해야 한다.

② 노출되지 않은 자산에 대한 세무조사가 있을 수 있으므로 이에 대비한다.

③ 은퇴 후에 생활비가 부족할 경우를 대비하여 3층 보장 제도를 활용한다.

④ 절세를 위해 소득공제 구조를 이해하도록 한다.

⑤ 퇴직 후 재취업을 위한 방안을 고려해야 한다.

10 예비 고객이 아는 사람의 계약 체결 사례를 들며 불안감을 제거하거나 모방심리를 유도하는
방법은 무엇인가?

① 묵시적 동의법　　　　② 예화법　　　　③ 손해 암시법

④ 양자택일법　　　　　⑤ 명시적 동의법

11 거시경제에서의 단기와 장기에 대한 설명으로 옳은 것은?

① 단기에는 가격과 임금이 신축적이다.

② 단기에는 완전고용이 달성된다.

③ 장기에는 기술변화가 없다.

④ 장기의 절대가격과 상대가격은 일반적으로 비탄력적이라고 본다.

⑤ 장기에는 자본이나 노동 등의 생산요소의 총량이 가변적이라고 본다.

12 단기 총공급곡선의 이동 방향이 나머지와 다른 것은?

① 투자에 의한 자본량 증가

② 총수요 증가 예상

③ 환율 상승에 따른 생산요소의 가격 상승

④ 신자원 발견

⑤ 임금 하락

13 실업에 대한 설명으로 옳은 것은?

① 실업자는 노동을 제공할 의사도 없고, 수입이 있는 일에 종사하지도 못한 사람을 말한다.

② 경제활동참가율은 경제활동에 참여한 인구를 총인구로 나눈 값이다.

③ 실업률은 실업자를 생산가능인구로 나눈 값이다.

④ 기술발전 등에 따라 발생하는 실업을 마찰적실업이라 한다.

⑤ 완전고용하에서 발생한 실업을 자연실업률이라 하며, 자연실업률하에서 정부의 실업률 감소정책은 장기적으로 무의미하다.

14 잠재GDP에 대한 설명으로 옳지 <u>않은</u> 것은?

① 잠재GDP는 물가상승이 유발되지 않는 수준의 GDP를 의미한다.

② 완전고용상태에서는 실질GDP와 잠재GDP가 같아진다.

③ 실질GDP와 잠재GDP가 같은 상황에서의 장기필립스 곡선은 수직의 형태를 가진다.

④ 디플레이션 갭 상태에서는 유효수요를 억제시켜 인플레이션을 가속화 시키지 않으면서 실업률을 낮출 수 있다.

⑤ GDP 갭이 양(+)의 값이라는 것은 실제 경제활동이 잠재GDP보다 높은 수준에서 이루어지고 있다는 뜻이다.

15 재정정책에 대한 설명으로 옳은 것은?

① 정책당국이 재정정책을 수립하고 실행하는 데 걸리는 시간은 재정정책의 효과가 외부로 나타나는 데 걸리는 시간보다 긴 편이다.

② 일반적으로 재정적자가 발생할 경우 피드백효과가 발생한다.

③ 일반적으로 재정흑자가 발생할 경우 총수요가 증가한다.

④ 재정지출 확대를 위한 수단으로는 공개시장에 국채 매각, 지급준비율 감소, 중앙은행의 국채 매수, 조세 등의 방법이 있다.

⑤ 국채를 중앙은행이 인수할 경우 향후 소득 감소 시기에 대비해 소득이 많을 때 저축을 늘리는 소비의 평활화 현상과 구축효과가 발생할 수 있다.

16 다음의 경우 통화승수와 증가된 예금통화액을 계산한 것으로 적절한 것은?

> 중앙은행이 경기부양을 목적으로 국채를 매입하여 본원통화가 100억원 증가하였다. 은행의 지급준비율은 10%이고 초과지급준비금은 없으며, 은행이 고객에게 대출해주는 경우 고객은 대출받은 금액 100%를 다시 은행에 예금한다고 가정한다.

	통화승수	예금통화 증가액		통화승수	예금통화 증가액
①	5배	500억원	②	10배	500억원
③	10배	1,000억원	④	20배	1,000억원
⑤	20배	2,000억원			

17 통화정책에 대한 설명으로 옳지 <u>않은</u> 것은?

① 물가안정목표는 소비자물가상승률을 기준으로 설정한다.

② 공개시장조작정책에서 중앙은행은 통안증권(통화안정증권)을 발행하여 통화량을 감소시킨다.

③ 중앙은행은 시중은행 등 금융기관에 대출해주는 자금의 금리를 낮춰서 통화량을 증가시킨다.

④ 화폐발행액이 80억원, 예금은행의 시재금이 30억원, 예금은행 지급준비금이 60억원인 경우 본원통화는 130억원이다.

⑤ 중앙은행은 본원통화에 대해서는 완벽하게 통제할 수 있다.

18 실질이자율에 대한 설명으로 옳은 것은?

① 시장이자율은 화폐의 시간선호율을 반영한 이자율을 말하며, 현재 소비와 미래 소비와의 trade-off관계를 반영한다.

② 조세부과는 실질이자율을 하락시킨다.

③ 시장분할이론에서는 장기이자율은 만기까지 기대되는 미래 단기이자율의 평균과 같다고 본다.

④ 유동성프리미엄이론에서는 수평인 수익률곡선은 미래 단기이자율의 변동이 없을 것으로 기대한다.

⑤ 미래 이자율이 하락할 것으로 기대된다면 단기 자금을 차입해서 롤링오버하는 것이 유리하다.

19 대부자금 수요곡선의 움직임이 <u>다른</u> 하나는?

① 가계의 부채 증가   ② 기업 규제 증가

③ 정부의 재량적 조세징수 증가   ④ 실질이자율 상승

⑤ 가계 조세부담 증가

20 환율의 움직임이 나머지와 <u>다른</u> 것은?

① 국내 생산성 증가   ② 국내물가 하락

③ 민간수지 흑자   ④ 조세부담 완화

⑤ 국내 실질GDP 증가

21 국제수지표에 대한 설명으로 옳은 것은?

① 특정시점에서의 한 나라의 거주자와 비거주자 사이에 이루어진 경제적 거래를 대상으로 한다.

② 복식부기 방식으로 작성하며, 대가를 지급하지 않은 이전거래의 경우 기록에서 제외하여 대차의 합계가 항상 일치하도록 한다.

③ 경상계정의 대변에는 해외에 대한 경상이전 지출, 투자소득 지급 등을 기록한다.

④ 자본계정의 차변에는 직접투자자금 유입을 기록한다.

⑤ 대외부채 증가는 자본계정의 대변에 기록한다.

22 확장적 재정정책에 대한 설명으로 옳은 것은?

① 확장적 재정정책에 의해 명목GDP는 증가하지만 실질GDP는 불변하거나 감소한다.

② 명목임금은 상승하지만 실질임금은 불변하거나 감소한다.

③ 피셔는 실질이자율은 명목이자율과 기대인플레이션율의 합으로 정의했다.

④ 경상수지, 자본수지 등은 감소한다.

⑤ 실질환율은 하락하게 된다.

23 경기변동에 대한 설명으로 옳은 것은?

① 경기변동은 불규칙적이고 비대칭적이다.

② 정점에서 저점까지를 주기로 본다.

③ 수축국면에서는 상대가격 변동성 및 소득분배 불균형이 확대된다.

④ 경기변동으로 인해 변동하는 변수는 지속적으로 일정한 주기로 나타난다.

⑤ 경기변동의 방향은 동일하지 않고 불규칙적으로 움직인다.

24 경기종합지수를 활용한 경기예측에 대한 설명으로 옳지 <u>않은</u> 것은?

① 경기확산지수와는 달리 경기변동의 방향이나 진폭 또는 전환점을 동시에 파악할 수 있다.

② 동행종합지수를 통해 현재의 상태를 알 수 있으며, 동행종합지수의 순환변동치는 크기나 증감률, 움직이는 방향 등이 큰 의미가 없다.

③ 경기변동의 단기적인 예측이 가능하다.

④ 월간 경기변동의 미세한 부분까지도 파악이 가능하다.

⑤ 일반적으로 6개월 이상 상승하면 경기 확장기로 보며, 하락하면 수축기로 본다.

25 다음 빈칸에 들어갈 내용으로 적절한 것은?

> 향후 경기가 좋아질 것이라고 응답한 기업체 수는 150개, 경기가 나빠질 것이라고 응답한 기업체 수는 100개일 경우의 BSI지수는 (   )이며, 이는 경기가 (   )라는 것을 의미한다.

① 50, 수축국면   ② 50, 확장국면   ③ 120, 수축국면

④ 120, 확장국면   ⑤ 120, 전환국면

26 물권에 대한 설명으로 옳지 않은 것은?

① 일반적으로 부동산물권의 경우 등기를 하지 않으면 처분할 수 없다.

② 물권과 채권이 병존하는 경우 일반적으로 물권이 채권에 우선한다.

③ 일반적으로 부동산물권의 경우 제3자가 취득자의 등기명의를 믿고 거래한 후 법률행위가 무효가 되면, 별도로 선의의 제3자 보호규정이 없는 이상 무권리자로부터 물권을 취득한 것이 되어 물권을 취득할 수 없다.

④ 물권은 배타성이 없으므로 물권의 귀속과 내용을 표시할 수 있는 행위가 필요하다.

⑤ 개개의 피담보채권이 소멸하더라도 근저당권 자체는 소멸하지 않는다.

27 채권의 양도 및 채무인수에 대한 설명으로 옳지 않은 것은?

① 일반적으로 지명채권이라 함은 채권자가 특정되어 있는 채권을 말한다.

② 지명채권의 양도는 당사자의 합의만으로도 채무자 이외의 제3자에게 대항할 수 있다.

③ 지시채권은 증권에 배서하여 양수인에게 교부하는 방식으로 양도하게 된다.

④ 무기명채권은 증권을 교부하는 방식으로 양도하게 된다.

⑤ 채무를 인수인에게 이전시키면서 본래의 채무자의 채무가 면책되고 인수인이 새로운 채무자가 되는 것을 면책적 채무인수라고 한다.

28 주식회사에 대한 설명으로 옳지 않은 것은?

① 주주는 주식회사의 사원을 말하며, 상법상 주주가 1명인 1인 회사도 주식회사로 인정된다.

② 일반적으로 보통결의는 출석한 주주의 의결권의 과반수와 발행주식총수의 4분의 1 이상의 수로써 하는 결의이다.

③ 주식을 양수받은 자가 주주임을 회사에 대항하기 위해서는 주주명부에 그의 성명과 주소를 기재해야만 한다.

④ 대표이사는 회사의 중요자산을 처분하는 등 중요한 업무를 단독으로 결정하거나 집행할 수 있다.

⑤ 일반적으로 최근 사업연도 말 현재 자산총액이 2조원 이상인 상장회사는 의무적으로 감사위원회를 설치해야 한다.

29 은행의 수신업무에 대한 적절한 설명으로 모두 묶인 것은?

> 가. 예금계약의 법적인 성질은 소비대차이다.
> 나. 예금채권은 예금주의 사망 시 법에 의한 당연 상속대상이 아니다.
> 다. 전자자금이체를 통한 지급의 경우 수취인의 계좌가 개설되어 있는 금융회사의 계좌원장에 입금기록
>   이 끝난 때를 효력발생시기로 본다.
> 라. 은행은 양도금지특약의 존재를 알지 못했고, 그 알지 못함에 중대한 과실이 없이 예금을 양수한 선
>   의의 제3자에게 대항할 수 없다.
> 마. 별단예금에는 당좌개설보증금, 자기앞수표발행기금, 주식납입보관금, 사고신고담보금 등이 있다.

① 가, 나, 다   ② 가, 다, 마   ③ 나, 다, 라

④ 나, 라, 마   ⑤ 다, 라, 마

30 은행의 대출업무에 대한 설명으로 옳지 <u>않은</u> 것은?

① 대출은 유상계약에 해당한다.

② 대출은 요물계약이 아닌 낙성계약에 해당한다.

③ 대출계약의 성립시기는 대출을 받은 자가 금전소비대차약정서를 작성한 때가 아니라, 작
   성된 금전소비대차약정서를 은행에 제출할 때이다.

④ 여신계약의 기본내용은 여신거래기본약관에서 규정하고 있다.

⑤ 채무자 또는 채무의 의무가 있는 자가 채권자나 그 대리인 등에게 대출을 상환하여 채무
   를 없애는 것을 변제라고 한다.

31 약관에 대한 설명으로 옳은 것은?

① 은행에 약관상 내용이 명확하지 않을 경우 고객에게 유리하게 해석한다는 원칙은 엄격해
   석의 원칙이다.

② 현재 은행에서 사용하는 근저당권설정계약서 등은 약관에 해당한다.

③ 은행이 설명의무를 위반할 경우 전체 약관을 무효로 본다.

④ 약관이 유효하기 위해서는 일정한 형태나 범위를 갖추어야 한다.

⑤ 약관은 개별 고객에 따라 다르게 해석되어야 한다.

32 다음 중 신탁에 대한 설명으로 옳지 <u>않은</u> 것은?

① 위탁자는 신탁을 설정하고 수탁자에 대하여 일정한 목적에 따라 재산의 관리 또는 처분을 하도록 재산권의 이전, 기타 처분을 하는 자를 말한다.

② 물적 유한책임의 원칙이란 수탁자가 신탁행위로 인하여 수익자에게 부담하는 채무는 신탁재산의 한도로 제한된다는 원칙이다.

③ 신탁재산은 이전 가능한 것이어야 한다.

④ 신탁재산은 수탁자가 사망하더라도 수탁자의 상속재산에 귀속되지 않으며, 수탁자가 파산하더라도 수탁자의 파산재산에 귀속되지 않는다.

⑤ 일반적으로 신탁재산에 속하는 채권과 신탁재산에 속하지 않는 채무와도 상계가 가능하다.

33 부동산신탁에 대한 설명으로 옳지 <u>않은</u> 것은?

① 부동산신탁에서 부동산이란 토지와 그 정착물을 말한다.

② 부동산관리신탁에서 부동산의 소유명의자는 위탁자이다.

③ 부동산처분신탁에서 수탁자는 매수인과의 교섭권과 처분가격의 결정 권한을 가진다.

④ 부동산담보신탁은 피담보채권과 분리하여 수익권만을 양도할 수 있다.

⑤ 부동산신탁은 부동산에 갈음하여 권리를 유통시키는 권리변환기능을 가진다.

34 다음 중 금융소비자 보호법의 주요내용이 <u>아닌</u> 것은?

① 기관별 규제체계 도입 ② 판매행위 규제

③ 과징금 및 과태료 ④ 금융회사의 사용자 책임

⑤ 위법계약해지권

35 자본시장법에 대한 적절한 설명으로 모두 묶인 것은?

> 가. 자본시장법상 금융투자업은 투자매매업, 투자중개업, 투자일임업, 신탁업 등이 해당한다.
> 나. 금융상품은 원본손실가능성에 따라 증권과 파생상품으로 구분된다.
> 다. 일반적으로 일반투자자는 전문투자자로 전환이 불가능하지만, 장내파생상품 매매의 경우 일반투자자로 취급되는 주권상장법인은 전문투자자로의 전환이 가능하다.
> 라. 투자중개업은 누구의 명의로 하든지 타인 계산으로 금융투자상품의 매도·매수, 그 청약의 권유, 청약 등을 영업으로 하는 금융투자업을 말한다.
> 마. 전문투자자는 투자권유규제에 관한 규정을 적용받지 않는다.

① 가, 라   ② 나, 다   ③ 가, 라, 마
④ 나, 다, 라   ⑤ 나, 다, 마

36 자본시장법의 각종 규제에 대한 설명으로 옳은 것은?

① 투자매매업 또는 투자중개업과 집합투자업을 함께 영위하여 발생하는 이해상충은, 금융투자업자가 상당한 주의를 기울였음을 증명하였다면 배상의 책임을 지지 않는다.

② 투자매매업과 집합투자업 등의 겸영을 통해 이해상충 가능성이 높아질 경우 이해상충 방지를 위해 해당 겸영이 금지되며, 그 이해상충 사실을 투자자에게 알려야 한다.

③ 금융투자업자는 금융투자업의 영위와 관련하여 약관을 제정·변경하는 경우 변경 후에 금융위원회에 신고해야 한다.

④ 투자자에게 일정한 이익을 사후에 제공하는 행위는 가능하나, 투자자가 입은 손실을 사후에 보전해주는 행위는 금지된다.

⑤ 일반적으로 금융투자업자가 업무특성상 알게 된 미공개정보를 활용하여 이득을 얻는 행위는 불공정거래에 해당하지 않는다.

37 상속에 대한 적절한 설명으로 모두 묶인 것은?

> 가. 상속인이 될 직계비속 등이 상속개시 전에 사망 혹은 결격이 된 경우 대습상속이 이루어진다.
> 나. 상속대상에는 사실혼의 배우자도 포함된다.
> 다. 직계비속에는 양자와 친양자도 모두 포함된다.
> 라. 다른 상속인의 유류분은 그의 법정상속분의 1/3인데 비해 배우자의 유류분은 그의 법정상속분의 1/2이 설정된다.
> 마. 상속이란 상속인이 사망한 경우 그의 재산상·신분상의 지위가 피상속인에게 포괄적으로 승계되는 것을 말한다.

① 가, 다   ② 나, 라   ③ 가, 다, 마
④ 나, 라, 다   ⑤ 다, 라, 마

38 주식회사의 합병과 분할에 대한 설명으로 옳은 것은?

☐ ① 회사가 분할한 이후에도 기존회사가 존속하는 것을 완전분할이라고 한다.

② 회사 합병 시 주주의 지위 이전도 이루어진다.

③ 채권자 보호의 절차를 거치지 않은 합병도 유효하다.

④ 회사의 합병으로 인하여 설립되는 회사는 특별한 공시방법 없이도 포괄승계한 권리를 행사할 수 있다.

⑤ 일반적으로 회사의 분할은 등기 없이도 효력이 발생하는 법적행위이다.

39 개인회생에 대한 설명으로 옳은 것은?

☐ ① 법인과 영업소득자는 개인회생 절차를 신청할 수 있다.

② 개인의 경우 회생 가능한 채무액수에 제한이 없다.

③ 회생계획안이 인가되면 채무에 대한 면책이 이루어진다.

④ 채무자는 변제계획에 의하지 않고는 개인회생채권을 소멸하게 하는 행위를 하지 못한다.

⑤ 채무자가 책임질 수 없는 사유로 변제를 완료하지 못한 경우에도 면책불허가 결정이 내려진다.

40 다음 중 빈칸에 들어갈 설명이 순서대로 연결된 것은?

☐

정보주체가 본인의 개인정보에 대한 열람을 요구할 경우 (　)일 이내에 조치해야 하며, 정보주체가 자신의 개인정보에 대한 수정이나 삭제를 요구할 경우 (　)일 이내에 조치하고 그 결과를 통지해야 한다. 만약 개인정보가 유출된 경우에는 정당한 사유가 없는 한 (　)일 이내에 정보주체에게 유출된 개인정보항목과 유출시점, 유출된 이유 등을 통지해야 한다.

① 5, 5, 10　　　　② 5, 7, 10　　　　③ 10, 7, 5

④ 10, 10, 5　　　　⑤ 10, 10, 10

▌정답

제1장 재무설계의 의의 및 재무설계 프로세스
p.116

| 01 ④ | 02 ① | 03 ④ | 04 ① | 05 ② | 06 ② | 07 ① | 08 ⑤ | 09 ② | 10 ② |

제2장 경제동향분석 및 예측
p.120

| 11 ③ | 12 ③ | 13 ⑤ | 14 ④ | 15 ① | 16 ③ | 17 ④ | 18 ⑤ | 19 ④ | 20 ⑤ |
| 21 ⑤ | 22 ⑤ | 23 ① | 24 ② | 25 ④ | | | | | |

제3장 법 률
p.125

| 26 ④ | 27 ② | 28 ④ | 29 ⑤ | 30 ③ | 31 ② | 32 ⑤ | 33 ② | 34 ① | 35 ③ |
| 36 ① | 37 ① | 38 ② | 39 ④ | 40 ④ | | | | | |

▌학습점검표

맞힌 개수, 틀린 문제 번호와 풀지 못한 문제 번호를 적어보고, 맞힌 개수에 따라 자신의 학습상태를 점검할 수 있습니다. 틀린 문제와 풀지 못한 문제는 꼭 복습하도록 합니다.

구 분	맞힌 개수	틀린 문제 번호	풀지 못한 문제 번호
제1장 재무설계의 의의 및 재무설계 프로세스	/10		
제2장 경제동향분석 및 예측	/15		
제3장 법 률	/15		
계	/40		

[맞힌 개수별 학습상태 확인하기]

15개 이하 : 과락 예상입니다. 지금까지 풀어본 문제(개념완성문제, 출제예상문제, 약점 극복 실전테스트) 중 틀린 문제에 대한 오답이유를 꼼꼼히 보고 '하루 10분 개념완성 자료집'을 암기하세요.

16~23개 : 과락 위험이 있을 수 있으니 체크한 부분과 더불어 '하루 10분 개념완성 자료집'도 함께 학습하세요.

24개 이상 : 틀린 문제 및 풀지 못한 문제 위주로 보충 후 마무리 학습으로 100% 합격에 도전하세요.

제1장 | 재무설계의 의의 및 재무설계 프로세스

01 정답 ④

노년부양비 = 노년인구수/생산가능인구수 × 100
= 5,500,000/36,000,000 × 100 = 15.3%

02 정답 ①

상황파악 질문에 해당하는 설명이다. 시사 질문은 고객 문제에서부터 파생되는 결과에 대한 심각성을 고객이 스스로 인지하게 하기 위한 질문이다.

03 정답 ④

A – 가족형성 단계, B – 자녀성장 단계, C – 가족축소 단계

04 정답 ①

일정 기간 동안이 아닌 특정시점에서의 자산 및 부채, 순자산을 표시한다.

05 정답 ②

은행예금 1,200만원 + 만기 3개월인 CD 300만원 + CMA 통장 잔액 500만원 = 2,000만원

06 정답 ②

대출금 상환금 450만원 + 세금 500만원 + 주택관리비 300만원 + 공교육비 500만원 = 1,750만원

07 정답 ①

너무 많은 대안을 나열해서는 안 되고, 가장 효율적이고 실현가능성이 높은 2~3가지 대안을 제시해야 한다.

08 정답 ⑤

20대 고객에 대한 설명이다.

09 정답 ②

전문직 종사자나 임대사업자에 대한 내용이다.

10 정답 ②

예화법에 대한 설명이다.

제2장 | 경제동향분석 및 예측

11 정답 ③

① 단기에는 가격과 임금이 경직되어 있다.
② 단기에는 불완전고용이 된다.
④ 장기의 절대가격과 상대가격은 일반적으로 탄력적이라고 본다.
⑤ 장기에는 자본이나 노동 등의 생산요소의 총량이 고정되어 있다고 본다.

12 정답 ③

단기 총공급곡선이 좌측으로 이동한다.
① ② ④ ⑤ 단기 총공급곡선이 우측으로 이동한다.

13 정답 ⑤

① 실업자는 노동을 제공할 의사가 있어서 적극적인 취업활동을 했으나, 수입이 있는 일에 종사하지 못한 사람을 말한다.
② 경제활동참가율은 경제활동에 참여한 인구를 생산가능인구로 나눈 값이다.
③ 실업률은 실업자를 경제활동에 참여한 인구로 나눈 값이다. 참고로 고용률은 취업자를 생산가능인구로 나눈 값이다.
④ 구조적실업에 대한 설명이다.

14 정답 ④

디플레이션 갭 상태에서는 유효수요가 부족하기 때문에 유효수요를 억제시킬 필요가 없다.

15 정답 ①

② 일반적으로 재정흑자 시 피드백효과가 발생한다.
③ 일반적으로 재정흑자 시 총수요가 감소한다.
④ 지급준비율 조작은 통화정책에 해당한다.
⑤ 소비의 평활화 현상과 구축효과는 공개시장에 국채를 매각할 때 발생한다.

16 정답 ③

통화승수 = 1/지급준비율 = 10
예금통화 증가액 = 본원통화 증가액 × 통화승수
= 100억원 × 10 = 1,000억원

17 정답 ④

• 본원통화 = 현금통화 + 예금은행 지급준비금
• 현금통화 = 화폐발행액 − 예금은행 시재금
= 80억원 − 30억원
∴ 본원통화 = 50억원 + 60억원 = 110억원

18 정답 ⑤

① 시장이자율 → 무위험이자율
② 조세부과는 실질이자율을 상승시킨다.
③ 기대이론에 대한 설명이다. 시장분할이론에서는 만기별 이자율이 각각의 시장의 수요와 공급에 의해 결정된다고 본다.
④ 수평인 수익률곡선은 미래 단기이자율이 하락할 것으로 기대한다.

19 정답 ④

대부자금 수요곡선상에서 균형점이 왼쪽으로 이동한다.
① ② ③ ⑤ 대부자금 수요곡선이 왼쪽으로 이동한다.

20 정답 ⑤

국내 실질GDP 증가는 수입수요를 증가시켜서 환율을 상승시킨다.
① ② ③ ④ 환율이 하락한다.

21 정답 ⑤

① 특정시점이 아닌 일정 기간 한 나라의 거주자와 비거주자 사이에 이루어진 경제적 거래를 대상으로 한다.
② 이전거래의 경우에도 별도의 항목을 설정하여 작성한다.
③ 경상계정의 차변에는 해외에 대한 경상이전 지출, 투자소득 지급 등을 기록한다.
④ 자본계정의 대변에는 직접투자자금 유입을 기록한다.

22 정답 ⑤

① 실질GDP도 증가한다.
② 실질임금도 증가한다.
③ 명목이자율은 실질이자율과 기대인플레이션율의 합으로 정의했다.

④ 경상수지는 감소하고 자본수지는 증가한다.

23 정답 ①

② 정점에서 저점까지를 순환진폭으로 본다.
③ 확장국면에 대한 설명이다.
④ 경기변동은 지속성을 가지지만 그 주기가 일정하지는 않다.
⑤ 경기변동으로 인해 변동하는 변수는 동일한 방향으로 움직이는 공행성을 가진다.

24 정답 ②

동행종합지수 순환변동치의 크기나 증감률은 큰 의미가 없지만, 움직이는 방향은 중요하다.

25 정답 ④

• 기업실사지수 = (긍정적응답수 − 부정적응답수)
/ 총응답수 × 100 + 100
= (150 − 100) / 250 × 100 + 100
= 120
• 100 < BSI ≦ 200 ⇨ 확장국면으로 봄

제3장 | 법 률

26 정답 ④

물권은 배타성이 있고, 그러므로 물권의 귀속과 내용을 표시할 수 있는 행위가 필요하다.

27 정답 ②

지명채권의 양도는 양도인과 양수인의 합의에 의해 행해지므로, 양도인의 채무자에 대한 통지 또는 채무자의 승낙이 없다면 채무자에게 채권양도를 가지고 대항하지 못하고, 제3자에게 대항하기 위해서는 통지 또는 승낙이 내용증명우편과 같은 확정일자가 있는 증서에 의해야 한다.

28 정답 ④

대표이사는 회사의 중요자산을 처분하는 등 중요한 업무를 단독으로 결정하거나 집행할 수 없다.

29 정답 ⑤

'다, 라, 마'는 적절한 설명이다.

가. 예금계약의 법적인 성질은 소비임치이다.

나. 예금채권은 예금주의 사망 시 법에 의해 당연히 상속된다.

30 정답 ③

대출계약의 성립시기는 대출을 받은 자가 금전소비대차약정서를 작성하여 은행에 제출하고 은행이 이를 이의 없이 수리한 때로 본다.

31 정답 ②

① 작성자 불이익의 원칙에 해당한다. 엄격해석의 원칙은 고객에게 큰 피해를 입힐 가능성이 있는 약관의 조항에 대해 엄격하게 해석한다는 원칙을 말한다.

③ 설명의무를 위반한 그 조항만 계약의 내용으로 주장할 수 없게 된다.

④ 약관은 명칭이나 형태 등과 관계없이 계약의 당사자가 다수의 상대방과 계약을 체결하기 위하여 일정한 형식에 의하여 미리 마련한 계약의 내용을 말한다.

⑤ 약관은 고객에 따라 다르게 해석되어서는 안 된다. (객관적 해석의 원칙)

32 정답 ⑤

신탁재산에 속하는 채권과 신탁재산에 속하지 않는 채무와는 상계가 불가능하다.

33 정답 ②

위탁자 → 수탁자

34 정답 ①

기관별 규제체계 → 기능별 규제체계

35 정답 ③

'가, 라, 마'는 적절한 설명이다.

나. 원본손실가능성에 따라 금융투자상품과 비금융투자상품으로 구분되고, 금융투자상품은 원본초과손실 가능성에 따라 증권과 파생상품으로 구분된다.

다. 장내파생상품 → 장외파생상품

36 정답 ①

② 겸영이 금지되는 것이 아니라, 이해상충의 가능성이 있는 정보의 제공을 금지하고, 각종 이해상충 방지를 위한 장치를 적용한다.

③ 변경 전에 미리 금융위원회에 신고해야 한다.

④ 투자자에게 일정한 이익을 사후에 제공하는 행위나 투자자가 입은 손실을 사후에 보전해주는 행위는 모두 금지된다.

⑤ 일반적으로 금융투자업자가 업무특성상 알게 된 미공개정보를 활용하여 이득을 얻는 행위는 불공정거래에 해당한다.

37 정답 ①

'가, 다'는 적절한 설명이다.

나. 사실혼의 배우자는 포함되지 않는다.

라. 배우자와 직계비속의 유류분은 법정상속분의 1/2이고, 그 외 다른 상속인의 유류분은 법정상속분의 1/3이다.

마. 신분상의 지위는 승계되지 않는다.

38 정답 ②

① 회사가 분할한 이후에도 기존회사가 존속하는 것은 불완전분할이다.

③ 채권자 보호의 절차를 거치지 않은 합병은 무효로 본다.

④ 회사의 합병으로 인하여 설립되는 회사는 포괄승계한 권리를 행사하기 위해 일정한 공시방법과 대항요건을 갖춰야만 한다.

⑤ 회사의 분할은 등기를 함으로써 효력이 발생한다.

39 정답 ④

① 법인이 아닌 자연인만이 개인회생의 대상이 된다.

② 회생 가능한 채무액수는 15억원(담보된 개인회생채권) 또는 10억원(무담보 개인회생채권)이다.

③ 회생계획안이 인가되고 별도로 일정한 요건이 충족되어야지만 면책결정을 받게 된다.

⑤ 채무자가 책임질 수 없는 사유로 변제를 완료하지 못했을 경우 법원은 이를 고려하여 이해관계인의 의견을 들은 후 면책결정을 할 수 있다.

40 정답 ④

정보주체가 본인의 개인정보에 대한 열람을 요구할 경우 (10일) 이내에 조치해야 하며, 정보주체가 자신의 개인정보에 대한 수정이나 삭제를 요구할 경우 (10일) 이내에 조치하고 그 결과를 통지해야 한다.

만약 개인정보가 유출된 경우에는 정당한 사유가 없는 한 (5일) 이내에 정보주체에게 유출된 개인정보항목과 유출시점, 유출된 이유 등을 통지해야 한다.

제2과목
세무설계
[총 40문항]

약점 극복 실전테스트
약점 극복 실전테스트 정답 · 해설 · 학습점검

■ 출제경향 및 학습전략

소득세는 제2과목 전체 40문제 중 총 4문제가 출제된다.

소득세의 경우 소득세의 계산구조를 이해하면 수월하게 학습할 수 있는 부분이다. 시험에서는 소득세 과세 이론, 거주자와 비거주자의 구분, 종합소득금액, 종합소득공제 등에서 집중적으로 출제되고 있으니 이 부분을 꼼꼼하게 학습해야 한다. 특히, 종합소득공제에서는 공제사유와 공제금액을 확실히 암기할 필요가 있다.

■ 빈출포인트

구 분	문제번호	빈출포인트	출제빈도	페이지
소득세 개요 (35%)	01	소득세 총설	★★★	p.138
	02	소득세 납세의무자	★★★	p.138
종합소득세 산출세액의 계산 (45%)	03	종합소득금액	★★★	p.139
	04	종합소득과세표준의 산정	★★★	p.139
	05	종합소득세 납부세액의 산정 및 신고·납부	★★	p.140
금융회사 등의 판매상품과 관련된 소득공제의 종류와 내용 (7%)	06	금융회사 등의 판매상품과 관련된 소득공제	★	p.140
	07	신용카드 등 사용금액 소득공제	★★	p.141
연금소득과 퇴직소득의 과세방법 (5%)	08	연금소득의 과세방법	★	p.141
	09	퇴직소득의 과세방법	★	p.142
종합소득세 절세방안 (8%)	10	종합소득세 절세방안	★★	p.143

제2과목 **세무설계**

· · · · · ·

제1장
소득세

✓ 개념완성문제를 통해 은행FP 자산관리사 시험에 나오는 개념을 이해할 수 있습니다.

✓ 다시 봐야 할 문제(틀린 문제, 풀지 못한 문제, 헷갈리는 문제 등)는 문제 번호 하단의 네모박스(□)에 체크하여 반복학습 할 수 있습니다.

소득세 총설

출제빈도 ★★★

01 다음 빈칸에 들어갈 소득으로 적절한 것은?

□

> 우리나라 소득세법은 소득원천설에 입각한 열거주의 과세방식을 택하고 있지만, (　　　), (　　　), (　　　)에 대해서는 유형별 포괄과세주의를 도입하였다.

① 이자소득, 배당소득, 연금소득　　　② 이자소득, 배당소득, 기타소득

③ 배당소득, 연금소득, 기타소득　　　④ 근로소득, 기타소득, 배당소득

⑤ 배당소득, 근로소득, 이자소득

┌───┐
용어 알아두기

유형별 포괄과세주의 법령에 과세대상으로 열거되지 않은 소득이라도 과세대상으로 열거한 것과 유사한 것이면 과세하는 방식을 말한다.
└───┘

소득세 납세의무자

출제빈도 ★★★

02 다음 중 소득세법상 거주자와 비거주자에 대한 설명으로 옳지 <u>않은</u> 것은?

□

① 거주자란 국내에 주소를 두거나 1 과세기간 동안 국내에 183일 이상 거소를 둔 개인을 말한다.

② 외국 국적을 가진 사람도 거주자가 될 수 있다.

③ 재미교포, 재일교포 등은 비거주자에 속한다.

④ 국외근무공무원은 거주자에 속한다.

⑤ 비거주자는 국외원천소득에 대해서만 납세의무가 있다.

정답 및 해설

01 ① (이자소득), (배당소득), (연금소득)에 대해서는 유형별 포괄과세주의를 도입하였다.

02 ⑤ 비거주자는 국내원천소득에 대해서만 납세의무가 있다.

종합소득금액

03 다음 중 종합소득에 해당하지 <u>않는</u> 것은?

① 사업소득　　　② 근로소득　　　③ 양도소득

④ 기타소득　　　⑤ 연금소득

종합소득과세표준의 산정

04 다음 중 종합소득공제에 대한 설명으로 옳지 <u>않은</u> 것은?

① 사업소득자는 국민건강보험료 공제를 받을 수 없다.

② 종합소득 외 퇴직소득 및 양도소득도 연간 소득금액에 포함된다.

③ 경로우대공제는 70세 이상인 공제대상자에게 적용된다.

④ 장애인인 아들은 소득금액의 제한 없이 기본공제를 받을 수 있다.

⑤ 한부모가족공제요건을 충족하는 경우 연 100만원을 공제받을 수 있다.

해커스 은행FP 자산관리사 1부 최종핵심정리문제집

정답 및 해설

03　③　양도소득은 종합소득에 해당하지 않는다.

04　④　부양가족이 장애인인 경우 연령의 제한 없이 기본공제를 받을 수 있으나, 소득금액의 제한은 있다.

05 다음 중 현행 종합소득세 과세표준의 최고구간과 세율이 올바르게 연결된 것은?

☐ ① 3억원 초과 – 40%

② 3억원 초과 – 42%

③ 5억원 초과 – 42%

④ 5억원 초과 – 45%

⑤ 10억원 초과 – 45%

06 금융회사의 판매상품과 관련된 소득공제에 대한 설명 중 빈칸에 들어갈 내용으로 적절한 것은?

☐

무주택 세대주로서 근로소득이 있는 거주자가 국민주택규모 주택을 임차하기 위해 금융기관 등으로부터 차입하고 그 원리금을 상환하는 경우 상환금액의 (　　　)를 소득공제 받을 수 있다.

① 30% ② 40% ③ 50%

④ 60% ⑤ 70%

정답 및 해설

05 ⑤ 종합소득세 과세표준의 최고구간은 10억원 초과이며 이에 대한 세율은 45%이다.

06 ② 원리금 상환액의 (40%)에 해당하는 금액을 소득공제 받을 수 있다.

출제빈도 ★★

07 다음 중 신용카드 등 사용금액 소득공제 대상인 것은?

☐

① 자동차 구입비용

② 고속도로통행료

③ 정치자금 기부금

④ 외국에서 사용한 금액

⑤ 의료비

출제빈도 ★

08 다음 중 연금소득의 원천징수세율이 적절하게 연결되지 않은 것은?

☐

① 공적연금 – 종합소득세 기본세율

② 사적연금 중 사망 시까지 중도해지가 불가능한 종신연금 – 4%

③ 사적연금 중 퇴직소득을 연금수령(연금수령연차 10년 이하)하는 경우 – 연금외수령 원천
징수세율의 70%

④ 사적연금 중 퇴직소득을 연금수령(연금수령연차 10년 초과)하는 경우 – 연금외수령 원천
징수세율의 60%

⑤ 사적연금 연금소득자의 나이가 80세인 경우 – 4%

정답 및 해설

07 ⑤ 자동차 구입비용, 고속도로통행료, 정치자금 기부금, 외국에서 사용한 금액은 신용카드 등 사용금액에서 제외된다.

참고 다음과 같은 지출비용은 신용카드 공제대상에서 제외된다.

• 보험료 및 공제료	• 교육비
• 리스료	• 상품권 구입비
• 이자상환액, 증권거래수수료 등 금융비용	• 취득세, 등록면허세가 부과되는 재산 구입비용
• 소득공제를 적용받은 월세지급액	• 정치자금 기부금
• 비정상적 사용액	• 사업 관련 비용
• 국세, 지방세, 아파트관리비, 고속도로 통행료 등 공과금	• 외국에서 사용한 금액, 현금서비스, 사용취소된 금액 등

08 ⑤ 연금소득자의 나이에 따라 70세 미만 5%, 70세 이상 80세 미만 4%, 80세 이상 3%의 원천징수세율을 적용한다.

09 다음 중 퇴직소득에 대한 설명으로 옳지 <u>않은</u> 것은?

① 종업원이 임원이 된 경우에는 퇴직금을 받지 않아도 퇴직으로 본다.

② 합병 등에 의해 조직변경이 되었으나 퇴직급여를 실제로 받지 않은 경우 퇴직으로 보지 않는다.

③ 퇴직금 중간정산 사유에 해당되어 퇴직급여를 미리 지급받은 경우 퇴직으로 본다.

④ 퇴직연금제도가 폐지되어 퇴직급여를 미리 지급받으면 퇴직으로 본다.

⑤ 비정규직 근로자가 정규직 근로자로 전환될 때 퇴직급여를 실제로 받지 않은 경우 퇴직으로 보지 않는다.

정답 및 해설

09 ① 종업원이 임원이 된 경우에도 퇴직금을 받지 않으면 퇴직으로 보지 않는다.

출제빈도 ★★

10 다음 중 종합소득세 절세방안에 대한 설명으로 옳지 <u>않은</u> 것은?

① 맞벌이 부부는 소득이 많은 쪽의 세율이 높으므로 소득이 많은 쪽에서 소득공제를 선택한다.

② 부모님과 주거 형편상 별거하고 있는 경우에도 부양가족공제 및 추가공제가 적용된다.

③ 퇴직금은 가능하면 연금 수령하여 세부담을 줄인다.

④ 상가를 신축하는 경우 부가가치세를 환급받을 수 있도록 미리 사업자등록을 한다.

⑤ 근로소득자가 연말정산시기를 놓친 경우, 확정신고기한으로부터 3년 이내에 경정청구를 하도록 한다.

제2과목 세무설계

해커스 은행FP 자산관리사 1부 최종핵심정리문제집

정답 및 해설

10 ⑤ 근로소득자가 연말정산시기를 놓친 경우, 확정신고기한으로부터 5년 이내에 경정청구할 수 있다.

✔ 출제예상문제를 통해 다양한 은행FP 자산관리사 문제를 풀어볼 수 있습니다.

✔ 다시 봐야 할 문제(틀린 문제, 풀지 못한 문제, 헷갈리는 문제 등)는 문제 번호 하단의 네모박스(□)에 체크하여 반복학습 할 수 있습니다.

출제빈도 ★★★ 최신출제유형

01 다음 중 우리나라 소득세법에 대한 설명으로 옳지 <u>않은</u> 것은?

□
① 소득세는 1년을 과세단위로 한다.

② 2천만원 이하의 금융소득, 일용근로자의 근로소득에 대해서는 분리과세한다.

③ 우리나라 소득세법은 순자산증가설에 기반을 두고 있다.

④ 일부 소득(이자, 배당, 연금소득)에 대해서는 유형별 포괄과세주의를 도입하였다.

⑤ 종합소득, 퇴직소득, 양도소득의 3가지로 구분하여 과세하고 있다.

출제빈도 ★★★

02 다음의 근거가 되는 이론으로 적절한 것은?

□

> 개인사업자가 사업에 사용하던 유형자산을 매각하여 일시적으로 발생하는 유형자산처분이익은 사업소득금액에서 제외되어 소득세가 과세되지 않는다.

① 소득원천설 　　　　② 순자산증가설 　　　　③ 실질과세의 원칙

④ 조세평등의 원칙 　　⑤ 조세법률주의의 원칙

출제빈도 ★★ 최신출제유형

03 다음 중 거주자와 비거주자에 대한 설명으로 옳지 <u>않은</u> 것은?

□
① 비거주자는 국내원천소득만 국내에서 과세한다.

② 1 과세기간 동안 국내에 183일 이상 거소를 둔 개인은 거주자로 본다.

③ 거주자와 비거주자의 구분은 영주권과 국적과는 관계없다.

④ 비거주자에 대한 납세지는 국내원천소득이 발생하는 장소로 한다.

⑤ 원칙적으로 비거주자는 종합과세가 아닌 분리과세로 과세한다.

제2과목 세무설계

해커스 은행FP 자산관리사 1부 최종핵심정리문제집

출제빈도 ★★   최신출제유형

04 소득세법상 종합소득금액을 계산하는 방식으로 옳지 않은 것은?

① 이자소득금액 = 이자 수입금액 − 분리과세 이자소득

② 배당소득금액 = 배당 수입금액 − 종합과세 배당소득

③ 사업소득금액 = 사업 수입금액 − 필요경비

④ 근로소득금액 = 근로 수입금액 − 근로소득공제

⑤ 연금소득금액 = 연금 수입금액 − 연금소득공제, 분리과세 연금소득

정답 및 해설

01 ③ 우리나라 소득세법은 소득원천설에 기반을 두고 있다.

02 ① 소득원천설은 계속적·반복적으로 발생하는 금액만 과세대상 소득으로 보고, 임시적·우발적으로 발생하는 소득은 과세대상 소득에서 제외한다는 학설로서, 유형자산을 처분하여 일시적으로 발생하는 유형자산처분이익에 대해 소득세를 과세하지 않는 근거가 되는 이론이다.

03 ④ 비거주자에 대한 납세지는 국내사업장의 소재지로 하되, 국내사업장이 없는 경우에는 국내원천소득이 발생하는 장소로 한다.

04 ② 배당소득금액은 배당 수입금액에서 분리과세 배당소득을 차감하여 계산한다.

05 다음 중 기타소득금액에 대한 설명으로 옳은 것은?

☐　① 세무사가 지속적으로 전문적 지식을 제공하고 받는 대가는 기타소득으로 분류한다.

　　② 문예창작에 대한 대가로 수령한 원고료 수입은 기타소득에 해당한다.

　　③ 계약의 위약 또는 해약으로 인하여 받은 위약금이나 해약금은 기타소득으로 보지 않는다.

　　④ 기타소득금액이 300만원인 경우 무조건 분리과세한다.

　　⑤ 소득세법에 열거되어 있지 않은 모든 소득은 기타소득으로 과세한다.

06 다음 중 기타소득에 해당하지 <u>않는</u> 것은?

☐　① 상 금

　　② 현상금

　　③ 계약의 위약으로 인하여 받는 위약금

　　④ 알선수재에 의해 받은 금품

　　⑤ 이혼 시 배우자로부터 수령한 위자료

07 다음 중 종합소득공제 인적공제액이 올바르게 연결되지 <u>않은</u> 것은?

☐　① 본인공제 – 연 150만원

　　② 배우자공제 – 연 150만원

　　③ 경로우대공제 – 연 50만원

　　④ 한부모가족공제 – 연 100만원

　　⑤ 장애인공제 – 연 200만원

08 다음 중 종합소득공제에 대한 설명으로 옳지 <u>않은</u> 것은?

① 배우자가 근로소득만 있고 총급여액이 500만원 이하라면 기본공제대상자에 포함된다.

② 배우자의 형제자매도 기본공제대상자에 포함될 수 있다.

③ 부양가족이 장애인인 경우 연령요건의 제한을 받지 않는다.

④ 연간소득금액은 퇴직소득과 양도소득을 제외한 종합소득의 합계액을 기준으로 한다.

⑤ 경로우대공제는 70세 이상인 기본공제대상자에 대하여 적용한다.

정답 및 해설

05 ② ① 세무사가 일시적으로 전문적 지식을 제공하고 받는 대가는 기타소득으로 분류된다.
          ③ 위약금이나 해약금도 기타소득으로 본다.
          ④ 기타소득금액이 300만원 이하인 경우 종합과세 또는 분리과세 중 선택할 수 있다.
          ⑤ 소득세법에 기타소득으로 열거되어 있지 않은 것들은 소득세법상 기타소득이 아니므로 과세하지 않는다.
06 ⑤ 이혼 시 배우자로부터 수령한 위자료는 기타소득에 해당하지 않는다.
07 ③ 경로우대공제는 1인당 연 100만원을 적용한다.
08 ④ 연간소득금액에는 종합소득 외 퇴직소득 및 양도소득도 포함된다.

09 다음 자료를 토대로 인적공제금액을 계산하면 얼마인가? (모두 생계를 같이하고 있음)

구 분	나이(만)	기 타
본인(여성, 세대주)	40세	연봉 3,000만원
어머니	70세	연간소득금액 없음
언 니	45세	장애인, 소득금액 없음
자 녀	17세	소득금액 없음

① 650만원　　　　　② 750만원　　　　　③ 800만원

④ 950만원　　　　　⑤ 1,000만원

10 다음 중 기본공제대상자가 <u>아닌</u> 사람은? (모두 생계를 같이하고 있음)

① 연간소득금액이 100만원인 만 70세의 장애인 장모

② 만 19세의 소득 없는 입양아

③ 소득이 없는 배우자

④ 100만원의 퇴직소득금액만 있는 만 65세의 어머니

⑤ 소득이 없는 만 30세의 며느리

11 다음 중 세액공제비율이 적절하게 연결되지 <u>않은</u> 것은?

① 보험료세액공제 – 지출금액의 12%(일반 보장성보험료)

② 의료비세액공제 – 지출금액의 15%(일반 의료비)

③ 연금계좌세액공제 – 납입금액의 12%(종합소득금액이 4,500만원을 초과하는 경우)

④ 교육비세액공제 – 지출금액의 12%

⑤ 기부금세액공제 – 기부금액의 30%(기부금액이 1,000만원을 초과하는 경우)

12 근로소득자 A씨의 근로소득에 대한 종합소득산출세액이 130만원일 경우 근로소득세액공제액은?

① 655,000원　　　　② 715,000원　　　　③ 750,000원

④ 800,000원　　　　⑤ 825,000원

13 다음은 종합소득이 있는 거주자 A씨에 대한 내용이다. 종합소득산출세액에서 공제되는 자녀세액공제액은?

구 분	나이(만)	기 타
자녀(딸)	17세	소득 없음
위탁아동	15세	소득 없음
입양자	25세	소득 없음, 장애인

① 15만원　　　　② 30만원　　　　③ 50만원

④ 65만원　　　　⑤ 90만원

정답 및 해설

09 ⑤ 인적공제금액은 총 1,000만원(기본공제 : 600만원, 추가공제 : 400만원)이다.

구 분	기본공제	추가공제
본인(여성, 세대주)	본인공제 150만원	한부모가족공제 100만원
어머니	부양가족공제 150만원	경로우대공제 100만원
언 니	부양가족공제 150만원	장애인공제 200만원
자 녀	부양가족공제 150만원	－
계	600만원	400만원

참고 부녀자공제와 한부모가족공제가 중복되는 경우 부녀자공제는 받을 수 없다.

10 ⑤ 직계비속의 배우자(며느리, 사위 등)는 기본공제대상자가 아니다.

11 ④ 교육비 세액공제율은 15%이다.
① 일반 보장성보험료의 경우 12%, 장애인전용 보장성보험료의 경우 15%
② 일반 의료비의 경우 15%, 난임시술비의 경우 20%
③ 종합소득금액이 4,500만원 이하인 경우 15%, 4,500만원 초과인 경우 12%(또는 근로소득만 있는 경우 총급여액 5,500만원 이하이면 15%, 5,500만원 초과이면 12%)
⑤ 기부금액이 1,000만원 이하인 경우 15%, 1,000만원 초과인 경우 30%

12 ② 근로소득에 대한 종합소득산출세액이 130만원 이하이므로 산출세액의 55%인 715,000원을 공제한다.

13 ④ A씨의 자녀(입양자 및 위탁아동 포함) 수는 3명(연 35만원 + 2명 초과 1명당 연 30만원)이므로 자녀세액공제액은 65만원이다.

14 다음 중 종합소득세의 신고 및 납부에 대한 설명으로 옳지 <u>않은</u> 것은?

① 중간예납세액이 2천만원을 초과하는 경우 납부할 세액의 50%를 분납할 수 있다.

② 거소의 국외이전을 위해 출국하는 경우 출국일까지 종합소득금액을 신고해야 한다.

③ 중간예납기간은 1월 1일부터 6월 30일까지로 한다.

④ 종합소득이 있는 거주자는 당해 과세기간의 다음 연도 5월 1일부터 5월 31일까지 확정소득금액을 신고 및 납부해야 한다.

⑤ 거주자가 사망한 경우 상속개시일이 속하는 달의 말일부터 6개월 이내에 거주자의 과세표준을 신고해야 한다.

15 다음 중 신용카드 등 사용금액 소득공제에 대한 설명으로 옳지 <u>않은</u> 것은?

① 외국에서 사용한 신용카드사용액은 공제되지 않는다.

② 각종 보험료에 지출된 금액은 사용금액에서 제외된다.

③ 직불카드사용액도 공제대상이다.

④ 현금영수증 및 신용카드 사용분은 15% 공제가 가능하다.

⑤ 일용근로자는 신용카드 등 사용금액 소득공제를 적용하지 못한다.

16 연금소득에 대한 옳은 설명으로 묶인 것은?

> 가. 연금소득이 350만원 이하인 경우에는 전액 소득공제받는다.
> 나. 총연금액이 연 1,200만원 이하인 경우에는 기타소득으로 종합과세된다.
> 다. 공적연금소득은 종합소득 기본세율로 원천징수하며, 사적연금소득은 5%의 세율로 원천징수한다.
> 라. 산업재해보상보험법에 따라 받는 연금은 비과세이다.

① 가, 나   ② 가, 다   ③ 가, 라

④ 나, 라   ⑤ 다, 라

17 다음 강정민 씨의 연금계좌 납입 정보를 참고하여 202X년 귀속 근로소득 연말정산 시 강정민 씨의 연금계좌 세액공제액을 계산한 것으로 옳은 것은?

□

- 거주자 강정민 씨의 202X년 종합소득금액 : 4,200만원
- 202X년 연금저축계좌 납입액 : 400만원
- 202X년 퇴직연금계좌 납입액 : 없음

① 48만원   ② 60만원   ③ 75만원

④ 80만원   ⑤ 90만원

18 다음 중 종합소득세 절세방안으로 옳지 <u>않은</u> 것은?

□

① 암이나 중증환자는 장애인으로 추가공제를 받을 수 있다.

② 주거 형편상 별거하고 있는 직계존속에 대해서는 부양가족공제를 받을 수 없다.

③ 상가 취득 시에는 소득이 없는 배우자명의로 취득하거나 부부공동명의로 취득하는 것을 고려한다.

④ 비용 지출 시 반드시 신용카드를 사용하거나 현금영수증을 수취한다.

⑤ 상가 신축 시 사업자등록을 하지 못한 경우 과세기간 종료 후 20일 이내에 사업자등록을 신청한다.

정답 및 해설

14 ② 거주자가 출국하는 경우 출국일이 속하는 과세기간의 과세표준을 출국일 전날까지 신고해야 한다.

15 ④ 신용카드 사용분은 15%, 체크카드 및 현금영수증 사용분은 30%, 대중교통 및 전통시장 사용분은 40%의 공제율을 적용한다.

16 ③ '가, 라'는 옳은 설명이다.
나. 무조건 분리과세 대상 외의 사적연금소득의 합계액이 1,200만원 이하인 경우 분리과세를 선택할 수 있다.
다. 5% → 3~5%

17 ② 종합소득금액이 4,500만원 이하인 거주자에 대하여 15%의 공제율을 적용한다.
400만원 × 15% = 60만원

18 ② 주거 형편상 별거하고 있는 직계존속에 대해서도 부양가족공제 및 추가공제를 받을 수 있다.

■ 출제경향 및 학습전략

금융소득종합과세는 제2과목 전체 40문제 중 총 8문제가 출제된다.

금융소득종합과세의 경우 금융소득종합과세의 주요내용을 통해 전반적인 과세내용을 파악한 후 세부 내용을 학습하는 것이 좋다. 금융소득종합과세는 시험에서 출제되는 부분이 비교적 명확한 파트이므로 이자소득의 종류, 배당소득의 Gross-up, 원천징수세율, 수입시기, 금융소득종합과세 절세전략을 중심으로 시험에 대비한다.

■ 빈출포인트

구 분	문제번호	빈출포인트	출제빈도	페이지
금융소득종합과세 개요 (15%)	01	금융소득종합과세 주요내용	★★★	p.154
종합과세대상 금융소득 (46%)	02~03	종합과세대상 금융소득	★★★	p.154~155
원천징수 및 세액계산 (26%)	04	금융소득의 원천징수	★★★	p.155
	05~06	금융소득의 수입시기	★★★	p.156
금융소득종합과세 절세전략 (13%)	07	금융소득종합과세 절세전략	★★★	p.157

제2과목 **세무설계**

· · · · ·

제2장
금융소득종합과세

개념완성문제 제2장 | 금융소득종합과세

✓ 개념완성문제를 통해 은행FP 자산관리사 시험에 나오는 개념을 이해할 수 있습니다.

✓ 다시 봐야 할 문제(틀린 문제, 풀지 못한 문제, 헷갈리는 문제 등)는 문제 번호 하단의 네모박스(□)에 체크하여 반복학습 할 수 있습니다.

금융소득종합과세 주요내용 출제빈도 ★★★

01 다음 중 금융소득종합과세에 대한 설명으로 옳지 않은 것은?

□
① 부부의 금융소득은 합산하여 과세한다.

② 금융소득에는 이자소득과 배당소득이 있다.

③ 이자소득과 배당소득의 합계액이 2천만원을 초과하는 경우 종합과세한다.

④ 종합과세 신고 시 원천징수세액은 기납부세액으로 공제받을 수 있다.

⑤ 조세회피를 막고자 채권이자에 대해서는 보유기간별 이자를 계산하여 과세한다.

종합과세대상 금융소득 출제빈도 ★★★

02 다음 중 소득세법상 이자소득이 아닌 것은?

□
① 물품매입 시 대금의 결제방법에 따라 에누리되는 금액

② 비영업대금의 이익

③ 직장공제회 초과반환금

④ 채권의 환매조건부 매매차익

⑤ 저축성보험의 보험차익

정답 및 해설

01 ① 부부의 금융소득은 합산하여 과세하지 않으며 별도로 계산한다.

02 ① 물품매입 시 대금의 결제방법에 따라 에누리되는 금액은 이자소득으로 보지 않는다.

종합과세대상 금융소득 출제빈도 ★★★

03 다음 사례를 토대로 202X년도에 종합과세되는 금융소득의 Gross-up 금액은?

☐

- 이자소득 : 1,500만원
- 국내일반법인의 배당소득 : 4,000만원

---

① 220만원 ② 330만원 ③ 350만원

④ 400만원 ⑤ 440만원

금융소득의 원천징수 출제빈도 ★★★

04 다음 중 원천징수세율이 올바르게 연결되지 <u>않은</u> 것은?

☐

① 출자공동사업자의 배당소득 : 25%

② 비영업대금의 이익 : 25%

③ 비금융회사가 지급하는 비실명금융소득 : 42%

④ 직장공제회 초과반환금 : 기본세율

⑤ 분리과세를 신청한 3년 이상 보유한 장기채권의 이자 : 30%

정답 및 해설

03 ③ 금융소득이 2,000만원을 초과하고, 이때 구성순서는 '이자소득 ⇨ 본래 Gross-up 대상이 아닌 배당소득 ⇨ 본래 Gross-up 대상인 배당소득'이므로 Gross-up 대상금액은 3,500만원이 된다. 따라서, Gross-up 금액은 '3,500만원 × 10% = 350만 원'이 된다.

04 ③ 비금융회사가 지급하는 비실명금융소득에 대한 원천징수세율은 45%이다.

05 **다음 중 이자소득의 수입시기가 <u>잘못</u> 연결된 것은?**

☐
① 이자소득이 발생하는 상속재산 – 상속개시일

② 저축성보험의 보험차익 – 지급일 또는 해지일

③ 무기명 공채의 이자와 할인액 – 약정에 의한 이자지급개시일

④ 정기예금의 이자 – 실제로 이자를 지급받는 날

⑤ 통지예금의 이자 – 인출일

06 **다음 중 배당소득의 수입시기가 <u>잘못</u> 연결된 것은?**

☐
① 잉여금처분에 의한 배당 – 해당 법인의 사업연도 종료일

② 법인세법에 의해 처분된 배당 – 당해법인의 결산확정일

③ 해산에 의한 의제배당 – 잔여재산가액 확정일

④ 무기명주식의 이익이나 배당 – 지급을 받은 날

⑤ 출자공동사업자의 배당 – 과세기간 종료일

정답 및 해설

05 ③ 무기명 공채의 이자와 할인액의 귀속시기는 지급받은 날이다.

06 ① 잉여금처분에 의한 배당의 수입시기는 잉여금처분 결의일이다.

07 다음 중 금융소득종합과세 절세전략에 대한 설명으로 옳지 <u>않은</u> 것은?

☐　① 3년 만기 정기예금의 이자를 매년 받는 것보다 일시에 받는 것이 더 유리하다.

② 절세효과를 볼 수 있는 주식형 펀드상품을 활용한다.

③ 누진과세 부담을 피하기 위해 금융재산을 가족에게 분산 증여한다.

④ 비과세저축과 분리과세저축을 최대한 활용한다.

⑤ 증여세가 부담이 되는 경우 타익신탁을 활용한다.

제2과목 세무설계

해커스 은행FP 자산관리사 1부 최종핵심정리문제집

정답 및 해설

07　①　소득세는 1년 단위로 과세되는 세금이므로 어느 한 해에 편중되는 것보다 평준화하는 것이 세부담을 줄일 수 있다. 따라서,
　　　3년 만기 정기예금의 이자를 일시에 받는 것보다 매년 받는 것이 더 유리하다.

✓ 출제예상문제를 통해 다양한 은행FP 자산관리사 문제를 풀어볼 수 있습니다.

✓ 다시 봐야 할 문제(틀린 문제, 풀지 못한 문제, 헷갈리는 문제 등)는 문제 번호 하단의 네모박스(□)에 체크하여 반복학습 할 수 있습니다.

출제빈도 ★★★

01 다음 중 금융소득종합과세에 대한 설명으로 옳지 않은 것은?

□

① 종합소득세율이 원천징수세율보다 낮은 경우 환급세액이 발생한다.

② 소득세법상 이자소득과 배당소득만이 금융소득종합과세 대상이 된다.

③ 비과세·분리과세는 금융소득종합과세 기준금액을 따질 때에 포함하지 않는다.

④ 원천징수하지 않은 국외 발생 금융소득은 금액에 관계없이 종합과세한다.

⑤ 부부의 금융소득은 합산하지 않고 별도로 계산한다.

출제빈도 ★★

02 다음 중 금융소득종합과세에 대한 설명으로 옳지 않은 것은?

□

① 채권의 중도매매에 따른 보유기간 이자발생액은 이자소득으로 귀속된다.

② 2천만원을 초과하는 경우 종합과세되고, 2천만원 이하의 금액에 대해서는 원천징수로 납세가 종결된다.

③ 종합과세 대상이 된 금융소득에 대해서는 이중과세조정이 된다.

④ 주식이나 채권의 매매차익은 과세대상 금융소득이다.

⑤ 이자·배당소득에 대해서는 유형별 포괄주의를 적용한다.

출제빈도 ★★ 최신출제유형

03 다음 중 이자소득으로 옳지 않은 것은?

□

① 비영업대금의 이익

② 직장공제회 초과반환금

③ 저축성보험의 보험차익

④ 외국법인이 발행한 채권의 이자

⑤ 외상매출금의 지급기일을 연장하여 주고 추가로 지급받은 금액

출제빈도 ★★

04 다음 중 필요경비가 인정되지 않으며 총수입금액이 곧 소득금액이 되는 소득은?

① 사업소득   ② 근로소득   ③ 기타소득

④ 이자소득   ⑤ 양도소득

출제빈도 ★★   **최신출제유형**

05 다음 중 법인이 잉여금을 자본에 전입하여 무상주를 발행하는 경우, 의제배당으로 과세되는 잉여금의 종류는?

① 주식발행초과금   ② 감자차익   ③ 합병차익

④ 분할차익   ⑤ 이익준비금

정답 및 해설

01	①	금융소득에 대해서는 종합과세가 되더라도 최소한 14%의 원천징수세율만큼은 부담하도록 하고 있기 때문에 환급세액은 발생하지 않는다.
02	④	주식이나 채권 등 유가증권의 매매차익은 과세대상 금융소득이 아니다.
03	⑤	외상매출금의 지급기일을 연장하여 주고 추가로 지급받는 금액은 이자소득으로 보지 않는다.
04	④	이자소득은 필요경비가 인정되지 않으며, 총수입금액이 곧 소득금액이 된다.
05	⑤	법인이 잉여금을 자본에 전입하여 무상주를 발행하는 경우, 주식발행초과금, 감자차익, 합병차익, 분할차익 등의 자본준비금은 의제배당으로 과세되지 않는다.

06 다음 중 배당소득의 Gross-up 제도에 대한 설명으로 옳지 <u>않은</u> 것은?

① 외국법인으로부터 받은 배당소득은 Gross-up 대상이 아니다.

② 소득세와 법인세가 이중과세되는 부분을 완벽하게 조정해준다.

③ 현행 배당소득의 Gross-up율은 10%이다.

④ 집합투자기구로부터의 이익은 본래 Gross-up 대상에 해당하지 않는다.

⑤ 배당소득에 귀속법인세를 가산하고 귀속법인세액을 배당세액공제로 공제한다.

07 다음 중 Gross-up 요건에 해당하지 <u>않는</u> 것은?

① 종합과세되는 배당소득이어야 한다.

② 누진세율이 적용되는 배당소득이어야 한다.

③ 외국법인으로부터 받는 배당소득이어야 한다.

④ 다른 금융소득과 합산하여 2,000만원을 초과하는 배당소득이어야 한다.

⑤ 법인세가 과세된 소득을 재원으로 해야 한다.

08 다음 자료를 바탕으로 계산한 202X년도 귀속 금융소득종합과세되는 배당소득금액은?

- 국내일반법인의 현금배당 : 3,000만원
- 국내은행 예금이자 : 2,000만원

① 2,230만원   ② 3,200만원   ③ 3,300만원

④ 4,000만원   ⑤ 4,100만원

출제빈도 ★

09 다음 중 세금우대종합저축의 세금우대 요건으로 옳지 <u>않은</u> 것은?

① 계약기간은 1년 이상이어야 한다.

② 20세 이상 65세 미만인 자의 1인당 가입한도는 1,000만원이다.

③ 장애인의 경우 가입한도의 제한을 두지 않고 있다.

④ 지방소득세를 과세하지 않는다.

⑤ 원천징수세율 9%를 적용한다.

출제빈도 ★★

10 다음 중 개인종합자산관리계좌에 대한 설명으로 옳지 <u>않은</u> 것은?

① 예적금뿐만 아니라 펀드, ELS 등의 파생결합상품에 투자가 가능한 상품이다.

② 금융소득종합과세자에 해당하지 않는 근로자, 사업자 및 농어민을 가입대상으로 한다.

③ 종합소득금액이 3,800만원 이하인 거주자는 금융소득 400만원까지 비과세한다.

④ 비과세 특례 요건을 초과하는 경우 9% 세율로 분리과세한다.

⑤ 개인종합자산관리계좌의 의무가입기간은 5년이다.

정답 및 해설

06 ② 현행 Gross-up 제도는 완전한 이중과세 조정이 되지 못한다.

07 ③ 내국법인으로부터 받는 배당소득이어야 한다.

08 ③ 금융소득이 2,000만원을 초과하고, 이때 구성순서는 '이자소득 ⇨ 본래 Gross-up 대상이 아닌 배당소득 ⇨ 본래 Gross-up 대상인 배당소득'이므로 Gross-up 대상금액은 3,000만원이 된다. 따라서, 배당소득금액은 '배당소득금액 = 3,000만원 + (3,000만원 × 10%) = 3,300만원'이 된다.

09 ③ 60세 이상의 노인과 장애인의 경우 가입한도를 3,000만원으로 제한하고 있다.

10 ⑤ 개인종합자산관리계좌의 의무가입기간은 3년이다.

11 다음 중 분리과세로 과세가 종결되는 금융소득이 <u>아닌</u> 것은?

① 직장공제회 초과반환금

② 비영업대금의 이익

③ 부동산 경매입찰을 위한 법원보관금에서 발생하는 이자소득

④ 임의단체의 금융소득

⑤ 비실명금융자산에서 발생하는 금융소득

12 채권이자에 대한 설명으로 옳지 <u>않은</u> 것은?

① 채권이자는 최종소지자의 소득으로 보아 최종소지자에게 과세한다.

② 원천징수세율은 원칙적으로 14%이다.

③ 원천징수의무자는 원칙적으로 채권의 발행기관 또는 이자지급대행자이다.

④ 국채, 공채, 금융채, 회사채뿐만 아니라 양도 가능한 증권도 채권의 범위에 포함시킨다.

⑤ 소득세가 면제된 채권은 채권의 범위에서 제외한다.

13 다음 중 금융소득에 대한 원천징수세율이 적절하게 연결되지 <u>않은</u> 것은?

① 일반적인 경우 : 14%

② 세금우대종합저축 : 9%

③ 비실명금융소득(금융회사가 지급하는 경우) : 90%

④ 출자공동사업자의 배당소득 : 20%

⑤ 부동산 경매입찰을 위한 법원보증금 등의 이자소득 : 14%

14 다음 중 원천징수시기와 수입시기에 대한 설명으로 옳지 <u>않은</u> 것은?

☐ ① 원천징수시기는 소득지급자가 원천징수를 해야 하는 시기이다.

② 수입시기는 이자소득과 배당소득의 귀속연도를 결정하는 시기이다.

③ 원천징수시기와 수입시기는 항상 일치한다.

④ 원천징수시기는 일정한 경우에는 지급시기의 의제규정을 두고 있다.

⑤ 소득세는 1년 단위로 과세하므로 같은 연도의 수입시기에 속하는 것들을 모아 소득세를 신고한다.

15 금융소득의 수입시기에 대한 설명으로 옳지 <u>않은</u> 것은?

☐ ① 무기명 공채 또는 사채 이자와 할인액은 지급받은 날이다.

② 비영업대금의 이익은 원칙적으로 실제 지급받은 날이다.

③ 잉여금처분에 의한 배당은 잉여금처분 결의일이다.

④ 출자공동사업자의 배당은 과세기간 종료일이다.

⑤ 저축성보험의 보험차익은 보험금 또는 환급금의 지급일이다.

정답 및 해설

11 ② 비영업대금의 이익은 무조건 분리과세 금융소득에 해당하지 않는다.

12 ① 채권이자는 중도보유자별로 보유기간에 비례하여 안분 계산한 금액을 각자의 이자소득으로 귀속시킨다.

13 ④ 출자공동사업자의 배당소득에 대한 원천징수세율은 25%이다.

14 ③ 대부분의 경우 원천징수시기와 수입시기는 일치하지만 경우에 따라 일치하지 않는 경우도 있다.

15 ② 실제 지급받은 날이 아닌 약정에 의한 이자지급일이다.

16 거주자 김금융의 202X년 금융소득 내역이다. 다음 자료를 바탕으로 Gross-up 금액을 계산하면 얼마인가?

☐

> • 정기예금이자 : 2,000만원
> • 집합투자기구로부터의 이익 : 1,000만원
> • 비상장주식의 현금배당 : 2,000만원

① 없 음   ② 110만원   ③ 200만원

④ 330만원   ⑤ 550만원

17 비거주자의 금융소득 과세방법에 대한 설명 중 빈칸에 들어갈 내용이 옳게 연결된 것은?

☐

> • 국내사업장 또는 부동산소득과 관련이 있는 비거주자에게 지급한 금융소득은 금융소득의 크기에 관계없이 (   )한다.
> • 조세협약 비체결국가에서 발행한 국내사업장 또는 부동산소득과 관련이 없는 비거주자에게 지급한 예금이자소득에는 원천징수세율 (   )가 적용된다.

① 분리과세, 10%   ② 분리과세, 20%   ③ 종합과세, 10%

④ 종합과세, 14%   ⑤ 종합과세, 20%

18 다음 임의단체 A에 대한 과세방법과 관련한 설명으로 옳지 <u>않은</u> 것은?

☐

> 임의단체 A는 단체의 대표자가 선임되어 있으며, 이익의 분배방법 및 비율이 정해져 있다.

① A단체는 공동사업자로 본다.

② A단체가 금융회사와 금융거래 시 그 자금은 구성원 전원의 공동명의로 거래해야 한다.

③ A단체의 금융소득에 대해 소득세를 과세한다.

④ 금융회사에서 A단체의 예금에 대해 원천징수를 할 때 구성원들 간의 지분에 비례하여 금융소득이 발생하는 것으로 보고 원천징수한다.

⑤ 금융소득 2,000만원 초과 여부를 불문하고 분리과세한다.

19 다음 중 금융소득종합과세 절세전략과 관련하여 고객과 상담한 내용으로 옳지 <u>않은</u> 것은?

☐
① 외국법인이 발행한 주식의 배당소득은 국내에서 원천징수되지 않은 경우 2천만원에 미달하더라도 종합과세대상이 된다.

② 타익신탁을 활용한 증여로써 신탁수익의 수익자를 자녀로 하는 경우, 자녀에 대한 증여공제(5천만원)의 한도 제한 없이 신탁수익 전액을 공제받을 수 있다.

③ 중도해지로 인한 이자소득감액분은 소득이 높았던 과세기간의 금융소득에서 차감하는 것이 유리하다.

④ 장기간 자금을 투자할 여유가 있다면 비과세 혜택을 제공하는 10년 이상의 장기저축성보험상품을 활용한다.

⑤ 부부의 금융자산은 합산되지 않으므로 배우자 증여공제를 활용한다.

20 보험차익이 비과세되는 장기저축성보험의 요건으로 옳지 <u>않은</u> 것은?

☐
① 일시납 보험의 경우 최초 납입일로부터 만기일 또는 중도해지일까지의 기간이 10년 이상이어야 한다.

② 월적립식 보험의 경우 최초 납입일로부터 납입기간이 5년 이상이어야 한다.

③ 월적립식 보험의 경우 기본보험료가 균등하고, 기본보험료의 선납기간이 10개월 이내이어야 한다.

④ 종신형 연금보험의 경우 계약자가 보험료 납입 계약기간 만료 후 55세 이후부터 연금을 받아야 한다.

⑤ 종신형 연금보험의 경우 연금수령개시 후 사망일 전에 계약을 중도해지할 수 없어야 한다.

정답 및 해설

16　③　2,000만원(비상장주식의 현금배당) × 10% = 200만원

17　⑤　• 국내사업장 또는 부동산소득과 관련이 있는 비거주자에게 지급한 금융소득은 금융소득의 크기에 관계없이 (종합과세)한다.
　　　　• 조세협약 비체결국가에서 발행한 국내사업장 또는 부동산소득과 관련이 없는 비거주자에게 지급한 예금이자소득에는 원천징수세율 (20%)가 적용된다.

18　⑤　하나의 거주자로 보는 단체(단체의 대표자 또는 관리인이 선임되어 있고, 이익의 분배방법 및 비율이 정해져 있지 않은 단체)에 대한 과세방법에 해당한다.

19　②　신탁수익의 수익자를 자녀로 하는 경우, 소득세를 차감한 신탁수익에 대하여 증여세가 과세되며 증여재산공제금액은 5천만원(미성년자 2천만원)이다.

20　③　월적립식 보험의 경우 최초 납입일로부터 만기일 또는 중도해지일까지의 기간이 10년 이상이고, 최초 납입일로부터 납입기간이 5년 이상이며, 기본보험료가 균등하고 기본보험료의 선납기간이 6개월 이내이어야 한다.

■ 출제경향 및 학습전략

양도소득세는 제2과목 전체 40문제 중 총 8~9문제가 출제된다.

양도소득세의 경우 양도소득세의 계산구조를 먼저 이해할 필요가 있다. 양도소득세 과세대상부터 양도·
취득시기, 양도차익 계산, 장기보유 특별공제, 양도소득 기본공제, 양도소득세율, 양도소득세 예정신고기
한까지 순차적인 계산구조의 흐름을 머리에 염두에 두고 학습한다면 조금 더 쉽게 접근할 수 있다. 1세대
1주택 양도소득세 비과세는 반드시 출제가 예상되는 부분이므로 비과세요건과 세부내용을 꼼꼼하게 학습
해야 한다.

■ 빈출포인트

구 분	문제번호	빈출포인트	출제빈도	페이지
양도소득세 총설 (30%)	01	양도소득세 과세대상	★★	p.168
	02	양도 또는 취득의 시기	★★★	p.168
	03~04	양도소득세율	★★★	p.169~170
양도소득세 계산 (34%)	05	양도차익의 계산	★★★	p.170
	06~07	양도소득세 과세표준의 계산 및 신고·납부	★★★	p.171
비과세와 감면제도 (31%)	08~10	비과세소득	★★★	p.172~173
양도세 절세방안 (5%)	11	양도세 절세방안	★	p.173

제2과목 **세무설계**

· · · · · ·

제3장
양도소득세

✓ 개념완성문제를 통해 은행FP 자산관리사 시험에 나오는 개념을 이해할 수 있습니다.

✓ 다시 봐야 할 문제(틀린 문제, 풀지 못한 문제, 헷갈리는 문제 등)는 문제 번호 하단의 네모박스(□)에 체크하여 반복학습 할 수 있습니다.

양도소득세 과세대상

출제빈도 ★★

01 다음 중 양도소득세 과세대상이 <u>아닌</u> 것은?

□
① 지상권

② 등기하지 않은 부동산임차권

③ 사업용 고정자산과 함께 양도하는 영업권

④ 골프회원권

⑤ 아파트 당첨권

양도 또는 취득의 시기

출제빈도 ★★★

02 다음 중 양도소득세법상 양도 또는 취득시기의 연결이 옳지 <u>않은</u> 것은?

□
① 일반적인 매매의 경우 - 매매계약서상에 기재된 잔금청산약정일

② 상속 또는 증여의 경우 - 상속개시일 및 증여일

③ 자가 건설 건축물의 경우 - 사용승인서 교부일

④ 장기할부조건 양도의 경우 - 소유권이전등기접수일, 인도일 또는 사용수익일 중 빠른 날

⑤ 대금청산일이 불분명한 경우 - 등기·등록접수일 또는 명의개서일

정답 및 해설

01   ②   부동산임차권은 등기된 것에 한해서 양도소득세가 과세된다.

02   ①   일반적인 매매의 경우 실제로 잔금을 수수한 날을 양도 또는 취득시기로 한다.

03 다음 중 양도 시 가장 높은 양도세율이 적용되는 것은? (단, 2021. 6. 1. 이후에 양도하는 것으로 가정함)

출제빈도 ★ ★ ★

① 미등기된 임야

② 1년 미만 보유한 토지

③ 대주주가 1년 미만 보유한 대기업 주식

④ 2년 이상 보유한 비사업용 나대지

⑤ 기획재정부장관이 지정한 투기지역 내의 주택(2년 이상 보유)

정답 및 해설

03 ①
- 미등기된 임야 : 70%
- 1년 미만 보유한 토지 : 50%(단, 주택 및 조합 입주권은 1년 미만 보유한 경우 70%)
- 대주주가 1년 미만 보유한 대기업 주식 : 30%
- 2년 이상 보유한 비사업용 나대지 : 기본세율 + 10%p
- 기획재정부장관이 지정한 투기지역 내의 주택(2년 이상 보유) : 기본세율 + 10%p

04 **2021. 6. 1. 이후 주택법상 조정대상지역 내에 있는 부동산 양도에 대한 설명으로 옳지 <u>않은</u> 것은?** `출제빈도 ★★★`

① 서울특별시 자치구 전체는 조정대상지역에 해당한다.

② 1세대 3주택자가 조정대상지역 내에 있는 주택이나 조합원 입주권을 양도하는 경우 기본 세율에 30%p를 가산한 세율을 적용한다.

③ 2주택 이상 다주택자가 조정대상지역 내 주택 양도 시 장기보유특별공제의 적용이 불가 능하다.

④ 수도권, 광역시, 특별자치시 외의 지역의 양도 당시 기준시가 2억원인 주택은 세대별 보 유주택 계산 시에 포함된다.

⑤ 조정대상지역에 있는 주택을 2년 이상 보유한 다주택자에 대한 양도세 중과를 2024. 5. 9.까지 한시적으로 배제하고 있다.

05 **다음 자료를 토대로 계산한 환산취득가액은?** `출제빈도 ★★★`

구 분	실지거래가액	기준시가
양도 시	10억원	6억원
취득 시	확인할 수 없음	3억원

① 3억원 ② 3.5억원 ③ 4억원

④ 4.5억원 ⑤ 5억원

정답 및 해설

04 ④ 수도권, 광역시, 특별자치시 외의 지역의 양도 당시 기준시가 3억원 이하인 주택은 세대별 보유주택 계산 시에 제외되며, 중과대상에서도 제외된다.

05 ⑤ 환산취득가액 = 실제 양도가액 × 취득 당시의 기준시가 / 양도 당시의 기준시가
= 10억원 × 3억원 / 6억원
= 5억원

06 다음 중 장기보유특별공제에 대한 설명으로 옳지 **않은** 것은?

① 3년 이상 보유한 토지와 주식이 적용대상이 된다.

② 장기보유특별공제는 양도차익의 범위 내에서 공제한다.

③ 1세대 1주택의 경우 보유기간(3년 이상) 중 2년 이상의 거주요건을 채운 경우에 한하여 '보유기간 4%/년 + 거주기간 4%/년'의 장기보유특별공제율을 적용한다.

④ 1세대 2주택 이상의 다주택자가 조정대상지역 내에 있는 주택을 양도하는 경우 2018년 4월 1일 양도분부터 장기보유특별공제의 적용을 배제한다.

⑤ 미등기 양도자산은 장기보유특별공제의 적용을 배제한다.

07 다음의 주택을 양도했을 경우 양도소득금액을 계산한 것으로 옳은 것은? (해당 주택은 등기된 주택으로서 1세대 1주택 비과세 요건을 갖춤)

• 양도가액 : 15억원	• 보유기간 : 10년 3개월
• 취득가액 : 4.5억원	• 거주기간 : 5년 2개월
• 기타 필요경비 : 5천만원	

① 0.4억원   ② 0.6억원   ③ 0.8억원

④ 1억원   ⑤ 1.2억원

정답 및 해설

06 ① 장기보유특별공제는 3년 이상 보유한 토지와 건물 또는 조합원 입주권에 한하여 적용되며, 주식은 3년 이상 보유하더라도 장기보유특별공제를 받을 수 없다.

07 ③ • 양도가액이 12억원을 초과하는 고가주택에 해당하므로 12억원을 초과하는 부분에 대해서 양도소득세가 과세된다.
    • 고가주택에 대한 양도차익 = (양도가액 − 취득가액 − 기타 필요경비) × (양도가액 − 12억원)/양도가액
                           = (15억원 − 4.5억원 − 5천만원) × (15억원 − 12억원)/15억원 = 2억원
    • 장기보유특별공제액 = 양도차익 × 장기보유특별공제율
                       = 2억원 × 60%(보유기간 10년 이상 40% + 거주기간 5년 초과 6년 미만 20%)
                       = 1.2억원
    ∴ 양도소득금액 = 양도차익 − 장기보유특별공제액
                    = 2억원 − 1.2억원
                    = 0.8억원

08 다음 중 1세대 1주택 양도소득세 비과세 요건에 대한 설명으로 옳지 <u>않은</u> 것은?　

☐

① 양도일 현재 1세대가 국내에 1주택만을 보유해야 한다.

② 주택은 공부상 용도와 상관없이 실제로 주거용으로 사용하는 건물이어야 한다.

③ 주택의 취득일로부터 2년 이상 보유해야 한다.

④ 고가주택 및 미등기주택이 아니어야 한다.

⑤ 주택부수 토지면적의 경우 도시지역 중 수도권 안의 주거·상업·공업지역은 건물이 정착된 면적의 10배 이내이어야 한다.

09 다음의 주택을 양도했을 경우 양도차익을 계산한 것으로 옳은 것은?　 (해당 주택은 등기된 주

☐　택으로서 1세대 1주택 비과세 요건을 갖춤)

- 양도가액 : 18억원
- 취득가액 : 12억원
- 취득 시 부담한 취득세 및 등록세 : 5,000만원
- 양도 시 지급한 부동산 중개업자 수수료 : 5,000만원

① 5,000만원　　　　② 1억 2,500만원　　　　③ 1억 6,667만원

④ 2억 5,000만원　　　　⑤ 4억원

정답 및 해설

08　⑤　주택부수 토지면적의 경우 도시지역 중 수도권 안의 주거·상업·공업지역은 건물이 정착된 면적의 3배를 넘지 않아야 한다.

09　③　양도가액이 12억원을 초과하는 고가주택에 해당하므로 12억원을 초과하는 부분에 대해서 양도소득세가 과세된다.

∴ 고가주택에 대한 양도차익 = (양도가액 − 취득가액 − 기타 필요경비) × (양도가액 − 12억원) / 양도가액

= (18억원 − 12억원 − 1억원) × (18억원 − 12억원) / 18억원

= 1억 6,667만원

출제빈도 ★★★

10 1세대 1주택 양도소득세 비과세 요건에 해당하는 다음 겸용주택(고가겸용주택 아님)에 대해
□ 양도소득세가 과세되는 건물 및 부수토지 면적이 각각 올바르게 연결된 것은?

• 주택의 면적 : 30m²	• 주택 외의 면적 : 70m²	• 부수토지의 면적 : 200m²

① 70m², 0m²   ② 30m², 60m²   ③ 70m², 60m²

④ 30m², 140m²   ⑤ 70m², 140m²

출제빈도 ★

11 다음 중 양도소득세 절세방안으로 옳지 <u>않은</u> 것은?
□ ① 증여자가 1세대 1주택 비과세 요건을 갖춘 주택을 부담부증여하는 경우 양도세가 비과세
　 되어 증여세 절세효과를 극대화할 수 있다.
　② 다수의 상속인들이 지분으로 보유 중인 공동상속주택은 공동 보유자 모두가 각각 1주택을
　 보유하고 있는 것으로 본다는 것에 유의해야 한다.
　③ 일시적 1세대 2주택자에 대한 3년의 양도유예기간이 지나가버린 경우 1주택을 멸실한 상
　 태에서 나머지 주택을 양도하는 것이 유리하다.
　④ 2주택 이상 보유자의 경우 양도차익이 가장 큰 주택을 맨 마지막에 양도하는 것이 유리
　 하다.
　⑤ 배우자나 자녀 등으로부터 증여받은 부동산은 증여일로부터 적어도 5년 경과 후 배우자
　 등이 다시 양도하여야 양도차익을 줄일 수 있다.

정답 및 해설

10　⑤　• 주택의 면적보다 주택 외의 면적이 더 크므로 주택 이외의 부분에 대해서는 양도소득세가 과세된다.
　　　　• 과세되는 부수토지 면적 = 전체 토지면적 × 주택 외의 연면적 / 건물 전체 연면적
　　　　　　　　　　　　　　　= 200m² × [70m² / (30m² + 70m²)] = 140m²

11　②　세법상 주택을 소수지분으로 보유하고 있는 경우에도 이를 주택으로 보아 1세대 1주택 여부를 판단하나, 다수의 상속인들
　　　　이 공동으로 주택을 상속받아 지분으로 보유하고 있는 공동상속주택은 상속인 중 1인의 주택으로만 본다.

✓ 출제예상문제를 통해 다양한 은행FP 자산관리사 문제를 풀어볼 수 있습니다.

✓ 다시 봐야 할 문제(틀린 문제, 풀지 못한 문제, 헷갈리는 문제 등)는 문제 번호 하단의 네모박스(□)에 체크하여 반복학습 할 수 있습니다.

출제빈도 ★★

01 다음 중 소득세법상 양도에 대한 설명으로 옳지 <u>않은</u> 것은?

□

① 자산은 반드시 유상으로 이전되어야 한다.

② 등기·등록과 같은 형식적인 절차를 이행해야 한다.

③ 무상으로 자산이 이전되는 증여는 양도로 볼 수 없다.

④ 소득세법상 양도소득으로 열거하고 있는 자산의 양도에 대해서만 양도소득세가 과세된다.

⑤ 권리의 이전을 위한 당사자 간의 유효한 의사표시가 있어야 한다.

출제빈도 ★★

02 다음 중 양도소득세가 과세되지 <u>않는</u> 경우는?

□

① 코스닥 상장법인의 발행주식 총수의 2%를 소유한 주주가 장내거래를 통해 주식을 양도하는 경우

② 아파트 매매계약을 체결하고 계약금만 지급한 상태에서 입주권을 양도하는 경우

③ 특정시설물 이용권을 양도하는 경우

④ 자산총액 중 토지, 건물 등이 차지하는 비율이 80% 이상인 휴양시설 관련 법인의 주식을 양도하는 경우

⑤ 한국 금융투자협회가 운영하는 비상장법인 주식 거래시장을 통한 소액주주, 중소·중견기업에 대한 주식을 양도하는 경우

출제빈도 ★★

03 다음 중 양도소득세 과세대상에 대한 설명으로 옳지 <u>않은</u> 것은?

□

① 지상권과 전세권은 등기 여부에 관계없이 양도소득세가 과세된다.

② 건물에 부속된 시설물과 구축물도 양도소득세 과세대상에 해당한다.

③ 대주주가 아닌 자가 주권상장법인의 주식을 장내에서 양도하는 경우 양도소득세가 과세되지 않는다.

④ 취득시기가 도래하기 전에 부동산을 취득할 수 있는 권리를 양도하는 경우 양도소득세가 과세된다.

⑤ 코스닥 상장법인의 주식으로서 시가총액 1억원을 소유한 주주가 장내에서 양도한 경우 양도소득세가 과세된다.

출제빈도 ★★★ 최신출제유형

04 다음 중 양도소득세법상 양도 또는 취득시기의 연결로 옳지 <u>않은</u> 것은?

① 원칙 – 양도대금 청산일

② 대금청산 전 소유권이전등기를 한 경우 – 매매대금 청산일

③ 일반적인 매매의 경우 – 실제로 잔금을 청산한 날

④ 대금청산일이 불분명한 경우 – 등기접수일 또는 명의개서일

⑤ 증여로 부동산을 취득하는 경우 – 등기부상의 소유권이전 접수일

출제빈도 ★★

05 다음 중 1980년 5월 1일에 취득한 토지와 주식의 의제취득일이 올바르게 연결된 것은?

① 토지 – 1980년 1월 1일, 주식 – 1980년 1월 1일

② 토지 – 1982년 1월 1일, 주식 – 1980년 1월 1일

③ 토지 – 1985년 1월 1일, 주식 – 1985년 1월 1일

④ 토지 – 1985년 1월 1일, 주식 – 1986년 1월 1일

⑤ 토지 – 1986년 1월 1일, 주식 – 1985년 1월 1일

정답 및 해설

01 ② 등기·등록과 같은 형식적인 절차에 관계없이 거래의 실질적 내용에 따른 사실상의 양도가 이루어져야 한다.

02 ⑤ 한국 금융투자협회가 운영하는 비상장법인 주식 거래시장을 통한 소액주주, 중소·중견기업에 대한 주식을 양도하는 경우에는 양도소득세가 과세되지 않는다.

03 ⑤ 코스닥 상장법인의 주식으로서 시가총액 10억원 미만(2020년 4월 1일~2022년 3월 31일 기준)을 소유한 주주가 장내에서 양도하는 경우 양도소득세가 과세되지 않는다.

04 ② 대금청산 전 소유권이전등기를 한 경우 – 등기접수일

05 ④ 1984년 12월 31일 이전에 취득한 부동산은 1985년 1월 1일 자에 취득한 것으로 보며, 1985년 12월 31일 이전에 취득한 주식은 1986년 1월 1일 자에 취득한 것으로 본다.

06 다음 중 양도시기의 영향을 받지 <u>않는</u> 것은?

□

① 양도소득세 신고·납부기한

② 장기보유특별공제의 보유기간 판단

③ 양도소득세 비과세요건 충족여부 판단

④ 기타 필요경비의 공제여부 판단

⑤ 배우자 등 이월과세 적용여부 판단

07 다음 중 미등기 양도자산에 대한 불이익에 해당하지 <u>않는</u> 것은?

□

① 장기보유특별공제 배제

② 각종 비과세나 감면제도의 적용 배제

③ 최고 양도소득세율(70%) 적용

④ 양도소득 기본공제 적용 배제

⑤ 필요경비공제액 적용 배제

08 다음 중 양도소득세율의 연결이 옳은 것은?

□

① 1년간 보유한 상가 : 기본세율(누진세율)

② 대주주가 6개월 동안 보유한 양도소득 과세표준 4억원 이하의 중소기업 외의 법인 주식 : 30%

③ 3개월간 보유한 미등기 토지 : 60%

④ 대주주가 3년 동안 보유한 양도소득 과세표준 3억원 이하의 대기업 주식 : 30%

⑤ 6개월간 보유한 토지 : 40%

09 금번 양도하는 토지의 취득계약서를 분실한 경우 다음 자료를 토대로 계산한 양도차익은?

구 분	실지거래가액	기준시가
양도 시	3억원	2.5억원
취득 시	확인할 수 없음	1.5억원

① 1.025억원   ② 1.1억원   ③ 1.125억원

④ 1.155억원   ⑤ 1.25억원

10 다음 중 양도차익 계산상 기타 필요경비에 대한 설명으로 옳지 <u>않은</u> 것은?

① 취득 당시 실지거래가액을 확인할 수 있는 경우 기타 필요경비는 실비공제방식으로 계산한다.

② 취득세와 등록세 같은 취득부대비용은 납부영수증이 없어도 필요경비로 인정된다.

③ 자산의 양도를 위해 지출한 계약서 작성비용, 공증비용, 인지대 등은 양도비에 해당한다.

④ 취득 당시 실지거래가액을 확인할 수 없는 경우 기타 필요경비는 양도 당시의 기준시가에 필요경비 개산공제율을 곱하여 계산한다.

⑤ 양도자산의 내용연수를 연장시키기 위해 소요된 비용은 필요경비로 인정된다.

정답 및 해설

06 ④ 기타 필요경비의 공제여부는 양도시기의 영향을 받지 않는다.

07 ⑤ 미등기 양도자산의 경우에도 필요경비가 공제된다.

08 ② ① 1년 이상 2년 미만 보유한 부동산에 대해서는 40%의 단일세율을 적용한다.
③ 3개월간 보유한 미등기 토지의 경우 70%의 양도소득세율을 적용한다.
④ 대기업 법인의 주식을 대주주가 1년 이상 보유했을 경우 양도소득 과세표준 3억원 이하는 20%, 3억원 초과분은 25%의 세율을 적용한다.
⑤ 1년 미만 보유한 부동산에 대해서는 50%의 단일세율을 적용한다.

09 ④ 취득 당시의 실지거래가액을 확인할 수 없으므로 취득가액은 환산취득가액(= 실제 양도가액 × 취득 당시 기준시가 / 양도 당시 기준시가) 등을 사용하며, 개산공제액(= 취득 당시 기준시가 × 3%)을 기타 필요경비로 공제한다.

양도가액		3억원
− 취득가액	−	1.8억원 (= 3억원 × 1.5억원 / 2.5억원)
− 기타 필요경비	−	450만원 (= 1.5억원 × 3%)
= 양도차익	=	1.155억원

10 ④ 취득 당시 실지거래가액을 확인할 수 없는 경우 기타 필요경비는 취득 당시 기준시가에 필요경비 개산공제율을 곱하여 계산한다.

11 아버지가 아들에게 실제 취득가액이 5억원인 시가 10억원의 아파트(담보된 채무액 : 4억원)를 부담부증여하려고 한다. 이때 필요경비가 2억원일 경우 다음 설명 중 옳지 <u>않은</u> 것은?

① 수증자가 인수한 채무액을 제외한 부분은 증여로 본다.

② 수증자가 인수한 채무액은 양도로 본다.

③ 채무인수액을 제외한 부분에 대해서는 수증자에게 증여세를 과세한다.

④ 채무인수액에 해당하는 부분에 대해서는 증여자에게 양도소득세가 과세된다.

⑤ 부담부증여에 대한 양도차익은 1억원이다.

12 다음 중 장기보유특별공제에 대한 설명으로 옳지 <u>않은</u> 것은?

① 보유기간은 취득일로부터 양도한 날까지로 한다.

② 양도자가 양도일로부터 소급하여 5년 이내 배우자 또는 직계존비속으로부터 증여받은 자산을 양도하는 경우의 보유기간 계산은 당초 증여자가 당해 자산을 취득한 날부터 기산한다.

③ 3년 이상 보유한 토지와 건물, 조합원 입주권에 대하여 적용된다.

④ 미등기자산에 대해서는 장기보유특별공제의 적용이 배제된다.

⑤ 양도 시 1세대 1주택 외의 자산을 15년 이상 보유한 경우 30%의 공제율이 적용된다.

13 다음 중 배우자 등 이월과세에 대한 설명으로 옳지 <u>않은</u> 것은?

① 모든 물건에 대해 이월과세를 적용하지는 않는다.

② 5년 이내에 배우자 또는 직계존비속으로부터 증여받은 자산을 다시 양도할 때 적용되는 규정이다.

③ 당해 배우자 등의 최초 취득 당시의 가액을 취득가액으로 본다.

④ 토지·건물 및 특정시설물 이용권·회원권의 양도차익 계산 시 적용하는 규정이다.

⑤ 거주자가 증여받은 재산에 대해 납부했거나 납부할 증여세액이 있는 경우 이를 기타 필요경비에 산입한다.

14 사업용 토지(등기자산)를 202X년 중에 다음과 같이 양도하는 경우 양도소득금액은?

□

• 양도가액 : 5억원		• 취득가액 : 3억원
• 기타 필요경비 : 5,000만원		• 보유기간 : 12년

① 3,000만원   ② 9,600만원   ③ 1억 500만원

④ 1억 1,400만원   ⑤ 1억 1,700만원

정답 및 해설

11 ⑤ 부담부증여에 대한 양도차익은 증여가액 중 채무액에 해당하는 부분이 차지하는 비율을 곱하여 계산하면 1억 2,000만원이 된다.

양도가액	4억원 (= 10억원 × 4억원 / 10억원)	
− 취득가액 −	2억원 (= 5억원 × 4억원 / 10억원)	
− 기타 필요경비 −	8,000만원 (= 2억원 × 4억원 / 10억원)	
= 양도차익 =	1억 2,000만원	

12 ② 양도자가 양도일로부터 소급하여 10년 이내 배우자 또는 직계존비속으로부터 증여받은 자산을 양도하는 경우의 보유기간 계산은 당초 증여자가 당해 자산을 취득한 날부터 기산한다.

13 ② 배우자 등 이월과세는 10년 이내에 배우자 또는 직계존비속으로부터 증여받은 자산을 다시 양도할 때 적용되는 규정이다.

14 ④ 양도차익에서 장기보유특별공제를 차감하여 양도소득금액을 계산할 수 있으며, 12년 이상 13년 미만 보유한 토지의 장기보유 특별공제율은 24%이다.

양도가액	5억원
− 취득가액 −	3억원
− 기타 필요경비 −	5,000만원
= 양도차익 =	1억 5,000만원
− 장기보유특별공제 −	3,600만원 (= 1억 5,000만원 × 24%)
= 양도소득금액 =	1억 1,400만원

출제빈도 ★★

15 다음 빈칸에 들어갈 내용으로 올바르게 묶인 것은?

> 양도소득이 있는 거주자의 행위 및 계산이 그 거주자의 특수관계자와의 거래로 인해 그 소득에 대한 조세 부담을 부당하게 감소시킨 것으로 인정되는 경우로서 시가와 거래가액의 차액이 (   ) 이상이거나 시가의 (   )에 해당하는 금액 이상인 경우 부당행위계산 부인 규정에 해당한다.

① 3억원, 100분의 5   ② 2억원, 100분의 5   ③ 3억원, 100분의 3

④ 2억원, 100분의 3   ⑤ 5억원, 100분의 3

출제빈도 ★★★

16 다음 중 양도소득 기본공제에 대한 설명으로 옳지 <u>않은</u> 것은?

① 3년 이상 보유한 부동산 및 주식 등에 대하여 적용한다.

② 양도소득금액에서 양도소득 기본공제를 차감한다.

③ 미등기 양도자산은 기본공제대상이 아니다.

④ 동일한 과세연도에 건물과 토지를 양도하였다면 최대 250만원까지 공제받는다.

⑤ 동일한 과세연도에 건물과 상장주식을 양도하였다면 최대 500만원까지 공제받는다.

출제빈도 ★★★

17 거주자 갑이 5월 8일에 양도소득세 과세대상인 상가와 주식을 양도하였을 경우 예정신고기한은?

① 상가 : 5월 31일, 주식 : 6월 30일

② 상가 : 6월 30일, 주식 : 7월 31일

③ 상가 : 7월 31일, 주식 : 8월 31일

④ 상가 : 8월 31일, 주식 : 9월 30일

⑤ 상가 : 9월 30일, 주식 : 10월 31일

18 다음 중 1세대 1주택 비과세 요건에 대한 설명으로 옳지 <u>않은</u> 것은?

① 1년 이상 보유한 주택일 것

② 미등기 주택이 아닐 것

③ 고가주택이 아닐 것

④ 양도일 현재 1세대가 국내에 1주택만을 보유할 것

⑤ 주택부수 토지면적의 경우 도시지역 밖에서는 건물이 정착된 면적의 10배를 넘지 않을 것

19 다음 중 1세대 1주택을 판정할 때, 배우자가 없어도 1세대로 인정될 수 있는 경우가 <u>아닌</u> 것은?

① 거주자의 연령이 30세 이상인 경우

② 배우자와 이혼한 경우

③ 배우자가 사망한 경우

④ 기준 중위소득을 12개월로 환산한 금액의 40% 수준 이상으로서 소유 주택을 관리하여 독립된 생계를 유지할 수 있는 경우

⑤ 미성년자인 경우

정답 및 해설

15 ① 양도소득이 있는 거주자의 행위 및 계산이 그 거주자의 특수관계자와의 거래로 인해 그 소득에 대한 조세 부담을 부당하게 감소시킨 것으로 인정되는 경우로서 시가와 거래가액의 차액이 (3억원) 이상이거나 시가의 (100분의 5)에 해당하는 금액 이상인 경우 부당행위계산 부인 규정에 해당한다.

16 ① 보유기간에 관계없이 부동산. 부동산에 관한 권리 또는 기타자산 및 주식. 신탁수익권 등에 대해 양도소득 기본공제가 적용된다.

17 ③ 부동산의 경우 양도일이 속하는 달의 말일로부터 2월 이내에. 주식의 경우 양도일이 속하는 반기의 말일로부터 2월 이내에 주소지 관할세무서장에게 양도소득세 예정신고를 하고 세액을 납부해야 한다. 따라서 갑이 양도한 상가와 주식의 예정신고기한은 각각 7월 31일과 8월 31일이 된다.

18 ① 2년 이상 보유한 주택이어야 한다.

19 ⑤ 미성년자의 경우 기준중위소득의 40% 수준 이상으로서 소유 주택을 관리하여 독립된 생계를 유지할 수 있는 경우에도 1세대로 인정되지 않는다.

20 다음 중 보유기간에 관계없이 양도소득세가 비과세되는 경우가 <u>아닌</u> 것은?

① 세대 전원이 해외 이주로 출국하는 경우로서 출국일 현재 보유한 1주택을 출국일로부터 2년 이내에 양도하는 경우

② 임차일로부터 양도일까지 거주기간이 3년 이상인 건설임대주택을 양도하는 경우

③ 1년 이상 질병의 요양으로 세대 전원이 다른 시·군으로 주거를 이전하기 위해 1년 이상 거주한 주택을 양도하는 경우

④ 1년 이상 계속하여 국외거주를 필요로 하는 근무상의 형편으로 세대 전원이 출국하는 경우로서 현재 보유한 1주택을 출국일로부터 2년 이내 양도하는 경우

⑤ 사업인정고시일 이전에 취득한 주택이 기타 법률에 의해 수용되는 경우

21 1세대 2주택자이지만 1주택을 처분할 때에 1세대 1주택자로 간주하는 경우로 옳지 <u>않은</u> 것은?

① 상속받은 주택과 그 밖의 일반주택을 국내에 각각 1개씩 소유하고 있는 1세대가 일반주택을 양도하는 경우

② 1주택을 보유하고 1세대를 구성하는 자가 1주택을 보유하고 있는 60세 이상의 직계존속을 동거봉양하기 위해 세대를 합침으로써 1세대 2주택이 되어 하나의 주택을 합가한 날로부터 10년 이내에 양도하는 경우

③ 각각 1주택을 보유하고 있는 자들이 혼인함으로써 1세대 2주택이 되어 하나의 주택을 혼인한 날로부터 10년 이내에 양도하는 경우

④ 농어촌주택과 일반주택을 국내에 각각 1채씩 소유하고 있는 1세대가 일반주택을 양도하는 경우

⑤ 1주택을 보유한 1세대가 종전주택을 취득한 날로부터 1년 이상이 지난 후 신규주택을 취득하고 신규주택을 취득한 날로부터 3년 이내에 종전주택을 양도하는 경우

22 4억원의 양도차익이 발생한 1세대 1주택 비과세 요건을 충족한 고가주택을 25억원에 양도한 경우 양도차익을 계산한 식으로 옳은 것은?

① 4억원 × (25억원 − 12억원) / 25억원 　② 4억원 × 9억원 / (25억원 − 12억원)

③ 4억원 × (25억원 − 12억원) / 12억원 　④ 12억원 × (25억원 − 12억원) / 4억원

⑤ 12억원 × 4억원 / (25억원 − 12억원)

출제빈도 ★★★　최신출제유형

23 다음 중 자경농지에 대한 양도소득세 감면과 관련된 설명으로 옳지 <u>않은</u> 것은?

① 양도하는 토지는 농지이고, 양도자가 농지소재지에 거주해야 하며, 8년 이상 자경해야 한다.

② 5년간 2억원을 한도로 양도소득세 100%를 감면한다.

③ 농지소재지에 거주해야 하며, 거주지와 농지 간 거리의 제한이 있다.

④ 근로소득(총급여)이 2,000만원인 경우 그 기간은 자경기간에서 제외된다.

⑤ 자경농지에 대한 양도소득세를 감면받고자 하는 자는 세액면제신청서를 제출해야 한다.

출제빈도 ★　최신출제유형

24 양도소득세 절세 방안으로 옳지 <u>않은</u> 것은?

① 토지나 건물 등 부동산 양도 시 보유기간을 고려하여 잔금청산시기를 결정하면 절세 가능하다.

② 양도차익이 발생하는 2건 이상의 토지 양도 시 연도를 분산한다.

③ 2채의 주택을 가졌더라도 주택을 양도하기 전 1세대 1주택 비과세 적용을 검토한다.

④ 토지 양도 시 9년을 보유하는 것과 10년을 보유하는 것의 장기보유특별공제 차이는 없으므로 9년차에 양도하는 것이 유리하다. (다른 조건은 모두 동일하다고 가정함)

⑤ 다주택자의 경우 주택의 양도순서에 따라 세금이 차이날 수 있으므로 양도 순서를 검토한다.

정답 및 해설

20　②　임차일로부터 양도일까지 거주기간이 5년 이상인 건설임대주택을 양도하는 경우 보유기간의 제한 없이 양도소득세가 비과세된다.

21　③　각각 1주택을 보유하고 있는 자들이 혼인함으로써 1세대 2주택이 되어 하나의 주택을 혼인한 날로부터 5년 이내에 양도하는 경우 1세대 1주택으로 보아 양도소득세를 비과세한다.

22　①　1세대 1고가주택에 대한 양도차익은 '실지거래가액에 의한 양도차익 × (양도가액 − 12억원) / 양도가액'으로 4억원의 양도차익이 발생한 1세대 1고가주택에 대한 양도차익은 '4억원 × (25억원 − 12억원) / 25억원'이 된다.

23　④　근로소득(총급여) 및 사업소득(농업·축산업·임업·비과세 농가부업소득·부동산임대소득 제외)이 연간 3,700만원 이상인 경우 자경기간에 제외한다.

24　④　보유기간 3년 이상 매 1년이 늘어날 때마다 2%p(15년 이상 보유 시 최고 30%)씩 증가한다.

금융·자격증 전문 교육기관 해커스금융
fn.Hackers.com

■ 출제경향 및 학습전략

상속·증여세는 제2과목 전체 40문제 중 총 15~16문제가 출제된다.

상속·증여세의 경우 세무설계에서 가장 많은 문제가 출제되며 내용 또한 어려운 편이다. 그러나 시험은 크게 어려운 수준으로 출제되지 않는 편이므로 핵심 내용 위주로 꼼꼼히 학습하면 충분히 고득점을 노릴 수 있는 부분이다. 유류분 비율, 사전증여재산 계산, 상속추정재산 계산, 배우자상속공제, 금융재산상속공제, 상속세 신고납부기한, 재차증여재산의 합산과세, 증여재산공제, 상속세와 증여세의 비교, 상속세와 증여세의 절세전략에 대해서는 반드시 출제가 예상되므로 이를 중심으로 대비해야 한다. 특히, 숫자를 암기해야 하는 부분이 많으므로 확실한 암기가 병행되어야 한다.

■ 빈출포인트

구 분	문제번호	빈출포인트	출제빈도	페이지
상속·증여 총설 (9%)	01	민법상의 상속	★★★	p.186
상속세 해설 (41%)	02	상속세 과세가액	★★★	p.186
	03	상속세 과세표준	★★★	p.187
	04	상속세의 계산	★★	p.187
	05	상속세의 신고와 납부	★★★	p.188
증여세 (33%)	06~08	증여세 과세가액	★★★	p.188~189
	09	증여세 과세표준신고 및 납부	★★★	p.189
상속재산 및 증여재산의 평가 (8%)	10	재산평가의 원칙	★★	p.190
	11	보충적 평가방법	★★★	p.190
상속설계 및 증여설계 (9%)	12	상속설계 및 증여설계의 개요	★★★	p.191
	13	상속세 및 증여세 절세전략	★★	p.191

제2과목 **세무설계**

제4장
상속 · 증여세

✓ 개념완성문제를 통해 은행FP 자산관리사 시험에 나오는 개념을 이해할 수 있습니다.

✓ 다시 봐야 할 문제(틀린 문제, 풀지 못한 문제, 헷갈리는 문제 등)는 문제 번호 하단의 네모박스(□)에 체크하여 반복학습 할 수 있습니다.

민법상의 상속

출제빈도 ★★★

01 다음 중 민법상의 상속에 대한 설명으로 옳지 <u>않은</u> 것은?

□

① 피상속인의 직계비속이 없으면 배우자는 직계존속과 같은 순위이다.

② 민법상 실종신고에 의한 간주사망일은 실종선고일이다.

③ 피상속인과 혈연, 친족관계가 아닌 자도 유언에 의해 상속받을 수 있다.

④ 친족이라고 해서 모두 법정상속인이 되지 않는다.

⑤ 4촌 이내 방계혈족의 유류분은 인정되지 않는다.

상속세 과세가액

출제빈도 ★★★

02 다음 중 상속세 과세대상에 해당하지 <u>않는</u> 것은?

□

① 증여자의 사망으로 인해 효력이 발생하는 증여

② 피상속인이 사망 9년 전에 배우자에게 증여한 재산

③ 피상속인이 위탁한 신탁재산

④ 피상속인의 퇴직금

⑤ 상속인이 불입한 보험료에 해당하는 피상속인의 사망보험금

정답 및 해설

01　②　민법에서는 실종기간이 만료되는 시점을 사망일로 간주하고 있다.

02　⑤　피상속인이 부담한 보험료에 해당하는 피상속인의 사망보험금을 상속세 과세대상으로 본다.

상속세 과세표준

출제빈도 ★★★

03 다음 중 상속공제에 대한 설명으로 옳지 <u>않은</u> 것은?

□　① 배우자상속공제의 최고한도는 30억원이다.

② 피상속인이 비거주자인 경우에는 인적공제 중 기초공제만 적용된다.

③ 비거주자의 사망으로 상속이 개시되면 기초공제로 2억원을 공제받을 수 있다.

④ 기타 인적공제가 3억원에 미달하는 경우 일괄공제 5억원을 적용할 수 있다.

⑤ 가업상속공제의 최고한도는 500억원이다.

상속세의 계산

출제빈도 ★★

04 다음 중 상속세율에 대한 설명으로 옳지 <u>않은</u> 것은?

□　① 5단계 누진세율 구조이다.

② 상속세 과세표준이 30억원일 경우 30%의 세율이 적용된다.

③ 상속세 과세표준이 1억원 이하일 경우 10%의 세율이 적용된다.

④ 최저세율은 10%, 최고세율은 50%이다.

⑤ 상속세율과 증여세율은 같다.

정답 및 해설

03　⑤　가업상속공제의 최고한도는 600억원이다.

04　②　상속세 과세표준이 10억원 초과 30억원 이하일 경우 40%의 한계세율을 적용한다.

05 다음 중 상속세의 납부에 대한 설명으로 옳지 <u>않은</u> 것은?

출제빈도 ★★★

① 관할 세무서장이 허가하지 않을 경우 납부세액을 분납할 수 없다.

② 납부세액이 1,000만원을 초과할 경우 납부기한이 지난 후 2개월 이내에 분납할 수 있다.

③ 연부연납과 분납은 중복하여 적용할 수 없다.

④ 연부연납과 물납은 납부세액이 2,000만원을 초과해야 한다.

⑤ 가업상속재산의 연부연납기간은 20년(또는 10년 거치 후 10년)이다.

> **용어 알아두기**
> **연부연납** 조세의 일부를 법정신고기한을 경과해서 납부할 수 있도록 그 기간을 연장해 주는 연납의 한 종류로서 분납이 조세를 단기간에 나누어 내는 것이고, 연부연납은 조세를 장기간에 걸쳐 나누어 내는 것이다.

06 다음 중 증여세가 과세되는 경우는?

출제빈도 ★★★

① 상속세 과세표준 신고기한 중 협의분할로 인하여 법정상속분보다 초과하여 취득한 경우

② 수증자가 증여받은 토지를 증여세 과세표준 신고기한 내에 증여자에게 다시 증여하는 경우

③ 이혼 시 배우자로부터 조세포탈의 목적이 없는 위자료 또는 재산분할로 재산을 취득한 경우

④ 계약자 및 수익자인 아들이 타인으로부터 현금을 증여받아 보험료를 납부하고 만기보험금을 수령한 경우

⑤ 증여받은 건물이 취득원인무효의 판결에 의해 그 재산상의 권리가 말소되는 경우

정답 및 해설

05 ① 분납은 세무서장의 허가사항이 아니며, 연부연납과 물납의 경우 세무서장의 허가가 있어야 한다.

06 ④ 자익보험에서 타인으로부터 증여받은 자금으로 보험료를 납부한다면 그 보험료 납부액에 대한 보험금 상당액에서 당해 보험료 납부액을 차감한 가액을 보험금 수취인의 증여재산가액으로 한다.

07 시가 6억원의 유가증권을 특수관계인에게 8억원에 양도하고 등기이전을 마쳤을 경우 증여재산가액은?

① 0원   ② 2,000만원   ③ 4,000만원

④ 2억원   ⑤ 6억원

08 다음은 우회양도 시 증여추정에 대한 설명으로 빈칸에 들어갈 말로 옳은 것은?

> 특수관계인에게 양도한 후 (   ) 이내에 특수관계인이 당초 양도인의 배우자 등에게 양도하는 경우, 당초 양도인이 배우자 등에게 증여한 것으로 추정한다. 이때 증여재산가액은 특수관계자가 양도한 당시의 가액으로 한다.

① 1년   ② 2년   ③ 3년

④ 5년   ⑤ 10년

09 A씨(만 40세)는 금년(2024년) 9월 14일에 아버지로부터 3천만원을 증여받았다. 2019년 2월 14일에 할아버지로부터 4천만원을 증여받았을 경우 금년 증여재산공제액은?

① 0원   ② 1,000만원   ③ 2,000만원

④ 3,000만원   ⑤ 5,000만원

정답 및 해설

07 ② 특수관계인에게 고가양도한 경우로, 대가와 시가의 차액(= 2억원)이 시가의 30%(= 1.8억원)보다 크므로 증여로 보며 이 경우 증여재산가액은 2,000만원(= 2억원 − Min[1.8억원, 3억원])이 된다.

08 ③ 특수관계인에게 양도한 후 (3년) 이내에 특수관계인이 당초 양도인의 배우자 등에게 양도하는 경우, 당초 양도인이 배우자 등에게 증여한 것으로 추정한다.

09 ② 공제액 = 5,000만원(증여자가 직계존속인 경우 공제액 한도) − 4,000만원(10년 이내 공제액) = 1,000만원

10 다음 중 상속재산 및 증여재산의 평가에 대한 설명으로 옳지 <u>않은</u> 것은?

① 평가기준일의 시가를 산정하기 어려운 경우에는 보충적 평가방법에 의해 평가한다.

② 증여재산 평가기준일 전 6개월, 평가기준일 후 3개월 사이에 2개 이상의 감정평가기관이 평가한 감정가액이 있는 경우 그 중 가장 큰 감정가액을 시가로 한다.

③ 시가란 불특정 다수인 사이에서 자유로이 거래가 이루어지는 경우에 통상 성립된다고 인정되는 가액을 말한다.

④ 상속개시일 전후 6개월 사이에 당해 재산에 대한 매매사실이 있는 경우 그 매매거래가액을 시가로 본다.

⑤ 증여일 전 6개월 사이에 당해 자산과 면적 등이 유사한 다른 재산에 대한 매매가 있을 경우 그 매매사례가액을 시가로 본다.

11 다음 중 상속 및 증여재산과 보충적 평가방법의 연결로 옳지 <u>않은</u> 것은?

① 토지 : 개별공시지가

② 상장주식 : 평가기준일 전후 3개월간 공표된 한국거래소 최종시세가액의 평균액

③ 비상장주식 : 순자산가치와 순손익가치의 가중평균액

④ 예금 : 예입총액 + 미수이자 상당액 - 원천징수 상당액

⑤ 부동산을 취득할 수 있는 권리 : 평가기준일까지 불입한 금액 + 평가기준일 현재의 프리미엄 상당액

정답 및 해설

10 ② 증여재산 평가기준일 전 6개월, 평가기준일 후 3개월 사이에 2개 이상의 감정평가기관이 평가한 감정가액이 있는 경우 감정가액의 평균액을 시가로 한다. 단, 기준시가 10억원 이하는 제외한다.

11 ② 상장주식의 경우 평가기준일 전후 2개월간 공표된 한국거래소 최종시세가액의 평균액을 평가액으로 한다.

12 다음 중 상속세와 증여세를 비교한 내용으로 옳지 <u>않은</u> 것은?

① 상속세 과세방법은 유산세방식이다.

② 증여세 과세방법은 유산취득세방식이다.

③ 상속세 관할세무서는 피상속인의 주소지이다.

④ 증여세 관할세무서는 수증자의 주소지이다.

⑤ 증여세 세율은 상속세 세율보다 높다.

용어 알아두기

유산세방식 피상속인이 남긴 유산액 전부를 과세대상으로 하는 과세방식이다.

유산취득세방식 유산을 취득한 자를 기준으로 각자 취득한 유산가액을 과세대상으로 하는 과세방식이다.

---

13 다음 중 상속·증여세 절세방안으로 옳지 <u>않은</u> 것은?

① 상속재산이 많은 경우 배우자에게 최대한 많이 상속하여 최대 30억원까지 공제받는다.

② 상속세 납부능력이 없어도 법정신고기한 이내에 반드시 신고하여 가산세를 내지 않도록 한다.

③ 금융재산의 비율이 높을 경우 부동산을 취득하는 것이 절세방안이 될 수 있다.

④ 현금 증여보다는 가치 상승이 예상되는 재산을 미리 증여하는 것이 좋다.

⑤ 보유기간이 오래된 부동산은 상속재산으로 물려주기보다는 처분하는 것이 좋다.

정답 및 해설

12　⑤　증여세와 상속세의 세율은 동일하다.

13　⑤　보유기간이 오래된 부동산은 처분 시 거액의 양도소득세를 부담해야 하며 상속하거나 증여하게 되면 상속세나 증여세를 또 납부해야 하므로 처분하지 않고 상속재산으로 물려주는 것이 좋다.

✔ 출제예상문제를 통해 다양한 은행FP 자산관리사 문제를 풀어볼 수 있습니다.

✔ 다시 봐야 할 문제(틀린 문제, 풀지 못한 문제, 헷갈리는 문제 등)는 문제 번호 하단의 네모박스(□)에 체크하여 반복학습 할 수 있습니다.

출제빈도 ★★

01 다음 중 상속인과 상속분에 대한 설명으로 옳지 <u>않은</u> 것은?

□

① 배우자의 상속분은 다른 공동상속인의 법정상속분의 5할을 가산한다.

② 피상속인이 유언으로 상속분을 지정하지 않은 경우 법에서 정한 상속분을 따른다.

③ 피상속인은 유언으로 상속인의 유류분에 반하는 상속분을 지정할 수 있다.

④ 대습상속은 상속인이 상속개시 전에 사망 또는 상속권을 상실한 경우 그 직계비속이나 배우자가 재산을 상속하는 것이다.

⑤ 상속인에게 피상속인의 일신에 전속한 것은 승계되지 않는다.

출제빈도 ★★★ 최신출제유형

02 다음 중 상속인과 유류분의 연결로 옳지 <u>않은</u> 것은?

□

① 피상속인의 배우자 – 법정상속분의 1/2

② 피상속인의 직계비속 – 법정상속분의 1/2

③ 피상속인의 직계존속 – 법정상속분의 1/3

④ 피상속인의 형제자매 – 법정상속분의 1/3

⑤ 피상속인의 4촌 이내 혈족 – 법정상속분의 1/3

출제빈도 ★★★ 최신출제유형

03 피상속인 A에게는 배우자와 아들 1명, 딸 1명이 있다. 다음의 내용을 참고하여 피상속인 A의

□ 딸이 청구할 수 있는 유류분은 얼마인가?

| • A는 본인 재산의 전부를 배우자에게만 상속한다고 유증함 |
| • A의 상속재산은 30억원이며, 은행채무가 2억원이 있음 |
| • 배우자와 아들, 딸 이외의 다른 상속인은 없으며, 사전 증여한 사실도 없음 |

① 3억원 ② 4억원 ③ 8억원

④ 10억원 ⑤ 12억원

출제빈도 ★

04 다음 중 민법상의 증여에 대한 설명으로 옳지 않은 것은?

① 증여자가 수증자에게 재산을 무상으로 주는 무상계약이다.

② 증여의 의사가 서면으로 표시되지 않은 경우 각 당사자는 증여계약을 해제할 수 있다.

③ 증여자와 수증자 간의 쌍무계약이다.

④ 당사자의 의사 합치만으로 성립하는 낙성계약이다.

⑤ 부담부증여는 수증자가 일정한 의무를 부담하는 것을 조건으로 하는 특수한 증여의 형태이다.

출제빈도 ★★★

05 다음 중 상속세 과세대상에 해당하지 않는 것은?

① 상속개시일 전 1년 이내에 피상속인의 예금계좌에서 인출한 금액이 2억원 이상이며 그 용도가 명백하지 않은 경우

② 피상속인이 부담한 보험료에 해당하는 피상속인의 사망보험금

③ 피상속인이 사망하기 4년 전 친구에게 증여한 재산

④ 피상속인이 위탁한 재산으로 타인이 수익자인 타익신탁

⑤ 피상속인에게 지급되는 퇴직수당

정답 및 해설

01 ③ 피상속인은 유언으로 상속인의 유류분에 반하는 상속분을 지정할 수 없으며, 상속재산의 일정 비율까지는 상속인에게 승계해야 한다.

02 ⑤ 피상속인의 4촌 이내 혈족은 유류분권을 가지지 않는다.

03 ② 유류분(4억원) = 유류분 산정의 기초재산(28억원) × 법정상속분(2/7) × 유류분 비율(1/2)
  • 유류분 산정의 기초재산(28억원) = 상속재산(30억원) − 채무(2억원)
  • 딸의 법정상속분 = 2/7
  • 딸의 유류분 비율 = 1/2

04 ③ 증여는 당사자 일방만이 채무를 부담하는 편무계약이다.

05 ④ 피상속인이 위탁자인 타익신탁의 경우 신탁재산을 상속재산에서 제외한다. 단, 수익자가 피상속인인 경우 신탁재산을 상속재산에 포함한다.

06 피상속인의 상속인으로 부친, 형제, 자매가 있을 때, 다음 중 상속세 과세가액에 합산되는 재산이 <u>아닌</u> 것은?

① 상속개시일 6년 전 피상속인이 형제에게 증여한 현금 5억원

② 상속개시일 6년 전 피상속인이 자매에게 증여한 4억원 상당의 건물

③ 상속개시일 6년 전 피상속인이 동생에게 증여한 3억원의 예금

④ 상속개시일 6년 전 피상속인이 부친에게 증여한 현금 8억원

⑤ 상속개시일 6년 전 피상속인이 친구에게 증여한 5억원 상당의 토지

07 다음 중 상속재산에 해당하지 <u>않는</u> 것은?

① 단독주택　　　　　　　　　　　② 피상속인 명의의 친목단체 예금

③ 콘도 회원권　　　　　　　　　　④ 오피스텔

⑤ 토 지

08 피상속인 아버지가 사망한 경우 다음 자료를 토대로 간주상속재산을 계산한 것으로 옳은 것은?

가. 피보험자 : 아버지
나. 계약자 및 수익자 : 아들
다. 사망보험금 : 5억원
라. 불입보험료 : 2억원(피상속인이 부담한 보험료 1억원)

① 1억원　　　　　　　② 1.5억원　　　　　　③ 2억원

④ 2.5억원　　　　　　⑤ 3억원

09 상속개시 1년 이내에 (　　　) 또는 2년 이내 (　　　) 이상의 현금을 처분하는 경우 그 용도가 객관적으로 명백하지 않은 금액에 대하여 상속받은 것으로 추정한다. 다음 중 괄호 안의 금액을 순서대로 나열한 것은?

① 1억원, 2억원　　　　② 2억원, 4억원　　　　③ 2억원, 5억원

④ 3억원, 5억원　　　　⑤ 5억원, 10억원

출제빈도 ★★★ **최신출제유형**

10 A씨가 2024년 5월 12일에 사망했을 때, 다음 자료를 바탕으로 계산한 상속추정가액은?

> 2022년 7월 10일에 A씨가 보유한 건물을 5억원에 처분하였으며, 그 용도가 입증되는 금액은 1억원이다.

① 1억원 ② 2억원 ③ 2억 6천만원

④ 3억원 ⑤ 3억 4천만원

출제빈도 ★★

11 다음 중 상속세 과세가액에서 공제되지 <u>않는</u> 것은?

① 피상속인의 공과금

② 상속개시 전 5년 이내에 피상속인이 상속인 외의 자에게 진 증여채무

③ 묘지 구입 및 치장을 위해 사용한 300만원의 비용

④ 봉안시설 사용에 지출한 400만원의 비용

⑤ 구상권 행사가 제한된 피상속인의 확정된 채무

정답 및 해설

06 ⑤ 10년 이내에 상속인에게, 5년 이내에 상속인이 아닌 자에게 증여한 재산을 상속재산에 합산하는 것으로 친구(상속인이 아닌 자)에게 6년 전 증여한 재산은 상속재산에 포함되지 않는다.

07 ② 피상속인의 동창회비, 친목회비 등은 상속재산에 포함되지 않는다.

08 ④ 피상속인이 부담한 보험료에 해당하는 보험금은 간주상속재산으로 보며, 이때 간주상속재산은 다음과 같이 계산한다.
간주상속재산(보험금) = 보험금 × 피상속인이 부담한 보험료 총액 / 불입보험료 총액
= 5억원 × 1억원 / 2억원 = 2.5억원

09 ③ 상속개시 1년 이내에 (2억원) 또는 2년 이내 (5억원) 이상의 현금·예금 및 유가증권, 부동산 및 부동산에 관한 권리, 무체재산권 등의 피상속인의 재산을 처분하거나 인출하는 경우 그 용도가 객관적으로 명백하지 않은 금액은 상속받은 것으로 추정한다.

10 ④ 상속개시일 전 2년 이내 부동산의 재산처분대가가 5억원 이상이며 그 용도가 명백하지 않은 경우에 해당되어 상속으로 추정한다.
∴ 상속추정재산가액 = 처분재산가액 - 사용처 소명액 - Min[20% 상당액, 2억원]
= 5억원 - 1억원 - Min[5억원 × 20%, 2억원] = 3억원

11 ② 상속개시 전 5년(10년) 이내에 피상속인이 상속인 외의 자(상속인)에게 진 증여채무는 공제대상 채무에서 제외된다.

12 A씨의 사망으로 인해 장례비용으로 총 3,000만원을 지출하였다. 이 중 1,000만원은 봉안시설 사용을 위해 지출한 비용으로 이 지출액에 대한 증빙만 확인되고 있을 경우, 장례비용으로 공제받을 수 있는 금액은?

① 500만원   ② 800만원   ③ 900만원

④ 1,000만원   ⑤ 1,500만원

13 다음 중 상속공제에 대한 설명으로 옳은 것은?

① 다른 공동상속인의 상속포기로 배우자 단독상속이 이루어지는 경우 일괄공제를 선택할 수 있다.

② 태아도 자녀공제대상자가 되어 3천만원까지 공제받을 수 있다.

③ 일괄공제는 거주자와 비거주자 모두에게 적용되는 공제이다.

④ 배우자상속공제액의 최저한도는 있지만 최고한도는 없다.

⑤ 자녀가 65세 이상일 경우 자녀공제와 연로자공제의 중복적용이 가능하다.

14 다음 중 상속공제에 대한 설명으로 옳지 <u>않은</u> 것은?

① 장애인공제는 기대여명에 달할 때까지의 연수에 1천만원을 곱한 금액을 공제한다.

② 연로자공제는 1인당 5,000만원이다.

③ 상속인이 미성년자일 경우 19세에 달할 때까지의 연수에 1천만원을 곱한 금액을 공제한다.

④ 기타 인적공제가 5억원에 미달하는 경우 일괄공제 5억원을 선택할 수 있다.

⑤ 비거주자의 경우 기초공제 2억원만을 공제한다.

15 거주자 A씨는 202X년 9월 2일 사망하였다. 다음을 참고하여 계산한 상속세 과세표준으로 옳은 것은?

> • 상속세 과세가액 : 5억원
> • A씨의 사망 당시 가족은 배우자와 아들 2명이 있음

① 0원   ② 1억원   ③ 2억원

④ 3억원   ⑤ 4억원

16 상속재산가액이 35억원이고, 상속인으로 배우자와 2명의 자녀가 있으며, 배우자는 30억원의 재산을 상속받았다. 배우자가 사전에 증여받은 재산이 없다고 할 경우 배우자상속공제액은?

① 0원 ② 5억원 ③ 10억원

④ 15억원 ⑤ 20억원

17 다음 중 가업상속공제 요건에 대한 설명으로 옳은 것은?

① 피상속인이 8년 이상 계속 경영한 중소기업 또는 직전 3년간 평균 매출액이 5천억원 미만인 기업이어야 한다.

② 피상속인이 가업을 20년 이상 경영한 경우 최대 300억원까지 공제가 가능하다.

③ 상속인은 상속개시일부터 계속 가업에 종사하여야 한다.

④ 상속인은 상속세 신고기한 이내에 대표이사로 취임해야 한다.

⑤ 피상속인이 가업영위기간의 50% 이상, 10년 이상의 기간 또는 상속개시 전 10년 중 5년 이상을 대표이사로 재직한 기업이어야 한다.

정답 및 해설

12 ④ 장례비용은 입증이 없어도 최소 500만원이 공제되며, 봉안시설 사용비용은 증빙서류를 입증할 경우 500만원까지 추가로 공제한다.

13 ① ② 3천만원이 아닌 5천만원까지 공제받을 수 있다.
　　　③ 비거주자는 기초공제 2억원 이외의 공제가 적용되지 않는다.
　　　④ 배우자상속공제액은 최저한도(5억원)와 최고한도(30억원)가 모두 있다.
　　　⑤ 자녀공제와 연로자공제의 중복적용은 불가능하다.

14 ④ 기초공제와 기타 인적공제의 합계액이 5억원에 미달하는 경우 일괄공제 5억원을 선택할 수 있다.

15 ① 배우자상속공제액의 최저한은 5억원이므로 상속세 과세표준은 0원이다.

16 ④ 배우자상속공제액 = Min[실제상속분, 법정상속분, 한도 30억원]
　　　　　　　　　　　　 = Min[30억원, 35억원 × 1.5 / 3.5, 30억원] = 15억원

17 ⑤ ① 피상속인이 10년 이상 경영한 기업이어야 한다.
　　　② 피상속인이 가업을 20년 이상 경영한 경우 최대 400억원까지 공제가 가능하다.
　　　③ 상속인은 상속개시일 2년 전부터 계속 가업에 종사해야 한다.
　　　④ 상속인은 상속세 신고기한 이내에 임원으로 취임하고 2년 이내에 대표이사에 취임해야 한다.

18 다음 중 가업상속공제 한도액이 적절하게 연결된 것은?

☐
① 피상속인이 13년 경영한 경우 – 100억원

② 피상속인이 15년 경영한 경우 – 200억원

③ 피상속인이 21년 경영한 경우 – 300억원

④ 피상속인이 25년 경영한 경우 – 500억원

⑤ 피상속인이 32년 경영한 경우 – 600억원

19 다음 중 동거주택상속공제에 대한 설명으로 옳지 <u>않은</u> 것은?

☐
① 피상속인과 배우자가 10년 이상 동거한 주택이어야 한다.

② 상속주택가액(주택에 담보된 채무액을 차감한 가액)의 100%에 상당하는 금액을 상속세 과세가액에서 공제한다.

③ 피상속인은 1주택 보유자(일시적 2주택자 포함)이어야 한다.

④ 상속인은 상속개시일 현재 무주택자이거나 피상속인과 공동으로 1세대 1주택을 보유한 자이어야 한다.

⑤ 공제의 최고한도는 6억원이다.

20 금융재산이 2억원이고 금융채무가 1억원인 경우 금융재산상속공제액은?

☐
① 0원　　　　　　② 2,000만원　　　　　③ 5,000만원

④ 1억원　　　　　⑤ 2억원

21 다음 중 공제대상 금융재산에 포함하지 <u>않는</u> 것은?

☐
① 예 금　　　　　② 보험금　　　　　　③ 채 권

④ 어 음　　　　　⑤ 수 표

출제빈도 ★★★

22 다음 중 상속공제에 대한 설명으로 옳은 것은?

☐ ① 배우자가 65세 이상이면 3천만원의 연로자공제를 받을 수 있다.

② 자녀공제는 친생자에 한하여 받을 수 있으며 자녀의 수에는 제한이 없다.

③ 상속인 간 협의분할에 의해 배우자가 단독으로 상속받는 경우 일괄공제를 선택할 수 없다.

④ 피상속인이 부양하고 있는 장애인인 미성년자녀에 대해서는 미성년자공제와 장애인공제를 중복하여 적용받을 수 있다.

⑤ 은행예금 2천만원, 주식 5억원(최대주주)의 금융재산에 대한 금융재산상속공제액은 2억원이다.

출제빈도 ★★

23 다음 중 상속세의 계산에 대한 설명으로 옳지 <u>않은</u> 것은?

☐ ① 미성년자인 손자녀에게 20억원을 초과하여 상속하는 경우 산출세액의 40%를 할증하여 과세한다.

② 상속개시 전 10년 이내에 상속인에게 증여한 재산은 상속세 과세가액에 가산하며 증여세액을 상속세 산출세액에서 공제한다.

③ 상속개시 후 1년 이내에 재상속이 이루어질 경우 단기재상속세액공제율은 100%이다.

④ 단기재상속세액공제율은 재상속기간이 경과함에 따라 10%씩 체감한다.

⑤ 상속세 신고기한 이내에 상속세를 신고하고 납부해야만 산출세액의 3%를 공제한다.

정답 및 해설

18 ⑤ 가업상속공제의 한도액은 다음과 같다.
- 피상속인이 10년 이상 경영한 경우 : 300억원
- 피상속인이 20년 이상 경영한 경우 : 400억원
- 피상속인이 30년 이상 경영한 경우 : 600억원

19 ① 상속주택은 피상속인과 직계비속인 상속인(대습상속의 경우 직계비속의 배우자 포함)이 10년 이상 동거한 주택이어야 한다.

20 ② 순금융재산가액이 2,000만원을 초과할 경우 금융재산상속공제액은 순금융재산가액의 20%가 된다. (최저한도 2,000만원, 최고한도 2억원) 따라서 순금융재산이 1억원(= 2억원 – 1억원)일 경우, 금융재산상속공제액은 2,000만원(= 1억원 × 20%)이 된다.

21 ⑤ 수표는 공제대상 금융재산에 포함되지 않는다.

22 ④ ① 연로자공제 대상자는 배우자를 제외한 상속인 및 동거가족 중 65세 이상인 자이다.
② 자녀공제는 친생자뿐만 아니라 법률상 자녀도 포함한다.
③ 상속인 간 협의분할에 의해 배우자가 단독으로 상속받는 경우 일괄공제를 선택할 수 있다.
⑤ 최대주주 주식은 공제대상에서 제외되므로 금융재산상속공제액은 2천만원이 된다.

23 ⑤ 상속세 신고기한 이내에 상속세 신고만 하고 세금납부를 하지 않은 경우에도 산출세액의 3%를 공제받을 수 있다.

24 피상속인이 재산을 손녀에게 상속하는 경우 상속재산가액 10억원에 대한 세대생략 할증과세 할증률로 옳은 것은?

① 10%   ② 20%   ③ 30%

④ 40%   ⑤ 50%

25 피상속인이 2024년 4월 1일에 사망했을 경우 상속세 신고기한은?

① 2024년 4월 30일   ② 2024년 5월 31일   ③ 2024년 7월 31일

④ 2024년 10월 31일   ⑤ 2024년 12월 31일

26 다음 중 상속세의 신고 및 납부에 대한 설명으로 옳지 <u>않은</u> 것은?

① 신고기한 이내에 신고만 하면 납부 여부에 관계없이 신고세액공제를 받을 수 있다.

② 연부연납은 세무서장의 허가사항이지만 물납은 허가사항이 아니다.

③ 상속세 과세표준이 30억원을 초과할 경우 50%의 세율을 적용한다.

④ 상속세 신고의무자는 상속세 과세표준을 자진신고·납부해야 한다.

⑤ 대습상속인 경우에는 할증과세를 적용하지 않는다.

27 다음 중 증여세에 대한 설명으로 옳지 <u>않은</u> 것은?

① 세법에서는 완전 포괄주의에 의해 증여세를 과세하고 있다.

② 증여세는 수증자의 주소지를 관할하는 세무서장 등이 과세한다.

③ 영리법인도 증여받을 능력이 있으므로 증여세 납세의무를 진다.

④ 증여세의 납세의무자는 수증자이다.

⑤ 증여는 당사자의 의사합치만으로 성립하는 낙성계약이다.

28 다음 중 동일인으로부터 수회에 걸쳐 증여를 받는 경우 합산과세되는 기간으로 옳은 것은?

☐ ① 1년 ② 5년 ③ 10년

④ 15년 ⑤ 20년

출제빈도 ★★★ 최신출제유형

29 8년 전 아버지로부터 3억원을 증여받고, 현재 어머니에게 2억원을 재차 증여받을 경우 증여
☐ 재산가액은?

① 0원 ② 2억원 ③ 3억원

④ 5억원 ⑤ 7억원

출제빈도 ★★★

30 다음 중 증여에 해당하는 것은?

☐ ① 교통사고 가해자로부터 받는 위자료

② 상속개시 1년 후 재분할에 의해 당초 등기된 상속분을 초과하여 취득한 경우

③ 이혼 후 재산분할청구권의 행사에 의해 취득한 남편 명의의 토지

④ 부담부증여 시 수증자가 인수한 채무액

⑤ 증여자의 사망으로 효력이 발생하는 증여

정답 및 해설

24 ③ 상속인 또는 수유자가 피상속인의 자녀를 제외한 직계비속인 경우에는 30%의 할증률을 적용하지만, 상속인이 미성년자이고 상속재산이 20억원을 초과하는 경우 40%가 적용된다. 다만, 아버지가 사망한 경우 할아버지가 손녀에게 증여하는 것과 같이 최근친인 직계비속이 사망하여 그 사망자의 최근친인 직계비속이 증여받은 경우에는 할증과세하지 않는다.

25 ④ 상속세 신고기한은 상속개시일이 속하는 달의 말일로부터 6월 이내이다.

26 ② 연부연납과 물납은 세무서장의 허가가 있어야 한다.

27 ③ 영리법인은 수증된 재산에 대해 법인세를 부담하기 때문에 증여세 납세의무가 없다.

28 ③ 동일인으로부터 수회에 걸쳐 재차증여를 받는 경우 10년간 합산하여 과세한다.

29 ④ 동일인(배우자 포함)으로부터 10년간 받은 증여가액이 1천만원 이상일 경우 합산과세하므로 8년 전 아버지로부터 받은 증여가액 3억원과 합산과세하여 증여재산가액은 5억원이 된다.

30 ② 상속재산에 대하여 등기 등이 된 후 그 상속재산에 대해 상속세 과세표준 신고기한 이후 재분할이 이루어질 경우 특정 상속인이 당초 상속분을 초과하여 취득하는 재산가액은 증여로 본다.

31 A씨가 자녀에게 증여한 토지를 다시 반환받기를 원한다고 할 때 다음 자료에서 최초 증여시
점과 증여재산 반환시점에 따른 증여세 과세 여부의 연결로 옳지 <u>않은</u> 것은?

구 분	최초 증여	증여재산 반환
신고기한 내 반환	(가)	(나)
신고기한 경과 후 3월 내 반환	(다)	(라)
신고기한 후 3월 경과 후 반환	(마)	과 세

① (가) – 비과세　　　② (나) – 비과세　　　③ (다) – 비과세

④ (라) – 비과세　　　⑤ (마) – 과 세

32 다음 중 증여재산의 반환에 대한 설명으로 옳지 <u>않은</u> 것은?

① 증여재산을 반환하기 전에 증여세 과세표준과세액의 결정을 받은 경우 당사자가 합의하
여 증여재산을 반환하더라도 증여로 보아 과세한다.

② 금전을 증여한 후 당사자 사이의 합의에 의해 신고기한 내에 반환하는 경우 처음부터 증
여가 없었던 것으로 본다.

③ 증여세 과세표준 신고기한 내에 증여재산을 반환하는 경우 증여세가 과세되지 않는다.

④ 증여세 과세표준 신고기한으로부터 3개월이 경과한 후 증여재산을 반환하는 경우 증여세
가 과세된다.

⑤ 증여세 과세표준 신고기한으로부터 3개월 이내에 증여재산을 반환하더라도 당초 증여에
대하여는 증여세가 과세된다.

33 2024년 3월 23일, A씨의 사망으로 상속인들은 상속재산을 협의분할(배우자 : 건물 5억원, 장
남 B씨 : 토지 4억원)하여 등기를 완료하였지만, 상속개시 1년 후 상속분을 재분할(배우자 :
토지 4억원, 장남 B씨 : 건물 5억원)하였다. 다음 설명 중 옳지 <u>않은</u> 것은?

① 당초 분할 시 특정상속인이 법정상속분을 초과하여 재산을 취득하였다고 하더라도 증여
세가 과세되지 않는다.

② 상속분을 재분할하여 당초 상속분을 초과하여 취득한 B씨는 증여세를 내야 한다.

③ 2024년 9월 30일 이전에 상속분의 재분할을 하는 것은 증여로 보지 않는다.

④ 재분할로 인해 B씨가 내야 할 증여세 과세 대상액은 5억원이다.

⑤ 재분할로 인해 배우자가 내야 할 증여세는 없다.

34 출제빈도 ★★★ 최신출제유형

A씨는 피보험자를 아버지, 보험수익자를 어머니로 하는 보험계약을 가입하고 보험료를 납입하였다. 아버지의 사망으로 사망보험금 1억원을 수령했을 경우 보험금의 과세에 대한 설명으로 옳은 것은?

① 상속세와 증여세가 동시에 과세된다.

② 사망보험금에 대해 상속세나 증여세가 과세되지 않는다.

③ 어머니에게 상속세가 과세된다.

④ 어머니에게 증여세가 과세된다.

⑤ 사망보험금에서 A씨가 납입한 보험료를 차감한 금액에 대해 상속세가 과세된다.

35 출제빈도 ★★★

다음 중 증여세가 과세되는 거래에 해당하지 <u>않는</u> 것은?

① 특수관계인에게 시가 30억원의 건물을 15억원에 양도하였다.

② 특수관계인에게 시가 18억원의 토지를 22억원에 양도하였다.

③ 특수관계인이 아닌 자에게 시가 8억원의 상가를 4억원에 양도하였다.

④ 특수관계인이 아닌 자에게 시가 15억원의 건물을 10억원에 양도하였다.

⑤ 특수관계인이 아닌 자에게 시가 20억원의 유가증권을 24억원에 양도하였다.

정답 및 해설

31 ③ 다. 신고기한 경과 후 3월 내에 반환했을 경우 최초 증여에 대해서는 증여세를 과세한다.

32 ② 증여받은 재산을 당사자 사이의 합의에 의해 신고기한 내에 반환하는 경우 증여로 보지 않으나, 금전의 경우 증여로 본다.

33 ④ B씨는 당초보다 재산가액이 늘어났기 때문에 증여세를 내야 하며, 당초보다 늘어난 재산가액에 대해 증여세가 과세된다. 따라서 증여세 과세 대상액은 1억원(= 5억원 – 4억원)이다.

34 ④ 보험료 납부자와 보험금 수취인이 다른 사람이기 때문에 보험금에 대한 과세문제가 발생하며, 보험료 납부자가 보험금 상당액을 보험금 수취인에게 증여한 것으로 보아 증여세가 과세된다. 사망한 자는 피보험자인 아버지이기 때문에 상속세가 아닌 증여세가 과세된다.

35 ⑤ 특수관계인이 아닌 자 간의 거래에서 대가와 시가의 차액이 시가의 30% 미만이므로 증여로 보지 않는다. 이 경우 대가와 시가의 차액(= 4억원)이 시가의 30%(= 6억원) 미만이므로 증여세가 과세되지 않는다.

36 시가 12억원 상당의 상가를 특수관계인이 아닌 자에게 8억원에 양도하는 경우 증여재산가 액은?

① 0원 ② 1억원 ③ 3억원

④ 4억원 ⑤ 8억원

37 부동산 무상사용에 따른 증여에 대한 설명으로 옳지 <u>않은</u> 것은?

① 무상으로 사용함에 따라 얻은 경제적 이익이 1억원 미만인 경우 증여로 보지 않는다.

② 증여 시기는 사실상 당해 부동산을 무상으로 사용한 날이다.

③ 5년마다 무상사용 이익을 재계산한다.

④ 부모의 토지에 자녀가 건물을 신축하여 토지만 무상사용하는 경우 증여로 보지 않는다.

⑤ 부동산의 범위는 모든 부동산을 포함하되, 당해 부동산 소유자와 함께 거주하는 주택과 그에 부수되는 토지는 제외된다.

38 다음 중 증여세에 대한 설명으로 옳지 <u>않은</u> 것은?

① 자녀에게 재산을 증여하여 증여세가 발생하였는데, 그 증여세를 부모가 대납한다면 그 증 여세에 대한 증여세가 발생한다.

② 배우자 또는 직계존비속 간의 재산이전은 우선 증여로 추정하며, 실제 대금지급 사실을 입 증할 경우 증여로 추정하지 않는다.

③ 갑이 특수관계자에게 양도한 후 특수관계자가 3년 이내에 갑의 배우자에게 양도할 경우 특수관계자가 양도한 당시의 가액으로 갑이 배우자에게 증여한 것으로 추정한다.

④ 채무상환액 중 자금의 출처가 입증되지 않을 경우 증여로 추정하며, 다만 입증되지 않은 금액이 채무상환액의 20%에 미달할 경우 증여로 추정하지 않는다.

⑤ 채권자로부터 채무를 면제받은 경우 채권의 면제로 인한 이익을 증여로 본다.

39 최신출제유형

장애인을 보험 수취인으로 하는 보험으로서 연간 ( ) 이내의 보험금은 증여세가 비과세된다. 다음 중 괄호 안에 들어갈 내용으로 옳은 것은?

① 2,000만원　　　② 3,000만원　　　③ 4,000만원

④ 5,000만원　　　⑤ 1억원

40 출제빈도 ★★★ 최신출제유형

다음 중 증여자와 수증자의 관계에 따른 증여재산공제액의 연결로 옳지 <u>않은</u> 것은?

① 계모가 미성년 자녀에게 증여하는 경우 : 2천만원

② 할아버지가 성년인 손자에게 증여하는 경우 : 2천만원

③ 배우자 간에 증여하는 경우 : 6억원

④ 시어머니가 며느리에게 증여하는 경우 : 1천만원

⑤ 자녀가 아버지에게 증여하는 경우 : 5천만원

정답 및 해설

36　②　• 증여대상 여부 판단 : 특수관계인이 아닌 자 간의 거래에서 대가와 시가의 차액이 시가의 30% 이상이면 증여로 본다.
　　　　　　　　이 경우 대가와 시가의 차액(= 4억원)이 시가의 30%(= 3.6억원) 이상이므로 증여에 해당한다.
　　　　• 증여재산가액 = 대가와 시가의 차액 − 3억원 = 4억원 − 3억원 = 1억원

37　④　토지 또는 건물만을 각각 무상사용하는 경우에도 증여에 해당한다. 따라서 부모의 토지에 자녀가 건물을 신축하여 토지만을 무상으로 사용하는 경우에도 토지 무상사용에 따른 증여가 인정된다.

38　④　채무상환액 중 자금의 출처가 입증되지 않은 금액이 채무상환액의 20% 상당액과 2억원 중 적은 금액에 미달하는 경우 증여로 추정하지 않는다.

39　③　장애인을 보험 수취인으로 하는 보험으로서 연간 (4,000만원) 이내의 보험금은 증여세가 비과세된다.

40　②　직계존속이 성년 자녀에게 증여하는 경우 공제액은 5천만원이다.

41 2024년 7월 15일 증여한 재산을 신고기한 내에 신고한 경우 증여세 신고세액공제율로 옳은 것은?

① 3%   ② 5%   ③ 7%

④ 9%   ⑤ 12%

42 증여인이 수증자에게 2024년 6월 13일에 재산을 증여한 경우 증여세 신고납부기한으로 옳은 것은?

① 2024년 6월 30일   ② 2024년 7월 12일   ③ 2024년 8월 31일

④ 2024년 9월 30일   ⑤ 2024년 12월 31일

43 다음 중 상속재산 및 증여재산의 평가에 대한 설명으로 옳지 <u>않은</u> 것은?

① 해당 재산의 매매 등의 가액과 매매사례가액이 모두 있는 경우 매매사례가액을 시가로 우선 적용한다.

② 시가는 불특정 다수인 사이에서 자유롭게 거래가 이루어지는 경우에 통상적으로 성립된다고 인정되는 가액이다.

③ 시가로 보는 매매 등의 가액만 2 이상인 경우 평가기준일을 전후하여 가장 가까운 날에 해당하는 가액을 시가로 본다.

④ 증여재산 평가기준일 전 6개월, 평가기준일 후 3개월 사이에 2 이상의 감정평가기관이 평가한 감정가액이 있는 경우 감정가액의 평균을 시가로 인정한다.

⑤ 상속세 및 증여세법에서 상속재산 또는 증여재산은 상속개시일 또는 증여일을 기준으로 평가한다.

44 다음의 자료를 참고하여 계산한 정기예금의 증여재산 평가액으로 옳은 것은?

> • 정기예금 납입총액 : 2,000만원
> • 미수이자 상당액 : 150만원
> • 원천징수 세율 : 15.4%
> • 증여일 현재 정기예금의 만기일이 도래하지 않아 이자는 수령하지 않음

① 18,189,000원　　　② 19,769,000원　　　③ 20,000,000원

④ 21,269,000원　　　⑤ 21,500,000원

45 다음 빈칸에 들어갈 말을 순서대로 나열한 것은?

> 상속재산의 가액은 시가로 평가하되, 시가를 알 수 없는 경우 해당 자산과 면적·위치·용도·종목 및 기준시가가 동일하거나 유사한 다른 자산이 있다면 그 가액을 시가로 할 수 있는데, 이 때는 상속개시일 (　　　) (　　　)부터 상속세를 신고하는 날까지의 유사매매사례가액 등을 적용하게 된다.

① 전, 6개월　　　② 전후, 3개월　　　③ 전, 3개월

④ 전후, 6개월　　　⑤ 후, 6개월

정답 및 해설

41　①　증여세 신고세액공제율은 3%이다.

42　④　증여세 신고납부기한은 증여받은 날이 속하는 달의 말일로부터 3월까지이다.

43　①　해당 재산의 매매 등의 가액과 매매사례가액이 모두 있는 경우 매매 등의 가액을 우선 적용한다.

44　④　예금 · 적금 등 증여재산 평가액 = 예입총액 + 미수이자 상당액 − 원천징수 상당액)
　　　　　　　　　　　　　　　　　　 = 20,000,000 + 1,500,000 − (1,500,000 × 0.154)
　　　　　　　　　　　　　　　　　　 = 21,269,000

45　①　해당 자산과 유사한 다른 자산이 있을 경우, 상속개시일 전 6개월(증여세는 증여일 전 6개월)부터 상속세(증여세)를 신고하는 날까지의 유사매매사례가액 등을 적용한다.

46 다음 중 상속 및 증여재산과 보충적 평가방법의 연결로 옳지 <u>않은</u> 것은?

① 토지 : 개별공시지가

② 오피스텔 및 상업용 건물 : 국세청장 고시가액

③ 부동산을 취득할 수 있는 권리 : 평가기준일까지 불입한 금액

④ 예금 : 예입총액 + 미수이자 상당액 − 원천징수 상당액

⑤ 비상장주식 : 순자산가치와 순손익가치의 가중평균액

47 다음 중 상속세와 증여세를 비교한 것으로 옳지 <u>않은</u> 것은?

① 거주자 여부는 상속세는 피상속인, 증여세는 증여자를 기준으로 판단한다.

② 영리법인은 상속세나 증여세에 대한 납세의무를 지지 않는다.

③ 증여세는 수증자와 증여자별로 나누어 과세하지만, 상속세는 피상속인의 모든 재산을 합산과세한다.

④ 상속세와 증여세의 세율은 모두 10~50%의 구간으로 세율이 동일하다.

⑤ 피상속인이 비거주자인 경우 국내 재산에 대해서만 상속세가 과세된다.

48 다음 중 상속세와 증여세가 동일하게 적용되는 사항이 <u>아닌</u> 것은?

① 감정평가수수료 공제제도   ② 세 율

③ 분납, 연부연납   ④ 세대생략할증률

⑤ 과세방법

49 다음 중 증여세 절세 방안에 대한 설명으로 옳지 <u>않은</u> 것은?

① 충분한 시간을 두고 10년 단위로 증여한다.

② 세대생략증여를 활용한다.

③ 고평가된 재산을 증여한다.

④ 증여재산의 반환을 고려한다.

⑤ 증여재산을 분산하여 여러 명에게 증여한다.

50 다음 중 창업자금에 대한 과세특례와 관련된 설명으로 옳지 <u>않은</u> 것은?

① 과세가액에서 5억원을 공제하고 10%의 낮은 세율로 증여세를 과세한다.

② 창업자금은 30억원을 한도로 한다.(창업을 통해 10명 이상을 신규 고용한 경우 50억원)

③ 창업자금은 예금을 포함한 현금 증여를 원칙으로 한다.

④ 수증자는 증여일로부터 3년 이내에 중소기업을 창업해야 한다.

⑤ 수증자와 증여자에 대한 나이제한이 있다.

정답 및 해설

46	③	부동산을 취득할 수 있는 권리 : 평가기준일까지 불입한 금액 + 평가기준일 현재의 프리미엄 상당액
47	①	증여세는 수증자를 기준으로 거주자 여부를 판단한다.
48	⑤	상속세는 유산세방식이고 증여세는 유산취득세방식으로 과세방법이 각각 다르다.
49	③	저평가된 재산을 가치상승 전에 미리 증여하는 것이 바람직하다.
50	④	수증자는 증여일로부터 1년 이내에 중소기업을 창업해야 하며, 3년 이내에 창업자금을 모두 목적에 맞게 사용해야 한다.

금융 · 자격증 전문 교육기관 해커스금융
fn.Hackers.com

■ 출제경향 및 학습전략

취득세 · 재산세 · 종합부동산세는 제2과목 전체 40문제 중 총 4문제가 출제된다.

취득세 · 재산세 · 종합부동산세의 경우 전체적인 이해보다는 주요 부분에 대한 암기를 통해 빠른 학습을 할 수 있는 부분이다. 취득세는 과세대상, 취득세 비과세 및 감면, 재산세는 과세대상, 과세기준일, 납부기한, 종합부동산세는 과세대상, 과세기준일, 납세의무자 및 세부담 상한선을 중심으로 확실히 암기해야 한다.

■ 빈출포인트

구 분	문제번호	빈출포인트	출제빈도	페이지
취득세 (39%)	01~03	취득세	★★★	p.212~213
재산세 (32%)	04	재산세	★★★	p.213
종합부동산세 (29%)	05~06	종합부동산세	★★★	p.214~215

제2과목 **세무설계**

:
:
:

제5장
취득세 · 재산세 · 종합부동산세

✔ 개념완성문제를 통해 은행FP 자산관리사 시험에 나오는 개념을 이해할 수 있습니다.

✔ 다시 봐야 할 문제(틀린 문제, 풀지 못한 문제, 헷갈리는 문제 등)는 문제 번호 하단의 네모박스(□)에 체크하여 반복학습 할 수 있습니다.

취득세   출제빈도 ★★★

01 다음 중 취득세 과세대상이 <u>아닌</u> 것은?

□

① 어업권   ② 골프회원권   ③ 입 목

④ 기계장비   ⑤ 영업권

취득세   출제빈도 ★★★

02 다음 중 취득세에 대한 설명으로 옳지 <u>않은</u> 것은?

□

① 상속·증여 등 대가를 지불하지 않고 취득한 경우에도 취득세를 과세한다.

② 취득세의 과세표준은 원칙적으로 취득 당시의 가액으로 한다.

③ 외국으로부터의 수입에 의한 취득에 대해서는 시가표준액을 과세표준으로 한다.

④ 연부로 취득하는 경우에는 연부금을 취득세 과세표준으로 한다.

⑤ 부동산의 취득세 표준세율은 4%이며, 중과기준세율은 2%이다.

정답 및 해설

01   ⑤   영업권은 취득세 과세대상이 아니다.

02   ③   외국으로부터의 수입에 의한 취득에 대해서는 사실상의 취득가액을 과세표준으로 한다.

취득세   출제빈도 ★ ★ ★

03 **취득세 비과세 및 감면에 대한 설명으로 옳지 <u>않은</u> 것은?**

□   ① 「신탁법」에 따라 신탁등기가 병행되는 신탁재산의 취득으로서 위탁자와 신탁자 간에 신탁 재산을 서로 이전하는 경우에는 취득세를 부과하지 아니한다.

② 종교 및 제사를 목적으로 하는 단체가 해당 사업에 사용하기 위하여 취득하는 부동산은 취득세가 면제된다.

③ 주택가액이 12억원 이하인 주택을 생애 최초로 구입하면 취득세를 감면 받을 수 있다.

④ 생애 최초 주택취득자가 취득세를 감면 받기 위해서는 부부합산 연간소득이 7천만원 이하여야 한다.

⑤ 생애 최초 주택취득자에 대한 취득세 감면한도는 200만원으로 한다.

재산세   출제빈도 ★ ★ ★

04 **다음 중 재산세에 대한 설명으로 옳지 <u>않은</u> 것은?**

□   ① 재산세의 과세기준일은 6월 1일이다.

② 주택에 대한 과세는 7월에 100% 과세된다.

③ 토지에 대한 과세는 9월에 100% 과세된다.

④ 건축물과 토지의 세부담은 직전 연도 재산세의 150%까지를 한도로 한다.

⑤ 재산세 과세기준일 현재 재산을 사실상 소유하고 있는 자는 재산세 납부 의무를 진다.

정답 및 해설

03   ④   생애 최초 주택취득자에 대한 연간소득 제한은 폐지되었다.

04   ②   주택에 대한 과세는 7월과 9월에 50%씩 과세된다.

종합부동산세

출제빈도 ★★★

05 다음 중 종합부동산세의 과세기준일은?

① 5월 1일

② 5월 31일

③ 6월 1일

④ 6월 30일

⑤ 7월 1일

정답 및 해설

05 ③ 종합부동산세의 과세기준일은 매년 6월 1일이다.

출제빈도 ★★★

06 다음 중 종합부동산세에 대한 설명으로 옳지 <u>않은</u> 것은?

☐

① 토지는 종합합산 과세대상과 별도합산 과세대상으로 구분하여 과세한다.

② 과세기준일 현재 주택과 토지를 보유하고 있는 개인 또는 법인이 과세 기준금액을 초과한 경우 종합부동산세 납세의무를 지닌다.

③ 과세기준일 현재 주택분 재산세 납세의무자로서 주택의 공시가격을 합한 금액이 12억원을 초과하는 자는 납세의무자가 된다.

④ 단독명의 1세대 1주택자는 기타 주택의 공제 금액에서 3억원을 추가로 공제받는다.

⑤ 당해 연도 12월 1일부터 12월 31일까지 관할세무서장에게 신고·납부해야 한다.

정답 및 해설

06 ⑤ 당해 연도 12월 1일부터 12월 15일까지 관할세무서장에게 신고·납부해야 한다.

✔ 출제예상문제를 통해 다양한 은행FP 자산관리사 문제를 풀어볼 수 있습니다.

✔ 다시 봐야 할 문제(틀린 문제, 풀지 못한 문제, 헷갈리는 문제 등)는 문제 번호 하단의 네모박스(□)에 체크하여 반복학습 할 수 있습니다.

출제빈도 ★★★   최신출제유형

01 다음 중 사실상의 취득가액을 취득세의 과세표준으로 하는 경우가 <u>아닌</u> 것은?

① 외국으로부터의 수입에 의한 취득

② 공매방법에 의한 유상취득

③ 법인장부에 의해 실제 취득가액이 입증되는 취득

④ 국가로부터의 취득

⑤ 상속에 의한 취득

출제빈도 ★★

02 다음 중 취득시기의 연결이 옳지 <u>않은</u> 것은?

① 상속에 의한 취득 – 상속개시일

② 해외 수입에 의한 유상취득 – 사실상의 잔금지급일과 등기·등록일 중 빠른 날

③ 토지의 지목변경 – 토지의 지목이 사실상 변경된 날

④ 건축 중인 건축물 – 사용승인서 교부일과 임시사용승인일과 사실상의 사용일 중 빠른 날

⑤ 연부취득 – 사실상의 연부금 지급일

출제빈도 ★★

03 다음 중 취득세 비과세대상이 <u>아닌</u> 것은?

① 이혼에 따른 재산분할로 인한 취득

② 위탁자와 신탁자 간 신탁재산 이전

③ 국가나 지방자치단체 등의 취득

④ 천재·지변 등으로 멸실 또는 파손된 경우 2년 내에 대체 취득

⑤ 토지 수용 등 1년 내 대체 부동산 취득

출제빈도 ★★ 최신출제유형

04 다음 중 취득세 과세대상으로 옳지 <u>않은</u> 것은?

① 골프회원권　　　　② 아파트　　　　③ 자동차

④ 비상장주식　　　　⑤ 콘도회원권

출제빈도 ★★ 최신출제유형

05 3월 22일에 차량을 취득한 경우 취득세 신고기한은?

① 3월 31일　　　　② 4월 20일　　　　③ 4월 30일

④ 5월 20일　　　　⑤ 5월 31일

정답 및 해설

01　⑤　상속에 의한 취득은 사실상의 취득가액을 취득세의 과세표준으로 하는 경우에 해당하지 않는다.

02　③　토지의 지목변경 – 토지의 지목이 사실상 변경된 날과 공부상 변경된 날 중 빠른 날

03　①　이혼에 따른 재산분할로 인한 취득은 중과기준세율(종전의 취득세율)을 뺀 세율을 적용하여 취득세를 과세한다.

04　④　취득세는 토지, 건축물, 차량, 기계장비, 입목, 항공기, 선박, 광업권, 어업권, 양식업권, 골프회원권, 콘도미니엄 회원권, 승마회원권, 요트회원권 및 종합체육시설 이용회원권의 취득에 대하여 취득자에게 과세한다.

05　④　취득세 신고기한은 취득일로부터 60일 이내이다.

06 다음 중 재산세의 과세대상이 <u>아닌</u> 것은?

① 주 택　　　　② 항공기　　　　③ 토 지

④ 선 박　　　　⑤ 기계장비

07 다음 중 재산세에 대한 설명으로 옳지 <u>않은</u> 것은?

① 해당 재산에 대한 재산세 산출세액이 직전 연도의 해당 재산에 대한 재산세액 상당액의 150%를 초과하는 경우, 150% 해당금액을 당해 연도에 징수할 세액으로 한다.

② 부부가 주택을 공동으로 소유할 경우의 재산세는 단독으로 소유했을 경우보다 절감된다.

③ 건물(주택 외)의 재산세 산출세액은 7월에 100%를 납부한다.

④ 주택의 재산세 산출세액은 7월, 9월에 2차에 걸쳐 납부한다.

⑤ 토지는 종합합산·별도합산·분리과세대상의 3가지로 구분하여 각각의 세율을 적용한다.

08 부동산에 대한 재산세 과세표준금액은 각 부동산별 시가표준액에 (　　　)을/를 곱하여 계산한다. 다음 중 괄호 안에 들어갈 내용으로 옳은 것은?

① 0.4%　　　　② 0.5%　　　　③ 100%

④ 150%　　　　⑤ 공정시장가액비율

출제빈도 ★★★

09 다음 중 가장 높은 재산세율이 적용되는 것은?

- ① 공장용지
- ② 농 지
- ③ 골프장용 토지
- ④ 목장용지
- ⑤ 임 야

출제빈도 ★★★ 최신출제유형

10 다음 중 종합부동산세에 대한 설명으로 옳은 것은?

- ① 기숙사와 사원용 주택은 종합부동산세 과세대상이 아니다.
- ② 종합부동산세는 과세대상별로 세대 합산과세한다.
- ③ 재산세 과세대상 중 주택에 대해서만 과세된다.
- ④ 단독명의로 1세대 1주택을 소유한 자의 주택분 종합부동산세의 사실상 기준금액은 9억원이다.
- ⑤ 종합부동산세는 원칙적으로 자진신고하고 납부해야 한다.

정답 및 해설

06	⑤	주택, 토지, 건축물, 선박, 항공기에 대해 재산세가 과세된다.
07	②	주택은 공동으로 소유하거나 주택의 토지와 건물의 소유자가 다를 경우 당해 주택을 통합하여 과세표준 및 세율을 적용하기 때문에 주택을 부부가 공동으로 소유하더라도 재산세액은 단독으로 소유하는 경우와 동일하다.
08	⑤	부동산에 대한 재산세 과세표준금액은 각 부동산별 시가표준액에 (공정시장가액비율)을 곱하여 계산한다.
09	③	골프장용 토지는 고율분리 과세대상으로 4%의 가장 높은 세율이 적용된다.
10	①	② 종합부동산세는 과세대상별로 개인 과세한다. ③ 재산세 과세대상 중 주택과 토지에 대해 과세한다. ④ 단독명의로 1세대 1주택을 소유한 자의 주택분 종합부동산세의 사실상 기준금액은 12억원이다. ⑤ 종합부동산세는 원칙적으로 관할 세무서장이 납부세액을 결정하여 부과·징수한다.

11 다음 중 주택분 종합부동산세의 과세표준에 합산되는 건축물은?

① 기숙사 및 사원용 주택

② 어린이집용 주택

③ 주택건설사업자 등의 취득 후 3년 이내 멸실예정 주택

④ 주거용으로 사용하고 있는 오피스텔

⑤ 주택건설업자가 건축·소유하고 있는 미분양주택

12 다음 종합부동산세의 과세대상별 납세의무자에 대한 설명 중 (가)~(다)에 들어갈 내용을 순서대로 나열한 것은?

- 과세기준일 현재 종합합산 과세대상 토지의 공시가격을 합산한 금액이 (가)을 초과하는 자
- 과세기준일 현재 별도합산 과세대상 토지의 공시가격을 합산한 금액이 (나)을 초과하는 자
- 과세기준일 현재 1세대 2주택자로서 재산세 과세대상 주택의 공시가격을 합산한 금액이 (다)을 초과하는 자

	(가)	(나)	(다)
①	5억원	60억원	9억원
②	5억원	80억원	9억원
③	5억원	60억원	6억원
④	6억원	60억원	5억원
⑤	6억원	80억원	5억원

13 주택분 종합부동산세 납세의무자가 2주택(조정대상지역 내 주택 아님) 이하를 보유한 경우의 세부담 상한선은?

① 105%　　　　　② 110%　　　　　③ 130%

④ 150%　　　　　⑤ 170%

출제빈도 ★

14 다음 중 분납에 대한 기준금액이 나머지와 다른 하나는?

① 종합부동산세 　　　　② 증여세 　　　　③ 상속세

④ 양도소득세 　　　　⑤ 종합소득세

출제빈도 ★★★ 　**최신출제유형**

15 다음 중 부부가 공동으로 취득할 경우 절세효과를 얻을 수 있는 세금을 모두 고른 것은?

| 가. 양도세 | 나. 취득세 | 다. 종합부동산세 |
| 라. 상속세 | 마. 재산세 | |

① 가, 나 　　　　② 나, 마 　　　　③ 가, 다, 라

④ 가, 라, 마 　　　　⑤ 나, 다, 마

정답 및 해설

11　④　주거용으로 사용하고 있는 오피스텔은 종합부동산세 과세표준에 합산되는 건축물에 해당한다.

12　②　가. 과세기준일 현재 종합합산 과세대상 토지의 공시가격을 합산한 금액이 (5억원)을 초과하는 자
　　　　나. 과세기준일 현재 별도합산 과세대상 토지의 공시가격을 합산한 금액이 (80억원)을 초과하는 자
　　　　다. 과세기준일 현재 1세대 2주택자로서 재산세 과세대상 주택의 공시가격을 합산한 금액이 (9억원)을 초과하는 자

13　④　2주택 이하 보유자(조정대상지역 내 2주택 보유자는 제외)의 주택분 종합부동산세 납세의무자의 세부담 상한선은 150% 이다.

14　①　종합부동산세의 분납에 대한 기준금액은 250만원이며, 그 외의 경우 기준금액이 1,000만원이다.

15　③　'가, 다, 라'는 부부가 공동으로 취득하면 절세효과가 있다.
　　　　'나, 마'는 단독 취득이나 공동 취득에 관계없이 세액이 동일하다.

■ 학습안내

약점 극복 실전테스트는 은행FP 자산관리사 시험에서 잘 틀리는 문제와 자주 출제되어 매우 중요한 문제들로 과목별 시험의 1배수를 구성하였습니다. 개념완성문제 및 출제예상문제에서 은행FP 자산관리사의 전반적인 문제 유형을 학습했다면, 약점 극복 실전테스트에서는 틀리기 쉬운 문제와 중요도 높은 문제를 통해 학습상태를 점검하여 약점을 확인하고 극복할 수 있도록 합니다.

■ 학습방법

1단계	2단계	3단계
약점 극복 실전테스트를 풀어봅니다.	p.238에 있는 정답 및 해설을 확인하여 채점 후 풀지 못했거나 틀린 문제는 정답 하단에 있는 학습점검표에 정리합니다.	학습점검표 하단의 맞힌 개수별 학습상태를 확인하여, 본인의 학습상태에 맞는 학습방법으로 복습합니다.

■ 출제비중

4문항	8문항	8~9문항	15~16문항	4문항
제1장 소득세	**제2장** 금융소득종합과세	**제3장** 양도소득세	**제4장** 상속 · 증여세	

제5장 취득세 · 재산세 · 종합부동산세

제2과목 **세무설계**

.
.
.

약점 극복
실전테스트

제1장 | 소득세

01 다음 중 우리나라의 소득세법에 대한 설명으로 옳지 <u>않은</u> 것은?

① 소득세의 과세단위는 1월 1일부터 12월 31일까지의 1년으로 한다.

② 양도소득은 종합소득과 합산하여 납부세액을 산출한다.

③ 거주자에 대한 소득세의 납세지는 주소지로 한다.

④ 소득세는 익년도 5월 말일까지 신고 및 납부해야 한다.

⑤ 일부 소득에 대해서는 유형별 포괄과세주의를 도입하였다.

02 거주자와 비거주자에 대한 설명으로 옳지 <u>않은</u> 것은?

① 국내에 주소를 두거나 1 과세기간 동안 국내에 183일 이상 거소를 둔 개인은 거주자로 본다.

② 내국법인이 100% 출자한 해외현지법인에 파견된 임직원은 거주자로 본다.

③ 외국인도 거주자가 될 수 있다.

④ 거주자가 아닌 자는 비거주자로 본다.

⑤ 거주자는 전 세계소득에 대하여, 비거주자는 국외원천소득에 대하여 납세의무가 있다.

03 종합소득공제에 대한 설명으로 옳은 것은?

① 본인과 배우자는 소득과 나이 조건 없이 기본공제대상자가 된다.

② 직계존속에 대한 부양가족공제를 받기 위한 최소한의 연령은 65세이다.

③ 생계를 같이하는 형제자매는 연령에 관계없이 기본공제대상자가 된다.

④ 직계비속이 장애인인 경우 연간소득금액에 관계없이 기본공제대상자가 된다.

⑤ 기본공제대상자 중 만 70세 이상은 1명당 100만원, 장애인은 1명당 200만원을 추가공제 받을 수 있다.

04 종합소득세의 신고 및 납부에 대한 설명으로 옳지 <u>않은</u> 것은?

① 중간예납기간은 1월 1일부터 6월 30일까지로 한다.

② 종합소득세 확정신고기간은 5월 1일부터 5월 31일까지이다.

③ 납부할 세액이 1천만원을 초과하는 경우에는 50% 이하의 세액을 납부기한 경과 후 2개월 내 분납할 수 있다.

④ 거주자 사망 시 상속개시일이 속하는 달의 말일부터 6개월이 되는 날까지 사망일이 속하는 과세기간에 대한 거주자의 과세표준을 신고해야 한다.

⑤ 거주자 출국 시 출국일이 속하는 과세기간의 과세표준을 출국일 전날까지 신고해야 한다.

제2장 | 금융소득종합과세

05 금융소득종합과세에 대한 설명으로 옳지 <u>않은</u> 것은?

① 금융소득종합과세 기준금액은 이전 세전 4천만원에서 2천만원으로 인하되었다.

② 금융소득이 2천만원을 초과할 경우 다른 종합소득과 합산하여 누진세율로 과세된다.

③ 금융소득이 2천만원을 초과하지 않을 경우 원천징수로 납세의무가 종결된다.

④ 금융소득이 2천만원을 초과할 경우 원천징수와 종합과세로 이중과세되어 세부담이 증가한다.

⑤ 신종금융상품에서 발생하는 이자는 금융소득종합과세 기준금액에 포함되지만, 비과세저축은 포함되지 않는다.

---

06 다음 중 배당소득으로 볼 수 <u>없는</u> 것은?

① 내국법인으로부터 받는 이익이나 잉여금의 배당

② 외국법인으로부터 받는 이익이나 잉여금의 배당

③ 국외에서 받는 집합투자기구로부터의 이익

④ 채권의 환매조건부 매매차익

⑤ 출자공동사업자에 대한 손익분배비율에 상당하는 금액

07 다음 중 월적립식 저축성보험의 보험차익 비과세 요건으로 옳지 <u>않은</u> 것은?

① 최초 납입일부터 만기일 또는 중도해지일까지의 기간이 10년 이상이어야 한다.

② 최초 납입일부터 납입기간이 5년 이상이어야 한다.

③ 기본보험료가 균등해야 한다.

④ 기본보험료의 선납기간이 12개월 이내이어야 한다.

⑤ 매월 보험료의 합계액이 150만원 이하이어야 한다.

08 배당소득의 Gross-up에 대한 설명으로 옳지 <u>않은</u> 것은?

① 현행 Gross-up율은 10%이다.

② 법인원천소득에 대한 법인세와 소득세의 이중과세를 조정하기 위한 것이다.

③ 외국법인으로부터 받은 배당은 Gross-up 대상에 해당하지 않는다.

④ 이익준비금, 집합투자기구로부터의 이익은 Gross-up 대상에 해당한다.

⑤ 법인세가 과세된 소득을 재원으로 하는 소득이어야 한다.

09 다음 중 원천징수세율이 적절하게 연결되지 <u>않은</u> 것은?

① 일반적인 배당소득 – 14%

② 비영업대금의 이익 – 25%

③ 출자공동사업자의 배당소득 – 25%

④ 금융회사가 지급하는 비실명금융소득 – 90%

⑤ 조세협약 체결 국가의 거주자에 대한 금융소득 – 20%

10 금융소득의 수입시기에 대한 설명으로 옳지 <u>않은</u> 것은?

① 수입시기는 소득수령자가 소득세의 신고를 해야 하는 연도를 결정하는 시기를 말한다.

② 3년 만기 정기예금의 이자를 만기(2024년)에 한꺼번에 받을 경우 2024년도 소득으로 귀속된다.

③ 잉여금처분에 의한 배당의 수입시기는 지급을 받은 날이다.

④ 이자소득이 발생하는 금융자산이 상속되는 경우 수입시기는 상속개시일이다.

⑤ 저축성보험의 보험차익의 수입시기는 보험금 또는 환급금의 지급일이다.

11 다음 거주자 김부자 씨의 소득내역을 바탕으로 종합소득 납부세액을 계산한 것으로 옳은 것은?

> • 정기예금이자 : 3,500만원(원천징수세액 490만원)
> • 소득공제 : 150만원
> • 기타 다른 소득은 없음

① 0원   ② 397만원   ③ 490만원

④ 630만원   ⑤ 900만원

12 금융소득종합과세 절세전략에 대한 설명으로 옳지 <u>않은</u> 것은?

① 금융소득종합과세는 부부합산 과세되므로 배우자 외의 가족에게 금융자산의 분산증여를 고려한다.

② 비과세저축과 분리과세저축을 최대한 활용하여 세부담을 줄인다.

③ 금융소득이 어느 한 해에 편중되지 않도록 금융소득의 이자수령조건을 조절한다.

④ 주식형 펀드상품과 장기저축성보험을 활용한다.

⑤ 거액의 금융자산을 자녀에게 직접 증여하면 증여세 부담이 크므로 타익신탁제도를 활용한다.

13 다음 중 양도소득세 과세대상에 해당하지 <u>않는</u> 것은?

① 코스닥 상장법인의 지분율 1%를 소유한 주주가 장내거래에서 양도하는 코스닥 상장주식

② 코스닥 상장법인의 시가총액 10억을 소유한 주주가 장내거래에서 양도하는 코스닥 상장주식

③ 사업용 고정자산과 함께 양도하는 영업권

④ 등기된 부동산임차권

⑤ 골프회원권

14 다음 중 양도시기의 영향을 받지 <u>않는</u> 것은?

① 양도소득의 귀속연도

② 양도소득세 신고기한

③ 양도소득세 비과세요건 충족여부 판단

④ 장기보유특별공제율 판단

⑤ 기타 필요경비 공제여부 판단

15 거주자 백사장 씨는 오래 전 매입한 토지의 매입 당시 계약서를 분실하였다. 다음 자료를 이용하여 환산취득가액을 계산한 것으로 옳은 것은?

- 실제 양도가액 : 8억원
- 양도 당시 토지의 기준시가 : 6억원
- 취득 당시 토지의 기준시가 : 3억원

① 2억원   ② 3억원   ③ 4억원

④ 5억원   ⑤ 6억원

16 다음 중 양도소득의 기타 필요경비로 인정받을 수 <u>없는</u> 것은?

① 부동산중개수수료

② 공증비용

③ 계약서 작성비용

④ 국민주택채권 매각차손

⑤ 취득자가 일반과세자로서 사업용으로 매입하여 공제받은 부가가치세

17 장기보유특별공제에 대한 설명으로 옳지 <u>않은</u> 것은?

① 양도소득금액은 양도차익에서 장기보유특별공제액을 차감하여 계산한다.

② 3년 이상 보유한 부동산과 주식은 장기보유특별공제의 대상이 된다.

③ 보유기간은 취득일로부터 양도일까지의 기간을 말한다.

④ 보유기간과 거주기간이 각각 10년 이상인 1세대 1고가주택은 80%의 장기보유특별공제율이 적용된다.

⑤ 미등기자산에 대해서는 장기보유특별공제가 적용되지 않는다.

18 거주자 김주현 씨가 202X년 1월에 다음의 주택을 양도한 경우, 양도소득금액을 계산한 것으로 옳은 것은? (등기된 주택으로서 1세대 1주택 비과세 요건을 충족함)

> • 양도가액 : 30억원
> • 취득가액 : 15억원
> • 기타 필요경비 : 5억원
> • 보유기간 및 거주기간 : 각각 12년
> • 거주자 김주현 씨가 양도한 주택은 미등기자산 및 비사업용토지에 해당하지 않으며 1세대 1주택 비과세 요건을 충족함

① 0원　　　　　② 1.2억원　　　　　③ 1.4억원

④ 6억원　　　　　⑤ 7억원

19 다음 중 1세대 1주택 양도소득세 비과세에 대한 설명으로 옳지 <u>않은</u> 것은?

① 등기부상 등기이전일부터 양도일까지 2년 이상 보유해야 한다.

② 양도일 현재 1세대가 국내에 1주택만을 보유해야 한다.

③ 등기된 주택이어야 하며 고가주택에 해당하지 않아야 한다.

④ 1주택을 보유하고 있던 거주자가 동일 세대원에게 소유권을 이전한 경우에도 보유기간은 당초 취득일부터 기산한다.

⑤ 주택여부의 판정은 공부상의 용도에 관계없이 실제용도에 따라 판정한다.

20 다음은 세대합가에 의한 일시적 2주택 양도소득세 비과세 특례조항에 대한 내용으로 빈칸에 들어갈 내용이 적절하게 연결된 것은?

> 1세대 1주택에 해당하는 세대가 1주택을 보유하고 있는 (가) 이상의 직계존속을 동거봉양하기 위하여 세대를 합침으로써 1세대 2주택이 된 경우 세대를 합친 날로부터 (나) 이내에 먼저 양도하는 주택에 대하여 양도소득세 비과세 적용을 받는다.

① (가) : 55세, (나) : 5년 　　　　　② (가) : 55세, (나) : 10년

③ (가) : 60세, (나) : 5년 　　　　　④ (가) : 60세, (나) : 10년

⑤ (가) : 65세, (나) : 10년

21 양도소득세 절세방안에 대한 설명으로 옳지 <u>않은</u> 것은?

① 개정세법에 따라 양도시기를 조절한다.

② 장기간 보유한 부동산은 배우자 등을 통한 우회양도를 고려한다.

③ 2주택 이상 보유 시 양도차익이 적은 주택 먼저 양도한다.

④ 양도차손이 있는 경우에도 같은 연도에 중복양도는 되도록 피해야 한다.

⑤ 1세대 2주택에 대한 3년의 양도유예기간이 경과한 경우 1주택을 멸실하고 나머지 주택을 양도한다.

22 민법상의 상속에 대한 설명으로 옳지 <u>않은</u> 것은?

① 민법상 실종선고에 의한 사망으로 보는 때는 실종선고가 확정된 때이다.

② 상속인의 순위는 직계비속, 직계존속, 형제자매, 4촌 이내의 방계혈족의 순이다.

③ 배우자는 피상속인의 직계존속·직계비속과는 동순위 공동상속인이 된다.

④ 상속인은 상속이 개시된 때부터 피상속인의 일신에 전속하는 것을 제외하고 피상속인의 재산에 관한 권리 및 의무를 포괄승계한다.

⑤ 대습상속의 경우 대습상속인은 피대습자의 직계비속과 배우자이여야 한다.

23 피상속인 홍길동에게는 배우자와 자녀 A, B, C가 있다. 다음의 내용을 참고하여 배우자가 청구할 수 있는 유류분은 얼마인가?

> • 202X년 5월 14일 상속개시 당시의 홍길동의 상속재산은 40억원이며, 채무는 10억원이 있음
> • 홍길동은 배우자를 제외한 자녀 A, B, C에게 모든 재산을 상속하기로 유증함
> • 홍길동은 상속개시 1년 전 자녀 A에게 6억원을 증여한 사실이 있음

① 3억원   ② 6억원   ③ 12억원

④ 30억원   ⑤ 36억원

24 다음 중 상속세 과세가액에 산입되는 항목이 <u>아닌</u> 것은?

① 사인증여재산

② 보험계약자이자 피보험자인 피상속인이 보험료를 부담한 생명보험의 보험금

③ 피상속인이 사망 전 상속인이 아닌 자에게 3년 이내에 증여한 재산

④ 피상속인이 사망 전 상속인에게 10년 이내에 증여한 재산

⑤ 피상속인이 공익을 목적으로 하는 사업을 영위하는 공익법인 등에 출연한 재산

25 피상속인의 사망 전 인출재산 및 채무부담액이 다음과 같은 경우 상속재산에 합산되는 추정 상속재산으로 옳은 것은?

> • 사망 6개월 전 예금인출액 4억원(용도 입증액 2억원)
> • 사망 6개월 전 채무부담액 3억원(용도 입증액 1억원)

① 2억원   ② 2.6억원   ③ 3억원

④ 3.4억원   ⑤ 4억원

26 다음 자료를 바탕으로 상속세 과세가액 중 장례비용과 봉안시설비용으로 최대한 공제받을 수 있는 금액으로 옳은 것은?

> 피상속인의 사망으로 1,500만원의 장례비용이 지출되었으며, 추가로 봉안시설 사용비용으로 1,000만원이 지출되었다. 해당 비용 모두 증빙서류에 의한 지출확인이 가능하다.

① 5백만원   ② 1천만원   ③ 1천 5백만원

④ 2천만원   ⑤ 2천 5백만원

27 상속세 공제에 대한 설명으로 옳지 <u>않은</u> 것은?

① 비거주자인 피상속인은 기초공제 2억원만 적용한다.

② 배우자가 실제 상속받은 재산이 없는 경우 배우자상속공제액은 0원이다.

③ 피상속인의 동거가족 및 상속인(배우자 제외) 중 미성년자가 있는 경우 19세에 달할 때까지 1년당 1천만원을 공제한다.

④ 피상속인의 동거가족 및 상속인(배우자 제외) 중 65세 이상의 연로자가 있는 경우 1인당 5천만원을 공제한다.

⑤ 피상속인의 동거가족 및 상속인(배우자 포함) 중 장애인이 있는 경우 기대여명에 달할 때까지 1년당 1천만원을 공제한다.

28 피상속인의 상속인으로 배우자와 자녀가 있는 경우, 최소한 공제받을 수 있는 상속공제액으로 옳은 것은?

① 2억원   ② 5억원   ③ 10억원

④ 30억원   ⑤ 32억원

29 거주자 이수박 씨의 사망 시 다음 자료를 바탕으로 금융재산상속공제액을 계산한 것으로 옳은 것은?

- 은행예금 평가가액 : 4억원
- 은행차입금 : 2억원
- 주식 : 3억원(이수박 씨는 해당 주식회사의 최대주주임)

① 4천만원   ② 6천만원   ③ 1억원

④ 1억 2천만원   ⑤ 2억원

30 상속세 세율에 대한 설명으로 옳지 <u>않은</u> 것은?

① 최저세율은 10%이다.

② 최고세율은 50%이다.

③ 상속세 과세표준이 10억원인 경우 전액 30%의 세율이 적용된다.

④ 5단계 누진세율 구조이다.

⑤ 30억원을 초과할 경우 최고세율이 적용된다.

31 상속세의 신고 및 납부에 대한 설명으로 옳지 <u>않은</u> 것은?

① 상속세 신고납부기한은 상속개시일이 속하는 달의 말일로부터 6월 이내이다.

② 상속세 납부세액이 1천만원을 초과하는 경우 연부연납을 신청할 수 있다.

③ 연부연납과 물납은 세무서장의 허가를 요한다.

④ 원칙적으로 비상장주식은 물납대상에서 제외된다.

⑤ 부정행위에 의한 무신고 시, 산출세액의 40%를 무신고불성실가산세로 부담해야 한다.

32 다음 중 증여세 과세가액에 대한 설명으로 옳은 것은?

① 금전으로 증여를 받은 후 신고기한 내 당초증여의 반환에 대해서는 증여세가 과세되지 않는다.

② 이혼 시 배우자로부터 받는 위자료는 조세포탈의 목적이 있는 경우를 제외하고는 증여세가 과세되지 않는다.

③ 이혼 시 위자료를 토지와 같은 현물로 주는 경우 위자료를 수령하는 자에게는 소득세가 과세되며, 지급하는 자에게는 양도소득세가 과세된다.

④ 상속세 과세표준 신고기한을 경과하여 상속재산에 대한 각 상속인의 상속분이 확정되어 등기가 완료된 경우에도 상속인 간 재협의 분할하는 경우 증여세가 과세되지 않는다.

⑤ 부담부증여 시 증여가액에서 채무액에 상당하는 부분에 대해서만 증여세가 과세되며, 채무액을 제외한 나머지 부분에 대해서는 양도소득세가 과세된다.

33 증여세 과세표준신고 및 납부에 대한 설명으로 옳지 <u>않은</u> 것은?

① 지난 10년간 배우자, 아버지, 어머니, 할아버지, 할머니, 외할아버지로부터 각 5천만원씩 총 3억원 증여받은 경우 증여재산공제합계액은 1억원이다.

② 아버지가 사망하여 할아버지가 손자(성년자)에게 증여하는 경우 30%의 할증과세를 적용한다.

③ 증여세의 과세표준이 50만원 미만이면 증여세를 과세하지 않는다.

④ 증여세 세율은 10~50%의 5단계 초과누진세율 구조이다.

⑤ 증여세 신고납부기한은 증여일이 속하는 달의 말일로부터 3월 이내이다.

34 상속재산 및 증여재산의 평가에 대한 설명으로 옳지 <u>않은</u> 것은?

① 상속세와 증여세의 평가기준일은 원칙적으로 납세의무성립일이다.

② 상속재산에 가산하는 증여재산의 평가기준일은 당초 증여일이다.

③ 시가를 산정하기 어려운 경우 보충적 평가방법에 의한 가액을 시가로 본다.

④ 거래가액의 시가 해당 여부의 판단기준일은 매매계약일이다.

⑤ 감정가액의 시가 해당 여부의 판단기준일은 가격기준일이다.

35 상속세와 증여세에 대한 설명으로 옳지 <u>않은</u> 것은?

① 상속세는 피상속인의 유산을 기준으로 과세하는 유산세방식이다.

② 증여세는 유산을 취득한 자를 기준으로 과세하는 유산취득세방식이다.

③ 상속세의 납세의무자는 상속인, 증여세의 납세의무자는 증여자이다.

④ 비영리법인은 증여세 납세의무가 있다.

⑤ 상속세의 관할세무서는 피상속인의 주소지, 증여세의 관할세무서는 수증자의 주소지이다.

36 상속세와 증여세의 절세전략에 대한 설명으로 옳지 <u>않은</u> 것은?

① 사전증여는 가능한 한 많이 하는 것이 좋다.

② 상속개시 시점 증여재산에 대한 재평가는 이루어지지 않으므로 저평가된 재산을 증여하는 것이 유리하다.

③ 증여재산을 여러 명보다는 한 명에게 집중하여 증여하는 것이 유리하다.

④ 배우자와 다른 상속인이 있는 경우라면 누구든지 최소 10억원의 상속공제가 적용되어 상속재산이 10억원 이하인 경우 사전증여를 하지 않는다.

⑤ 보유기간이 오래된 부동산은 처분하지 않고 상속재산으로 남겨두는 것이 유리하다.

37 **취득세에 대한 설명으로 옳지 <u>않은</u> 것은?**

☐ ① 당해 물건을 취득한 자의 주소지 관할 세무서에서 부과한다.

② 과세물건을 취득한 자는 60일 이내 취득세를 신고·납부해야 한다.

③ 취득세는 면세점(50만원 이하)이 있는 세목이다.

④ 상속으로 인한 취득의 경우 취득세 감면세율이 적용된다.

⑤ 별장, 골프장, 고급주택 등에 대해서는 중과세율이 적용된다.

38 **재산세 과세기준일로 옳은 것은?**

☐ ① 1월 1일　　　　② 5월 1일　　　　③ 6월 1일

④ 9월 1일　　　　⑤ 12월 1일

39 종합부동산세에 대한 설명으로 옳지 <u>않은</u> 것은?

① 과세기준일은 매년 6월 1일이다.

② 가구별로 과세되지 않으며 납세의무자 개인별로 과세한다.

③ 재산세 과세대상 중 주택과 토지를 과세대상으로 한다.

④ 단독명의로 소유한 1세대 1주택자의 경우 종합부동산세의 사실상의 과세기준금액은 11억원이다.

⑤ 주소지 관할 세무서장은 종합부동산세액을 결정하여 당해 연도 12월 1일부터 12월 15일까지 부과·징수한다.

40 부동산을 부부가 공동으로 취득·등기한 경우 다음의 설명으로 옳지 <u>않은</u> 것은?

① 취득세를 절감할 수 있다.

② 상속세를 절감할 수 있다.

③ 양도소득세를 절감할 수 있다.

④ 종합소득세를 절감할 수 있다.

⑤ 종합부동산세를 절감할 수 있다.

■ 정답

제1장 소득세
p.224

01 ②　02 ⑤　03 ⑤　04 ③

제2장 금융소득종합과세
p.225

05 ④　06 ④　07 ④　08 ④　09 ⑤　10 ③　11 ①　12 ①

제3장 양도소득세
p.228

13 ①　14 ⑤　15 ③　16 ⑤　17 ②　18 ②　19 ①　20 ④　21 ④

제4장 상속·증여세
p.231

22 ①　23 ②　24 ⑤　25 ②　26 ③　27 ②　28 ③　29 ①　30 ③　31 ②
32 ②　33 ②　34 ⑤　35 ③　36 ③

제5장 취득세·재산세·종합부동산세
p.236

37 ①　38 ③　39 ④　40 ①

■ 학습점검표

맞힌 개수, 틀린 문제 번호와 풀지 못한 문제 번호를 적어보고, 맞힌 개수에 따라 자신의 학습상태를 점검할 수 있습니다.
틀린 문제와 풀지 못한 문제는 꼭 복습하도록 합니다.

구 분	맞힌 개수	틀린 문제 번호	풀지 못한 문제 번호
제1장 소득세	/4		
제2장 금융소득종합과세	/8		
제3장 양도소득세	/9		
제4장 상속 · 증여세	/15		
제5장 취득세 · 재산세 · 종합부동산세	/4		
계	/40		

[맞힌 개수별 학습상태 확인하기]

15개 이하 : 과락 예상입니다. 지금까지 풀어본 문제(개념완성문제, 출제예상문제, 약점 극복 실전테스트) 중 틀린 문제에 대한 오답이유를
꼼꼼히 보고 '하루 10분 개념완성 자료집'을 암기하세요.

16~23개 : 과락 위험이 있을 수 있으니 체크한 부분과 더불어 '하루 10분 개념완성 자료집'도 함께 학습하세요.

24개 이상 : 틀린 문제 및 풀지 못한 문제 위주로 보충 후 마무리 학습으로 100% 합격에 도전하세요.

제1장 | 소득세

01 정답 ②
양도소득 및 퇴직소득은 종합소득과 합산하지 않고 분류하여 별도로 과세한다.

02 정답 ⑤
비거주자는 국내원천소득에 대하여만 납세의무가 있다.

03 정답 ⑤
① 배우자는 나이조건만 없을 뿐, 소득조건을 충족한 경우에만 기본공제대상자가 된다.
② 직계존속에 대한 부양가족공제를 받기 위한 최소한의 연령은 60세이다.
③ 형제자매는 나이조건(만 20세 이하 또는 만 60세 이상)과 소득조건이 모두 충족되었을 때 기본공제대상자가 된다.
④ 부양가족이 장애인인 경우 나이제한 없이 소득조건을 충족하면 기본공제대상자가 된다.

04 정답 ③
납부할 세액이 2천만원을 초과하는 경우에는 50% 이하의 세액을 납부기한 경과 후 2개월 내 분납할 수 있다.

제2장 | 금융소득종합과세

05 정답 ④
금융소득 수령 시 원천징수당한 세액은 종합과세 신고 시 기납부세액으로 공제되어 이중과세되지 않는다.

06 정답 ④
채권 또는 증권의 환매조건부 매매차익은 이자소득으로 본다.

07 정답 ④
기본보험료의 선납기간이 6개월 이내이어야 한다.

08 정답 ④
집합투자기구로부터의 이익은 Gross-up 대상에 해당하지 않는다.

09 정답 ⑤
조세협약 체결 국가의 거주자에 대한 금융소득의 원천징수세율은 제한세율(10~15%)이다.

10 정답 ③
잉여금처분에 의한 배당의 수입시기는 잉여금처분 결의일이다.

11 정답 ①
• 종합소득 산출세액 = Max[a, b]
  a. [(1,500만원 − 150만원) × 15% − 108만원]
     + 2,000만원 × 14% = 374.5만원
  b. 3,500만원 × 14% = 490만원
• 종합소득 납부세액 = 종합소득 산출세액 − 원천징수세액
     = 490만원 − 490만원 = 0원

12 정답 ①
금융소득종합과세는 개인별 과세되므로 배우자를 포함한 가족에게 금융자산의 분산증여를 고려한다. 특히, 배우자에 대해서는 6억원의 증여공제가 적용되어 증여세 부담이 없으므로 최대한 활용하는 것이 유리하다.

제3장 | 양도소득세

13 정답 ①
코스닥 상장법인의 지분율 2% 이상을 소유한 주주를 대주주로 보아 양도소득세가 과세된다. 코스닥 상장법인의 지분율 1%를 소유한 주주는 대주주에 해당하지 않으며 양도소득세가 과세되지 않는다.

14 정답 ⑤
기타 필요경비 공제여부는 양도시기의 영향을 받지 않는다.

15 정답 ③

환산취득가액 = 실제 양도가액 × 취득 당시 기준시가
/ 양도 당시 기준시가
= 8억원 × 3억원 / 6억원 = 4억원

16 정답 ⑤

부동산 취득 시 매매상대방이 징수한 부가가치세는 필요경비로 공제하지만, 취득자가 일반과세자로서 사업용으로 매입하여 공제받은 부가가치세는 공제하지 않는다.

17 정답 ②

장기보유특별공제의 대상이 되는 자산은 3년 이상 보유한 토지와 건물, 조합원 입주권으로 제한되며, 주식은 3년 이상 보유하더라도 장기보유특별공제의 대상이 되지 않는다.

18 정답 ②

해당 주택은 양도가액이 12억원을 초과하므로 고가주택에 해당한다.
• 고가주택에 대한 양도차익
  = 실지거래가액에 의한 양도차익
    × (양도가액 – 12억원) / 양도가액
  = (30억원 – 15억원 – 5억원) × (30억원 – 12억원) / 30억원
  = 6억원
• 고가주택에 대한 장기보유특별공제액
  = 고가주택에 대한 양도차익 × 장기보유특별공제율
  = 6억원 × 80% = 4.8억원
∴ 양도소득금액 = 양도차익 – 장기보유특별공제
        = 6억원 – 4.8억원 = 1.2억원

19 정답 ①

보유기간의 계산은 등기부상 등기이전일과 관계없이 실제취득일부터 기산하며, 실제취득일부터 양도일까지의 기간이 2년 이상이어야 한다.

20 정답 ④

1세대 1주택에 해당하는 세대가 1주택을 보유하고 있는 (60세) 이상의 직계존속을 동거봉양하기 위하여 세대를 합침으로써 1세대 2주택이 된 경우 세대를 합친 날로부터 (10년) 이내에 먼저 양도하는 주택에 대하여 양도소득세 비과세 적용을 받는다.

21 정답 ④

같은 연도에 중복연도는 가급적 피해야 하나, 두 건의 부동산 중 하나가 양도차손이 있다면 이는 반대로 같은 연도에 중복양도를 해야 양도소득세를 절세할 수 있다.

제4장 | 상속 · 증여세

---

22 정답 ①

민법상 실종선고에 의한 사망으로 보는 때는 실종기간이 만료되는 시점이다.

23 정답 ②

유류분(6억원) = 유류분 산정의 기초재산(36억원) ×
법정상속분(3/9) × 유류분 비율(1/2)
• 유류분 산정의 기초재산(36억원) = 상속재산(40억원) – 채무(10억원) + 사전 증여재산(6억원)
• 배우자의 법정상속분 = 3/9
• 배우자의 유류분 비율 = 1/2

24 정답 ⑤

피상속인이 공익을 목적으로 하는 사업을 영위하는 공익법인 등에 출연한 재산은 상속세 과세가액에 산입하지 않는다.

25 정답 ②

상속추정액 = 재산처분가액 · 부담채무액 – 사용처 입증액
– Min[재산처분가액 · 부담채무액
× 20%, 2억원]
• 예금인출액 : 상속개시일 전 1년 이내 2억원 이상으로 상속으로 추정한다.
  ⇨ 상속추정액 = 4억원 – 2억원 – Min[4억원 × 20%, 2억원] = 1.2억원
• 채무부담액 : 상속개시일 전 1년 이내 2억원 이상으로 상속으로 추정한다.
  ⇨ 상속추정액 = 3억원 – 1억원 – Min[3억원 × 20%, 2억원] = 1.4억원
∴ 상속추정액 = 1.2억원 + 1.4억원 = 2.6억원

26 정답 ③

장례비용이 500만원을 초과하는 경우 증빙서류에 의한 지출확인이 되는 것에 한하여 인정되며, 그 금액이 1,000만원을 초과하는 경우 1,000만원까지만 인정되므로 장례비용으로 1,000만원을 공제받는다. 봉안시설 사용비용은 500만원 한도 내에서 추가로 인정되므로 500만원을 공제받아 장례비용과 봉안시설비용으로 총 1,500만원을 공제받을 수 있다.

27 정답 ②

배우자가 실제 상속받은 재산이 없거나 상속가액이 5억원 미만인 경우 5억원을 공제한다.

28 정답 ③

피상속인의 상속인으로 배우자와 자녀가 있는 경우 일괄공제(5억원)와 배우자상속공제 최저액(5억원)의 합으로 최소한 10억원의 공제를 적용받을 수 있다.

29 정답 ①

• 순금융재산가액 = 은행예금 평가가액(4억원)
　　　　　　　　　 − 은행차입금(2억원) = 2억원
• 순금융재산가액이 2천만원을 초과할 경우 금융재산상속공제액은 순금융재산가액의 20%가 된다. (최저한도 2천만원, 최고한도 2억원)
∴ 순금융재산가액이 2억원이므로 금융재산상속공제액은 4천만원(= 2억원 × 20%)이 된다.

30 정답 ③

5억원을 초과한 금액에 대하여 30%의 세율이 적용된다.

31 정답 ②

연부연납은 상속세 납부세액이 2천만원을 초과해야 한다.

32 정답 ②

① 증여를 받은 후 신고기한 내 당초증여재산을 반환한 경우 증여세가 과세되지 않으나, 금전으로 증여를 받은 경우에는 증여세가 과세된다.
③ 위자료는 소득세법상 기타소득에 해당하지 않으므로 소득세가 과세되지 않는다.
④ 상속세 과세표준 신고기한 이내에 재분할하는 것은 증여로 보지 않으나, 상속세 과세표준 신고기한을 경과하여 재분할하는 것은 증여로 보아 증여세가 과세된다.

⑤ 부담부증여 시 증여가액에서 채무액을 제외한 나머지 금액에 대해서만 증여세가 과세되며, 채무액에 상당하는 부분에 대해서는 양도소득세가 과세된다.

33 정답 ②

상속세와 마찬가지로 세대를 건너뛴 증여재산에 대해서는 30%의 할증과세가 적용되나, 상속인의 사망으로 대습상속되는 경우에는 할증과세가 적용되지 않는다.

34 정답 ⑤

감정가액의 시가 해당 여부의 판단기준일은 가격기준일이 아니라 감정가액평가서를 작성한 날이다.

35 정답 ③

증여세의 납세의무자는 수증자이다.

36 정답 ③

증여세는 증여자별·수증자별로 과세되므로 증여재산을 여러 명에게 분산 증여하거나 한 명의 수증자에게 여러 명이 증여하는 것이 유리하다.

제5장 | 취득세·재산세·종합부동산세

37 정답 ①

당해 취득물건 소재지의 도에서 그 취득자에게 부과한다.

38 정답 ③

재산세 과세기준일은 매년 6월 1일이다.

39 정답 ④

단독명의로 소유한 1세대 1주택의 경우 종합부동산세의 사실상의 과세기준금액은 12억원이다.

40 정답 ①

취득세와 재산세는 단독취득·공동취득에 관계없이 세액이 동일하다.

fn.Hackers.com

제3과목
보험 및 은퇴설계

[총 20문항]

약점 극복 실전테스트
약점 극복 실전테스트 정답·해설·학습점검

■ 출제경향 및 학습전략

보험설계는 제3과목 전체 20문제 중 총 10문제가 출제된다.

보험설계의 경우 위험관리기법으로서의 보험의 필요성, 보험상품, 공적보장제도, 보험세무, 보험상담 프로세스 등 비교적 광범위한 내용을 포함하고 있으나 출제되는 문제는 10문제로 그리 많지는 않아, 세세한 부분에 얽매이지 말고 기본적인 내용들의 큰 틀을 위주로 학습하는 것이 좋다. 위험관리기법, 예정기초율 변화에 따른 보험료 변화, 보험금을 지급하지 않는 보험사고, 유니버설보험, 화재보험금 계산, 자동차보험 등이 자주 출제되고 있으므로 이에 대한 정리가 필요하다.

■ 빈출포인트

구 분	문제번호	빈출포인트	출제빈도	페이지
위험과 보험 (36%)	01~02	위험과 보험의 가치	★★★	p.248
	03~11	보험의 이해	★★★	p.249~253
보험상품의 이해 (40%)	12~16	생명보험	★★★	p.253~255
	17~18	제3보험	★★	p.256
	19~26	손해보험	★★★	p.257~260
공적보장제도와 보험세무 (14%)	27~29	공적보장제도	★★★	p.261~262
	30~31	보험 관련 세무	★★★	p.262~263
보험상담 프로세스 (10%)	32	고객의 구매과정	★	p.263
	33~36	보험상담 프로세스	★	p.264~265

제3과목 **보험 및 은퇴설계**

· · · · ·

제1장
보험설계

✓ 개념완성문제를 통해 은행FP 자산관리사 시험에 나오는 개념을 이해할 수 있습니다.

✓ 다시 봐야 할 문제(틀린 문제, 풀지 못한 문제, 헷갈리는 문제 등)는 문제 번호 하단의 네모박스(□)에 체크하여 반복학습 할 수 있습니다.

위험과 보험의 가치

출제빈도 ★★★

01 다음 중 위험에 대한 설명으로 옳지 <u>않은</u> 것은?

① 위험을 확인하는 가장 큰 목적은 무의식적인 위험보유를 최소화하기 위함이다.

② 위험확인 방법에는 질문표, 체크리스트, 플로우차트, 현장검사 등이 있다.

③ 위험은 잠재적 손실의 크기와 발생 가능성에 따라 구분한다.

④ 치명적 위험은 손실의 회복을 위해 외부자금을 차입해야 하는 위험이다.

⑤ 일반적 위험은 현재의 소득으로 보전이 가능한 위험이다.

위험과 보험의 가치

출제빈도 ★★★

02 다음 중 저빈도·고강도 위험을 처리하기 위한 위험관리기법으로 가장 적절한 것은?

① 위험보유　　　　② 위험회피　　　　③ 자체조달

④ 보험가입　　　　⑤ 손해빈도통제

정답 및 해설

01　④　손실의 회복을 위해 외부자금을 차입해야 하는 위험은 중요한 위험이다.

02　④　저빈도·고강도 위험은 효과성 및 효율성 측면 모두에서 보험에 가입하는 것이 가장 바람직하다.

03 다음에서 설명하는 보험의 기본 원칙은?

> 전체 가입자가 납입하는 순보험료 총액과 지급보험금 총액은 같아야 한다는 것을 말하며 지급보험금 총액이 순보험료 총액보다 적으면 보험료는 인하 조정되고, 지급보험금 총액이 순보험료 총액보다 많으면 보험료는 인상 조정된다.

① 급부 반대급부 균등의 원칙

② 수지상등의 원칙

③ 실손보상의 원칙

④ 대수의 법칙

⑤ 이득금지의 원칙

04 다음 중 예정기초율과 보험료 변화에 대한 설명으로 옳지 <u>않은</u> 것은?

① 예정이율이 높아지면 보험료는 높아진다.

② 예정사망률이 높아지면 사망보험의 보험료는 높아진다.

③ 예정사망률이 높아지면 생존보험의 보험료는 낮아진다.

④ 예정사업비율이 높아지면 보험료는 증가한다.

⑤ 보험료 납입기간이 짧을수록 보험료 변동폭이 크다.

정답 및 해설

03 ② 보험의 기본 원칙 중 수지상등의 원칙에 대한 설명이다.

04 ① 예정이율이 높아지면 보험료는 낮아진다.

05 다음 중 보험계약법에 대한 설명으로 옳지 <u>않은</u> 것은?

① 보험계약의 당사자인 보험회사와 보험계약자 간의 관계를 규율하는 법이다.

② 재보험과 해상보험의 경우 계약자유의 원칙을 인정한다.

③ 보험에 대해 잘 알지 못하는 보험계약자 등을 보호하기 위해 상법의 규정을 보험계약자 등에게 불리하게 변경하는 것을 금지하고 있다.

④ 보험계약자에게 불리하게 약관이 변경된 경우 그 계약 자체가 무효가 된다.

⑤ 보험계약자 등에게 이익이 될 경우 상법의 규정을 변경할 수 있다.

> **용어 알아두기**
> **재보험** 보험사가 인수한 보험계약의 전부 또는 일부를 다른 보험사에 인수시킴으로써 보상책임을 분담해주는 보험을 말한다.

06 다음 중 보험계약의 요소에 대한 설명으로 옳지 <u>않은</u> 것은?

① 보험가입금액은 계약상 보상의 최고한도이다.

② 보험기간은 책임기간 또는 위험기간이라고도 한다.

③ 일반적으로 보험기간과 보험계약기간은 일치하지 않는다.

④ 보험가입금액이 보험가액을 초과한 경우 보험가액을 한도로 보험금을 지급한다.

⑤ 피보험이익은 피보험대상에 대한 경제적 이해관계로서 보험의 목적이라고 한다.

정답 및 해설

05 ④   보험계약자에게 불리하게 약관이 변경된 경우 그 약관의 조항은 무효가 되지만, 계약 자체가 무효가 되지는 않는다.

06 ⑤   피보험이익은 보험의 목적의 소유자가 그 물건에 대해 가지고 있는 경제적 이해관계로서, 보험계약의 목적이라고 한다.

07 다음에 해당하는 보험계약의 특성은?

> 보험계약은 당사자 일방이 미리 내용을 정하고, 타방이 이를 승인함으로써 성립하게 된다.

① 사행계약성　　　　　　　　　② 부합계약성

③ 불요식 낙성계약성　　　　　　④ 유상 쌍무계약성

⑤ 계속계약성

08 다음 중 보험계약의 성립과 유지에 대한 설명으로 옳지 않은 것은?

① 보험청약에 대한 보험회사의 승낙 여부 통지기간은 무진단계약의 경우 청약일로부터 30일 이내이다.

② 보험계약자의 청약 철회 가능기간은 보험증권을 받은 날로부터 15일 이내이다.

③ 보험회사의 약관미교부 및 설명의무 위반 시 계약취소 가능기간은 계약성립일로부터 1개월 이내이다.

④ 보험가입금액 감액 시 그 감액된 부분은 해지된 것으로 본다.

⑤ 건강진단계약, 보험기간이 1년 미만인 계약 등은 청약의 철회가 불가능하다.

정답 및 해설

07　② 보험계약의 부합계약성에 대한 설명이다.

08　③ 보험회사의 약관미교부 및 설명의무 위반 시 계약취소 가능기간은 계약성립일로부터 3개월 이내이다.

09 다음 중 보험계약의 부활요건으로 옳지 <u>않은</u> 것은?

출제빈도 ★★★

① 보험계약자는 고지의무를 새로 이행해야 한다.

② 보험자의 승낙이 있어야 한다.

③ 연체보험료와 약정 이자를 모두 납입해야 한다.

④ 해지환급금을 지급하지 않은 계약이어야 한다.

⑤ 보험계약자는 해약된 날부터 1년 이내에 계약의 부활을 청약해야 한다.

10 다음의 경우 계약자에게 지급되는 보험금은?

출제빈도 ★★★

> A씨는 생활고를 이기지 못하고 보험금을 타내기 위해 고의로 자신의 다리를 부러뜨렸다. 이로 인해 A씨는 합산장해지급률이 50%인 장해상태가 되었다. A씨는 피보험자이며 수익자이고, B씨는 계약자이다. 보험회사의 손해사정 결과 A씨의 고의성이 입증되었다.

① 장해보험금   ② 사망보험금

③ 해지환급금   ④ 이미 납입한 보험료

⑤ 아무것도 지급되지 않음

용어 알아두기
장해지급률 장해분류표에서 질병 및 상해로 인한 치유 후 남은 영구적 장해에 의한 신체의 노동력 상실정도를 %로 나타낸 것을 말하며, 이는 장해보험금의 지급기준이 된다.

정답 및 해설

09 ⑤ 보험계약자는 해약된 날부터 3년 이내에 계약의 부활을 청약할 수 있다.

10 ④ 피보험자가 고의로 자신을 해친 경우로 보험금을 지급하지 않되, 이미 납입한 보험료를 계약자에게 지급한다.

11 다음 중 계약 전 알릴 의무 위반의 효과에 대한 설명으로 옳지 않은 것은?

① 진단계약의 경우 보험금 지급사유가 발생하지 않고 책임개시일로부터 2년 내에는 해지권을 행사할 수 있다.

② 보험회사가 계약 전 알릴 의무를 위반했다는 사실을 안 날로부터 1개월 내에는 계약을 해지할 수 있다.

③ 보험모집인이 계약 전 알릴 의무사항을 임의로 기재하고 피보험자의 자필서명을 받은 경우 계약을 해지할 수 있다.

④ 보험회사가 계약 당시 계약 전 알릴 의무를 위반한 사실을 알았을 경우 계약을 해지할 수 없다.

⑤ 보험계약이 피보험자의 진단서 위조에 의해 성립되었음을 보험자가 입증할 경우 책임개시일로부터 5년 이내에 계약의 취소가 가능하다.

12 다음 중 가입자의 편의를 위한 제도성 특약에 해당하는 것은?

① 암보장특약　　　　② 수술특약　　　　③ 연금전환특약

④ 정기특약　　　　　⑤ 휴일재해보장특약

정답 및 해설

11　①　진단계약에서는 보험금 지급사유가 발생하지 않고 책임개시일로부터 1년 이상 경과한 경우 보험회사의 해지권 행사가 제한된다.

12　③　①②④⑤ 보장을 추가 및 확대하기 위한 특약에 해당한다.

13 다음 중 연금보험에 대한 설명으로 옳지 <u>않은</u> 것은?

① 종신연금형의 경우 연금이 개시된 이후에도 계약을 해지할 수 있다.

② 위험보장기간과 연금지급기간으로 구분된다.

③ 연금개시 전 보험기간 중 피보험자가 사망할 경우 책임준비금을 지급하고 계약은 소멸하게 된다.

④ 필요할 경우 선지급제도를 통해 보증기간 동안의 금액을 미리 지급받을 수 있다.

⑤ 종신형 연금의 경우 피보험자가 보장기간을 초과하여 계속 생존해 있더라도 연금이 계속 지급된다.

14 다음 중 유니버설보험에 대한 설명으로 옳지 <u>않은</u> 것은?

① 보험료의 자유 납입이 가능함에 따라 보험계약자의 변화하는 니즈에 대응할 수 있다.

② 투자실적에 따라 보험금과 해약환급금이 변동될 수 있다.

③ 새로운 보장 니즈가 생길 경우 보험금액을 증액할 수 있다.

④ 비정기적인 보험료 납입으로 인해 보험해약률이 높아질 수 있다.

⑤ 보험금의 미래가치를 높여 인플레이션에 대응할 수 있다.

정답 및 해설

13	①	종신연금형이나 종신연금형을 포함한 혼합연금형의 경우 연금개시 이후 계약의 해지가 불가능하다.
14	②	변액보험에 대한 설명이다.

15 다음 중 변액보험의 특징으로 옳지 <u>않은</u> 것은?

① 투자실적에 따라 보험금과 해약환급금이 변동될 수 있다.

② 변액종신보험의 경우 투자상황에 따라 기본보험금보다 적은 사망보험금이 지급될 수 있다.

③ 투자에 따른 손익이 계약자에게 그대로 귀속된다.

④ 변액연금보험은 연금개시 시점에 기납입보험료를 보증하고 있다.

⑤ 변액보험 판매자격시험에 합격한 사람만이 판매할 수 있다.

16 다음 중 일반보험과 변액보험을 비교한 설명으로 옳지 <u>않은</u> 것은?

① 변액보험은 투자실적에 따라 보험금이 변동한다.

② 일반보험은 일반계정에서 자산이 운용되나, 변액보험은 특별계정에서 자산이 운용된다.

③ 변액보험은 최저보증에 한해 예금자보호법의 적용을 받는다.

④ 변액보험은 공시이율을 적용한다.

⑤ 일반보험은 투자위험에 대한 부담을 보험회사에서 부담한다.

정답 및 해설

15 ② 변액종신보험은 투자실적에 관계없이 사망 시점에 최저사망보험금을 보증하고 있다.

16 ④ 일반보험은 공시이율(예정이율)을 적용하나, 변액보험은 실적배당률을 적용한다.

17 다음 중 제3보험에 대한 설명으로 옳지 <u>않은</u> 것은?

① 사람의 신체를 금전으로 평가할 수 없으므로 피보험이익이 존재하지 않는다.

② 정액보상방법과 실손보상방법이 병존한다.

③ 실손보상급부 형태인 제3보험의 경우 중복보험이 존재할 수 있다.

④ 보험사고의 대상이 피보험자가 된다는 점에서 생명보험과 동일하다.

⑤ 생명보험이나 손해보험의 일부가 아닌 독립된 하나의 보험업으로서의 지위를 가지고 있다.

18 다음 중 제3보험 상품에 대한 설명으로 옳은 것은?

① 실손의료보험의 보험료 변경주기는 3년이다.

② 개인실손보험과 단체실손보험은 중복가입하여 이중으로 보상받을 수 있다.

③ 암보험은 일반적으로 90일간의 면책기간을 두고 있다.

④ 간병보험은 보험판매 당시 예측한 위험률에 따른 보험료가 만기까지 적용된다.

⑤ 상해보험은 우연성, 외래성, 급격성 중 어느 하나의 요건을 충족한 사고에 대해 보장한다.

용어 알아두기

급 부 보험계약의 지급 사유 발생 시 보험회사가 보험수익자에게 지급하는 보험금 등을 말하며, 이는 보험가입
자가 납입하는 보험료에 대한 반대급부에 해당한다.

정답 및 해설

17　①　제3보험의 경우 피보험이익은 원칙적으로는 없으나, 손실보전이 가능한 제3보험의 경우에는 일부 인정하고 있다.

18　③　① 실손의료보험의 보험료 변경주기는 1년이다.
　　　　② 개인실손보험과 단체실손보험은 중복하여 가입했다 하더라도 이중으로 보상받을 수 없다.
　　　　④ 간병보험은 위험률 변동제도를 채택하고 있어 보험기간 중도에 위험률(보험료)이 조정될 수 있다.
　　　　⑤ 상해보험은 우연성, 외래성, 급격성의 요건을 모두 갖춘 사고에 대해 보장한다.

19 다음 중 손해보험의 특징으로 옳지 <u>않은</u> 것은?

☐
① 피보험자가 입은 손해만큼의 보상이 제공된다.

② 보험사고의 객체는 피보험자의 재산이다.

③ 대수의 법칙이 항상 적용되는 것은 아니다.

④ 보험사고의 발생 규모가 불확실하다는 점은 생명보험과 동일하다.

⑤ 이득금지의 원칙이 적용된다.

20 다음 중 주택화재보험에서 보상하는 손해에 해당하지 <u>않는</u> 것은?

☐
① 폭발로 인한 직접손해

② 소방손해

③ 기타 협력비용

④ 잔존물 제거비용

⑤ 피난 중 발생한 도난손해

제3과목 보험 및 은퇴설계

해커스 은행FP 자산관리사 1부 최종핵심정리문제집

정답 및 해설

19　④　생명보험은 보험사고의 발생 시기만이 불확실하며, 손해보험은 보험사고의 발생 시기·여부·규모 모두 불확실하다.

20　⑤　피난 중 발생한 도난손해나 분실손해에 대해서는 보상하지 않는다.

21 다음의 경우 지급되는 주택화재보험금은?

- 보험가입금액 : 5,000만원
- 보험가액 : 1억원
- 재산손해액 : 1,000만원
- 잔존물 제거비용 : 400만원

① 625만원　　　　② 650만원　　　　③ 725만원

④ 850만원　　　　⑤ 1,000만원

22 다음 중 일반 화재보험의 계약 후 알릴 의무사항에 해당하지 <u>않는</u> 것은?

① 다른 보험자와 동일한 위험을 보장하는 계약을 체결하고자 할 때

② 건물을 계속해서 15일 이상 비워둘 때

③ 건물을 양도할 때

④ 건물의 구조를 변경할 때

⑤ 건물을 휴업할 때

정답 및 해설

21　③　• 재산보험금 = 재산손해액 × 보험가입금액 / (보험가액 × 80%)
　　　　　　　　　　　 = 1,000만원 × 5,000만원 / (1억원 × 80%)
　　　　　　　　　　　 = 625만원
　　　• 잔존물 제거비용 보험금 = 잔존물 제거비용 × 보험가입금액 / (보험가액 × 80%)
　　　　　　　　　　　　　　　 = 400만원 × 5,000만원 / (1억원 × 80%)
　　　　　　　　　　　　　　　 = 250만원
　　　　　　　　　　　　　　　 ⇨ 1,000만원 × 10% = 100만원(잔존물 제거비용은 재산손해액의 10%를 한도로 지급됨)
　　　∴ 총 지급보험금 = 625만원 + 100만원 = 725만원

22　②　건물을 계속해서 30일 이상 비워둘 때 보험회사에 지체 없이 서면으로 알려야 한다.

23 다음 중 배상책임보험에 대한 설명으로 옳지 <u>않은</u> 것은?

① 가스사고배상책임보험과 체육시설업자배상책임보험은 의무배상책임보험이다.

② 일상 생활이나 영업활동 중 타인에게 입힌 손해에 대한 배상책임을 담보한다.

③ 임원배상책임보험과 전문인배상책임보험은 손해사고기준 배상책임보험이다.

④ PC방, 단란주점 등은 다중이용업소 화재배상책임보험에 의무적으로 가입해야 한다.

⑤ 임차자 특별약관은 우연한 사고로 임차건물에 입힌 손해를 담보한다.

24 다음 중 장기손해보험의 특징으로 옳지 <u>않은</u> 것은?

① 보험료 미납으로 해지된 계약의 경우, 2016년 3월 31일 이전 계약은 해지일로부터 2년 이내, 2016년 4월 1일 이후 계약은 해지일로부터 3년 이내에 계약의 부활을 청구할 수 있다.

② 해약환급금의 범위 내에서 보험계약을 담보로 대출을 허용하고 있다.

③ 1회의 사고로 지급된 보험금이 보험가입금액의 90% 미만인 경우 보험가입금액은 원상회복된다.

④ 월납, 3개월납, 6개월납, 연납, 일시납 등 다양한 보험료 납입방법이 있다.

⑤ 납입최고기간 안에 미납된 보험료를 납입하지 않을 경우 계약이 해지될 수 있다.

정답 및 해설

23 ③ 임원배상책임보험과 전문인배상책임보험은 배상청구기준 배상책임보험이다.

24 ③ 1회의 사고로 지급된 보험금이 보험가입금액의 80% 미만인 경우 보험가입금액은 원상회복된다.

25 다음 중 자동차손해배상보장법에 대한 설명으로 옳지 <u>않은</u> 것은?

☐

① 가해자의 과실이 없는 경우에도 책임을 부여하고 있다.

② 피해자의 직접청구권을 인정하고 있다.

③ 강제보험으로 가해자의 배상능력을 확보한다.

④ 배상책임의 주체는 차를 실제로 운전하는 운전자이다.

⑤ 대인·대물사고의 피해자를 보호하고자 제정되었다.

용어 알아두기

운전자 사고 당시 차를 실제로 운전한 사람을 말한다.

운행자 차량 소유주를 말한다.

---

26 다음 중 자동차보험에 대한 설명으로 옳지 <u>않은</u> 것은?

☐

① 대인배상 I 과 대물배상 2,000만원은 의무보험이다.

② 경상환자의 경우 대인배상 II 의 치료비에는 과실책임주의가 적용된다.

③ 대인배상의 음주운전 자기부담금은 300만원이다.

④ 태풍과 홍수, 해일 등 자연재해로 인한 차량 손해 시 자기차량손해 담보가 없다면 보상이 불가능하다.

⑤ 대인배상 I 은 고의로 인한 사고의 경우 피해자는 보상받을 수 없다.

정답 및 해설

25 ④ 배상책임의 주체는 운행자이다.

26 ⑤ 고의로 인한 사고의 경우에도 피해자직접청구권이 인정되어 피해자는 대인배상 I 에 의한 보상을 받을 수 있다.

27 다음 중 국민건강보험의 특성으로 옳지 <u>않은</u> 것은?

① 보험료를 균등하게 부과한다.

② 일정 요건을 충족할 경우 가입이 강제된다.

③ 피보험자는 보험료 납부 의무를 진다.

④ 보험급여는 현물급여와 현금급여로 구분된다.

⑤ 가입대상자는 직장가입자와 지역가입자로 구분한다.

28 다음 중 노인장기요양보험의 재가급여에 해당하지 <u>않는</u> 것은?

① 방문요양   ② 방문간호   ③ 주·야간 보호

④ 시설급여   ⑤ 단기보호

정답 및 해설

27 ① 보험료 부담능력에 따라 보험료를 차등적으로 부과한다.

28 ④ 시설급여는 재가급여에 해당하지 않는다.

29 다음 중 산업재해보상보험에 대한 설명으로 옳은 것은?

① 업무상 재해로 인한 전체 손해액을 보상하여 근로자의 재활을 촉진한다.

② 요양급여는 근로자의 요양기간이 4일 이상일 경우에만 지급한다.

③ 유족급여는 원칙적으로 일시금의 형태로 지급된다.

④ 산재보험료는 사업주와 근로자가 공동으로 부담한다.

⑤ 휴업급여의 1일당 지급액은 평균임금의 80% 상당액으로 한다.

30 다음 중 저축성보험의 보험차익 과세제외 요건에 대한 설명으로 옳지 <u>않은</u> 것은?

(2017. 4. 1. 이후 가입분에 한함)

① 월납 계약의 경우 보험료 납입기간이 10년 이상이고, 월 보험료는 150만원 이하이어야 한다.

② 종신형 연금보험의 경우 55세 이후부터 사망 시까지 보험금·수익 등을 연금으로 지급받아야 한다.

③ 월 적립식 계약은 매월 납입하는 기본보험료가 균등해야 한다.

④ 종신형 연금보험의 경우 최초 연금지급개시 이후 사망일 전에 중도해지할 수 없는 계약이어야 한다.

⑤ 일시납 계약의 경우 납입보험료 합계액은 계약자 1인당 1억원 이하이고, 계약기간은 10년 이상이어야 한다.

정답 및 해설

29 ② ① 손해 전체를 보상하지 않으며, 평균임금을 기초로 산정된 일정 금액에 대해서만 보상한다.
        ③ 유족급여는 연금지급을 원칙으로 한다.
        ④ 산재보험료는 전액 사업주가 부담한다.
        ⑤ 휴업급여의 1일당 지급액은 평균임금의 70% 상당액으로 한다.

30 ① 월납 계약의 경우 보험료 납입기간은 5년 이상이고, 계약기간이 10년 이상, 월 보험료는 150만원 이하이어야 한다.

31 다음의 경우 보험금에 대한 증여재산가액은?

- 보험 만기 기간 및 납입기간 : 10년
- 계약자(보험료 불입자) : 어머니
- 수익자 : 아들
- 납입보험료 : 2억원(아들의 불입보험료 : 1억원)
- 만기보험금 : 3억원

---

① 0원   ② 5,000만원   ③ 1억원

④ 1억 5,000만원   ⑤ 2억원

32 다음 중 상품구매 프로세스의 연결로 옳은 것은?

① 욕구 ⇨ 불만족 ⇨ 구매 ⇨ 결정

② 불만족 ⇨ 결정 ⇨ 욕구 ⇨ 구매

③ 불만족 ⇨ 욕구 ⇨ 결정 ⇨ 구매

④ 욕구 ⇨ 결정 ⇨ 불만족 ⇨ 구매

⑤ 결정 ⇨ 불만족 ⇨ 욕구 ⇨ 구매

정답 및 해설

31 ④ 증여재산가액 = 보험금 × 보험금 수령인 외의 자가 납부한 보험료 / 총불입보험료
            = 3억원 × 1억원 / 2억원
            = 1억 5,000만원

32 ③ '불만족 ⇨ 욕구 ⇨ 결정 ⇨ 구매' 순이다.

33 다음 중 보험상담 프로세스의 연결로 옳은 것은?

① 고객 발굴 ⇨ 정보수집 ⇨ 고객접근 ⇨ 증권전달 ⇨ 제안서 작성 및 계약체결

② 고객접근 ⇨ 고객 발굴 ⇨ 정보수집 ⇨ 증권전달 ⇨ 제안서 작성 및 계약체결

③ 고객접근 ⇨ 고객 발굴 ⇨ 정보수집 ⇨ 제안서 작성 및 계약체결 ⇨ 증권전달

④ 고객 발굴 ⇨ 고객접근 ⇨ 정보수집 ⇨ 제안서 작성 및 계약체결 ⇨ 증권전달

⑤ 정보수집 ⇨ 고객 발굴 ⇨ 고객접근 ⇨ 제안서 작성 및 계약체결 ⇨ 증권전달

34 다음 중 고객유형별 니즈(Needs)에 대한 설명으로 옳지 않은 것은?

① 절세 및 상속에 관심이 많은 고객은 자산관리를 통한 자산의 증식에 높은 관심을 보인다.

② 단기 정기예금만 선호하는 고객은 기간 분산에 대한 개념이 약한 편이다.

③ 부동산을 과도하게 많이 보유하고 있는 고객은 유동성 제공면에서 취약점을 보인다.

④ 금융지식이 부족한 고소득 전문직의 경우 수익성과 안정성을 동시에 추구하는 경향이 있다.

⑤ 자녀교육에 높은 관심을 보이는 고객은 일시납보다는 적립식을 선호하는 경향이 있다.

정답 및 해설

33 ④ '고객 발굴 ⇨ 고객접근 ⇨ 정보수집 ⇨ 제안서 작성 및 계약체결 ⇨ 증권전달' 순이다.

34 ① 절세 및 상속(증여)에 관심이 많은 고객은 자산의 증식보다는 유지·이전을 선호하는 보수적인 계층이다.

35 다음 중 정보수집을 위한 질문기법에 대한 설명으로 옳지 <u>않은</u> 것은?

☐ ① 상담 초기에는 주로 개방형 질문이 사용된다.

② 현상파악 질문에 대한 답변은 한정되어 있다.

③ 대화를 일시적으로 멈춤으로써 대화의 주도권을 가질 수 있다.

④ 투사화법은 의견에 대한 상대의 동의나 거절을 요구하는 것이다.

⑤ 주요내용이 길게 이어지는 것을 새로운 정보와 접목시키기 위해서는 요점화법이 효과적이다.

36 다음의 예시에서 활용되고 있는 계약체결 기법은?

☐

> "고객님, 지금까지의 상담을 통해 고객님은 가장으로서 가족을 보호하고자 하는 책임감도 크고, 보험료 납입 능력도 충분히 있다고 판단됩니다. 그렇다면 지금까지 보험에 가입하지 않은 이유는 건강상의 문제로 보험에 가입할 자격이 없기 때문인데, 이는 지금 바로 건강진단을 통해 확인하실 수 있습니다."

① 승낙 추정법　　　　② 문제 인식법　　　　③ 행동 유도법

④ 양자 택일법　　　　⑤ 현상 파악법

정답 및 해설

35　④　투사화법은 의견에 대한 동의나 거절을 요구하는 것이 아닌, 상대가 느낀 감정을 알아차렸다는 것을 확인하는 것이다.

36　③　고객이 보험에 가입하기 쉽도록 행동을 유도하는 행동 유도법에 대한 예시이다.

✓ 출제예상문제를 통해 다양한 은행FP 자산관리사 문제를 풀어볼 수 있습니다.

✓ 다시 봐야 할 문제(틀린 문제, 풀지 못한 문제, 헷갈리는 문제 등)는 문제 번호 하단의 네모박스(□)에 체크하여 반복학습 할 수 있습니다.

출제빈도 ★★

01 다음 중 위험에 대한 설명으로 옳지 <u>않은</u> 것은?

□
① 위험을 확인하는 가장 큰 목적은 무의식적인 위험보유를 제거하기 위함이다.

② 질문표, 체크리스트 등을 통해 위험을 확인하여 손실의 발생 가능성 및 크기에 따라 평가한다.

③ 불확정적 사건은 확정적 사건이나 임의적 사건과 달리 구체적이지 못한 경우가 많다.

④ 사업활동 및 일상활동에 따른 배상책임위험은 불확정적 사건에 해당한다.

⑤ 유리창의 파손은 현재의 소득으로 보전할 수 있는 일반적 위험으로 구분한다.

출제빈도 ★

02 다음 중 라이프 사이클에 따른 불확정적 사건 중 인적위험에 해당하지 <u>않는</u> 것은?

□
① 가장의 조기사망 　　　　② 가장의 실업

③ 가족의 질병 　　　　　　④ 건물의 화재로 인한 영업손해

⑤ 부부의 장기생존

출제빈도 ★★

03 다음 중 개인을 파산으로 이끌 수 있는 치명적 위험에 해당하지 <u>않는</u> 것은?

□
① 조기사망 　　　　② 배상책임위험 　　　　③ 주택의 화재

④ 장기생존 　　　　⑤ 실 업

제3과목 보험 및 은퇴설계

해커스 은행FP 자산관리사 1부 최종핵심정리문제집

출제빈도 ★★★

04 다음 중 위험관리기법에 대한 설명으로 옳지 <u>않은</u> 것은?

① 위험회피는 위험처리방법 중 가장 바람직한 방법이지만 현실적으로 모든 위험을 회피하는 것은 불가능하다.

② 건물에 화재경보기나 자동소화기를 설치하는 것은 손해강도통제방법에 해당한다.

③ 위험재무기법으로서 보험은 납입보험료에 대한 세제혜택이 있다는 장점이 있다.

④ 사고복구자금을 금융기관으로부터 차입하는 것은 위험재무기법에 해당한다.

⑤ 소극적 위험보유는 위험을 인지하지 못하고 있을 때 사고가 발생할 경우 영향이 심각해질 수 있다는 점에서 문제가 된다.

출제빈도 ★★★　최신출제유형

05 다음 중 위험의 특성과 그에 따른 위험관리기법의 연결로 옳지 <u>않은</u> 것은?

① 저빈도·고강도 위험 － 보험가입

② 저빈도·저강도 위험 － 경상비 활용

③ 고빈도·고강도 위험 － 외부조달

④ 고빈도·저강도 위험 － 손해빈도통제

⑤ 저빈도·고강도 위험 － 손실강도통제

정답 및 해설

01	①	위험을 확인하는 가장 큰 목적은 무의식적인 위험보유를 최소화하기 위함이다.
02	④	건물의 화재로 인한 영업손해는 불확정적 사건 중 재산위험에 해당한다.
03	⑤	실업은 중요한 위험으로 분류된다.
04	①	위험회피가 항상 바람직한 것은 아니며, 위험회피 자체가 바람직하지 않은 경우도 있다.
05	③	고빈도·고강도 위험은 개인과 기업의 생존을 위협하는 심각한 위험으로 위험 자체를 회피하는 위험회피기법이 가장 바람직하다.

06 다음 중 보험의 기본원칙에 대한 설명으로 옳지 <u>않은</u> 것은?

☐
① 실손보상의 원칙은 손해보험에서 적용되는 원칙이다.

② 급부 반대급부 균등의 원칙에 의해 개별 보험계약자의 위험 수준에 따라 납부하는 보험료가 다를 수 있다.

③ 생명보험은 사망률과 대수의 법칙을 기본으로 하고 있으며, 우리나라의 생명보험회사는 국민생명표를 표준위험률로 사용하고 있다.

④ 순보험료 총액이 지급보험금 총액보다 많을 경우 보험료가 인하되는 것은 수지상등의 원칙에 의거한다.

⑤ 수지상등의 원칙이 가입자 전체의 입장에서 본 것이라면, 급부 반대급부 균등의 원칙은 개별 가입자의 입장에서 본 것이다.

07 다음 중 보험료의 구성원리에 대한 설명으로 옳지 <u>않은</u> 것은?

☐
① 예정위험률, 예정이율, 예정사업비율은 보험료 계산의 기초가 된다.

② 순보험료는 예정위험률과 예정이율을 기초로 산정된다.

③ 부가보험료는 예정사업비율을 기초로 산정된다.

④ 예정이율이 낮아지면 보험료는 높아진다.

⑤ 보험기간이 길수록 예정이율 변화에 따른 보험료 변동폭이 작다.

08 다음 중 손해보험과 인보험의 보험금 청구권자를 순서대로 나열한 것은?

☐
① 피보험자, 보험수익자

② 보험수익자, 피보험자

③ 보험계약자, 피보험자

④ 피보험자, 보험계약자

⑤ 보험수익자, 보험계약자

출제빈도 ★★

09 다음 중 보험계약관계자에 대한 설명으로 옳지 <u>않은</u> 것은?

① 보험수익자는 생명보험 등의 인보험에 관련된 용어이다.

② 보험업의 허가를 받을 수 있는 주체는 300억원 이상의 자본금을 가진 주식회사, 상호회사, 외국보험회사로 한한다.

③ 생명보험은 미성년자를 피보험자로 하는 보험계약을 무효로 하고 있다.

④ 보험계약자는 자연인이든 법인이든 무관하다.

⑤ 인보험에서 말하는 피보험자란 보험에 부쳐진 대상을 말한다.

출제빈도 ★★

10 다음 (가)~(다)에 해당하는 보험계약 관련 용어를 순서대로 나열한 것은?

> 가. 신체, 생명, 물건 등 보험가입의 대상
> 나. 손해보상의 법률상 최고한도
> 다. 보험자의 책임이 발생하는 시기와 종기까지의 기간

① 보험의 목적, 보험가액, 보험계약기간

② 보험계약의 목적, 보험가입금액, 책임기간

③ 보험의 목적, 보험가입금액, 보험계약기간

④ 보험계약의 목적, 보험가액, 보험기간

⑤ 보험의 목적, 보험가액, 보험기간

정답 및 해설

06 ③ 우리나라의 생명보험회사에서는 경험생명표를 표준위험률로 사용하고 있다.

07 ⑤ 보험기간이 길수록 예정이율 변화에 따른 보험료 변동폭이 크다.

08 ① 손해보험의 보험금 청구권자는 피보험자이며, 인보험의 보험금 청구권자는 보험수익자이다.

09 ③ 생명보험에서는 만 15세 미만인 자를 피보험자로 할 수 없으며, 그 계약은 무효가 된다.

10 ⑤ 가. 보험의 목적에 대한 설명이다.
　　나. 보험가액에 대한 설명이다.
　　다. 보험기간에 대한 설명이다.

출제빈도 ★

11 다음 중 보험계약의 특성에 해당하지 <u>않는</u> 것은?

① 유상계약성   ② 쌍무계약성   ③ 요식계약성

④ 부합계약성   ⑤ 사행계약성

출제빈도 ★★★

12 다음 중 보험약관의 해석원칙에 대한 설명으로 옳지 <u>않은</u> 것은?

① 약관 해석에 있어 고객에 따라 차별이 있어선 안 된다.

② 보험약관과 계약당사자 간 개별약정이 있는 경우 보험약관이 우선한다.

③ 약관의 뜻이 명백하지 않을 경우 고객에게 유리하게 해석한다.

④ 신의성실의 원칙에 따라 공정하게 해석한다.

⑤ 일반적이고 보편적인 원칙에 의해 약관을 해석해야 한다.

출제빈도 ★★

13 다음 중 보험계약자의 의무에 대한 설명으로 옳지 <u>않은</u> 것은?

① 보험료 지급의무를 지게 되며, 최초의 보험료를 납입하지 않을 경우 보험자의 책임이 개시되지 않는다.

② 고지의무는 계약의 청약 시까지 이행하여야 하며, 고지의무 위반 시 보험자는 계약을 해지할 수 있다.

③ 위험 변경 사실을 보험자에게 통지하지 않은 경우 보험자는 그 사실을 안 날로부터 1개월 내에 계약을 해지할 수 있다.

④ 보험자가 고지의무 위반 사실을 안 날로부터 1월, 계약체결일로부터 3년 경과 시 계약을 해지할 수 없다.

⑤ 보험사고발생의 통지의무를 게을리함으로써 증가된 손해액은 보상받을 수 없다.

14 보험금 청구권, 보험료 또는 계약자 적립금 반환청구권의 소멸시효기간으로 옳은 것은?

① 1년   ② 2년   ③ 3년

④ 4년   ⑤ 5년

15 다음 중 보험계약의 취소사유에 해당하는 경우로 모두 묶인 것은?

> 가. 청약서 부본을 계약자에게 전달하지 않은 경우
> 나. 약관의 주요내용을 계약자에게 설명하지 않은 경우
> 다. 심신상실자를 피보험자로 하는 보험계약을 체결한 경우
> 라. 계약자가 청약서상에 자필서명을 하지 않은 경우

① 가, 나   ② 나, 다   ③ 가, 나, 라

④ 나, 다, 라   ⑤ 가, 나, 다, 라

제3과목 보험 및 은퇴설계

해커스 은행FP 자산관리사 1부 최종핵심정리문제집

정답 및 해설

11	③	보험계약은 불요식계약이다.
12	②	보험약관과 계약당사자 간 개별약정이 있는 경우 개별약정을 우선적으로 고려해야 한다.
13	②	고지의무는 계약의 청약 시가 아니라 계약의 성립 시까지 이행해야 한다.
14	③	보험금 청구권, 보험료 또는 계약자 적립금 반환청구권의 소멸시효기간은 3년이다.
15	③	'가, 나, 라'는 보험계약의 취소사유에 해당하는 경우이고, '다'는 보험계약이 무효가 되는 경우이다.

16 **다음 자료를 바탕으로 계산한 보험나이는?**

☐

> • 보험계약일 : 2024년 5월 25일
> • 생년월일 : 1997년 6월 7일

① 23세   ② 24세   ③ 25세

④ 26세   ⑤ 27세

17 **다음의 경우 지급되는 보험금으로 옳은 것은?**

☐

> A씨는 1년 전 본인을 보험계약자 및 보험수익자로, B씨를 피보험자로 하는 종신보험계약을 체결하였
> 다. 형제 간 재산싸움을 하다 홧김에 B씨(동생)는 아파트에서 스스로 뛰어내려 자살하였고 이에 A씨(형)
> 는 보험금을 청구하였다.

① 사망보험금   ② 책임준비금

③ 장해보험금   ④ 이미 납입한 보험료

⑤ 아무것도 지급되지 않음

18 **다음 중 보험계약의 부활요건에 대한 설명으로 옳지 않은 것은?**

☐   ① 계속보험료 미납으로 해지된 계약일 것

② 해약된 날로부터 5년 내에 부활을 청구할 것

③ 해지환급금을 지급하지 않은 계약일 것

④ 연체된 보험료 전액과 이자를 납입할 것

⑤ 보험자의 승낙이 있을 것

19 다음 중 보험금 지급 등의 절차에 대한 설명으로 옳지 않은 것은?

① 보험수익자가 2인 이상인 경우 대표자 1인을 지정해야 한다.

② 계약자가 보험수익자를 지정하지 않은 경우 피보험자를 보험수익자로 한다.

③ 보험회사는 보험금 지급사유의 조사가 필요할 경우 보험금청구서 접수일로부터 10영업일 이내에 보험금을 지급해야 한다.

④ 보험금 지급기일 내에 보험금을 지급하지 않을 경우 보험회사의 약관대출이율을 연단위 복리로 계산한 금액을 가산하여 지급한다.

⑤ 보험회사는 보험사고 발생일로부터 3영업일 이내에 보험금을 지급해야 한다.

20 다음 중 보험계약에 대한 설명으로 옳지 않은 것은?

① 보험계약에 따른 분쟁이 발생한 경우 분쟁 당사자와 회사는 금융감독원장에게 조정을 신청할 수 있다.

② 보험계약자는 해지환급금의 범위 내에서 보험계약대출을 받을 수 있다.

③ 변액보험의 최저보증부분은 예금자보호대상이다.

④ 회사가 제작한 보험안내자료 등이 약관의 내용과 다른 경우 약관의 내용을 우선적으로 적용한다.

⑤ 보험금 청구권의 소멸시효기간은 3년이다.

정답 및 해설

16 ⑤ 보험나이는 만 나이를 기준으로 6개월 미만의 끝수는 버리고 6개월 이상의 끝수는 1년으로 계산한다. 따라서, '2024년 5월 25일 – 1997년 6월 7일 = 26년 11월 18일'이므로 보험나이는 27세가 된다.

17 ④ 피보험자가 고의로 자신을 해친 경우 계약자에게 이미 납입한 보험료를 지급한다. 단, 피보험자가 책임개시일로부터 2년이 경과된 후에 자살한 경우에는 수익자에게 해당 보험금을 지급한다. B씨는 책임개시일로부터 2년이 경과되기 전에 자살하였으므로 A씨에게 이미 납입한 보험료가 지급된다.

18 ② 해약환급금을 받지 않은 상태에서 해약된 날로부터 3년 내에 계약의 부활을 청구할 수 있다.

19 ⑤ 보험회사의 보험금 납입기일은 보험금청구서 접수일로부터 3영업일 이내이다.

20 ④ 회사가 제작한 보험안내자료 등이 약관의 내용과 다른 경우 보험계약자에게 유리한 내용으로 계약이 성립된 것으로 본다.

21 다음 중 생명보험계약에 대한 설명으로 옳지 <u>않은</u> 것은?

① 주계약은 해당 상품의 가장 큰 특징을 나타내는 부분이다.

② 주보험과 의무 부가특약을 합쳐 주계약이라고 일컫는다.

③ 특약은 주계약에 보험계약자가 필요로 하는 보장을 추가하는 것을 말한다.

④ 주계약 자체만으로는 보험계약이 성립될 수 없다.

⑤ 주계약을 가입하지 않고 특약만을 별도로 판매하는 것은 불가능하다.

22 다음에서 설명하는 보험을 순서대로 나열한 것은?

> 가. 최초 가입 시 정한 이율로 만기까지 이자를 적립하는 보험
> 나. 보험료적립금을 고정된 이율이 아닌 유가증권 등에 투자하고 실적에 따라 보험금에 반영하는 보험

① 확정금리형 보험, 금리연동형 보험

② 확정금리형 보험, 실적배당형 보험

③ 금리연동형 보험, 자산연계형 보험

④ 금리연동형 보험, 실적배당형 보험

⑤ 자산연계형 보험, 실적배당형 보험

23 다음 중 연금보험에 대한 설명으로 옳지 <u>않은</u> 것은?

① 종신형 연금은 보장기간을 초과한 경우 피보험자가 생존해 있더라도 연금이 지급되지 않는다.

② 일반적으로 보험회사는 연금 개시 시점의 책임준비금을 지급 보증한다.

③ 연금지급방법에는 종신연금형, 확정연금형, 상속연금형 등이 있다.

④ 종신연금형의 경우 연금이 개시된 이후에는 계약의 해지가 불가능하다.

⑤ 상품에 따라 계약자가 2개의 급부를 병행하여 선택할 수 있다.

24 다음 중 생명보험 상품에 대한 설명으로 옳지 <u>않은</u> 것은?

① 종신보험은 피보험자가 언제, 어떤 경우로 사망하더라도 약정된 보험금을 지급한다.

② 어린이보험은 어린이와 청소년기 동안 각종 상해와 질병에 따른 사망을 담보한다.

③ 교육보험은 유치원부터 대학원까지의 기간 동안 자녀의 교육자금을 보장한다.

④ CI보험은 중대한 질병이 발생했을 경우 사망보험금의 50% 또는 80%, 100%를 미리 선지급한다.

⑤ 유니버설보험은 보험계약자의 임의대로 보험금액의 증액 또는 감액이 가능하다는 장점이 있다.

25 다음 중 변액보험의 특별계정에 대한 설명으로 옳지 <u>않은</u> 것은?

① 특별계정으로 투입되는 보험료는 기본보험료에서 수금비를 공제한 금액과 추가납입보험료에서 부가보험료를 공제한 금액이다.

② 보험료는 이체사유가 발생한 날의 기준가격을 적용하여 일반계정에서 특별계정으로 이체된다.

③ 제1회 보험료의 경우 청약철회기간 내에 승낙된 경우에는 청약철회기간이 종료된 날의 다음 날 일반계정에서 특별계정으로 이체된다.

④ 제2회 이후의 보험료의 경우 '납입기일 – 2일' 이전에 납입한 경우 이체사유 발생일은 '납입기일 + 제1영업일'이다.

⑤ 계약자는 계약 체결 이후 펀드의 유형에서 설정한 펀드 내에서 펀드를 변경할 수 있다.

정답 및 해설

21 ④ 주계약 자체만으로도 보험계약은 성립될 수 있다.

22 ② 가. 확정금리형 보험에 대한 설명이다.
        나. 실적배당형 보험에 대한 설명이다.

23 ① 종신형 연금의 경우 보증기간 동안의 연금지급을 보장하며, 보장기간을 초과한 경우라도 피보험자가 생존해 있으면 연금이 계속 지급된다.

24 ② 어린이보험은 어린이와 청소년기 동안 나타날 수 있는 각종 질병과 상해를 담보하되, 사망은 담보하지 않는다.

25 ④ 제2회 이후의 보험료는 '납입기일 – 2일' 이전에 납입한 경우 이체사유 발생일은 '납입기일'이다.

26 다음 중 일반보험과 변액보험을 비교한 내용으로 옳지 <u>않은</u> 것은?

	구 분	변액보험	일반보험
①	보험금	투자실적에 따른 변동	보험가입금액
②	예금자보호	최저보증에 한해 적용	적 용
③	투자위험부담	보험회사	보험계약자
④	적용이율	실적배당률	공시이율
⑤	자산운용	특별계정	일반계정

27 다음 중 변액보험 상품에 대한 설명으로 옳지 <u>않은</u> 것은?

① 변액종신보험은 특별계정의 투자실적에 따라 보험금이 변동된다.

② 변액유니버설보험의 보험기간은 종신이다.

③ 변액종신보험은 연금전환특약을 이용하여 연금으로의 전환이 가능하지만, 일반종신보험
   으로의 전환은 불가능하다.

④ 변액연금보험은 연금개시 이후에는 계약자가 선택한 연금지급방식에 의해 연금이 지급
   된다.

⑤ 변액연금보험은 연금개시 전에 피보험자가 사망할 경우 기본보험금과 특별계정에서 적립
   된 계약자적립금을 더한 금액을 사망보험금으로 지급한다.

28 다음 중 보험의 종류별 특징을 비교한 내용으로 옳지 <u>않은</u> 것은?

	구 분	제3보험	생명보험	손해보험
①	보험사고	신체의 상해, 질병, 간병	생존, 사망	재산상 손해
②	피보험자	보험사고의 대상	보험사고의 대상	보험금 수령권을 가진 자
③	피보험이익	원칙적으로 없으나 일부 인정됨	없 음	있 음
④	보상방법	실손보상	정액보상	실손보상
⑤	보험기간	장 기	장 기	단 기

29 다음 빈칸에 들어갈 말이 올바르게 나열된 것은?

> 상해보험의 보험금이 지급되기 위해서는 보험사고가 (　　　), (　　　), (　　　)의 3가지 요건을 모두 갖추어야 한다.

① 우연성, 사회성, 급격성 　　② 우발성, 외래성, 사회성

③ 우연성, 외래성, 급격성 　　④ 사회성, 급격성, 우연성

⑤ 우연성, 우발성, 사회성

30 다음 중 제3보험 상품에 대한 설명으로 옳지 <u>않은</u> 것은?

① 일반적으로 간병보험은 암보험과 달리 면책기간을 설정하지 않고 있다.

② 질병보험은 일반사망급부가 없으며, 저렴한 보험료로 각종 질병에 대한 보장을 제공한다.

③ 실손의료보험은 자동 재가입되지 않으며, 별도의 재가입 절차를 거쳐야 한다.

④ 간병보험은 보험판매 당시 예측한 위험률과 실제위험 발생률이 다를 경우 보험기간 중도에 보험료를 조정할 수 있다.

⑤ 물건을 들다가 허리를 다친 경우는 상해에 해당하지만, 노화로 인한 요통은 질병에 해당한다.

정답 및 해설

26 　③ 　변액보험의 투자위험은 보험계약자가 부담하며, 일반보험은 보험회사가 부담한다.

27 　③ 　변액종신보험은 일반종신보험으로 전환할 수 있다.

28 　④ 　제3보험의 보상방법에는 실손보상방법과 정액보상방법이 있다.

29 　③ 　상해사고의 3가지 요건은 (우연성), (외래성), (급격성)이다.

30 　① 　일반적으로 간병보험도 암보험과 마찬가지로 면책기간을 설정하고 있다.

31 다음 중 손해보험의 특징으로 옳지 <u>않은</u> 것은?

   ① 보험사고의 객체는 주로 피보험자의 재산이다.

   ② 대수의 법칙이 적용되기 어려운 경우도 있다.

   ③ 정액보상의 원칙이 적용된다.

   ④ 사고발생 여부·시간·규모가 모두 불확실하다.

   ⑤ 피보험자는 보험금을 통해 이득을 취할 수 없다.

32 다음 중 주택화재보험의 가입대상 물건에 해당하지 <u>않는</u> 것은?

   ① 단독주택

   ② 조산원으로 사용 중인 주택병용 물건

   ③ 가재도구

   ④ 기숙사 건물

   ⑤ 피아노 교습소로 운영 중인 주택병용 물건

33 다음 중 주택화재보험에서 보상하는 경우는?

   ① 갑작스러운 추위로 인해 수도관이 파열되어 가재도구가 침수된 경우

   ② 계약자의 중대한 과실로 인해 주택에 화재가 발생한 경우

   ③ 화재가 발생하여 피난지로 옮긴 가재도구를 분실한 경우

   ④ 발전기의 전기적 문제에 의해 사고가 발생한 경우

   ⑤ 벼락으로 인해 TV가 파손된 경우

34 다음 중 일반화재보험에 대한 설명으로 옳지 <u>않은</u> 것은?

① 보험회사의 책임은 보험기간 첫날 16시부터 개시된다.

② 건물을 15일 이상 수선할 경우 보험회사에 지체 없이 서면으로 알려야 한다.

③ 공장 내에 있는 기숙사도 가입대상물건에 해당한다.

④ 폭발 및 파열에 따른 직접손해도 보상받을 수 있다.

⑤ 보험계약이 시작되었더라도 보험료를 받기 전에 생긴 손해에 대해서는 보험회사의 보상 책임이 없다.

35 다음 중 배상책임보험에 대한 설명으로 옳은 것은?

① 보험가액과 보상한도액의 비교에 의해 초과보험·전부보험·일부보험의 개념이 존재한다.

② 특허권, 지적재산권 등 무체재산권에 대한 배상책임손해도 담보하고 있다.

③ 손해사고기준 배상책임보험은 보험기간 중 보험금이 청구되는 경우에만 보상한다.

④ 선주배상책임보험, 생산물배상책임보험은 의무배상책임보험에 해당한다.

⑤ 임원배상책임보험과 전문인배상책임보험은 배상청구기준 배상책임보험으로 분류된다.

정답 및 해설

31 ③ 손해보험은 실손보상의 원칙이 적용된다.

32 ④ 기숙사 건물, 콘도미니엄, 오피스텔, 공장 내 기숙사는 주택화재보험의 가입대상 물건에 해당하지 않는다.

33 ⑤ 주택화재보험은 벼락으로 인한 충격손해에 대해 보상하고 있다.

34 ④ 주택화재보험은 폭발 및 파열에 따른 직접손해에 대해 보상하고 있으나, 일반화재보험은 보상하지 않고 있다.

35 ⑤ ① 배상책임보험에는 보험가액의 개념이 없기 때문에 초과보험·전부보험·일부보험의 개념이 성립하지 않는다.
　　 ② 특허권, 지적재산권 등 무체재산권에 대한 배상책임손해는 보상하지 않는다.
　　 ③ 손해사고기준 배상책임보험은 보험기간 중 발생한 사고에 대해서는 보험기간이 끝나고도 계속 보상하는 보험이며, 보험기간 중 보험금이 청구되는 경우에만 보상하는 보험은 배상청구기준 배상책임보험이다.
　　 ④ 선주배상책임보험, 생산물배상책임보험은 임의배상책임보험에 해당한다

출제빈도 ★

36 다음 중 주요 배상책임보험에 대한 설명으로 옳지 <u>않은</u> 것은?

① 시설소유관리자 배상책임보험은 영업배상책임보험의 특약형태로 운영되고 있다.

② 제조상품의 결함사고로 인한 배상책임손해는 생산물 특별약관에 가입하여 담보받을 수 있다.

③ 임차자 특별약관은 임차건물에 입힌 손해에 대한 배상책임을 담보한다.

④ 가스사고배상책임보험, 체육시설배상책임보험은 가입이 강제되는 배상책임보험이다.

⑤ PC방, 노래연습장, 유흥주점 등 다중이용업소에 대한 화재배상책임보험 가입이 권장되고 있다.

출제빈도 ★★★   최신출제유형

37 다음 중 장기손해보험의 특징으로 옳지 <u>않은</u> 것은?

① 보장기능과 저축기능을 동시에 수행하고 있다.

② 해약환급금의 범위 내에서 대출이 가능하다.

③ 보험사고로 지급되는 보험금이 보험가입금액의 80% 미만이라면 보험가입금액이 그대로 유지된다.

④ 보장성보험의 경우 보험기간은 15년 이내이다.

⑤ 보험료 연체로 해지된 계약은 2016년 3월 31일 이전 계약의 해지일로부터 2년 이내, 2016년 4월 1일 이후 계약의 경우 해지일로부터 3년 이내에 부활을 청구할 수 있다.

출제빈도 ★★

38 다음 중 자동차손해배상보장법에 대한 설명으로 옳지 <u>않은</u> 것은?

① 면책요건을 입증하지 못한 운행자는 피해자에 대한 배상책임을 면할 수 없다.

② 조건부 무과실책임주의를 채택하고 있어 피해자는 과실이 없는 운전자에게 손해배상청구를 하는 경우가 생길 수 있다.

③ 피해자의 직접청구권 및 가불금청구권을 허용하지 않는다.

④ 민법의 특별법으로서 민법보다 우선적으로 적용된다.

⑤ 대인 및 대물사고에 적용되며, 자배법에 없는 내용일 경우 민법의 적용을 받는다.

39 다음 중 반의사불벌과 보험가입의 특례가 적용되지 않는 경우로 옳지 <u>않은</u> 것은?

① 중상해사고

② 추월방법 위반

③ 제한속도 10km를 초과하여 운전 중 발생한 사고

④ 무면허운전

⑤ 중앙선 침범

40 다음 중 자동차보험에 대한 설명으로 옳지 <u>않은</u> 것은?

① 가족운전자 한정특약에서 형제자매는 가족의 범위에 포함된다.

② 운전자연령 한정특약에서 운전자 연령은 사고 당시 만 나이를 기준으로 한다.

③ 무보험자동차에 의한 상해 가입 시 다른 자동차 운전담보특약에 별도 가입이 가능하다.

④ 무보험자동차에 의한 상해는 자기신체사고에서 지급되는 금액을 공제하고 지급한다.

⑤ 대인배상Ⅰ은 의무보험이다.

정답 및 해설

36 ⑤ 다중이용업소에 대해서는 화재배상책임보험의 가입을 의무화하고 있다.

37 ④ 장기손해보험의 보험기간은 15년 이내로 하되, 보장성보험의 경우 15년 이상이 가능하다.

38 ③ 피해자의 직접청구권 및 가불금청구권을 인정하고 있다.

39 ③ 제한속도 20km를 초과하여 운전 중 발생한 사고에 대하여 반의사불벌과 보험가입의 특례가 적용되지 않는다.

40 ① 형제자매는 가족운전자 한정특약의 가족의 범위에서 배제된다.

41 다음 중 국민건강보험에 대한 설명으로 옳지 <u>않은</u> 것은?

☐

① 일정한 자격요건을 갖춘 경우 본인의 의사와 상관없이 가입이 강제된다.

② 국외 체류 시, 현역병 등으로 인한 군복무 시 건강보험료의 납입이 면제된다.

③ 암 등록자의 본인부담금은 등록일로부터 5년간 총 진료비의 10%이다.

④ 현금급여에는 요양비, 본인부담금보상금, 장애인 보장구 급여비 등이 있다.

⑤ 적용 대상자는 직장가입자와 지역가입자로 구분된다.

42 다음 중 노인장기요양보험에서 일반 수급자의 자기부담금률이 올바르게 짝지어진 것은?

☐

① 재가급여 비용 : 10%, 시설급여 비용 : 20%

② 재가급여 비용 : 20%, 시설급여 비용 : 30%

③ 재가급여 비용 : 15%, 시설급여 비용 : 20%

④ 재가급여 비용 : 20%, 시설급여 비용 : 15%

⑤ 재가급여 비용 : 15%, 시설급여 비용 : 30%

43 다음 중 산업재해보상보험의 특징으로 옳지 <u>않은</u> 것은?

☐

① 사업주의 무과실 책임

② 사업주의 보험료 전액 부담

③ 근로기준법에 따른 재해보상 책임면제

④ 비례보상

⑤ 사업장 단위 위험률 적용

44 다음 중 산업재해보상보험의 급여에 대한 설명으로 옳지 <u>않은</u> 것은?

　① 휴업급여의 1일당 지급액은 평균임금의 70%에 상당하는 금액이다.

　② 업무상 부상을 당하거나 질병에 걸려 요양급여가 지급되는 경우 현물급여가 원칙이나, 부득이하게 본인이 먼저 부담한 경우에는 현금으로 지급이 가능하다.

　③ 상급병실 사용료 차액, 선택진료비에 대해서는 산재환자 본인이 부담해야 한다.

　④ 장해등급 제1급에서 제3급까지는 연금의 형태로만 장해급여가 지급된다.

　⑤ 유족급여를 받을 권리의 순위는 '배우자 ⇨ 자녀 ⇨ 손자녀 ⇨ 부모 ⇨ 조부모 ⇨ 형제자매' 순이다.

45 다음 중 금융세제에 대한 설명으로 옳지 <u>않은</u> 것은?

　① 개인별 연간금융소득이 2,000만원을 초과하는 경우 다른 종합소득과 합산하여 누진과세한다.

　② 비과세종합저축의 가입한도는 1인당 5,000만원이다.

　③ 조합원 출자금의 가입한도는 1인당 1,000만원이다.

　④ ISA는 연간 2,000만원을 한도로 최대 1억원까지 납입이 가능하다.

　⑤ ISA는 연봉 5,000만원 이상 가입자의 경우 5년간 수익 250만원까지는 과세하지 않는다.

정답 및 해설

41　③　암 등록자의 본인부담금은 등록일로부터 5년간 총 진료비의 5%이다.

42　③　일반 수급자의 경우 재가급여의 자기부담금률은 장기요양급여 비용의 15%이며, 시설급여의 본인 일부부담금은 장기요양급여 비용의 20%이다.

43　④　산업재해보상보험은 정액·정률보상한다.

44　⑤　유족급여를 받을 권리의 순위는 '배우자 ⇨ 자녀 ⇨ 부모 ⇨ 손자녀 ⇨ 조부모 ⇨ 형제자매'의 순이다.

45　⑤　ISA는 연봉 5,000만원 이상 가입자의 경우 5년간 수익 200만원까지는 과세하지 않는다.

46 다음 빈칸에 공통으로 들어갈 내용으로 적절한 것은?

> 만기 (   ) 이상인 저축성보험의 이자소득세는 비과세되며 이 경우 (   ) 이내에 원금의 일부를 중도에 인출하더라도 원 계약이 (   ) 이상 유지되면 이자소득세는 비과세된다.

① 3년   ② 5년   ③ 7년
④ 10년   ⑤ 15년

47 다음 중 상속증여세제에 대한 설명으로 적절하지 <u>않은</u> 것은?

① 저축성보험의 경우 보험사고 납입일이 아닌 만기일을 증여한 날로 본다.

② 보험사고 발생일에 계약자와 수익자가 다른 경우, 계약자가 수익자에게 보험금을 증여한 것으로 간주하여 증여세를 과세한다.

③ 장애인을 수익자로 하는 장애인 전용 보험금은 연 4,000만원 한도로 증여세를 비과세한다.

④ 피상속인과 계약자가 동일한 경우 피상속인의 사망으로 받는 사망보험금은 상속재산으로 본다.

⑤ 보험계약 기간에 타인에게 증여 받은 현금으로 보험료를 납부한 경우의 보험차익은 증여로 보지 않는다.

48 질문에 의한 정보수집 방법 중 주제에 대한 고객의 생각을 묻는 질문을 통해 고객의 생각이나 느낌, 견해 등을 확인하는 질문으로 옳은 것은?

① 요점화법   ② 투사화법   ③ 개방형 질문
④ 현상파악 질문   ⑤ 대화의 일시적 멈춤

49 다음 중 보험상담 프로세스의 프리젠테이션 및 클로징 단계에 대한 설명으로 옳지 <u>않은</u> 것은?

□

① 논리적으로 설명해야 하며, 감정에 호소해선 안 된다.

② 고객에게 해당 상품이 필요한 모든 이유를 제시해야 한다.

③ 문제점에 대해 직접 설명하는 것보다는 질문을 던지고 고객이 답을 낼 때까지 기다리는
   것이 좋다.

④ 고객이 가입을 거절했을 때 거절이유에 대한 지나친 공감은 삼간다.

⑤ 계약서류는 될 수 있는 한 상담을 시작할 때 눈에 보이는 곳에 두는 것이 좋다.

정답 및 해설

46 ④ 만기 (10년) 이상인 저축성보험에 대해서는 이자소득세가 비과세되며, 이 경우 원금의 일부를 (10년) 이내에 중도인출하
   더라도 원 계약이 (10년) 이상 유지되면 이자소득세가 비과세된다.

47 ⑤ 보험계약 기간에 타인에게 재산을 증여 받아 보험료를 납부한 경우, 보험차익을 증여로 보아 과세한다.

48 ③ 개방형 질문은 주로 상담 초기에 사용할 수 있는 기법으로 주제에 대한 고객의 생각을 묻는 질문을 통해 고객의 생각이나
   느낌, 견해 등을 확인하는 방법이다.

49 ① 고객이 결단을 내리는 순간은 바로 감정이 움직였을 때이므로 자료와 통계를 이용해 논리적으로 설명하되, 감정에 호소해
   야 한다.

■ 출제경향 및 학습전략

은퇴설계는 제3과목 전체 20문제 중 총 10문제가 출제된다.

은퇴설계의 경우 다른 과목에 비해 상대적으로 난도가 낮은 과목으로 꼼꼼히 학습하면 고득점을 노릴 수 있는 과목이다. 은퇴설계의 필요성, 은퇴생활 위험요소, 은퇴자금 설계 주요 포인트, 연령대별 은퇴설계, 은퇴설계 프로세스 순서, 고객 니즈 파악 시 주의점, 면담의 효과 등 자주 출제되는 부분의 큰 틀을 이해하는 위주로 학습하는 것이 필요하다. 단, 국민연금과 특수직역연금제도의 가입대상, 보험료, 연금수령 조건과 퇴직연금제도별 특징, 연금저축계좌의 세제적격요건 등에 대해서는 숫자를 중심으로 세부내용의 꼼꼼한 암기가 필요하다.

■ 빈출포인트

구 분	문제번호	빈출포인트	출제빈도	페이지
은퇴설계 기본이해 (29%)	01~02	은퇴설계 정의 및 은퇴환경 변화	★★★	p.288
	03	은퇴생활 위험요소	★★	p.289
	04	은퇴자금 설계 주요 포인트	★★★	p.289
	05	은퇴설계의 비재무적 요소	★★	p.290
	06	연령대별 은퇴설계	★★	p.290
은퇴 관련 제도의 이해 (52%)	07~09	공적연금제도	★★★	p.291~292
	10~12	사적연금제도	★★★	p.292~293
	13~16	기타 제도	★★★	p.294~295
은퇴설계 프로세스 (19%)	17	은퇴설계 프로세스 개요	★★★	p.296
	18~19	1단계 – 고객과 관계정립 및 정보수집	★★	p.296~297
	20~23	2단계 – 고객 현황 분석 및 은퇴설계 제안	★★	p.297~299

제3과목 **보험 및 은퇴설계**

·
·
·
·
·

제2장
은퇴설계

✓ 개념완성문제를 통해 은행FP 자산관리사 시험에 나오는 개념을 이해할 수 있습니다.

✓ 다시 봐야 할 문제(틀린 문제, 풀지 못한 문제, 헷갈리는 문제 등)는 문제 번호 하단의 네모박스(□)에 체크하여 반복학습 할 수 있습니다.

은퇴설계 정의 및 은퇴환경 변화

출제빈도 ★★★

01 다음 중 은퇴설계에 대한 설명으로 옳지 <u>않은</u> 것은?

□

① 소득이 없는 은퇴 이후의 삶을 위한 재무적·비재무적 요소를 균형 있게 설계하는 것이다.

② 은퇴설계에는 경제적인 부분(재무), 건강, 의미있고 보람된 삶(비재무) 3가지 측면이 있다.

③ 고령화가 급속하게 진행됨에 따라 사회경제시스템이 적절하게 대응하지 못하고 있다.

④ 은퇴설계가 필요하게 된 배경에는 기대수명의 급속한 증가, 개인의 노후준비 정도 부족, 자녀의 부모 부양에 대한 인식 약화 등이 있다.

⑤ 은퇴설계는 은퇴 이전에 노후를 위한 준비를 하는 것으로 특정 시점에 이루어지고 있다.

은퇴설계 정의 및 은퇴환경 변화

출제빈도 ★★★

02 다음 중 우리나라의 은퇴환경에 대한 설명으로 옳지 <u>않은</u> 것은?

□

① 최빈 사망연령이 90대가 되는 시점을 '100세 시대'라고 한다.

② 기대수명은 2010년에 80세를 넘겼고, 이후에도 증가하고 있는 추세이다.

③ 2020년에 고령인구가 20%가 넘는 초고령사회로 진입했으며, 세계에서 가장 빠른 고령화 속도를 보이고 있다.

④ 다른 선진국에 비해 연금소득의 비중이 상당히 낮기 때문에 노후빈곤 문제가 대두될 수 있다.

⑤ 자녀의 부모 부양에 대한 인식 약화에 따라 개인 스스로 노후를 준비해야 한다는 인식이 커질 것이다.

정답 및 해설

01 ⑤ 은퇴설계는 특정 시점에 이루어지는 것이 아닌 전 생애에 걸쳐 이루어진다고 할 수 있다.

02 ③ 우리나라는 2018년에 고령사회에 진입했으며, 2025년에 초고령사회에 진입할 것으로 예상된다.

참고 고령인구 14% 이상이면 고령사회, 20% 이상이면 초고령사회라고 한다.

03 다음 중 은퇴생활의 위험요소와 관련된 설명으로 옳지 <u>않은</u> 것은?

☐

① 현재의 기대수명보다 5~6살을 더한 나이를 기준으로 은퇴설계를 하여 충분한 은퇴자금을 마련하는 것이 바람직하다.

② 노후에 질병 등으로 건강하지 못한 상태가 되어 발생하는 리스크를 노후 건강 리스크라고 한다.

③ 예상보다 오래 살게 됨에 따라 발생하게 되는 위험을 생명 리스크라고 한다.

④ 인플레이션 리스크란 물가 상승에 따른 실질 자산가치의 하락을 말한다.

⑤ 퇴직연금이나 개인연금의 연금액은 물가상승을 반영하지 않으므로 장기적으로 연금수령액이 증가하도록 설계하는 등의 방안을 강구해야 한다.

04 다음 중 은퇴자금 설계의 주요 포인트에 대한 설명으로 옳지 <u>않은</u> 것은?

☐

① 라이프 사이클상의 이벤트 순서대로 재무 목표를 하나씩 정해 해결하는 것이 가장 바람직하다.

② 기대수명이 증가함에 따라 최대한 자금의 인출 시기를 늦춰 장수 리스크에 대응할 필요가 있다.

③ 부부 중심의 은퇴설계를 해야 하며, 남편의 사망 후 여성 혼자 살아가야 하는 10년에 대한 대비도 필요하다.

④ 노후자산으로서 부동산이 가지고 있는 맹점을 인식해야 하며, 부동산 자산에 편중된 자산 구조를 재조정해야 한다.

⑤ 재취업 혹은 사적연금을 활용하여 은퇴 크레바스를 극복하는 전략이 필요하다.

용어 알아두기
은퇴 크레바스 은퇴 후 연금을 받기 전까지 생기는 소득의 공백기를 말한다.

정답 및 해설

03 ③   예상보다 오래 살게 됨에 따라 발생하게 되는 위험은 장수 리스크라고 한다.

04 ①   라이프 사이클상의 이벤트 순서대로 재무 목표를 하나씩 정해 해결할 경우, 노후자금을 준비할 수 있는 여력과 기간이 줄게 되므로 재무 목표별로 투자 및 저축을 동시에 하는 것이 바람직하다.

05 다음 중 은퇴설계의 비재무적 요소에 대한 설명으로 옳지 <u>않은</u> 것은?

① 가족, 친구, 이웃 등과의 네트워크를 구축하는 것은 은퇴생활의 삶의 질을 좌우할 만큼 중요한 요소이다.

② 노후의 거주지는 도시에서 벗어나 심리적 안정과 여유를 느낄 수 있는 전원주택을 선택하는 것이 좋다.

③ 인간으로서의 품위를 지키며 행복하게 죽는 웰 다잉을 위한 준비를 한다.

④ 생활리듬, 경제 감각, 체력 등 은퇴 이후에 나타나는 일반적 변화를 이해할 필요가 있다.

⑤ 은퇴 이후에도 기존 주택에 계속 거주하고자 하는 고객에게는 배리어 프리 관점에서 기존 주택을 리모델링할 것을 권유한다.

06 다음 중 연령대별 은퇴설계에 대한 설명으로 옳지 <u>않은</u> 것은?

① 40대에는 노후 준비와 그 외의 재무 목표를 동시에 추구해야 한다.

② 20~30대는 노후자금 마련을 위해 DC형 퇴직연금과 개인연금을 이용할 경우 원금보장형 상품을 활용하는 것이 좋다.

③ 50대에는 단기에 고수익을 노리는 투기가 아니라 설정한 목표 수익률과 고객의 리스크 허용도에 맞춰 분산투자를 하도록 해야 한다.

④ 60대 이상은 주택의 다운사이징, 주택연금을 활용한 부동산의 현금화 등을 통해 은퇴자금을 확보할 필요가 있다.

⑤ 은퇴설계는 연령에 관계없이 가능한 빨리 시작하는 것이 좋으며, 특히 재무적인 준비가 가장 중요한데 20~30대는 3층 연금제도를 최대한 활용하도록 한다.

정답 및 해설

05 ② 도시에서 벗어나 있는 전원주택은 도시 접근성이 불편하여 사회활동·여가활동을 하는 데 지장을 줄 수 있다.

06 ② 20~30대는 은퇴까지 긴 시간 동안 투자할 수 있기 때문에 투자형 상품을 활용하는 것이 좋다.

07 다음 중 국민연금제도에 대한 설명으로 옳지 <u>않은</u> 것은?

① 국가가 운영하는 공적연금으로 만 18세 이상 만 60세 미만 국민이 가입대상이다.

② 최소 10년 이상 국민연금을 납부해야만 국민연금 수급권이 발생한다.

③ 물가변동률을 반영한 연금액을 지급하므로 실질연금수령액의 가치보존이 가능하다.

④ 전업주부는 국민연금에 가입할 수 없다.

⑤ 1969년생 이후 출생자는 만 65세부터 노령연금을 수령할 수 있다.

08 다음 중 국민연금제도에 대한 설명으로 옳지 <u>않은</u> 것은?

① 반환일시금 반납제도는 국민연금 가입자격을 재취득한 경우 과거에 수령한 반환일시금의 반납을 통해 과거 가입기간을 복원하는 것이다.

② 연금보험료 추후 납부제도는 납부예외기간 동안의 연금보험료를 납부할 수 있도록 하는 제도이다.

③ 연기연금제도는 노령연금 수급자가 희망할 경우 1회에 한해 최대 3년간 연금액의 전부 또는 일부의 지급을 연기할 수 있는 제도로, 지급 연기 금액은 매 1년당 7.2%(월 0.6%)의 연금액이 가산되어 지급된다.

④ 가입자 대출제도는 만 60세 이상 국민연금 수급자가 의료비 등 긴급자금이 필요한 경우 일정한도 내에서 저리로 대출해주는 제도이다.

⑤ 노령연금은 가입기간 10년을 초과하는 1년마다 5%를 가산하여 지급한다.

정답 및 해설

07 ④ 전업주부는 국민연금의 의무 가입대상은 아니지만, 본인이 희망할 경우 임의로 가입할 수 있다.

08 ③ 연기연금제도는 노령연금 수급자가 희망할 경우 1회에 한해 최대 5년간 연금액의 전부 또는 일부의 지급을 연기할 수 있는 제도이다.

09 다음 중 특수직역연금제도에 대한 설명으로 옳지 <u>않은</u> 것은?

① 공무원연금의 재원은 공무원 개인의 기여금과 국가 등의 부담금으로 마련된다.

② 2016년부터는 10년 이상 근무 후 퇴직 시 퇴직연금을 받을 수 있다.

③ 군인연금은 연금수령 기준이 다른 직역연금과 달리 나이가 아닌 복무기간이라는 특징이 있다.

④ 군인연금은 복무기간이 10년 이상일 때 퇴역연금을 수령할 수 있다.

⑤ 공적연금 연계제도는 연금을 수령하기 위한 최소가입기간을 채우지 못한 경우 국민연금과 직역연금 간 가입기간을 합산하여 연금을 받을 수 있도록 하는 제도이다.

10 다음 중 확정급여형(DB형) 퇴직연금제도에 대한 적절한 설명으로 모두 묶인 것은?

> 가. 퇴직급여의 수준이 사전에 확정된다.
> 나. 일정 조건을 충족하면 중도인출이 가능하다.
> 다. 퇴직급여를 예상할 때 변수가 적어 퇴직 이후의 자금 설계에 용이하다.
> 라. 기업의 부담금 수준은 고정적이지 않다.
> 마. 근로자는 자산운용에 대한 모든 책임을 지게 된다.

① 가, 나, 다   ② 가, 다, 라   ③ 나, 다, 라

④ 나, 다, 라, 마   ⑤ 가, 나, 다, 라, 마

정답 및 해설

09 ④ 퇴역연금은 복무기간이 20년 이상일 때 수급 가능하다.

10 ② '가, 다, 라'는 확정급여형 퇴직연금제도에 대한 적절한 설명에 해당한다.
         나. DB형은 중도인출이 불가능하다.
         마. DB형은 기업에게 자산운용에 대한 책임이 있다.

11 다음 중 DC형과 IRP의 중도인출 사유로 옳지 <u>않은</u> 것은?

① 무주택자인 가입자가 본인 명의의 주택을 구입하는 경우

② 임금피크제 실시에 따라 임금이 줄어드는 경우

③ 근로자 등이 질병 또는 부상으로 3개월 이상 요양하는 경우

④ 중도인출 신청일부터 역산하여 5년 이내 파산선고를 받은 경우

⑤ 무주택자인 근로자가 주거를 목적으로 전세금을 부담하는 경우

12 다음 중 세제적격 연금저축계좌에 대한 적절한 설명으로 모두 묶인 것은?

> 가. 납입기간은 5년 이상이어야 한다.
> 나. 세제적격 연금상품의 변천과정은 개인연금저축, 연금저축, 연금저축계좌 순으로 이루어졌다.
> 다. 연간 세액공제 한도액은 400만원이다.
> 라. 세액공제율은 총급여액이 5,500만원 이하면 16.5%, 5,500만원 초과하면 13.2%이다.
> 마. 연간 연금 수령액이 1,200만원 이하인 경우는 분리과세와 종합과세 중에서 선택 가능하다.

① 가, 나, 다　　　　② 나, 라, 마　　　　③ 가, 라, 마

④ 가, 나, 라, 마　　⑤ 가, 나, 다, 라, 마

용어 알아두기
세액공제 과세소득금액에 세율을 적용한 산출세액에서 일정 금액을 공제하는 것을 말한다.

정답 및 해설

11　③　근로자, 배우자, 부양가족 등이 질병 또는 부상으로 6개월 이상 요양하는 경우 중도인출 사유에 해당한다.

12　④　'가, 나, 라, 마'는 세제적격 연금저축계좌에 대한 적절한 설명에 해당된다.
　　　다. 연간 세액공제 한도액은 600만원이다.

13 다음 중 주택연금제도에 대한 설명으로 옳지 <u>않은</u> 것은?

출제빈도 ★★★

① 부부를 기준으로 공시가격이 12억원 이하인 주택을 한 채만 소유했거나, 다주택 보유자의 경우 보유주택 합산 공시가격이 12억원 이하일 경우 가입이 가능하다.

② 부부 중 한 명이 먼저 사망하더라도 남은 배우자가 동일한 금액을 그대로 이어서 받는다.

③ 부부 모두가 사망한 경우 정산 시점까지 받은 연금액이 처분한 집값을 초과해도 상속인에게 추가 청구를 하지 않는다.

④ 근저당권 설립일 기준으로 주택소유자 본인과 배우자 모두 만 55세 이상이어야 한다.

⑤ 주택연금의 담보 제공방식에는 근저당권 설정과 신탁방식이 있다.

14 다음 중 농지연금제도에 대한 설명으로 옳지 <u>않은</u> 것은?

출제빈도 ★★★

① 농지소유자 본인이 만 60세 이상이어야 하며 신청일을 기준으로 농업인이어야 한다.

② 영농경력은 신청일 기준으로부터 과거 10년 이상 영농경력이 있어야 한다.

③ 대상 농지는 지목이 전, 답, 과수원으로서 실제 영농에 이용 중인 농지여야 한다.

④ 6억원 이하 농지의 경우 재산세가 전액 감면된다.

⑤ 연금 지급방식으로 종신형과 기간형이 있으며, 지급방식에 따라 가입 가능연령이 다르다.

정답 및 해설

13　④　근저당권 설립일 기준으로 주택소유자 본인 또는 배우자가 만 55세 이상이면 된다.

14　②　영농경력은 신청일 기준으로부터 과거 5년 이상 영농경력이 있어야 한다.

15 **다음 중 노인장기요양보험에 대한 설명으로 옳지 않은 것은?**

① 국민건강보험 가입자는 장기요양보험의 가입이 법률상 강제되어 있다.

② 장기요양인정 신청자격은 60세 이상의 노인 또는 60세 미만인 자로 노인성 질병을 가진 자에게 주어진다.

③ 건강보험제도와는 별개의 제도로 도입 및 운영되고 있다.

④ 2023년부터 장기요양보험료 산정방식은 소득에 장기요양보험료율을 곱하는 것으로 변경되었다.

⑤ 의료급여 수급권자도 일정 자격요건을 갖춘 경우 장기요양인정 신청을 할 수 있다.

16 **다음 중 성년후견제도에 대한 설명으로 옳지 않은 것은?**

① 성년후견제도에는 크게 법정후견과 임의후견이 있다.

② 법정후견에는 성년후견, 한정후견, 특정후견이 있다.

③ 한정후견의 후견인은 법원이 정한 범위 내에서 대리권과 동의권, 취소권의 권한을 가진다.

④ 성년후견인은 임의로 선임이 가능하다.

⑤ 거동이나 의사소통이 불가능한 부모의 은행대출 연장을 위해서 대출연장 업무에 한해서만 후견인을 선임하는 것은 특정후견에 해당한다.

정답 및 해설

15 ② 장기요양인정 신청자격은 65세 이상의 노인 또는 65세 미만으로서 치매 등의 노인성 질병을 가진 자에게 주어진다.

16 ④ 성년후견인은 임의가 아닌 피후견인 주소지의 가정법원에 청구해야 한다.

17 다음 중 은퇴설계 프로세스에 대한 설명으로 옳지 <u>않은</u> 것은?

출제빈도 ★★★

① 은퇴설계 프로세스는 크게 3단계에 걸쳐 이루어진다.

② 1단계는 고객과의 관계를 정립하는 단계이다.

③ 2단계는 고객의 정보를 분석하여 은퇴설계 제안서를 작성하고 제안하는 단계이다.

④ 2단계에서는 라이프 이벤트 표를 작성한다.

⑤ 3단계는 제안한 내용을 고객이 실행하는 것을 지원하고 사후관리를 하는 단계이다.

18 다음 중 은퇴설계 프로세스 1단계에서 고객에게 설명해야 할 사항이 <u>아닌</u> 것은?

출제빈도 ★★

① 은퇴설계의 목적

② 컨설팅 보수에 대한 사항

③ FP와 고객의 책임에 대한 사항

④ 가계 대차대조표 작성방법

⑤ 전체 흐름에 대한 설명 및 고객에게 제공하는 서비스 내용

정답 및 해설

17 ④ 라이프 이벤트 표 작성은 1단계에서 이루어진다.

18 ④ 가계 대차대조표 작성방법은 은퇴설계 프로세스 1단계에서 고객에게 설명해야 할 사항에 해당하지 않는다.

출제빈도 ★★

19 다음 중 고객 면담의 의의와 효과에 대한 설명으로 옳지 <u>않은</u> 것은?

① 재무상태, 은퇴자금 준비 현황 등을 한 번에 파악할 수 있다.

② FP의 전문성을 보여줄 수 있는 기회가 되며 고객과의 신뢰감을 형성할 수 있다.

③ 질문지만으로 파악하기 힘든 미묘한 뉘앙스를 파악할 수 있다.

④ 고객의 성격에 대해 구체적으로 이해할 수 있다.

⑤ 은퇴생활에 대한 고객의 생각, 투자성향을 파악할 수 있다.

2단계 – 고객 현황 분석 및 은퇴설계 제안

출제빈도 ★★

20 다음 중 현금흐름표 작성에 대한 설명으로 옳지 <u>않은</u> 것은?

① 가족 구성원과의 관계는 본인 관점에서의 관계를 기입한다.

② 1년을 단위로 작성하며, 1월 1일에서 12월 31일이 기준일이 된다.

③ 월급 등의 항목에 대해서는 보수적으로 설정하는 것이 바람직하다.

④ 단기간 안에 현금화할 수 있는 상품은 저축 잔액에 포함시켜야 한다.

⑤ 은퇴설계의 목적에 적합하며, 고객이 이해하기 쉬운 운용수익률을 선택하여 적용한다.

정답 및 해설

19 ① 고객의 재무상태, 은퇴자금 준비 현황 등을 한 번의 면담을 통해 파악하기는 어려우며, 해당 사항들은 질문지를 통해 보다 정확한 정보를 얻을 수 있다.

20 ④ 예·적금 외에 단기간에 현금화가 가능한 상품을 저축 잔액에 포함할지의 여부는 고객과 사전에 결정하는 것이 바람직하다.

출제빈도 ★★

21 다음 중 은퇴설계 현금흐름표상 지속적인 수입으로 분류되지 <u>않는</u> 것은?

☐

① 급여소득   ② 사업소득   ③ 특수직역연금

④ 개인연금   ⑤ 자산 매각 수입

출제빈도 ★★

22 다음 중 가계 대차대조표 작성에 대한 설명으로 옳지 <u>않은</u> 것은?

☐

① 일정 시점의 가계의 자산과 부채 현황을 나타내는 표이다.

② 자산과 부채 및 순자산으로 구성된다.

③ 현금자산은 정기예금, 연금보험 등이 해당되며 작성 시점에서의 잔고를 기입한다.

④ 투자자산은 채권, 펀드, DC형 퇴직연금 등이 해당되며, 장부가를 기준으로 기입한다.

⑤ 실물자산은 소유하고 있는 아파트, 토지 등이 해당되며, 시가를 기준으로 기입한다.

정답 및 해설

21 ⑤   자산 매각 수입은 일시적인 수입에 해당한다.

22 ④   투자자산은 장부가(취득 가격)가 아닌 현재 시가를 기준으로 기입한다.

출제빈도 ★★

23 다음 중 은퇴설계 제안서 작성에 대한 설명으로 옳지 <u>않은</u> 것은?

① 서술어를 통일하여 고객이 읽기 쉽도록 작성한다.

② 표나 데이터 작성 시 반드시 전제조건을 기입한다.

③ 중요한 내용 혹은 결론에는 밑줄이나 색깔로 표시하여 강조한다.

④ 다양한 대책을 나열하는 것도 좋은 방법이다.

⑤ 고객의 이해를 위해 전문용어의 사용은 지양한다.

정답 및 해설

23 ④ 자산관리사는 문제 해결을 위해 여러가지 대안을 제시할 경우 가장 중요한 대책을 명확하게 표시해야 하며, 단순히 다양한 대책을 나열하는 것은 좋지 않다.

✓ 출제예상문제를 통해 다양한 은행FP 자산관리사 문제를 풀어볼 수 있습니다.

✓ 다시 봐야 할 문제(틀린 문제, 풀지 못한 문제, 헷갈리는 문제 등)는 문제 번호 하단의 네모박스(□)에 체크하여 반복학습 할 수 있습니다.

출제빈도 ★★★ 최신출제유형

01 다음 중 은퇴설계에 대한 설명으로 옳지 <u>않은</u> 것은?

□

① 연금 수령액이 낮은 수준인 우리나라의 경우 연금소득만으로는 은퇴 이후의 삶을 영위하기 힘들다.

② 은퇴설계는 특정 시점에만 이루어지는 것이 아니라 전 생애에 걸쳐 이루어진다.

③ 은퇴설계는 재무적인 요소에 중점을 두고 설계된다.

④ 노후의 자금을 준비하는 것도 중요하지만, 노후에 필요한 목돈을 어떻게 관리하고 인출하느냐도 상당히 중요하다.

⑤ 사회경제시스템이 급속한 고령화에 적절히 대응하지 못하고 있음에 따라 은퇴설계의 필요성을 고객에게 제고시킬 필요가 있다.

출제빈도 ★★

02 다음 중 우리나라의 고령화에 따른 문제점에 해당하지 <u>않는</u> 것은?

□

① 노후자금 준비 수준이 매우 미흡하다.

② 65세 이상 고령층의 진료비가 급증하고 있다.

③ 절대적인 노후빈곤 문제가 대두되고 있다.

④ 노후 수입원 중 연금소득이 차지하는 비중이 가장 높다.

⑤ 핵가족화가 일반화됨에 따라 노인 간병 문제가 최대 난제가 되었다.

출제빈도 ★ 최신출제유형

03 다음 중 용어와 그에 해당하는 설명의 연결로 옳지 <u>않은</u> 것은?

□

① 최빈 사망연령 – 가장 많은 사람이 사망한 연령

② 기대수명 – 0세의 출생자가 앞으로 몇 년을 더 생존할 것인가에 대한 기대치

③ 건강수명 – 평균수명에서 질병이나 부상 등으로 몸이 아픈 기간을 제외한 기간

④ 기대여명 – 특정 연령대의 사람이 앞으로 몇 년을 더 생존할 것인가에 대한 기대치

⑤ 초고령사회 – 전체 인구 중 60세 이상 인구의 비중이 20%를 넘는 사회

출제빈도 ★★

04 다음 중 '은퇴 후 연금을 받기 전까지 생기는 소득의 공백기'를 나타내는 용어는?

① 은퇴 크레바스 ② 액티브 에이징 ③ 배리어 프리

④ 앙코르 커리어 ⑤ 종 활

정답 및 해설

01 ③ 은퇴설계는 재무적인 요소와 비재무적인 요소가 균형 있게 설계되어야 한다.

02 ④ 우리나라의 경우 다른 선진국과 비교해 볼 때 노후 수입원 중 연금소득이 차지하는 비중이 상당히 낮다.

03 ⑤ 초고령사회는 전체 인구 중 65세 이상 인구의 비중이 20%를 넘는 사회를 말한다.

04 ① 은퇴 후 연금을 받기 전까지 생기는 소득의 공백기를 '은퇴 크레바스'라고 한다.

05 다음 중 은퇴자금 설계의 주요 포인트로 옳지 <u>않은</u> 것은?

① 은퇴 크레바스 극복 전략 수립

② 남편 중심의 은퇴설계

③ 노후 필수 자금 준비

④ 적립 및 인출 전략 수립

⑤ 부동산 리스크 인식

06 다음 중 은퇴자금 설계 관련 주요 포인트에 대한 설명으로 옳지 <u>않은</u> 것은?

① 우리나라 국민이 1인당 평생 사용하는 의료비는 남성과 여성이 비슷한 수준이다.

② 자금관리효과를 극대화하기 위해 강제저축과 소비통제를 병행하여 사용한다.

③ 우리나라의 가계가 보유하고 있는 자산은 부동산에 편중되어 있다.

④ 재무 목표별로 투자와 저축을 동시에 해야 한다.

⑤ 은퇴자금의 인출시기를 최대한 늦춰 장수 리스크에 대비한다.

07 다음 중 은퇴설계의 비재무적 요소에 대한 설명으로 옳지 <u>않은</u> 것은?

① 은퇴 이후 사회 관계망의 축소로 우울증을 겪을 수 있는 만큼 관계망에 대해 많은 신경을 써야 한다.

② 취미나 여가활동은 개인의 사적인 영역이므로 비재무적인 요소로 고려하지 않는다.

③ 자신의 삶을 되돌아보며 자서전을 쓰는 것도 웰 다잉을 위한 좋은 방법이 될 수 있다.

④ 고령자를 감안한 유니버설 디자인은 고령자가 거주 공간에서 오랫동안 건강하게 생활할 수 있게 한다.

⑤ 은퇴 이후 변화에는 생활리듬의 변화, 자신의 사회적 입장 변화, 가정 내 역할 변화, 경제 감각의 변화, 체력 및 운동능력의 변화가 있다.

08 다음 중 은퇴설계 시 검토해야 할 사항으로 옳지 <u>않은</u> 것은?

① 100세 시대에 맞게 인생지도를 재설계할 필요가 있다.

② 삶의 만족도를 높이기 위해 은퇴 이후 시간의 활용에 대해서도 염두에 둬야 한다.

③ 부부 중심의 은퇴설계를 해야 한다.

④ 연금소득보다는 목돈을 마련하는 것이 중요하다.

⑤ 재무적·비재무적인 요소가 균형을 이루는 은퇴설계를 해야 한다.

09 다음 중 각 연령대별 은퇴설계 관련 내용의 연결로 옳지 <u>않은</u> 것은?

① 30대 : 재산을 모으기 시작하는 시기로 종자돈을 만들어야 한다.

② 40대 : 노후자금과 목돈 만들기를 동시에 추구한다.

③ 50대 : 3층 연금제도를 적극적으로 활용한다.

④ 60대 : 즉시연금 상품, 주택연금 등을 활용하여 가계의 현금흐름을 창출한다.

⑤ 60대 : 예금, 펀드 등 다양한 상품에 투자해야 한다.

정답 및 해설

05 ② 부부 중심의 은퇴설계가 이루어져야 한다.

06 ① 우리나라 국민이 1인당 평생 사용하는 의료비는 여성이 남성보다 많다.

07 ② 은퇴 이후의 시간활용을 위한 봉사활동 등 사회활동과 취미·여가활동은 은퇴설계의 비재무적인 요소로서 고려해야 할 사항이다.

08 ④ 일시적인 목돈보다는 매월 정기적으로 소득이 들어오는 연금 수급권, 즉 평생 소득이 중요하다.

09 ⑤ 60대는 이미 은퇴시기에 접어든 세대로 기존 자산을 활용한 은퇴자금의 확보가 초점이 되어야 하며, 예금, 펀드 등 다양한 상품에 투자하는 것은 적절하지 않다.

10 다음 중 국민연금제도에 대한 설명으로 옳지 <u>않은</u> 것은?

① 직장가입자의 보험료율은 기준소득월액의 9%이며, 근로자와 사용자가 절반씩 부담한다.

② 수급권자에게 지급된 급여로 185만원 이하의 금액은 압류가 금지되어 있다.

③ 노후에 연금을 수령받기 위해 반드시 가입기간 20년을 채워야 한다.

④ 출산, 군복무 및 실업에 대해 연금 가입기간을 추가로 인정해주는 크레딧 제도를 운영하고 있다.

⑤ 임의계속가입자는 60세에 도달한 자로서, 가입기간이 부족하거나 가입기간을 연장하고자 하는 경우 65세 이전 본인의 신청에 의해 가입한 자이다.

11 다음 중 국민연금 보험료에 대한 설명으로 옳지 <u>않은</u> 것은?

① 국민연금 보험료는 가입자의 기준소득월액에 연금보험료율(9%)을 곱하여 산정한다.

② 사업장가입자는 회사와 본인이 절반씩 보험료를 부담하고, 지역가입자는 본인이 보험료 전액을 부담한다.

③ 과거 수령한 반환일시금에 소정의 이자를 가산하여 반납하면 과거 가입기간을 복원할 수 있다.

④ 연금보험료 추후납부제도의 대상기간은 최대 10년이고, 추후납부 보험료는 전액을 일시에 납부해야만 한다.

⑤ 연금보험료 추후납부 시 적용되는 기준소득월액은 현재 소득 기준으로 한다.

12 국민연금 가입자(출생연도 1957년)의 국민연금 가입기간이 10년을 초과한 경우 노령연금 수령시기는?

① 만 60세　　　　② 만 61세　　　　③ 만 62세

④ 만 63세　　　　⑤ 만 64세

13 다음 중 국민연금 관련 세금에 대한 설명으로 옳지 <u>않은</u> 것은?

① 가입자가 부담한 연금보험료 전액(추납보험료 포함)에 대해서 세액공제 혜택이 있다.

② 사용자 부담분과 연체금, 반납금에 대해서는 세제혜택이 없다.

③ 노령연금 및 반환일시금을 수령하는 경우는 소득세 과세대상이다.

④ 장애연금과 유족연금을 수령하는 경우는 소득세 과세대상이 아니다.

⑤ 연말정산 시 과세 대상 연금소득에 대해 900만원 한도로 연금소득공제 혜택이 있다.

14 다음 중 공무원연금제도에 대한 설명으로 옳지 <u>않은</u> 것은?

① 1960년에 시행된 것으로 국민연금보다 도입시기가 빠르다.

② 공무원 및 군인을 가입대상으로 한다.

③ 연금보험료율의 가입자기여율은 2015년 7%에서 점진적으로 상승하여 2020년 이후에는 9%가 됐다.

④ 퇴직연금 지급 개시연령은 2033년 이후에는 65세로 상향된다.

⑤ 2016년부터는 퇴직연금을 수령하기 위한 최소 가입기간은 10년이다.

제3과목 보험 및 은퇴설계

해커스 은행FP 자산관리사 1부 최종핵심정리문제집

정답 및 해설

10	③	노후에 연금을 받기 위해서는 가입기간 10년을 채워야 한다.
11	④	추후 납부 보험료는 전액을 일시에 납부하거나 월단위로 최대 60회 분할 납부할 수 있다.
12	③	1957년 출생자의 국민연금 수령시기는 만 62세부터이다.
13	①	가입자가 부담한 연금보험료 전액(추납보험료 포함)에 대해서 소득공제 혜택이 있다.
14	②	군인은 공무원연금이 아닌 군인연금 가입대상이 된다.

출제빈도 ★★

15 다음 중 공무원연금의 급여 중 장기급여에 해당하지 <u>않는</u> 것은?

① 퇴직급여   ② 유족급여   ③ 공무상 요양비

④ 재해보상급여   ⑤ 퇴직수당

출제빈도 ★★   최신출제유형

16 다음 중 특수직역연금제도에 대한 설명으로 옳지 <u>않은</u> 것은?

① 군인연금제도는 연금 수령 기준을 다른 직역연금과 달리 나이가 아닌 복무 기간으로 하고 있다.

② 초등학교부터 대학교에 이르는 모든 사립학교에서 근무하는 정규 교직원은 사학연금의 가입대상이 된다.

③ 공적연금 연계제도의 수급 요건은 각 제도별 가입기간을 합산해 10년 이상이어야 한다.

④ 국민연금과 직역연금 간 연계 시 연계연금의 지급은 국민연금공단이 수행한다.

⑤ 특수직역연금은 가입자의 소득에 비례해 적용되는 소득비례연금이다.

출제빈도 ★★★

17 다음 중 확정기여형(DC형) 퇴직연금제도에 대한 설명으로 옳지 <u>않은</u> 것은?

① 기업의 부담금 수준이 사전에 확정되어 있다.

② 퇴직급여액은 퇴직금과 동일한 수준이다.

③ 일정한 조건을 충족하면 중도인출이 가능하다.

④ 새 직장의 DC형 및 IRP로 이전할 수 있다.

⑤ 적립금의 운용책임은 모두 근로자에게 있다.

18 다음 중 퇴직연금제도에 대한 설명으로 옳지 <u>않은</u> 것은?

☐ ① DB형과 DC형의 경우 퇴직급여를 연금으로 받으려면 가입기간이 10년 이상이면서 55세 이상이어야 한다.

② 근로자가 있는 모든 기업은 퇴직금제도와 퇴직연금제도 중 한 개 이상을 의무적으로 도입해야 한다.

③ 근로자가 있는 기업은 DB형과 DC형을 모두 도입하여 근로자에게 선택권을 주어야 한다.

④ 2022년 4월부터 퇴직연금 미도입 기업도 근로자 퇴직 시 퇴직금을 IRP 계좌로 이전하는 것을 의무화했다.

⑤ 퇴직금제도와 퇴직연금제도를 합해 퇴직급여제도라고 한다.

정답 및 해설

15 ③ 공무상 요양비는 단기급여에 해당한다.

16 ④ 연계연금 지급은 가입기간만큼 각 연금기관이 수행하게 된다.

17 ② DC형의 퇴직급여액은 운용실적에 따라 변동되며, DB형의 경우 퇴직금과 동일한 수준이다.

18 ③ 기업은 노사 합의를 통해 퇴직연금을 도입할 수 있으며, DB형과 DC형 중 하나만을 도입하거나 둘 다 도입할 수도 있다.

19 다음 중 퇴직연금제도의 유형 선택 시 점검사항에 대한 설명으로 옳지 <u>않은</u> 것은?

① 물가상승률보다 임금상승률이 높을 것으로 예상된다면 DB형을 선택하는 것이 유리하다.

② 직장 이동이 많은 근로자는 이동성이 높은 DC형을 선택하는 것이 좋다.

③ 상대적으로 안전한 노후자금을 확보하길 원하는 근로자는 DB형을 선택하는 것이 좋다.

④ 장기근속 가능성이 높은 근로자라면 DB형이 유리하다.

⑤ 자산운용에 대한 자신이 없는 근로자는 DC형을 선택하는 것이 유리하다.

20 다음 중 퇴직연금의 과세체계에 대한 설명으로 옳지 <u>않은</u> 것은?

① 이연퇴직소득을 연금수령하는 경우 이연퇴직소득세의 70%만 과세한다.

② 세액공제를 받은 금액을 추후 연금수령하는 경우 연금소득세가 과세된다.

③ 운용수익을 추후 연금수령할 경우 연금소득세가 과세된다.

④ 2023년부터 연령 구분 없이 연금저축의 소득공제 한도가 연간 600만원으로 인상되었다.

⑤ 사적연금액이 700만원을 초과하는 경우에는 종합소득세가 과세된다.

21 다음 중 세제적격 연금저축계좌에 대한 설명으로 빈칸에 들어갈 말이 올바르게 묶인 것은?

> 연금저축계좌는 최소한 (　　　) 이상 납입하고 (　　　) 이후에 연금으로 수령 가능하며, 납입액에 대해 연간 최대 (　　　)까지 세액공제를 받을 수 있다.

① 5년, 55세, 400만원

② 5년, 55세, 600만원

③ 5년, 60세, 400만원

④ 10년, 55세, 400만원

⑤ 10년, 65세, 600만원

22 **다음 중 개인연금제도에 대한 설명으로 옳지 않은 것은?**

☐ ① 세제혜택의 종류에 따라 세제적격 연금저축과 세제비적격 연금보험으로 구분된다.

② 연금저축신탁과 연금저축펀드는 실적배당 상품으로 종신지급이나 확정기간 지급 모두 가능하다.

③ 연금저축계좌는 납입단계에서 세액공제되며 연금수령단계에서는 과세된다.

④ 연금저축계좌를 연금외수령하는 경우 기타소득세 16.5%가 과세된다.

⑤ 세제비적격 연금보험은 세액공제 혜택은 없지만 일정요건 충족 시 보험차익 비과세 혜택이 있다.

정답 및 해설

19 ⑤ 자산운용에 자신이 없는 근로자는 DB형을 선택하는 것이 유리하다.

20 ⑤ 사적연금액이 1,500만원을 초과하는 경우에는 종합소득세가 과세된다.

21 ② 연금저축계좌는 최소한 (5년) 이상 납입하고 (55세) 이후에 연금으로 수령 가능하며, 고소득자가 아닌 경우 연간 최대 (600만원)까지 세액공제를 받을 수 있다.

22 ② 연금저축신탁과 연금저축펀드는 확정기간 지급만 가능하다.

23 다음 중 주택연금제도에 대한 설명으로 옳지 <u>않은</u> 것은?

☐

① 주택연금은 1주택자에 한하여 가입할 수 있다.

② 주택 처분 후 잔금이 있으면 상속인에게 돌려준다.

③ 주택 처분 후 연금 수령액이 집값을 초과하더라도 추가 청구하지 않는다.

④ 등기사항 증명서상의 주택이 차지하는 면적이 1/2 이상인 주상복합건물 또한 이용 가능하다.

⑤ 주택연금의 지급방식에는 종신방식, 확정기간방식, 대출상환방식, 우대방식이 있다.

24 다음 중 농지연금에 대한 설명으로 옳지 <u>않은</u> 것은?

☐

① 농지연금을 받던 농업인이 사망할 경우 배우자가 연금을 승계할 수 있다.

② 농업인이 사망한 후 담보농지를 처분한 자금으로 연금 채무를 정산하는 데 상환하고 남은 금액은 상속인에게 돌려주며, 연금 채무 정산에 부족금액이 있는 경우에는 상속인에게 청구한다.

③ 농지연금을 받으면서 담보농지를 직접 경작하거나 임대할 수 있어 연금 이외의 추가소득을 얻을 수 있다.

④ 종신형과 경영이양형(기간형) 연금 지급방식은 만 65세 이상인 경우 이용 가능하다.

⑤ 대상 농지는 대상자가 2년(상속받은 농지의 경우 피상속인의 보유기간 포함) 이상 보유해야 한다.

25 다음 중 노란우산공제제도에 대한 설명으로 옳지 <u>않은</u> 것은?

☐

① 자영업자나 소기업, 소상공인의 생활안정과 사업재기 기회를 제공하기 위한 제도이다.

② 연간 최대 200만원까지 소득공제 혜택이 있다.

③ 공제금에 대한 압류가 금지되어 있다.

④ 월 5만원부터 100만원까지 월납 또는 분기납으로 납부할 수 있다.

⑤ 10년 이상 납부한 가입자가 만 60세 이상이 되면 공제금을 지급한다.

26 다음 중 노인장기요양보험제도에 대한 설명으로 옳지 <u>않은</u> 것은?

① 시설급여의 수급자는 비용의 20%를 본인 부담금으로 부담해야 한다.

② 국민건강보험의 가입자는 노인장기요양보험의 가입자가 되고, 국민건강보험의 적용과 같이 법률상 가입이 강제되어 있다.

③ 장기요양보험 가입자가 직장가입자인 경우 장기요양보험료는 근로자와 사용자가 절반씩 부담하게 된다.

④ 65세 이상의 고령자를 중심으로 운영되고 있어 65세 미만인 자는 수급대상자가 될 수 없다.

⑤ 치매·중풍의 노인성 질환 등으로 6개월 이상 혼자서 일상 생활을 영위하기 어려운 대상자에게 신체활동 또는 가사지원 등으로 서비스를 제공한다.

정답 및 해설

23 ① 주택연금은 1주택자뿐만 아니라 일정 요건을 갖춘 다주택 보유자도 가입할 수 있다.
　　　 참고 부부기준 공시가격 12억원 이하 주택 한 채만 소유했거나, 다주택 보유자의 경우 보유주택 합산 공시가격이 12억원 이하이면 가입이 가능하다. 만약, 공시가격 12억원을 초과하는 2주택자는 3년 이내 1주택을 팔면 가입이 가능하다.

24 ② 채무 정산에 부족금액이 있더라도 상속인에게 더 이상 청구하지 않는다.

25 ② 연간 최대 500만원까지 소득공제 혜택이 있다. (소득금액별로 소득공제액이 다름)

26 ④ 65세 미만인 자로 치매, 뇌혈관성 질환 등 노인성 질병을 가진 사람도 수급대상자에 포함된다.

27 다음 중 성년후견제도에 대한 설명으로 옳지 <u>않은</u> 것은?

① 후견인으로 선임되면 선량한 관리자로서 피후견인의 의사를 배제한다.

② 후견인은 피후견인의 신상보호와 복리에 대한 포괄적인 권한을 가진다.

③ 후견인은 2인 이상 선임할 수도 있다.

④ 특정후견의 개시사유는 정신적 제약으로 일시적 후원 또는 특정 사무 후원의 필요이다.

⑤ 법정후견인과 임의후견인이 있다.

28 다음 중 은퇴설계 프로세스에 대한 설명으로 옳지 <u>않은</u> 것은?

① 1단계 : 고객의 은퇴생활 목표를 명확히 한다.

② 2단계 : 현금흐름표, 대차대조표, 노후자금 준비 현황을 작성하여 문제점을 분석한다.

③ 2단계 : 문제 해결을 위해 다양한 각도에서 가능한 한 많은 대안을 검토해본다.

④ 3단계 : 대안을 실행한 경우의 그 효과와 영향을 검토하여 최종적으로 가장 최선의 대안을 고객에게 제시한다.

⑤ 3단계 : FP는 고객에게 적합한 상품을 제공하기 위한 정보수집 능력 및 선택 능력 등을 발휘해야 한다.

29 다음 중 고객의 니즈를 파악하기 위해 주의해야 할 사항에 대한 설명으로 옳지 <u>않은</u> 것은?

① 문제를 정리하고 명확히 하기 위해 다양한 질문을 한다.

② 일반적으로 고객은 처음부터 문제의 핵심을 말하려고 하기 때문에 진지하게 경청해야 한다.

③ 고객의 잠재적인 요구사항 및 문제점은 효과적인 질문을 통해 이끌어내야 한다.

④ 고객의 말, 표정, 행동 등을 잘 관찰할 필요가 있다.

⑤ 고객의 말을 경청할 때 중요한 것은 고객의 말에 공감하는 태도이다.

30 다음 중 고객 면담의 의의와 효과에 대한 설명으로 옳지 <u>않은</u> 것은?

☐ ① 고객과의 신뢰를 형성할 수 있는 기회가 된다.

② 면담을 통해 고객에 관한 정보를 한 번에 파악할 수 있기 때문에 질문지 이용법보다 효과적이다.

③ 고객의 성격, 인생의 목표와 희망에 대해 구체적으로 이해할 수 있다.

④ FP의 전문성을 보여주어 고객에게 신뢰감을 줄 수 있다.

⑤ 질문지상으로 파악하기 힘든 미묘한 뉘앙스를 파악하여 보다 고객의 정보를 정확하게 수집할 수 있다.

정답 및 해설

27　①　후견인으로 선임되면 선량한 관리자로서 피후견인의 의사를 존중해야 한다.

28　④　대안을 실행한 경우의 그 효과와 영향을 검토하여 최종적인 제안을 고객에게 제시하는 것은 2단계에 해당한다. 3단계는 제안서의 실행 지원 및 사후관리를 하는 단계이다.

29　②　일반적으로 고객은 처음부터 문제의 핵심을 말하는 것을 원하지 않는다.

30　②　면담으로도 고객 관련 정보를 한 번에 파악하기는 어려우며 면담을 통해 충분한 정보를 얻지 못하는 경우 질문지를 전달하여 다음 면담 때 기입하여 가져오도록 하는 것도 효과적인 방법이다.

■ 학습안내

약점 극복 실전테스트는 은행FP 자산관리사 시험에서 잘 틀리는 문제와 자주 출제되어 매우 중요한 문제들로 과목별 시험의 1배수를 구성하였습니다. 개념완성문제 및 출제예상문제에서 은행FP 자산관리사의 전반적인 문제 유형을 학습했다면, 약점 극복 실전테스트에서는 틀리기 쉬운 문제와 중요도 높은 문제를 통해 학습상태를 점검하여 약점을 확인하고 극복할 수 있도록 합니다.

■ 학습방법

1단계
약점 극복 실전테스트를 풀어봅니다.

▶

2단계
p.322에 있는 정답 및 해설을 확인하여 채점 후 풀지 못했거나 틀린 문제는 정답 하단에 있는 학습점검표에 정리합니다.

▶

3단계
학습점검표 하단의 맞힌 개수별 학습상태를 확인하여, 본인의 학습상태에 맞는 학습방법으로 복습합니다.

■ 출제비중

10문항	10문항
제1장 보험설계	**제2장** 은퇴설계

제3과목 **보험 및 은퇴설계**

. . . . .

약점 극복
실전테스트

제1장 | 보험설계

01 다음 중 피보험자가 입은 손해만큼 손해보상이 이루어진다는 것으로 손해보험에만 적용되는
□ 보험의 기본원칙은?

① 대수의 법칙 ② 수지상등의 원칙

③ 급부 반대급부 균등의 원칙 ④ 실손보상의 원칙

⑤ 작성자 불이익의 원칙

02 다음 중 보험계약의 요소에 대한 설명으로 옳지 않은 것은?
□ ① 보험자 – 보험계약을 인수하는 자로서 실무적으로 보험회사를 지칭한다.

② 보험계약자 – 보험자와 계약을 체결하는 당사자로서 자연인이든 법인이든 보험계약자가
될 수 있다.

③ 보험수익자 – 보험사고 발생 시 보험금을 청구할 수 있는 권리가 있는 자로서 인보험에
만 존재하는 요소이다.

④ 보험가액 – 피보험이익의 평가액으로서 손해보상에 있어서 법률상 최고한도이다.

⑤ 보험료기간 – 보험자의 위험부담책임의 개시일로부터 종료일까지의 기간이다.

03 다음 중 보험계약의 주요 특성에 대한 설명으로 옳지 않은 것은?
□ ① 의사표시의 합치만으로 성립하고 특별한 방식을 요하지 않는다.

② 보험료가 선지급되지 않으면 보험계약은 유효하게 성립하지 않는다.

③ 실제 급부의 수령 여부가 불확실한 사행계약이다.

④ 보험자가 미리 정한 정형화된 보험약관을 상대방이 승인함으로써 성립하는 부합계약의
특성을 지닌다.

⑤ 쌍무계약이면서 유상계약이다.

04 다음 중 생명보험 상품에 대한 설명으로 옳지 <u>않은</u> 것은?

① 확정금리형보험은 최초 가입 시 정한 이율로 만기까지 이자를 적립하는 보험이다.

② 변액보험은 대표적인 실적배당형보험이다.

③ 자산연계형보험은 특정자산의 운용실적에 연계하여 투자성과가 지급하는 보험이다.

④ 배당보험은 주로 상호회사에서, 무배당보험은 주식회사에서 판매된다.

⑤ 연생보험은 보험계약자가 2인 이상인 보험이다.

05 다음 중 유니버설보험에 대한 설명으로 옳지 <u>않은</u> 것은?

① 보험계약자가 임의로 보험금액을 증액할 수도 있고 감액할 수도 있다.

② 보험계약자가 자유롭게 보험료를 추가로 낼 수도 있고 줄여서 낼 수도 있다.

③ 보험료의 일부가 특별계정에서 운용된다.

④ 인플레이션에 대응할 수 있어 보험금의 미래가치를 높일 수 있다.

⑤ 중도인출이 가능하며 부분 해지도 가능하다.

06 다음 중 제3보험에 대한 설명으로 옳지 <u>않은</u> 것은?

① 사람의 생명·신체에 관한 사고발생 시 보험회사의 보상책임이 발생하는 보험으로 상법상 인보험 영역에 해당한다.

② 보험업법상 독립된 하나의 보험업으로 인정되지 않으며 생명보험이나 손해보험의 일부로 볼 수 있다.

③ 상해보험, 질병보험, 간병보험으로 구분한다.

④ 피보험이익을 일부 인정하고 있다.

⑤ 생명보험의 정액보상적 특성과 손해보험의 실손보상적 특성을 동시에 지닌다.

07 다음 중 주택화재보험의 가입대상 물건으로 모두 묶인 것은?

가. 단독주택	나. 오피스텔	다. 기숙사 건물
라. 공장 내 기숙사	마. 콘도미니엄	

① 가
② 가, 나
③ 가, 나, 다
④ 가, 나, 다, 라
⑤ 가, 나, 다, 라, 마

08 다음 장기손해보험에 대한 설명 중 빈칸에 들어갈 내용으로 적절한 것은?

일반손해보험은 보험사고 발생 시 보험가입금액에서 지급보험금을 차감한 잔존금액에 한하여 보장되는 반면, 장기손해보험은 1회의 사고로 지급되는 보험금이 보험가입금액의 (   ) 미만이면 수회의 사고가 발생하더라도 보험가입금액이 감액되지 않고 자동복원된다.

① 50%
② 60%
③ 70%
④ 80%
⑤ 90%

09 다음 중 자동차보험에 대한 설명으로 옳지 않은 것은?

① 대인배상Ⅰ과 대물배상 2,000만원은 의무보험이다.
② 대인배상Ⅰ의 면책사유는 고의 하나뿐이다.
③ 무보험자동차상해는 대인배상Ⅰ·Ⅱ, 대물배상 및 자기신체사고가 모두 체결된 경우 가입이 가능하다.
④ 무보험자동차상해 가입 시 다른 자동차운전담보특약에 별도 가입이 가능하다.
⑤ 의무보험과 보험을 처음으로 가입한 자동차의 보험기간은 첫날 24시부터 마지막 날 24시까지이다.

10 다음 중 보험상담 프로세스에 대한 설명으로 옳지 않은 것은?

① 1단계 – 고객 정보를 확인하는 사전접근, 전화접근, 초회상담의 순서로 진행된다.
② 2단계 – 고객유형별 핵심 니즈를 파악하여 고객의 성향을 확인하고 다음 단계로 유도한다.
③ 3단계 – 상담 초기에는 주로 개방형 질문을 통해 고객 정보를 수집한다.
④ 4단계 – 고객이 염려하는 부분일수록 감정에 호소하여 프리젠테이션을 진행한다.
⑤ 5단계 – 증권을 전달함으로써 추가상담 및 소개확보의 기회를 얻을 수 있다.

11 다음 중 은퇴설계 정의 및 필요성에 대한 설명으로 옳지 <u>않은</u> 것은?

① 은퇴설계는 은퇴시점에서 이루어진다.

② 재무적 요소와 비재무적 요소를 균형 있게 설계해야 한다.

③ 가족관계·사회활동·취미·여가 등은 비재무적인 요소에 해당한다.

④ 노후생활에 필요한 자금을 확보하는 것은 재무적인 요소에 해당한다.

⑤ 연금제도의 역사가 짧은 우리나라의 경우 특히 은퇴설계는 필수적이라고 할 수 있다.

12 다음 중 은퇴생활 위험요소에 대한 설명으로 옳지 <u>않은</u> 것은?

① 기대수명의 급속한 증가로 은퇴준비자산이 충분하지 않을 장수 리스크가 존재한다.

② 노후에 질병 등으로 막대한 의료비가 지출되어 경제적으로 어려움에 빠질 노후 건강 리스크가 존재한다.

③ 물가상승으로 자산의 실질적인 가치가 하락하는 인플레이션 리스크가 존재한다.

④ 연금제도의 가장 기초제도인 국민연금도 인플레이션을 고려하지 않는다.

⑤ 현재 기대수명을 기준으로 은퇴설계를 하면 향후 자금부족이 발생할 리스크가 존재한다.

13 다음 중 은퇴자금 설계의 주요 포인트에 대한 설명으로 옳지 <u>않은</u> 것은?

① 은퇴 크레바스란 은퇴 후 연금수급 전까지 생기는 소득의 공백기간을 말한다.

② 재무 목표별로 투자 및 저축을 동시에 진행해야 한다.

③ 여성과 남성의 기대수명의 차이가 커짐에 따라 개인 중심의 은퇴설계를 해야 한다.

④ 장수 리스크에 대응하기 위해 최대한 노후자금의 인출 시기를 늦추는 전략을 세운다.

⑤ 부동산에 편중된 자산구조를 재조정할 필요가 있다.

14 다음 중 국민연금제도에 대한 설명으로 옳지 <u>않은</u> 것은?

① 1988년 도입된 공적연금이다.

② 만 18세 이상 만 60세 미만 국민이 가입대상이다.

③ 자영업자 등 지역가입자의 경우 본인이 9% 전액을 납부해야 한다.

④ 1960년에 출생한 사람의 노령연금 수령시기는 만 61세부터이다.

⑤ 노후에 연금을 받기 위한 최소가입기간은 10년이다.

15 다음 중 공무원연금의 유족급여 중 퇴직연금수급권자가 퇴직 후 3년 이내에 사망한 경우 지급되는 급여는?

① 유족연금부가금 ② 유족연금특별부가금

③ 유족연금일시금 ④ 유족일시금

⑤ 유족연금

16 다음 중 군인연금에 대한 설명으로 옳지 <u>않은</u> 것은?

① 공무원연금에 포함되어 운영된다.

② 원칙적으로 기여금을 납부하는 군인에게 적용된다.

③ 사망보상금과 장애보상금은 기여금을 납부하지 않은 병사에 대해서도 지급된다.

④ 다른 직역연금과 달리 연금수령기준이 나이가 아닌 복무기간이다.

⑤ 퇴직일시금은 20년 미만 복무하고 퇴역 시 지급된다.

17 다음 중 퇴직연금제도에 대한 설명으로 옳지 <u>않은</u> 것은?

① 퇴직급여제도는 퇴직금제도와 퇴직연금제도를 말한다.

② 근로자가 있는 모든 기업은 퇴직금제도와 퇴직연금제도를 모두 도입해야 한다.

③ 퇴직연금제도는 확정급여형제도, 확정기여형제도, 개인형퇴직연금제도로 구분된다.

④ 확정급여형은 근로자가 미래에 지급받을 급여수준이 사전에 결정된다.

⑤ 확정기여형은 직장 이동이 많은 근로자에게 적합하다.

18 퇴직연금에 대한 설명 중 빈칸에 들어갈 내용으로 옳은 것은?

> DC형과 IRP의 경우 연금저축과 합산해 연간 (　　　)까지 추가납입이 가능하며, 연금저축과 합산하여
> 최대 (　　　)까지 세액공제를 받을 수 있다.

① 1,200만원, 900만원
② 1,200만원, 700만원
③ 1,800만원, 900만원
④ 1,800만원, 700만원
⑤ 1,800만원, 600만원

19 연금저축계좌에서 연금으로 수령할 경우 연령에 따라 연금소득세 원천징수 세율이 다르게 적용된다. 다음 중 연금소득세 세율(지방소득세 포함)이 올바르게 연결되지 <u>않은</u> 것은?

① 만 70세 미만인 자가 확정형 연금을 수령 - 5.5%
② 만 70세 이상 80세 미만인 자가 확정형 연금을 수령 - 4.4%
③ 만 80세 이상인 자가 확정형 연금을 수령 - 3.3%
④ 만 80세 미만인 자가 종신형 연금을 수령 - 5.5%
⑤ 만 80세 이상인 자가 종신형 연금을 수령 - 3.3%

20 다음 중 은퇴설계 프로세스 1단계에 대한 설명으로 옳지 <u>않은</u> 것은?

① 컨설팅 보수와 관련된 사항에 대해 설명한다.
② 은퇴설계용 라이프 이벤트 표를 작성하여 재무목표를 탐색한다.
③ 고객과 FP의 책임에 대한 사항을 논의한다.
④ 현재 노후자금의 준비현황을 작성하여 노후자금 준비가 충분한지 논의한다.
⑤ 고객과 직접 면담하거나 질문지를 활용하여 고객기본정보를 얻는다.

■ 정답

제1장 보험설계 p.316

| 01 ④ | 02 ⑤ | 03 ② | 04 ⑤ | 05 ③ | 06 ② | 07 ① | 08 ④ | 09 ⑤ | 10 ① |

제2장 은퇴설계 p.319

| 11 ① | 12 ④ | 13 ③ | 14 ④ | 15 ② | 16 ① | 17 ② | 18 ③ | 19 ④ | 20 ④ |

■ 학습점검표

맞힌 개수, 틀린 문제 번호와 풀지 못한 문제 번호를 적어보고, 맞힌 개수에 따라 자신의 학습상태를 점검할 수 있습니다. 틀린 문제와 풀지 못한 문제는 꼭 복습하도록 합니다.

구 분	맞힌 개수	틀린 문제 번호	풀지 못한 문제 번호
제1장 보험설계	/10		
제2장 은퇴설계	/10		
계	/20		

[맞힌 개수별 학습상태 확인하기]

7개 이하 : 과락 예상입니다. 지금까지 풀어본 문제(개념완성문제, 출제예상문제, 약점 극복 실전테스트) 중 틀린 문제에 대한 오답이유를 꼼꼼히 보고 '하루 10분 개념완성 자료집'을 암기하세요.

8~11개 : 과락 위험이 있을 수 있으니 체크한 부분과 더불어 '하루 10분 개념완성 자료집'도 함께 학습하세요.

12개 이상 : 틀린 문제 및 풀지 못한 문제 위주로 보충 후 마무리 학습으로 100% 합격에 도전하세요.

제1장 | 보험설계

01 정답 ④
실손보상의 원칙에 대한 설명이다.

02 정답 ⑤
보험자의 위험부담책임의 개시일로부터 종료일까지의 기간은 보험기간이며, 보험료기간은 위험을 측정하여 보험료를 산출하는 기초가 되는 단위기간이다.

03 정답 ②
보험료의 선지급이 없어도 보험계약은 유효하게 성립한다. 다만 최초보험료의 납입이 있어야 보험자의 책임이 개시된다.

04 정답 ⑤
단생보험과 연생보험은 피보험자 수에 따라 구분된다. 단생보험은 특정한 1인을 피보험자로 하는 보험이며, 연생보험은 피보험자가 2인 이상인 보험이다.

05 정답 ③
유니버설보험은 공시이율에 따라 일반계정에서 운용된다.

06 정답 ②
제3보험은 보험업법상 생명보험이나 손해보험의 일부가 아니라, 독립된 하나의 보험업으로서의 지위를 갖는다.

07 정답 ①
가. 주택화재보험의 가입대상 물건에 해당한다.
'나, 다, 라, 마'는 주택화재보험의 가입대상 물건에 해당하지 않는다.

08 정답 ④
일반손해보험은 보험사고 발생 시 보험가입금액에서 지급보험금을 차감한 잔존금액에 한하여 보장되는 반면, 장기손해보험은 1회의 사고로 지급되는 보험금이 보험가입금액의 (80%) 미만이면 수회의 사고가 발생하더라도 보험가입금액이 감액되지 않고 자동복원된다.

09 정답 ⑤
자동차보험의 보험기간은 첫날 24시부터 마지막 날 24시까지이다. 단, 의무보험과 보험을 처음으로 가입한 자동차의 보험기간은 첫날 보험료 영수 시부터 마지막 날 24시까지이다.

10 정답 ①
상담 프로세스 2단계 고객접근에 해당하는 설명이다. 상담 프로세스 1단계는 '고객 발굴'이다.

제2장 | 은퇴설계

11 정답 ①
은퇴설계는 특정 시점이 아닌 전 생애에 걸쳐 이루어진다.

12 정답 ④
노후소득의 준비수단이 되는 3층 연금제도 중 국민연금만이 물가상승을 반영한 연금액을 지급하여 인플레이션에 대비할 수 있도록 하고 있다.

13 정답 ③
자녀의 출가 이후 부부가 함께 지내는 시간이 길어짐에 따라 부부 중심의 은퇴설계를 해야 한다.

14 정답 ④
1960년에 출생한 사람의 연금수령시기는 만 62세부터이다.

15 정답 ②
퇴직연금수급권자가 퇴직 후 3년 이내에 사망한 경우 지급되는 급여는 유족연금특별부가금이다.

16 정답 ①
군인연금은 본래 공무원연금에 포함되어 운영되었으나 신체적 장애, 전사 등 사고발생 비율이 높은 군인의 특성으로 1963년부터 분리되어 운영되고 있다.

17 정답 ②

근로자가 있는 모든 기업은 퇴직금제도와 퇴직연금제도
중 한 개 이상을 도입해야 한다.

18 정답 ③

DC형과 IRP의 경우 연금저축과 합산해 연간 (1,800만
원)까지 추가납입이 가능하며, 연금저축과 합산하여 최
대 (900만원)까지 세액공제를 받을 수 있다.

19 정답 ④

만 80세 미만인 자가 종신형 연금을 수령하는 경우 연금
소득세 세율은 4.4%이다.

20 정답 ④

은퇴설계 프로세스 2단계에 대한 내용이다.

fn.Hackers.com

금융·자격증 전문 교육기관 해커스금융
fn.Hackers.com

필수암기공식

01 실업

- 전체인구 = 노동가능인구(15세 이상) + 비노동가능인구
- 노동가능인구 = 비경제활동인구 + 경제활동인구
- 경제활동인구 = 실업자 + 취업자
- 경제활동참가율(%) = 경제활동인구 / 노동가능인구 × 100
- 고용률(%) = 취업자 / 노동가능인구 × 100
- 실업률(%) = 실업자 / 경제활동인구 × 100

02 통화지표

- M_1(협의통화) = 현금통화 + 요구불예금 + 수시입출금식예금
- M_2(광의통화) = M_1 + 2년 미만 정기예·적금 + 시장형금융상품
  + 실적배당형금융상품 + 기타 예금 및 금융채
- L_f(금융기관유동성) = M_2 + 2년 이상 장기금융상품
  + 생명보험계약준비금 및 증권금융예수금
- L(광의유동성) = L_f + 기타 금융기관 상품 + 국채·지방채 + 회사채·CP

03 본원통화

본원통화 = 화폐발행액 + 중앙은행 지준예치금
= 현금통화 + 예금은행 시재금 + 중앙은행 지준예치금
= 현금통화 + 예금은행 지급준비금

04 통화승수

통화승수 = 통화량 / 본원통화

05 M_2 통화승수 증감

① 지급준비율 ⇨ M_2 통화승수와의 관계 : 음(−)의 관계

② 현금보유비율 = 민간현금보유액 / 요구불예금 ⇨ M_2 통화승수와의 관계 : 음(−)의 관계

③ 준통화비율 = 준통화액 / 요구불예금 ⇨ M_2 통화승수와의 관계 : 정(+)의 관계

④ 초과지급준비율 = 초과지급준비금 / 요구불예금 ⇨ M_2 통화승수와의 관계 : 음(−)의 관계

06 환율표시방법

① 자국통화 표시환율 : 외국통화 기준, 외국통화 1단위와 교환되는 자극통화의 단위량

USD1 = KRW 1,000 또는 KRW/USD = 1,000으로 표시

② 외국통화 표시환율 : 자국통화 기준, 자국통화 1단위와 교환되는 외국통화의 단위량

KRW = USD 0.001 또는 USD/KRW = 0.001로 표시

07 재정환율

재정환율 = 기준환율 / 교차환율

08 실질환율

실질환율 = 명목환율 × (상대국물가 / 자국물가)

09 기업경기실사지수(BSI : Business Survey Index)

기업경기실사지수(BSI) = (긍정 응답 수 − 부정 응답 수) / 전체 응답 수 × 100 + 100

① 100 < BSI ≤ 200 : 확장국면
② BSI = 100 : 경기전환점(정점 또는 저점)

세무

01 종합소득세 계산

종합소득금액	= 이자 + 배당 + 사업 + 근로 + 연금 + 기타소득금액
− 종합소득공제	
= 종합소득 과세표준	
× 세율	6~45% 누진세율
= 산출세액	
− 세액공제	
= 결정세액	
− 기납부세액	
= 납부할 세금	

02 종합소득금액 계산

- 이자소득금액 = 이자수입금액 − 분리과세 이자소득
- 배당소득금액 = 배당수입금액 − 분리과세 배당소득
- 사업소득금액 = 사업수입금액(부동산임대업 포함) − 필요경비
- 근로소득금액 = 근로수입금액 − 근로소득공제
- 연금소득금액 = 연금수입금액 − 연금소득공제, 분리과세 연금소득
- 기타소득금액 = 기타수입금액 − 분리과세 기타소득, 필요경비

03 배당소득의 Gross−up

- 배당소득금액 = 배당소득 + Gross−up 금액(배당세액공제액)
- Gross−up 금액(배당세액공제액) = 배당소득 × 11%

04 금융소득종합과세 산출세액 계산

산출세액 = Max[㉠ 종합과세방식, ㉡ 분리과세방식]
  ㉠ 2천만원 × 14% + {(2천만원 초과 금융소득 + 다른 종합소득금액 − 종합소득공제) × 세율}
  ㉡ (총금융소득 × 14% 또는 25%) + {(다른 종합소득금액 − 종합소득공제) × 세율}

05 상속추정액(용도 불분명한 금액)

상속추정액 = 처분재산가액·부담채무액 − 사용처 소명액 − 20% 상당액(최고 2억원)

06 배우자상속공제액

배우자상속공제액 = Min[㉠, ㉡, ㉢]
  ㉠ 배우자가 실제 상속받은 금액
  ㉡ 상속재산가액 × 배우자의 법정상속지분비율 − 상속재산에 가산한 증여재산 중 배우자에게
    증여한 재산에 대한 과세표준
  ㉢ 30억원

07 금융재산 상속공제

① 순금융재산가액 2천만원 이하 : 전액

② 순금융재산가액 2천만원 초과 1억원 이하 : 2천만원

③ 순금융재산가액 1억원 초과 10억원 이하 : 당해 순금융재산가액 × 20%

④ 순금융재산가액 10억원 초과 : 2억원

08 상속공제 종합한도

종합한도 = 상속세과세가액
- 상속인이 아닌 자에게 유증·사인증여한 재산가액
- 상속인의 상속포기로 그 다음 순위의 상속인이 상속받은 재산의 가액
- 상속세과세가액에 가산한 증여재산의 과세표준

09 증여세액공제

증여세액공제 = Min[㉠, ㉡]
㉠ 상속재산에 가산한 증여재산에 대한 증여세액(증여 당시의 증여세 산출세액)
㉡ 상속세 산출세액 × 사전증여분의 과세표준 / 상속세 과세표준

10 양도소득세 산출세액 계산

```
    양도가액
 –  취득가액
 –  필요경비
────────────────
 =  양도차익
 –  장기보유특별공제
 =  양도소득금액
 –  기본공제
────────────────
 =  과세표준
 ×  세율
────────────────
 =  산출세액
```

11 고가주택에 대한 양도차익 및 장기보유특별공제

- 고가주택 양도차익 = 실지거래가액에 의한 양도차익 × (양도가액 − 12억원) / 양도가액
- 장기보유특별공제액 = 고가주택 양도차익 × 장기보유특별공제율

12 종합부동산세

- 종합부동산세 = 토지분 종합부동산세액 + 주택분 종합부동산세액
- = (종합합산 토지세액 + 별도합산 토지세액) + 주택분 종합부동산세액

13 종합부동산세(토지에 대한 과세표준)

- 종합합산 과세표준 = (Σ인별 개별토지 공시가격 − 5억원) × (60~100%)
- 별도합산 과세표준 = (Σ인별 개별토지 공시가격 − 80억원) × (60~100%)

14 종합부동산세(주택에 대한 과세표준)

- 단독명의 1세대 1주택자 = (Σ인별 개별주택 공시가격 − 5억원 − 6억원) × (60~100%)
- 그 외의 주택 = (Σ인별 개별주택 공시가격 − 6억원) × (60~100%)

보험 및 은퇴

01 영업보험료

영업보험료 = 순보험료 + 부가보험료
= (위험보험료 + 저축보험료) + (신계약비 + 유지비 + 수금비)

02 화재보험 지급보험금 계산(주택물건 및 일반물건)

① 보험가입금액이 보험가액의 80% 이상인 경우 : 지급보험금 = 손해액 (한도 : 보험가입금액과 보험가액 중 작은 금액)

② 보험가입금액이 보험가액의 80% 미만인 경우 : 지급보험금 = 손해액 × 보험가입금액 / (보험가액 × 80%)

03 화재보험 지급보험금 계산(공장물건 및 재고자산)

① 보험가입금액이 보험가액과 동일한 경우 : 지급보험금 = 손해액 전액 (한도 : 보험가입금액)

② 보험가입금액이 보험가액보다 작은 경우 : 지급보험금 = 손해액 × (보험가입금액/보험가액)

③ 보험가입금액이 보험가액을 초과하는 경우 : 지급보험금 = 손해액 전액 (한도 : 보험가액)

04 보험금에 대한 증여재산가액

증여재산가액 = 보험금 × 보험금 수령인 외의 자가 납부한 보험료/총불입보험료

05 보험금에 대한 상속재산가액

상속재산가액 = 보험금 × 피상속인이 부담한 보험료/총불입보험료

06 노년부양비

노년부양비 = (노년 인구 / 생산가능 인구) × 100

07 노령화지수

노령화지수 = (노년 인구 / 유년 인구) × 100

제1회 적중 실전모의고사 OMR 답안지

합격의 기준, 해커스금융
fn.Hackers.com

성명

| 교시 | ① ② |
| 문제형 | ① ② |

제2회 적중 실전모의고사 OMR 답안지

성 명

합격의 기준, 해커스금융
fn.Hackers.com

교시 ① ②

문제형 ① ②

주민등록번호

수험번호

감독관 확인란

제3회 적중 실전모의고사 OMR 답안지

합격의 기준, 해커스금융
fn.Hackers.com

성명

| 교시 | 문제형 | 주민등록번호 | 수험번호 | 감독관 확인란 |

2024 최신개정판

해커스
은행FP
자산관리사 1부
최종핵심정리문제집

개정 10판 1쇄 발행 2024년 6월 11일

지은이	해커스 금융아카데미 편저
펴낸곳	해커스패스
펴낸이	해커스금융 출판팀

주소	서울특별시 강남구 강남대로 428 해커스금융
고객센터	02-537-5000
교재 관련 문의	publishing@hackers.com
	해커스금융 사이트(fn.Hackers.com) 교재 Q&A 게시판
동영상강의	fn.Hackers.com

ISBN	979-11-7244-080-0 (13320)
Serial Number	10-01-01

금융자격증 1위,
해커스금융(fn.Hackers.com)

해커스금융

· 시험에 나올 핵심 내용을 정리한 **하루 10분 개념완성 자료집**
· **금융자격증 무료 강의, 1:1 질문/답변 서비스, 무료 시험후기/합격수기** 등 다양한 금융 학습 콘텐츠
· 내 점수와 석차를 확인하는 **무료 바로 채점 및 성적 분석 서비스**
· 은행FP 전문 교수님의 **본 교재 인강**(교재 내 할인쿠폰 수록)

해커스금융 단기 합격생이 말하는
은행/외환자격증 합격의 비밀!

해커스금융과 함께하면
다음 합격의 주인공은 바로 여러분입니다.

첫 시험 1달 합격
김*식
신용분석사

더도 말고 덜도 말고 이 인강과 책 2권이면 충분합니다!

비전공자인 제가 1달 만에 합격할 수 있었던 이유는 **교재와 인강이 알찼기** 때문입니다.
교수님께서 일상생활에서의 **사례를 접목하면서 쉽게 설명해주고**
그것이 **연상기억**이 되면서 문제의 프로세스를 쉽게 까먹지 않을 수 있었습니다.

수석 합격!
박*현
은행FP
(자산관리사)

은행FP, 해커스에서 단기 합격!

처음 접하는 사람이더라도 **적절한 실제 사례 등을 통해 어려운 법적 내용을
흥미롭고 쉽게 이해**할 수 있었습니다. **최종핵심문제풀이 정리본** 프린트물은 시험장에서
시험 직전 훑어보기 쉬웠습니다. 경제에 대해 잘 모르더라도 해커스금융 인강을 통해서
함께 배우고 복습하면, **어려운 부분도 쉽고 빠르게 이해하면서 동시에 결과까지
얻을 수 있기 때문에** 해커스금융을 추천합니다!

첫 시험 2주 합격!
배*철
외환전문역 I종

해커스금융 덕에 한번에 합격했습니다!

다양하고 새로운 알찬 기타 과정들과 함께 교수님의 **역량을 들어 추천**하고 싶습니다.
해외에서 외환딜러로 수십년 일해오신 경력과 함께 타의 추종을 불허하는 다양한 비유들을
들음으로써 자칫하여 **이해가 되기 어려운 부분들도 한번에 이해** 되게 설명을 해주십니다.

해커스

은행FP
자산관리사 1부

최종핵심정리문제집

시험에 출제될 문제만 엄선한

적중 실전모의고사

실전모의고사 3회분 + 정답 및 해설

제1과목 ▪ 자산관리 기본지식 (40문제)

1 다음 중 개인재무설계의 의미에 대한 설명으로 옳지 않은 것은?

① 재무설계는 고객의 목표로부터 시작한다.

② 재무설계는 단기적 문제해결 능력을 포함한 중장기적 목표달성을 의미한다.

③ 재무설계는 평생에 걸쳐 이루어져야 한다.

④ 재무설계 시 개인적 상황의 변화와 경제환경의 변화 등을 고려해야 한다.

⑤ 재무설계는 재무적자원을 관리하는 과정으로 확대되고 있다.

2 다음 중 재무설계가 필요한 인구 통계적 배경으로 옳은 것은?

> 가. 최근 우리나라 가구 중 1인 가구의 비중이 가파르게 상승하고 있다.
> 나. 금융시장의 국제화로 소비자의 욕구가 다양해짐에 따라 전문화된 개인 재무설계 서비스를 제공하는 자산관리사의 필요성이 증가하고 있다.
> 다. 평균수명의 증가로 사회적 부담이 가중될 것으로 보인다.
> 라. 초고령사회를 대비하여 대부분의 사람들은 각종 사적연금을 통해 노후를 준비하고 있는 실정이다.
> 마. 개인주의적 사고방식으로 다양성을 추구하는 경향이 증가하고 있다.

① 가, 나　　　　　② 가, 다

③ 가, 나, 라　　　④ 가, 다, 라

⑤ 나, 다, 마

3 다음 중 노령화지수의 계산식으로 옳은 것은?

① (유년인구 / 총인구) × 100

② (유년인구 / 노년인구) × 100

③ (노년인구 / 경제활동인구) × 100

④ (노년인구 / 유년인구) × 100

⑤ (노년인구 / 총인구) × 100

4 다음 중 재무설계 절차를 순서대로 나열한 것은?

> 가. 재무설계안을 도출하기 위해 사용되는 개인 재무제표로는 자산부채상태표와 현금흐름표가 있다.
> 나. 고객에게 적합한 상품과 서비스를 선별할 경우 자산의 이익보다는 고객의 이익을 최우선시한다.
> 다. 고객이 현실적인 목표를 설정하고 그 목표를 수치화하여 측정 가능한 것으로 나타내는데 도움을 주어야 한다.
> 라. 제안서 작성 시 고객의 목표달성과 이익을 최우선적으로 고려해야 한다.
> 마. 재무설계안에 대하여 정기점검 및 사후관리를 한다.

① 가 ⇨ 나 ⇨ 다 ⇨ 라 ⇨ 마

② 나 ⇨ 가 ⇨ 라 ⇨ 다 ⇨ 마

③ 나 ⇨ 가 ⇨ 다 ⇨ 라 ⇨ 마

④ 다 ⇨ 가 ⇨ 라 ⇨ 나 ⇨ 마

⑤ 다 ⇨ 나 ⇨ 가 ⇨ 라 ⇨ 마

5 다음 중 생애주기별 재무목표에 대한 설명으로 옳지 않은 것은?

① 가족형성기 – 자동차 구매자금 마련

② 자녀양육기 – 기타 목적자금 마련

③ 자녀성장기 – 자녀 교육자금 마련

④ 가족축소기 – 노후자금 마련

⑤ 은퇴 및 노후기 – 상속 및 증여에 대한 계획

6 다음 중 비재무적(정성적) 정보에 해당하는 것은?

> 가. 상속·증여 관련 정보
> 나. 예상수명
> 다. 위험수용성향
> 라. 사회적 지지
> 마. 은퇴 관련 정보

① 가, 나, 다　　　　② 가, 다, 마

③ 나, 다, 라　　　　④ 나, 다, 라, 마

⑤ 가, 나, 다, 라, 마

7 다음 중 변동지출에 해당하는 것은?

① 대출금 상환금

② 건강의료비

③ 세 금

④ 주택관리비

⑤ 부채상환 원리금

8 다음 중 40대 고객의 특징으로 올바르게 묶인 것은?

> 가. 자신만의 라이프스타일을 고수하려 하는 시기
> 이다.
> 나. 자녀와 부모를 모두 책임져야 하는 샌드위치
> 세대이다.
> 다. 목표자금은 많지만 투자여력이 없다.
> 라. 소득에 비해 소비에 대해 관심이 많다.
> 마. 교육비의 지출이 상대적으로 많다.

① 가, 나, 다   ② 가, 나, 라

③ 가, 다, 마   ④ 나, 다, 마

⑤ 나, 라, 마

9 다음 중 근로소득자에 대한 재무설계 제안 과정으로 옳지 않은 것은?

① 소득공제 구조에 대한 이해 및 절세방안을 고려한다.

② 퇴직 후에 재취업 및 창업방안을 고려한다.

③ 목표자금을 마련하기 위해 소득공제 상품가입을 고려한다.

④ 은퇴 후에 부족 자금을 마련하기 위해 3층 보장제도를 고려한다.

⑤ 노출되지 않은 세무조사에 대비한다.

10 다음 중 계약체결기법으로 옳지 않은 것은?

① 예외발견법

② 손해 암시법

③ 양자택일법

④ 예화법

⑤ 묵시적 동의법

11 거시경제에서의 장기와 최장기에 대한 가정으로 옳지 않은 것은?

① 장기에는 완전고용(노동, 자본)이 달성된다.

② 장기에는 가격과 임금의 경직성이 경기변동을 설명하는 데 가장 중요한 요소이다.

③ 장기에는 자본·노동 등의 생산요소 총량이 고정되어 있고, 기술의 변화가 없다.

④ 최장기에는 자본·노동 등의 생산요소 총량이 가변적이고, 기술 발전이 가능하다.

⑤ 최장기에는 경제의 성장이 주요 연구대상이 된다.

12 다음 중 국민소득 순환에 대한 설명으로 옳지 않은 것은?

① 2부문 순환모형에서 기업의 생산물시장의 총생산·총지출은 요소시장의 요소소득과 같다.

② 3부문 순환모형에서 국민소득은 소비와 재정지출의 합 또는 소비와 조세의 합과 같다.

③ 폐쇄경제 순환모형에서 국민소득은 소비, 국내투자, 재정지출의 합과 같다.

④ 개방경제 순환모형에서 상품·서비스수지가 흑자인 경우에 중앙은행의 준비자산이 줄어든다.

⑤ 개방경제 순환모형에서 상품·서비스수지는 민간순저축과 재정수지의 합과 같다.

13 다음 중 단기 총공급곡선이 반대로 이동하는 경우는?

① 임금 하락
② 총수요 증가 예상
③ 환율 상승
④ 신자원 발견
⑤ 경제활동인구의 증가

14 다음 중 가계의 소비지출을 증가시키는 요인은?

> 가. 물가상승 기대
> 나. 소득세 증가
> 다. 실질이자율 상승
> 라. 기술 발전

① 가   ② 다
③ 가, 다   ④ 나, 라
⑤ 다, 라

15 다음 중 노동시장에 대한 설명으로 옳지 <u>않은</u> 것은?

① 단기 노동시장 분석 시 자본량과 생산기술을 고려하지 않는다.
② 단기에 노동 고용량을 증가시킬 경우 총생산량은 증가한다.
③ 노동의 한계생산량은 음(-)의 값을 갖는다.
④ 노동의 한계생산량은 체감하기 때문에 총생산량은 체감적으로 증가한다.
⑤ 노동시장에서 완전고용이 달성될 경우의 총생산을 잠재GDP라 한다.

16 다음 중 노동의 수요와 공급의 일시적 불일치로 발생하는 실업은?

① 구조적 실업
② 마찰적 실업
③ 체계적 실업
④ 경기적 실업
⑤ 계절적 실업

17 다음 중 재정적자 시에 조세 부과를 제외하고 정부가 재원을 조달하는 방법은?

① 국채발행
② 지급준비율 인하
③ 통화안정증권 매각
④ 화폐발행
⑤ 대출 회수

18 다음 중 본원통화가 증가되는 중앙은행의 정책으로 모두 묶인 것은?

> 가. 재화·용역 매입
> 나. 주식 매도
> 다. 은행 대출
> 라. 국채 매입
> 마. 외환 매도

① 가, 나, 다
② 가, 다, 라
③ 나, 다, 마
④ 나, 라, 마
⑤ 다, 라, 마

19 다음 중 실질이자율과 대부자금의 변동에 대한 설명으로 옳지 <u>않은</u> 것은?

① 실질이자율이 상승할 경우, 가계의 대부자금공급 량이 늘어난다.
② 실질이자율이 상승할 경우, 해외로부터의 대부자 금 공급량이 감소한다.
③ 실질이자율이 상승할 경우, 은행의 초과지급준비 금이 줄어 대부자금공급이 증가한다.
④ 가계의 실질GDP가 증가할 경우, 대부자금 공급 이 늘어난다.
⑤ 가계의 실질 부가 감소할 경우, 노후를 위한 저축 이 증가하여 대부자금 공급이 늘어난다.

20 다음 중 대부자금 수요곡선이 좌측으로 이동하는 것으로 옳은 것은?

① 가계 – 물가 상승 기대
② 기업 – 이자율 상승 기대
③ 기업 – 실질GDP 증가 기대
④ 정부 – 재량적 조세 징수 증가
⑤ 해외부문 – 국내 실질GDP 상대적 감소

21 다음 중 실질환율에 대한 설명으로 옳지 <u>않은</u> 것은?

① 실질환율은 명목환율을 자국의 상대물가지수로 나눈 것이다.
② 명목환율은 자국과 상대국의 물가수준을 고려하 지 않는다.
③ 다른 조건이 일정할 때 실질환율이 높으면 자국 재화가 상대국재화보다 비싸다.
④ 실효환율은 자국통화와 2개국 이상의 통화 간의 환율을 가중평균한 환율이다.
⑤ 실효환율은 절대수준의 환율로 산출되지 않고 지 수(Index)로 산출된다.

22 다음 중 환율의 상승요인은?

① 국내 물가 하락
② 국내 실질GDP 하락
③ 민간수지 흑자
④ 국내 실질이자율 상승
⑤ 중앙은행 외환 매입

23 다른 조건이 일정할 경우 4시장 모형의 관계에 대한 설명으로 옳은 것은?

① 생산물시장 : 물가 상승 ⇨ 기업 생산물 공급 증가
② 생산물시장 : 총수요 증가 ⇨ 실업률 증가
③ 노동시장 : 실질임금 상승 ⇨ 가계 노동공급량 감소
④ 대부자금시장 : 실질이자율 상승 ⇨ 대부자금 공급량 감소
⑤ 외환시장 : 외환 공급 증가 ⇨ 환율 상승

24 다음 중 재정지출 확대를 위한 정부의 공개시장매각이 거시경제 변수에 미치는 영향으로 적절하게 묶인 것은?

가. 본원통화 공급 증가
나. 명목GDP 감소
다. 실질GDP 증가
라. 실질이자율 상승
마. 고용량 증가
바. 경상수지 증가

① 가, 나, 다   ② 가, 라, 바   ③ 나, 다, 마
④ 나, 마, 바   ⑤ 다, 라, 마

25 경기가 좋아질 것으로 전망하는 응답자가 130명이고 경기가 나빠질 것으로 전망하는 응답자가 70명일 경우, 기업경기실사지수(BSI)는?

① 30
② 70
③ 100
④ 130
⑤ 170

26 다음 중 제한물권이 <u>아닌</u> 것은?

① 점유권
② 지상권
③ 유치권
④ 질 권
⑤ 저당권

27 다음 중 이익배당에 대한 설명으로 옳지 <u>않은</u> 것은?

① 이익배당청구권은 주주의 고유권이다.
② 구체적 이익배당청구권은 독립된 채권이다.
③ 구체적 이익배당청구권은 양도와 압류가 모두 가능하다.
④ 구체적 이익배당청구권은 전부명령의 목적이 된다.
⑤ 주식배당을 해도 회사의 자본에는 변동이 없다.

28 예금에 대한 설명으로 옳지 <u>않은</u> 것은?

① 예금계약의 성격은 법률적으로 소비임치이다.
② 현금 계좌이체 예금계약의 성립시기는 예금자의 예금의사표시와 은행직원이 이를 확인한 때이다.
③ 어음 예금계약의 성립시기는 은행이 증권을 교환에 돌려 부도반환시한이 지나고 결제를 확인한 때이다.
④ 전자자금이체 예금계약의 지급의 효력발생시기는 수취인계좌가 개설되어 있는 금융회사의 계좌원장에 입금기록이 끝난 때이다.
⑤ 무기명식 예금을 제외하고는 예금채권의 양도나 담보제공이 금지된다.

29 다음 중 약관의 해석원칙으로 모두 묶인 것은?

> 가. 약관은 신의성실에 따라 공정하게 해석되어야 한다.
> 나. 약관의 뜻이 불명확할 경우에는 고객에게 유리하게 해석한다.
> 다. 약관은 각 계약당사자의 이해능력을 기준으로 해석해야 한다.
> 라. 약관과 개별약정이 충돌할 경우, 충돌부분에 대해서는 약관이 우선한다.

① 가   ② 가, 나   ③ 가, 나, 다
④ 가, 나, 라   ⑤ 가, 나, 다, 라

30 다음 중 신탁재산에 대한 설명으로 옳지 <u>않은</u> 것은?

① 신탁재산은 이전이 가능해야만 한다.
② 신탁재산은 법인격은 없으나 실질적으로 수탁자를 관리기관으로 하는 독립된 재산의 성격을 갖는다.
③ 신탁재산의 채권과 신탁재산이 아닌 채무는 상계할 수 없다.
④ 강제집행과 경매가 모두 불가능하다.
⑤ 신탁재산에서 손실이 발생하면 이는 모두 수탁자에게 귀속된다.

31 다음 중 부동산신탁에 대한 설명으로 옳지 <u>않은</u> 것은?

① 부동산신탁의 대상은 토지와 토지의 정착물이 모두 해당한다.

② 부동산신탁업무에는 부동산관리신탁, 처분신탁, 담보신탁, 토지신탁이 있다.

③ 부동산신탁의 경우 위탁자로부터 수탁자에게로 부동산소유권의 이전을 위하여 소유권이전등기와 신탁등기를 하여야 한다.

④ 부동산투자신탁은 소수의 고액투자자로부터 사모에 의해 자금을 조달한다.

⑤ 프로젝트 파이낸싱에서 차주의 책임은 없거나 제한된다.

32 다음 중 금융소비자보호에 대한 설명으로 옳지 <u>않은</u> 것은?

① 금융상품판매업자는 금융소비자의 합리적 선택과 이익을 침해할 우려가 있는 거래조건과 거래방법을 사용하지 않아야 한다.

② 적정성 원칙은 일부 보장성 상품, 투자성 상품, 대출성 상품에 대하여 일반금융소비자에게 계약체결 권유 없이 금융상품판매 계약을 체결하는 경우에 적용된다.

③ 원금손실위험이 있는 보장성 상품 및 투자성 상품의 경우는 상환능력을 중심으로 판단하도록 규정하고 있다.

④ 금융상품판매업자가 금융상품에 관한 광고를 하는 경우, 금융상품 유형별로 금지행위를 해서는 안 된다.

⑤ 금융상품이 일반금융소비자에게 부적정하다고 판단하는 경우, 이를 해당 소비자에게 알리고 확인을 받아야 한다.

33 다음 중 예금자 보호와 신용질서 유지에 대한 설명으로 옳지 <u>않은</u> 것은?

① 신용정보 보호를 위해 어떠한 경우에도 영장 없이는 금융거래정보를 제공받을 수 없도록 하고 있다.

② 부보금융기관이 취급하는 금융상품은 모두 예금자 보호가 된다.

③ 각 금융기관별 5천만원 한도에서 예금 보호를 받을 수 있다.

④ 여신거래에서 차주의 의사에 반하여 예금가입을 강요하는 것은 불공정영업행위에 속한다.

⑤ 은행은 고객과의 이해상충이 발생할 가능성이 높다고 판단될 경우 거래를 하여서는 안 된다.

34 다음 중 투자자와 금융투자업에 대한 설명으로 옳지 <u>않은</u> 것은?

① 일반투자자와 전문투자자는 전문성 여부, 보유자산 규모 등으로 구분한다.

② 전문투자자에 속하지 않는 투자자를 일반투자자라 한다.

③ 원칙적으로 일반투자자는 전문투자자가 될 수 없지만 장외파생상품 매매일 경우에는 전문투자자로 자동전환된다.

④ 집합투자업은 투자자로부터 일상적인 운용지시를 받지 않는다.

⑤ 대가 없는 투자자문은 투자자문으로 보지 않을 수 있다.

35 다음 중 여신전문금융업법에 대한 설명으로 옳지 <u>않은</u> 것은?

① 신용카드는 본인 신청에 의해서만 발급된다.

② 신용카드의 길거리 모집은 금지된다.

③ 신용카드를 이용하여 대금을 결제하더라도 판매를 거절할 수 없다.

④ 가맹점의 수수료를 신용카드회원에게 전가할 수 없다.

⑤ 신용카드사가 사업장을 직접 방문하여 가맹점계약을 체결할 수 없다.

36 다음 중 친권과 후견에 대한 설명으로 옳지 <u>않은</u> 것은?

① 친권은 의무사항이다.

② 이해상반행위가 있을 경우 친권행사를 제한할 수 있다.

③ 후견심판을 청구할 수 있는 자는 본인, 배우자, 4촌 이내 친족 등이다.

④ 한정후견인은 피한정후견인의 행위에 대한 취소권을 갖지 못한다.

⑤ 피특정후견인은 홀로 유효한 법률행위를 할 수 있다.

37 다음 중 상속에 대한 설명으로 옳은 것은?

① 사실혼 배우자는 법정상속인이 될 수 있다.

② 직계비속에는 자녀와 손자녀, 증손자녀 등이 포함되며 양자녀는 제외된다.

③ 상속재산의 분할 순서는 '유언분할 ⇨ 법정상속순위 ⇨ 협의분할' 순이다.

④ 상속포기 시, 그의 상속분은 다른 상속인들에게 귀속된다.

⑤ 상속인은 피상속인 사망일에 피상속인의 재산상의 모든 권리를 포괄적으로 승계한다.

38 다음 중 개인회생채권에 대한 설명으로 옳지 <u>않은</u> 것은?

① 개인회생제도는 담보된 채권은 15억원, 그 밖의 개인회생채권은 10억원으로 채무액수에 제한을 두고 있다.

② 면책이 된 후에도 면책이 취소될 수 있다.

③ 개인회생절차는 채권자들의 채권신고 절차 없이 채무자의 신고에만 의존하고 있다.

④ 법원은 개인회생 신청일로부터 1개월 이내에 개인회생절차의 개시 여부를 결정해야 한다.

⑤ 개인회생채권자목록에 기재된 개인회생채권은 변제계획에 의하지 않고도 변제받을 수 있다.

39 다음 중 자금세탁방지제도에 대한 설명으로 올바르게 묶인 것은?

> 가. 강화된 고객확인제도는 위험중심 접근법에 기초한다.
> 나. 자금이 공중협박자금으로 사용된다는 사실을 알면서도 이를 보관한 자는 10년 이하의 징역 또는 1억원 이하의 벌금에 처한다.
> 다. 1백만원 이상의 전신송금의 경우 고객확인대상이 되는 일회성금융거래에 해당한다.
> 라. 자금세탁의 범죄화란 자금세탁을 본 범죄와 동일한 범죄로 보고 함께 처벌하는 것을 말한다.

① 가

② 가, 나

③ 가, 나, 다

④ 가, 다, 라

⑤ 가, 나, 다, 라

40 다음 중 금융분야 개인(신용)정보보호에 대한 설명으로 올바르게 묶인 것은?

> 가. 개인정보는 동의 여부와 관계없이 당초 수집목적 범위를 이외로 사용할 수 없다.
> 나. 개인정보 중 정보주체와의 계약 체결 및 이행에 불가피한 정보는 정보주체의 동의가 없어도 수집이 가능하다.
> 다. 어떠한 경우에도 정보주체의 동의 없이 개인정보를 제공할 수 없다.
> 라. 거래 상대방의 신용도와 신용거래능력을 판단하는 경우에 필요한 정보는 정부주체의 동의를 받지 않아도 수집 가능하다.
> 마. 정보주체는 금융기관에 대해 자신의 개인신용정보를 열람하거나 제공해줄 것을 청구할 수 없다.

① 가, 다

② 나, 라

③ 가, 나, 마

④ 나, 라, 마

⑤ 다, 라, 마

제2과목 ▪ 세무설계 (40문제)

41 다음 중 소득세에 대한 설명으로 옳지 <u>않은</u> 것은?

① 1월 1일부터 12월 31일까지의 1년간 소득금액에 대하여 과세한다.

② 개인소득을 과세단위로 하여 개인별 과세하는 것을 원칙으로 하고 있다.

③ 순자산증가설은 기계장치를 처분하여 발생하는 유형자산처분이익에 대해 소득세를 과세하지 않는 근거가 된다.

④ 퇴직소득과 양도소득은 종합과세하지 않는다.

⑤ 종합과세를 원칙으로 하되, 일부 소득에 대해서는 분류과세 및 분리과세를 동시에 택하고 있다.

42 다음 중 종합소득세 과세대상이 되는 소득의 종류로 옳지 <u>않은</u> 것은?

① 근로소득

② 연금소득

③ 기타소득

④ 양도소득

⑤ 사업소득

43 다음 중 종합소득공제에 대한 설명으로 옳지 <u>않은</u> 것은?

① 부녀자공제와 한부모가족공제가 모두 해당하는 경우에는 부녀자공제를 적용한다.

② 경로우대공제를 받기 위한 최소한의 연령은 70세이다.

③ 사업소득자는 국민건강보험료 공제를 받을 수 없다.

④ 소득 없는 장애인인 아들은 연령에 관계없이 기본공제를 받을 수 있다.

⑤ 연간 소득금액이 100만원을 초과하는 맞벌이 부부는 배우자공제를 적용할 수 없다.

44 다음 중 신용카드 등 사용금액 소득공제에 대한 설명으로 옳지 <u>않은</u> 것은?

① 총급여액이 7,000만원 이하인 경우 공제한도는 300만원과 총급여액의 20% 중 작은 금액으로 한다.

② 총급여액의 25%를 초과하는 사용액이 공제 대상이 된다.

③ 현금영수증 사용분은 사용금액의 15%가 공제 가능하다.

④ 전통시장 사용분 및 대중교통 이용분은 사용금액의 40%가 공제 가능하다.

⑤ 근로자 본인과 기본공제대상자 중 배우자 및 생계를 같이하는 직계존비속으로서 연간 종합소득금액이 100만원 이하인 자가 사용한 금액에 대해서 일정금액을 공제한다.

45 다음 중 금융소득종합과세에 대한 설명으로 옳지 않은 것은?

① 금융소득에는 이자소득과 배당소득이 있다.

② 금융소득 종합과세 기준금액은 2천만원이다.

③ 부부의 금융소득은 합산하지 않으며 별도로 계산한다.

④ 종합소득세율이 원천징수세율보다 낮다면 환급세액이 발생한다.

⑤ 비과세·분리과세 금융소득은 금융소득 기준금액 초과여부를 따질 때에 포함되지 않는다.

46 다음 중 이자소득이 아닌 것은?

① 비영업대금의 이익

② 직장공제회 초과반환금

③ 10년 미만 저축성보험의 보험차익

④ 채권 또는 증권의 환매조건부 매매차익

⑤ 외상매입금이나 미지급금을 약정기일 전에 지급함으로써 받는 할인액

47 다음 중 배당소득에 대한 설명으로 옳지 않은 것은?

① 현행 배당소득의 Gross-up율은 10%이다.

② 법인세가 과세된 소득을 재원으로 하는 배당소득이어야 Gross-up 대상이 된다.

③ 기본세율이 적용되는 배당소득이어야 Gross-up 대상이 된다.

④ 종합과세 기준금액 구성액의 산출순서는 '이자소득 ⇨ 본래 Gross-up 대상인 배당소득 ⇨ 본래 Gross-up 대상이 아닌 배당소득' 순이다.

⑤ Gross-up제도는 이중과세를 조정해 주기 위함이나, 완벽한 이중과세 조정이 되지는 못한다.

48 다음은 장기채권 분리과세에 대한 설명이다. 빈칸에 들어갈 적절한 말은?

> 만기 10년 이상인 채권을 3년 이상 보유한 경우, 보유자의 신청에 의하여 (   )로 분리과세를 적용받을 수 있다.

① 10%

② 15%

③ 20%

④ 25%

⑤ 30%

49 금융소득 원천징수세율에 대한 설명 중 빈칸에 들어갈 내용으로 옳은 것은?

> • 금융회사가 지급하는 비실명금융소득의 원천징수세율: (   )
> • 비금융회사가 지급하는 비실명금융소득의 원천징수세율: (   )

① 90%, 40%

② 90%, 45%

③ 40%, 90%

④ 45%, 90%

⑤ 25%, 45%

50 다음 중 이자소득과 배당소득의 수입시기가 잘못 연결된 것은?

① 잉여금처분에 의한 배당 – 잉여금처분 결의일

② 법인세법에 의해 처분된 배당 – 당해법인의 결산확정일

③ 정기예금·적금의 이자 – 만기일

④ 기명의 공채 또는 사채의 이자와 할인액 – 약정에 의한 이자지급개시일

⑤ 법인의 합병으로 인한 의제배당 – 합병등기일

51 다음 중 금융소득종합과세의 절세절략에 대한 적절한 설명을 모두 고른 것은?

> 가. 예금 등 금융자산을 증여재산공제 범위 내에서 분산 증여한다.
> 나. 비과세저축과 분리과세저축을 최대한 활용한다.
> 다. 가능하면 많은 금융회사와 거래를 하는 것이 좋다.
> 라. 특정 해에 금융소득이 집중되지 않도록 이자수 령조건을 조절할 필요가 있다.

① 가, 나
② 나, 다
③ 다, 라
④ 가, 나, 라
⑤ 나, 다, 라

52 다음 중 금융소득종합과세와 관련하여 고객과 논의한 내용으로 옳지 않은 것은?

① 세금우대저축은 금융소득종합과세대상이 아니다.
② 주식이나 채권 등 유가증권의 매매차익은 금융소득으로 과세되지 않는다.
③ 국외금융회사에 예치하거나 외국정부 · 법인이 발행한 채권을 매입하여 수령하는 이자는 모두 금융소득으로 과세된다.
④ 국외금융소득이 국내에서 지급대리인에 의해 원천징수된 경우, 금융소득이 2천만원을 초과하면 종합과세대상이 된다.
⑤ 비거주자의 금융소득이 국내사업장이나 부동산 임대와 실질적인 관련이 있는 경우에는 금융소득이 2천만원을 초과하면 종합과세대상이 된다.

53 다음 중 양도소득세의 과세대상이 <u>아닌</u> 것은?

① 등기된 부동산임차권
② 골프회원권
③ 사업용 고정자산과 별도로 양도하는 영업권
④ 조합원 입주권
⑤ 전세권

54 다음 중 양도시기의 영향을 받지 <u>않는</u> 것은?

① 양도소득세 귀속연도
② 장기보유특별공제의 보유기간 판단
③ 양도소득세 신고 · 납부기한
④ 1세대 1주택 양도소득세 비과세여부 판단
⑤ 기타 필요경비의 공제여부 판단

55 다음 중 2021년 6월 1일 이후 양도 시 양도소득세 율로 옳지 <u>않은</u> 것은?

① 1년 미만 보유한 등기된 상가 – 50%
② 미등기 양도자산 – 70%
③ 양도소득 과세표준 3억원 이하의 중소기업 주식으로서 대주주가 1년 이상 보유한 주식 – 20%
④ 2년 이상 보유한 등기된 주택 – 40%
⑤ 중소기업 이외의 법인주식으로서 대주주가 1년 미만 보유한 주식 – 30%

56 다음 중 장기보유특별공제에 대한 설명으로 옳지 <u>않은</u> 것은?

① 장기보유특별공제는 3년 이상 보유한 부동산과 주식에 대하여 적용된다.
② 장기보유특별공제는 양도차익의 범위 내에서 공제한다.
③ 보유기간은 취득일로부터 양도한 날까지로 한다.
④ 배우자로부터 증여받은 재산이 이월과세대상인 경우 보유기간은 당초 배우자가 해당 재산을 취득한 날부터 기산한다.
⑤ 조정대상지역에 있는 주택을 2년 이상 보유한 다주택자는 2024. 5. 9.까지 양도하는 경우 장기보유특별공제의 적용을 받을 수 있다.

57 비상장주식의 양도일이 4월 15일인 경우 예정신고 납부기한은?

① 6월 30일

② 7월 31일

③ 8월 31일

④ 9월 30일

⑤ 10월 31일

60 5억원의 양도차익이 발생한 1세대 1주택 비과세 요건을 충족한 주택을 18억원에 양도한 경우 양도차익을 계산한 식으로 옳은 것은?

① 5억원 × (18억원 − 12억원) / 12억원

② 5억원 × 12억원 / (18억원 − 12억원)

③ 5억원 × (18억원 − 12억원) / 18억원

④ 12억원 × (18억원 − 12억원) / 5억원

⑤ 12억원 × 5억원 / (18억원 − 12억원)

58 다음 중 1세대 1주택 비과세 요건에 대한 설명으로 옳지 <u>않은</u> 것은?

① 보유기간은 3년 이상이어야 한다.

② 고가 주택이 아니어야 한다.

③ 미등기 주택이 아니어야 한다.

④ 양도일 현재 1세대가 국내에 1주택만을 보유해야 한다.

⑤ 도시지역 내의 경우 수도권의 주거·상업·공업지역은 주택부수 토지면적이 건물이 정착된 면적의 3배를 넘지 않아야 한다.

61 다음 중 배우자의 유류분으로 적절한 것은?

① 0

② 법정상속분의 1/2

③ 법정상속분의 1/3

④ 법정상속분의 1/4

⑤ 법정상속분의 1/5

59 다음은 일시적 1세대 2주택이 되는 경우의 비과세 특례 규정에 대한 설명이다. 빈칸에 들어갈 내용으로 올바르게 묶인 것은?

> 1세대 1주택자가 1주택을 가진 (   ) 이상의 직계존속을 동거봉양하기 위해 세대를 합친 경우에는 세대를 합친 날로부터 (   ) 이내에 먼저 양도하는 주택에 대하여는 양도소득세를 비과세한다.

① 60세, 5년

② 60세, 10년

③ 65세, 5년

④ 65세, 10년

⑤ 70세, 5년

62 다음 중 피상속인의 상속인으로 직계존속, 직계비속, 형제자매가 있을 때, 상속세 과세가액에 포함되지 <u>않는</u> 것은?

① 상속개시일 6년 전 피상속인의 아들에게 증여한 재산

② 상속개시일 6년 전 피상속인의 부친에게 증여한 재산

③ 상속개시일 6년 전 피상속인의 형제에게 증여한 재산

④ 상속개시일 6년 전 피상속인의 친구에게 증여한 재산

⑤ 상속개시일 6년 전 피상속인의 자매에게 증여한 재산

63 A씨가 사망 전 2년 이내에 인출한 예금과 처분한 재산이 다음과 같은 경우 상속세 과세가액에 산입되는 상속추정가액은?

- 예금 인출액 : 2억원(용도불입증금액 1억원)
- 주식 양도액 : 4억원(전액 용도불입증)

① 2억 8천만원
② 3억원
③ 3억 8천만원
④ 4억원
⑤ 5억원

64 다음 중 배우자가 상속받은 금액이 없을 때의 배우자상속공제 금액으로 적절한 것은?

① 0원
② 1억원
③ 3억원
④ 4억원
⑤ 5억원

65 금융재산이 3억원이고 부채가 2억 5,000만원일 경우 금융재산 상속공제액은?

① 1,000만원
② 2,000만원
③ 5,000만원
④ 1억원
⑤ 2억원

66 피상속인이 2023년 12월 1일에 사망했을 경우 상속세 신고기한은?

① 2024년 3월 31일
② 2024년 5월 31일
③ 2024년 6월 30일
④ 2024년 9월 30일
⑤ 2024년 12월 31일

67 다음 중 상속세의 물납에 대한 설명으로 옳지 <u>않은</u> 것은?

① 연부연납제도가 납부기한을 연장해주는 것이라면, 물납제도는 실물재산으로 상속세를 납부할 수 있도록 하는 것이다.
② 세무서장의 허가가 있어야 한다.
③ 납부세액이 1천만원 이상이어야 한다.
④ 상속재산 중 부동산과 유가증권의 가액이 상속재산가액의 1/2을 초과해야 한다.
⑤ 상속세 납부를 위한 유동자금의 무리한 조달부담을 완화시켜준다.

68 8년 전 아버지로부터 3억원을 증여받고, 현재 어머니로부터 2억원을 증여받은 경우의 증여재산가액은?

① 1억원
② 2억원
③ 3억원
④ 4억원
⑤ 5억원

69 다음 중 부담부증여에 대한 설명으로 옳지 <u>않은</u> 것은?

① 수증자가 인수한 채무액을 제외한 부분은 증여로 본다.

② 수증자가 인수한 채무액은 양도로 본다.

③ 채무인수액에 해당하는 부분에 대해서는 증여자에게 양도소득세가 과세된다.

④ 채무인수액을 제외한 부분에 대해서는 증여자에게 증여세를 과세한다.

⑤ 부담부증여 재산이 1세대 1주택 비과세대상이라면 증여자의 양도소득세는 비과세된다.

70 A씨가 시가 40억원의 상가를 특수관계가 없는 B씨에게 60억원에 양도한 경우 증여재산가액은?

① 0원

② 8억원

③ 12억원

④ 17억원

⑤ 20억원

71 다음 중 증여재산공제액의 연결이 옳지 <u>않은</u> 것은?

① 남편이 아내에게 증여한 경우 – 6억원

② 어머니가 미성년 아들에게 증여한 경우 – 2천만원

③ 할아버지가 성년인 손자에게 증여한 경우 – 5천만원

④ 아버지가 성년인 아들에게 증여한 경우 – 5천만원

⑤ 아들이 아버지에게 증여한 경우 – 2천만원

72 다음은 상속재산의 평가에 대한 설명이다. 빈칸에 들어갈 내용으로 올바르게 묶인 것은?

> 상속재산의 평가는 시가 평가를 원칙으로 하고 있다. 여기서 시가란, 불특정 다수인 사이에 자유롭게 거래가 이루어지는 경우에 통상적으로 성립한다고 인정되는 가액을 말한다. 일반적으로 평가기준일 ( ) ( ) 이내의 기간 중 매매, 감정, 수용, 경매 또는 공매가 있는 경우 그 금액을 시가로 보고 있다.

① 전, 3개월　　　　② 전후, 3개월

③ 후, 6개월　　　　④ 전후, 6개월

⑤ 전, 6개월

73 다음 중 상증법상 보충적 평가방법의 연결이 옳지 <u>않은</u> 것은?

① 상장주식 : 평가기준일 전후 2개월간 공표된 한국거래소 최종시세가액의 평균액

② 특정시설물 이용권 : 평가기준일까지 불입한 금액

③ 예금 : 예입총액 + 미수이자 상당액 – 원천징수 상당액

④ 토지 : 개별공시지가

⑤ 비상장주식 : 순자산가치와 순손익가치의 가중평균액

74 다음 중 상속세와 증여세에 대한 설명으로 옳지 <u>않은</u> 것은?

① 상속세는 유산세방식이고, 증여세는 유산취득세방식으로 과세한다.

② 상속세와 증여세의 세율은 모두 5단계의 초과누진세율(10~50%)로 동일하다.

③ 증여세의 관할 세무서는 증여자 주소지의 관할 세무서이다.

④ 상속세의 관할 세무서는 피상속인 주소지의 관할 세무서이다.

⑤ 영리법인은 증여를 받더라도 증여세 납세의무가 없다.

75 다음 중 창업자금에 대한 과세특례와 관련된 설명으로 옳지 <u>않은</u> 것은?

① 수증자는 18세 이상이어야 한다.

② 증여자는 60세 이상이어야 한다.

③ 창업자금을 증여받은 수증자는 증여일로부터 3년 이내에 창업해야 한다.

④ 창업자금은 예금을 포함한 현금증여를 원칙으로 한다.

⑤ 과세가액에서 5억원을 공제하고 10%의 세율로 과세한다.

76 다음 중 자산관리사의 고객에 대한 상속 및 증여 관련 조언 내용으로 옳지 <u>않은</u> 것은?

① 증여는 가능한 한 수증자의 나이가 어릴수록 좋으며, 매 10년 단위로 재차증여를 하는 것이 좋다.

② 일반적으로 양도소득세보다는 증여세가 세부담이 크므로 무조건 부담부증여를 활용하는 것이 바람직하다.

③ 적어도 상속세 이상의 금융재산을 보유하는 것이 바람직하다.

④ 상속개시 시점 증여재산에 대한 재평가가 이루어지지 않기 때문에 저평가된 재산을 미리 증여하는 것이 좋다.

⑤ 배우자가 있는 경우 상속재산이 10억원 이하라면 부득이한 경우를 제외하고는 절대 사전증여를 해선 안 된다.

77 다음 중 취득세 과세대상이 <u>아닌</u> 것은?

① 어업권

② 광업권

③ 차 량

④ 기계장비

⑤ 분양권

78 다음 중 재산세에 대한 설명으로 옳은 것은?

① 과세기준일은 7월 1일이다.

② 주택에 대한 과세는 7월과 9월에 50%씩 과세된다.

③ 재산세의 납세지는 납세의무자의 주소지를 관할하는 시·군·구이다.

④ 공부상 과세대상 물건을 소유하고 있는 자는 재산세 납세의무를 진다.

⑤ 토지에 대한 과세는 7월에 100% 과세된다.

79 다음 중 종합부동산세에 대한 설명으로 옳지 <u>않은</u> 것은?

① 재산세 과세대상 중 주택에 대해서만 과세된다.

② 과세기준일은 6월 1일이다.

③ 정부 부과가 원칙이나 신고납부도 가능하다.

④ 세대별이 아닌 개인별로 과세한다.

⑤ 납부세액이 250만원을 초과하는 경우 분납이 가능하다.

80 부부가 고가주택을 공동명의로 구입하여 월세로 임대를 주었다고 할 때, 다음 중 부부가 공동명의로 부동산을 취득하여도 절세효과가 <u>없는</u> 세금은?

① 양도세

② 취득세

③ 종합부동산세

④ 상속세

⑤ 종합소득세

81 다음 중 위험관리기법에 대한 설명으로 옳지 <u>않은</u> 것은?

① 고빈도·고강도 위험은 손해통제기법을 적용하기 어렵다.

② 저빈도·고강도 위험은 효율성 측면에서 위험이전이 가장 바람직하다.

③ 저빈도·저강도 위험은 특별한 위험통제기법이나 손해통제기법이 필요 없다.

④ 저빈도·고강도 위험은 사고발생빈도를 줄이는 노력이 필요하다.

⑤ 위험은 잠재적 손실규모의 크기와 발생 가능성에 따라 적절한 관리를 해야 한다.

82 개별 보험계약자는 본인의 연령이나 병력에 따라 측정된 위험 정도에 상응하는 보험료를 납부해야 한다는 보험의 기본원칙은?

① 수지상등의 원칙

② 이득금지의 원칙

③ 급부 반대급부 균등의 원칙

④ 실손보상의 원칙

⑤ 대수의 법칙

83 다음 중 예정기초율 변화에 따른 보험료의 변화에 대한 설명으로 옳지 <u>않은</u> 것은?

① 예정사망률이 낮아지면 사망보험료는 낮아지지만, 생존보험의 보험료는 높아진다.

② 예정사업비율이 높아지면 보험료는 높아진다.

③ 보험기간이 짧을수록 예정이율의 변화로 인한 보험료 변동폭이 크다.

④ 만기환급형의 보험료 변동폭이 순수보장형보다 크다.

⑤ 예정이율이 높아지면 보험료는 낮아진다.

84 보험금 청구권, 보험료·환급금 반환청구권의 소멸시효기간은?

① 1년   ② 2년   ③ 3년   ④ 5년   ⑤ 7년

85 다음 중 유니버설보험에 대한 설명으로 옳지 <u>않은</u> 것은?

① 보험계약자의 니즈에 따라 자유롭게 보험금액을 증액 또는 감액할 수 있다.

② 특별계정에서 운용되며 운용리스크의 부담주체는 투자자이다.

③ 적립금액의 중도 인출이 가능하다.

④ 인플레이션에 대응할 수 있게 되므로 보험금의 미래가치를 높일 수 있다.

⑤ 보험료를 추가적으로 내거나 줄여서 낼 수도 있다.

86 다음 중 실손의료보험(2021년 7월 이후)에 대한 설명으로 옳지 <u>않은</u> 것은?

① 보험료 변경주기는 1년이다.

② 자기부담금 비율은 급여 20%, 비급여 30%이다.

③ 개인실손보험과 단체실손보험을 중복하여 가입했다 하더라도 이중으로 보상받을 수 없다.

④ 15년마다 보장내용을 변경할 수 있다.

⑤ 만기 시 자동으로 재가입된다.

87 다음의 경우 지급되는 주택화재보험금은?

• 보험가액 : 1억원
• 보험가입금액 : 4,000만원
• 손해액 : 2,000만원

① 500만원   ② 800만원

③ 1,000만원   ④ 1,500만원

⑤ 2,000만원

88 다음 중 국민건강보험에서 암 등록자의 등록일로부터 5년간 총 진료비에 대한 본인부담금 비율로 적절한 것은?

① 0%

② 5%

③ 10%

④ 15%

⑤ 20%

89 다음은 과세가 제외되는 장기 저축성보험의 요건에 대한 설명이다. 빈칸에 공통으로 들어갈 내용으로 적절한 것은? (단, 2017년 4월 1일 이후 가입분에 한함)

> 일시납 보험의 경우 계약자 1인당 납입보험료 합계액이 1억원 이하(월 납입식 저축성 보험, 종신형 연금보험 제외)이고, 계약기간은 (   ) 이상이어야 한다. 이때 (   ) 경과 전 납입보험료를 확정된 기간 동안 연금형태로 지급받는 경우 보험차익이 과세된다.

① 3년

② 5년

③ 7년

④ 10년

⑤ 15년

90 정보수집 방법 중 고객의 결심을 요구할 때나 특정 정보를 확인할 때 활용하는 기법으로, 답변이 한정되어 있는 것이 특징인 것은?

① 개방형 질문

② 대화의 일시적 멈춤

③ 현상파악 질문

④ 투사화법

⑤ 요점화법

91 다음 중 은퇴생활 위험요소에 대한 설명으로 옳지 않은 것은?

① 인플레이션 리스크는 물가 상승으로 인한 실질 자산가치가 하락하는 리스크를 말한다.

② 노후 건강 리스크는 노후에 신체적·정신적인 질병으로 인해 건강하지 못한 상태가 되어 발생하는 리스크를 말한다.

③ 생명 리스크는 예상보다 오래 살게 됨으로써 발생하게 되는 위험을 말한다.

④ 3층 연금제도 중 국민연금만이 물가상승을 반영한 연금액을 지급하며 나머지 퇴직연금과 개인연금은 그렇지 않다.

⑤ 은퇴설계 시 통계청에서 발표하는 기대수명에 5~6살을 더한 나이를 이용하는 것이 바람직하다.

92 다음 중 은퇴자금 설계의 주요 포인트에 대한 설명으로 옳지 않은 것은?

① 은퇴 크레바스를 극복하기 위해 공적연금을 활용하는 전략이 필요하다.

② 노후자금에 대한 준비는 되도록 소액이라도 빨리 시작하는 것이 중요하다.

③ 여성과 남성의 기대수명이 6~7살 정도 차이가 나기 때문에 여성이 배우자 없이 혼자 살아가야 하는 10년에 대한 대비가 필요하다.

④ 우리나라 국민 1인당 평생 의료비는 약 1억원이며, 여성이 남성보다 많은 편이다.

⑤ 부동산 규모 축소, 주택연금 등을 활용하여 부동산 자산에 편중된 자산구조를 재조정할 필요가 있다.

93 다음 중 은퇴 이후의 변화에 대한 설명으로 옳지 않은 것은?

① 자신의 사회적 입장 변화
② 타인의 사회적 입장 변화
③ 가정 내 역할 변화
④ 경제 감각의 변화
⑤ 체력과 운동능력의 변화

95 특수직역연금에 대한 설명으로 옳지 않은 것은?

① 공무원연금, 사립학교교직원연금, 군인연금은 모두 특수직역연금이다.
② 특수직역연금은 국민연금이 도입되기 전부터 시행되었다.
③ 퇴직급여는 연금과 일시금 중 선택해서 수령할 수 있다.
④ 공무원연금은 2016년부터 10년 이상 근무 후 퇴직 시에도 연금수급이 가능해졌다.
⑤ 2016년 퇴직자(1996년 1월 이후 임용)의 공무원연금 연금수급개시연령은 65세이다.

94 다음 중 국민연금제도에 대한 설명으로 옳지 않은 것은?

① 연금을 수령하기 위해 반드시 가입기간 10년을 채워야 한다.
② 국내에 거주하고 있는 외국인도 국민연금에 가입할 수 있다.
③ 근로소득자의 경우 본인과 회사가 보험료를 절반씩 나누어 부담한다.
④ 국민연금의 낮은 수급액을 보완할 수 있는 사적연금의 중요성이 커지고 있다.
⑤ 연금보험료 추후 납부제도에서 납부예외기간동안의 보험료는 과거에 납부예외를 신청했을 때의 소득을 기준으로 산정된다.

96 다음 중 퇴직연금제도에 대한 설명으로 옳지 않은 것은?

① 퇴직금제도와 퇴직연금제도를 합하여 퇴직급여제도라고 한다.
② 확정급여형의 퇴직급여액은 퇴직연금계정의 운용실적에 따라 달라진다.
③ 근로자가 있는 모든 기업은 퇴직금제도와 퇴직연금제도 중 한 개 이상을 의무적으로 도입해야 한다.
④ 확정기여형은 퇴직연금 운용의 주체가 기업이 아닌 근로자 본인이 된다.
⑤ 높은 이직률을 보이는 회사는 확정급여형보다 확정기여형 제도가 유리하다.

97 다음 중 연금저축계좌에 대한 설명으로 옳지 <u>않은</u> 것은?

① 세액공제 한도는 2023년 납입분부터 연간 600만 원으로 인상되었다.

② 만 55세 이후 연금 수령 시까지 과세가 이연되며, 연금 수령 시 연금소득세가 과세된다.

③ 연간 1,200만원까지 납입이 가능하며, 분기 한 도가 있다.

④ 최소한 5년 이상 납입하고 55세 이후부터 연금으 로 받아야 세액공제 혜택을 받을 수 있다.

⑤ 일시금 수령 시 기타소득세가 과세된다.

98 다음 중 노인장기요양보험제도에 대한 설명으로 옳지 <u>않은</u> 것은?

① 노인장기요양보험제도는 건강보험제도와 별개의 제도로 도입·운용되고 있다.

② 수급대상자는 장기요양기관에 재가급여는 20%, 시설급여는 15%의 본인 부담금을 납부한다.

③ 보험자 및 관리운영기관을 국민건강보험공단으 로 일원화하고 있다.

④ 수급대상자는 65세 이상의 고령자를 중심으로 운 영되고 있다.

⑤ 일정한 절차에 따라 장기요양급여를 받을 수 있 는 권리(수급권)가 부여되는데 이를 장기요양인 정이라고 한다.

99 다음 중 은퇴설계 프로세스 1단계에서 고객에게 설 명해야 할 사항이 <u>아닌</u> 것은?

① 컨설팅 보수 관련 사항

② FP의 책임에 대한 사항

③ 고객에게 제공하는 서비스 내용

④ 현금흐름표 작성 방법

⑤ 프로세스 전체 흐름에 대한 설명

100 다음 중 현금흐름표 작성에 대한 설명으로 옳지 <u>않은</u> 것은?

① 현금흐름표 작성을 통해 가계의 수지 불균형, 자 금의 여유나 부족을 한눈에 파악할 수 있다.

② 현금흐름표란 자금의 유동성을 말하는 것으로, 작성은 라이프 이벤트 부분과 수입과 지출, 수지 부분으로 나눌 수 있다.

③ 수입 항목은 크게 지속적인 수입과 일시적인 수 입으로 나누며 모두 세전 소득을 기입한다.

④ 변동률은 현금흐름표 작성 기간 전체에 대해 평 균적인 숫자를 고려할 필요가 있다.

⑤ 지출 항목은 일반적으로 기본 생활비, 주거비, 교 육비, 보험료, 기타 지출, 일시적 지출 등의 항목 으로 분류한다.

제1과목 ▪ 자산관리 기본지식 (40문제)

1 다음 중 재무설계가 필요한 사회 경제적 배경으로 옳은 것은?

> 가. 금융구조개혁으로 자산운영의 폭이 넓어지고 다양한 고객 니즈가 나타나고 있다.
> 나. 베이비 붐 세대의 대량퇴직이 진행될 것이다.
> 다. 투자자를 위한 투자자 보호 제도가 미흡한 상태이다.
> 라. IMF 이후 금융시장을 전면 개방하였다.
> 마. 가계부채가 가파르게 상승하고 있다.

① 가, 나, 다
② 가, 나, 라
③ 가, 라, 마
④ 나, 다, 마
⑤ 나, 라, 마

2 다음 중 재무설계의 필요성과 자산관리사의 역할에 대한 설명으로 옳지 않은 것은?

① 최근 우리나라의 고용시장은 평생 직업이라는 개념이 약해지고 있다.
② 점차 재무적인 면보다 비재무적인 문제로 소비자의 관심이 확대되고 있다.
③ 우리나라는 2017~2018년에 고령사회로 접어들었고, 2025~2026년에 초고령사회로 접어들 것이다.
④ 자산관리사의 역할은 개인 재무설계를 수립하여 재무목표 달성을 돕는 것이다.
⑤ 금융연수원은 AFPK와 CFP 등의 자산관리사 자격을 주관하고 있다.

3 다음 중 재무설계 절차가 적절하게 나열된 것은?

> 가. 고객의 재무상태 분석 및 평가
> 나. 재무설계 실행
> 다. 고객과의 관계정립
> 라. 정기점검 및 사후관리
> 마. 재무설계 제안
> 바. 고객 정보수집 및 재무목표 설정

① 다 ⇨ 바 ⇨ 가 ⇨ 마 ⇨ 나 ⇨ 라
② 다 ⇨ 바 ⇨ 가 ⇨ 마 ⇨ 라 ⇨ 나
③ 다 ⇨ 바 ⇨ 마 ⇨ 가 ⇨ 나 ⇨ 라
④ 바 ⇨ 다 ⇨ 가 ⇨ 마 ⇨ 나 ⇨ 라
⑤ 바 ⇨ 다 ⇨ 마 ⇨ 나 ⇨ 라 ⇨ 가

4 다음 중 문제인식질문이 아닌 것은?

① 고객님의 노후를 어떻게 보내고 싶으신가요?
② 지금까지 말씀드린 문제를 해결할 방법이 있다면 실행하시겠나요?
③ 고객님이 조기에 사망하실 경우 어떤 일이 생길까요?
④ 자녀분의 교육비는 얼마 정도가 될까요?
⑤ 자녀분의 대학 등록금은 준비되어 있으신가요?

5 다음 중 비재무적(정성적) 정보로 옳은 것은?

> 가. 자산 및 부채 자료
> 나. 위험수용성향
> 다. 은퇴 관련 자료
> 라. 재무설계 관련 지식
> 마. 생활방식

① 가, 다
② 나, 라
③ 다, 마
④ 가, 나, 다
⑤ 나, 라, 마

6 다음 중 금융투자자산에 해당하는 것은?

> 가. ELS
> 나. 뮤추얼 펀드
> 다. 주 식
> 라. MMDA
> 마. 만기 6개월 미만인 양도성 예금증서

① 가, 나
② 나, 라
③ 다, 마
④ 가, 나, 다
⑤ 나, 라, 마

7 다음 중 개인 제안서 작성 시 유의사항에 대한 설명으로 옳지 <u>않은</u> 것은?

① 최대한 많은 제안을 나열할 수 있어야 한다.
② 고객의 상황변화를 고려해야 한다.
③ 다른 자산관리사에 의해 제안서의 내용이 달라질 수 있음을 고려한다.
④ 고객의 생활방식을 고려해야 한다.
⑤ 가장 최선의 대안부터 제시해야 한다.

8 다음 중 전문직 종사자 상담 시 고려사항으로 옳은 것은?

> 가. 노란우산공제
> 나. 중복으로 가입된 금융상품의 재조정
> 다. 은퇴 이후 안정적 현금흐름 준비
> 라. 노출되지 않은 세무조사 준비
> 마. 퇴직 후 재취업 및 창업 방안

① 가, 나, 다 　　② 가, 다, 마
③ 나, 다, 라 　　④ 나, 라, 마
⑤ 다, 라, 마

9 다음은 어떤 계약체결기법인가?

> 인사팀 최부장님도 어제 가입하셨습니다.

① 묵시적 동의법
② 양자택일법
③ 적극적 사례법
④ 예화법
⑤ 손해암시법

10 다음 중 재무설계 절차에 대한 설명으로 옳지 <u>않은</u> 것은?

① 자산부채상태표는 일정 기간 고객의 자산·부채·순자산을 한눈에 보여준다.
② 고객의 감성을 자극하여 고객이 가입하도록 유도할 수 있다.
③ 자산관리사는 고객의 자신감을 강화시켜주는 긍정적 피드백과 개선을 요구하는 발전적 피드백을 활용해야 한다.
④ 상품에 가입할 경제적 능력이 없는 사람은 유망 고객에서 제외된다.
⑤ 고객과 접촉 시 평균적인 DM보다는 고객 한사람에게 특화된 DM을 사용해야 한다.

11 다음 중 생산요소 공급의 주체는?

① 가 계
② 기 업
③ 정 부
④ 해 외
⑤ 중앙은행

12 다음 중 생산물시장에서 기업부분의 국내 총투자지출에 미치는 요인으로 옳은 것은?

① 기술이 발전하면 총수요곡선은 좌측으로 이동한다.

② 실질소득이 증가하면 투자지출은 감소한다.

③ 실질이자율이 상승하면 총수요곡선은 좌측으로 이동한다.

④ 물가의 상승기대는 투자지출과 음(-)의 관계이다.

⑤ 조세 부담이 증가할 것으로 기대되면 투자지출은 증가한다.

13 다음 중 노동시장에 대한 설명으로 옳지 않은 것은?

① 실질임금은 여가에 대한 기회비용이다.

② 노동공급곡선은 고용량과 실질임금의 평면에서 우상향한다.

③ 실질임금이 상승하면 노동공급곡선은 우측으로 이동한다.

④ 노동의 한계생산량은 체감하기 때문에 실질임금이 상승하면 노동수요량은 감소한다.

⑤ 노동시장에서 완전고용이 달성되어 생산하는 총생산을 잠재GDP라고 한다.

14 다음 중 인플레이션의 문제점으로 옳지 않은 것은?

① 예측 가능한 인플레이션보다는 변동성이 크고 예측 가능 범위를 벗어난 인플레이션이 문제가 된다.

② 가격기구의 기능을 저하시키며 효율적 자원배분을 어렵게 한다.

③ 조세체계를 변화시켜 근로의욕을 떨어뜨리고, 경제성장을 저하시킨다.

④ 실물보유에 따른 기회비용을 줄이기 위한 비용을 발생시킨다.

⑤ 채권자로부터 채무자에게 부를 재분배시킨다.

15 다음 중 자연실업률의 경제적 의미에 대한 설명으로 옳지 않은 것은?

① 잠재GDP 수준에서 발생하는 실업률을 말한다.

② 자연실업률 수준에서 인플레이션과 실업률과의 상충관계는 없다.

③ 자연실업률하의 장기필립스곡선은 인플레이션율과 실업률의 평면에서 수평이다.

④ 자연실업률 이하로 실업률을 감소시키려는 정부정책은 장기적으로 무의미하다.

⑤ 자연실업률은 구조적 정책에 의해 변화될 수 있다.

16 다음 중 재정정책에 대한 설명으로 옳지 않은 것은?

① 국채를 중앙은행이 인수할 경우에 구축효과가 발생한다.

② 경기확장기에 세수 증가를 통해 총수요를 억제하는 것은 자동안정화장치로 볼 수 있다.

③ 국채를 공개시장에 매각할 경우에 소비의 평활화가 발생한다.

④ 조세를 통해 재원을 조달할 경우에 불완전 구축효과가 발생한다.

⑤ 재정흑자가 발생할 경우 피드백 효과가 발생하지만 전체적인 총수요는 감소한다.

17 현금통화가 40억원, 예금은행 시재금이 60억원, 예금은행 지급준비금이 100억원일 경우 본원통화는?

① 80억원

② 100억원

③ 140억원

④ 160억원

⑤ 200억원

18 다음 중 통화량 증가를 유발하는 중앙은행의 정책은?

① 지급준비율 상승

② 공개시장에서 국채 매각

③ 통화안정증권 발행

④ 중앙은행의 대출금리 상승

⑤ 외환시장에서 외환 매입

19 다음 중 실질이자율과 대부자금 수요곡선에 대한 설명으로 옳지 않은 것은?

① 물가가 상승할 것으로 기대되면 가계의 대부자금 수요가 증가한다.

② 이자율이 상승할 것으로 기대되면 기업의 대부자금 수요가 증가한다.

③ 재량적 재정지출의 감소는 정부의 대부자금 수요를 감소시킨다.

④ 자국의 경상수지가 흑자일 경우, 해외부문으로부터의 국내 대부자금 수요가 감소한다.

⑤ 국내 실질GDP가 증가하면 해외부문으로부터 국내에 대부자금이 유입된다.

20 다음 중 환율에 대한 설명으로 옳지 않은 것은?

① 자국통화 표시환율이란 외국통화를 기준으로 외화 1단위와 교환되는 자국통화의 단위량이다.

② 선도환율은 거래일로부터 2영업일 이내에 결제가 이루어지는 외환거래에 적용되는 환율이다.

③ 재정환율은 한 국가의 통화와 다른 국가의 통화 간의 환율을 기준환율로 정하고 기준환율에서 교차환율을 나눠준 환율을 말한다.

④ 상대물가지수는 자국물가지수를 상대국물가지수로 나눠준 값이다.

⑤ 실질환율이 낮으면 상대적으로 자국 재화가 상대국 재화보다 비싸다.

21 다음 중 국제수지표에서 자금의 사용(차변)에 기록하는 항목은?

> 가. 재화와 용역의 수입
> 나. 해외로부터 이자 및 배당수입
> 다. 이전소득 지출
> 라. 비거주자의 국내투자
> 마. 중앙은행 준비자산의 증가

① 가, 다

② 가, 마

③ 나, 라

④ 가, 다, 마

⑤ 나, 다, 라

22 다음 중 정부가 재정지출을 위해 국채를 공개시장에 매각할 경우 경제에 미치는 영향으로 옳지 않은 것은?

① 명목GDP와 실질GDP는 모두 증가한다.

② 실질임금이 상승하여 고용량이 감소한다.

③ 통화공급량은 변화가 없다.

④ 명목환율은 하락한다.

⑤ 자본 · 금융수지는 증가한다.

23 다음 중 정부가 통화공급을 위해 지급준비율을 낮출 경우 경제에 미치는 영향으로 옳은 것은?

① 명목GDP와 실질GDP는 모두 증가한다.

② 국내 민간총투자는 변화가 없다.

③ 명목환율은 감소한다.

④ 실질환율은 감소한다.

⑤ 자본 · 금융수지는 증가한다.

24 다음 중 경기변동의 특징으로 옳지 <u>않은</u> 것은?

① 내구재 소비와 주거용 건설투자는 GDP보다 변동성이 크며 GDP에 선행한다.

② 비내구재 산업의 생산과 고용의 진폭은 작은 편이나 가격변화가 높다.

③ 생산성의 변동은 GDP 변동성과 비슷하며 경기변동에 선행한다.

④ 경기변동은 반복적으로 나타나지만 그 주기는 일정하지 않다.

⑤ 총체적 변수에 파급되며 같은 시기에 반대방향으로 움직인다.

25 다음 중 동행종합지수로 모두 묶인 것은?

```
가. 재고순환지수
나. 서비스업생산지수
다. 구인구직비율
라. 광공업생산지수
마. CP유통수익률
```

① 가, 라
② 가, 마
③ 나, 다
④ 나, 라
⑤ 다, 마

26 다음 중 민법의 기본구조에 대한 설명으로 옳지 <u>않은</u> 것은?

① 민법은 권리·의무의 발생원인, 법률관계, 법률관계의 존속·변동으로 이루어져 있다.

② 법에 의해 보호되는 사람의 지위는 권리이며 구속되는 사람의 지위는 의무이다.

③ 법인과 자연인은 법적 요건을 갖춘 경우에 권리능력을 갖는다.

④ 친족법상 권리의 객체는 일정한 신분상의 지위이다.

⑤ 법률행위의 주된 요소는 의사표시이다.

27 다음 중 기본물권에 대한 설명으로 옳지 <u>않은</u> 것은?

① 점유권은 사실상의 지배에 부여되는 법적 지위이다.

② 소유권은 소유물을 사용·처분할 수 있는 권리이다.

③ 지상권은 건물 공작물, 수목 등을 소유하기 위해 타인의 토지를 사용할 수 있는 권리이다.

④ 담보물권은 목적물을 사용·수익하는 데 목적이 있다.

⑤ 점유를 상실할 경우 그 유치권은 소멸한다.

28 다음 중 주식회사에 대한 설명으로 옳지 <u>않은</u> 것은?

① 발기설립의 경우 발기인은 의결권의 과반수로 이사와 감사를 선임한다.

② 설립경과조사는 이사·감사가 한다.

③ 현물출자나 재산인수의 총액이 자본금의 5분의 1을 초과하지 않고 5천만원을 초과하지 않을 경우 검사인의 조사를 받지 않아도 된다.

④ 모집설립의 경우 주식인수인들로 구성되는 창립총회에서 이사, 감사를 선임한다.

⑤ 주주가 1인인 회사는 회사로 인정되지 않는다.

29 다음 중 이익배당에 대한 설명으로 옳지 <u>않은</u> 것은?

① 주주의 이익배당청구권은 주주의 고유권이다.

② 구체적 이익배당청구권은 소멸시효가 존재한다.

③ 배당금지급청구권의 소멸시효는 5년이다.

④ 배당금은 주주총회나 이사회결의일로부터 2개월 이내에 지급되어야 한다.

⑤ 주식배당의 경우 주주에게 지분율에 따라 무상으로 분배한다.

30 다음 중 대출계약에 대한 설명으로 옳지 <u>않은</u> 것은?

① 민법상의 소비대차에 해당하며 유상의 낙성·쌍무계약이다.

② 증서대출은 여신거래약정서 이외에 채무이행을 담보하기 위한 어음을 추가로 징구하는 것이다.

③ 당좌대출은 당좌계정 거래에 수반하여 거래처가 일정한도 범위 내에서 당좌예금잔액을 초과하여 발행된 수표에 대해 은행이 지급에 응하는 대출이다.

④ 대출계약의 기본적인 내용은 여신거래기본약관이 규정하고 나머지 세부적인 사항은 여신거래약정서 등을 이용해 약정한다.

⑤ 상실된 채무자의 기한 이익을 부활시킬 수 있다.

31 다음 중 신탁법에 대한 설명으로 옳지 <u>않은</u> 것은?

① 신탁법과 자본시장법이 충돌할 경우에는 자본시장법이 우선한다.

② 수탁자는 신탁재산을 자신의 자산과 구분하여 관리해야 한다.

③ 수익자로 지정된 자는 별도의 의사표시 없이 당연히 수익권을 취득한다.

④ 선의의 채권자 사해신탁의 경우에 수탁자나 수익자에게 원상회복을 청구할 수 없다.

⑤ 신탁행위는 원인행위와 처분행위로 구성된다.

32 다음 중 금융소비자보호에 대한 설명으로 옳지 <u>않은</u> 것은?

① 정보의 비대칭성은 금융소비자보호의 필요한 원인이 된다.

② 위법계약해지권은 단순 변심처럼 별도 요건 없이 행사기간 이내에 금융소비자가 철회권을 행사하면 계약이 무효가 된다.

③ 금융회사가 5대 판매규제를 위반한 경우, 금융소비자는 위법사실을 안 날로부터 1년 이내에 계약해지를 요구할 수 있다.

④ 적합성 원칙은 주로 펀드와 같은 투자성 상품에 적용하고 있다.

⑤ 금융회사는 금융소비자에게 계약해지에 따른 위약금 등을 요구할 수 없다.

33 다음 중 불공정영업행위에 해당하는 것은?

> 가. 여신거래와 관련하여 차주의 의사에 반하여 예금 가입을 강요하는 행위
> 나. 은행이 우월적 지위를 이용하여 은행이용자의 권익을 부당하게 침해하는 행위
> 다. 은행 또는 그 임직원 업무와 관련하여 부당하게 편익을 요구하거나 제공받는 행위
> 라. 여신거래와 관련하여 차주 등에게 부당하게 담보를 요구하거나 보증을 요구하는 행위

① 가

② 가, 나

③ 가, 나, 다

④ 가, 나, 라

⑤ 가, 나, 다, 라

34 다음 중 금융투자상품에 대한 설명으로 옳지 <u>않은</u> 것은?

① 금융상품 전체는 예금, 금융투자상품, 보험계약으로 나뉜다.

② 파생상품이란 선도·옵션·스왑의 어느 하나에 해당하는 계약상의 권리를 말한다.

③ 증권은 채무증권, 수익증권, 투자계약증권, 파생결합증권 등으로 나뉜다.

④ 금융상품은 원본손실 가능성에 따라 금융투자상품과 비금융투자상품으로 나뉜다.

⑤ 파생상품은 원본초과손실 가능성에 따라 장내파생상품과 장외파생상품으로 나뉜다.

35 다음 중 빈칸에 들어갈 내용으로 올바르게 묶인 것은?

> • 여신전문금융회사의 총자산은 자기자본의 (　　　) 범위에서 금융위원회가 정하는 배수에 해당하는 금액을 초과해서는 안 된다.
> • 신용카드 도난 시 회원이 도난사실을 신용카드사에 통지하기 전에 발생한 카드사용에 대해서는 (　　　)

① 5배, 모두 책임을 진다.

② 5배, 책임을 지지 않는다.

③ 5배, 일정 기간에 대하여 책임을 진다.

④ 10배, 책임을 지지 않는다.

⑤ 10배, 일정 기간에 대하여 책임을 진다.

36 다음 중 혼인과 이혼에 대한 설명으로 옳은 것은?

① 민법은 부부재산의 귀속에 대하여 합산제를 채용하고 있다.

② 재판상의 이혼은 특별한 사유가 필요하지 않은 단독행위이다.

③ 협의 이혼은 일정한 방식이 필요한 요식행위이다.

④ 위자료는 이혼을 한 당사자의 일방이 다른 일방에 대하여 재산분할을 청구할 수 있는 권리를 말한다.

⑤ 부부 일방이 혼인 중 자기 명의로 취득한 재산도 부부의 공유재산으로 한다.

37 다음 중 상속에 대한 설명으로 옳지 <u>않은</u> 것은?

① 상속인은 피상속인의 권리와 의무를 포괄적으로 승계한다.

② 상속포기 시 그의 상속분은 다른 상속인에게 귀속된다.

③ 상속인은 상속개시가 있음을 안 날로부터 6개월 이내에 단순승인을 할 수 있다.

④ 대습상속은 상속이 개시되기 전에 상속인이 될 자가 사망할 경우 그의 직계비속과 배우자가 상속받는 것을 말한다.

⑤ 같은 순위의 상속인이 여러 명인 경우 그 상속분은 균분으로 한다.

38 다음 중 개인회생제도에 대한 설명으로 옳지 <u>않은</u> 것은?

① 변제계획은 변제계획인가일로부터 1개월 이내에 개시해야 한다.

② 법원이 개시결정을 한 경우 개시결정의 효력은 그 결정 시부터 발생한다.

③ 개인회생절차 개시의 결정이 있는 때에 개인회생 재단에 속하는 재산에 대해 개인회생채권을 변제 받는 행위는 중지 또는 금지된다.

④ 변제계획안은 개인회생절차 개시신청일로부터 14일 이내에 제출해야 한다.

⑤ 개인회생절차 개시의 신청이 기각되면 중지된 절 차도 진행되지 않는다.

39 다음은 자금세탁방지제도에 대한 설명이다. 빈칸 에 들어갈 내용으로 올바르게 묶인 것은?

> • 의심거래보고제도에서 자금세탁을 한다고 의심 되는 합당한 근거의 판단주체는 (　　　)이며, (　　　)에 의존한다.
> • 자금세탁의 범죄화란 자금세탁을 본 범죄에(와) (　　　)로 규정하고 처벌하는 것을 말한다.

① 금융정보분석원장, 주관적 판단, 포함된 범죄

② 금융정보분석원장, 객관적 판단, 독립된 범죄

③ 금융회사, 주관적 판단, 독립된 범죄

④ 금융회사, 객관적 판단, 포함된 범죄

⑤ 금융위원회, 객관적 판단, 독립된 범죄

40 다음 중 투자권유 시 금지사항에 대한 설명으로 옳지 <u>않은</u> 것은?

① 투자자로부터 투자권유 요청을 받지 않고 방문, 전화 등으로 투자권유하는 행위는 금지된다.

② 투자자가 거부하는 취지의 의사표시를 한 후에 다 시 투자권유하는 행위는 금지된다.

③ 불확실한 내용에 대하여 단정적인 판단을 제공하 는 행위는 금지된다.

④ 투자자가 거부하는 투자상품과 같은 종류의 투자 상품을 권유하는 행위는 금지된다.

⑤ 법령 및 절차에 따르지 않고 금전·물품 등의 재산 상의 이익을 제공하는 행위는 금지된다.

제2과목 ▪ 세무설계 (40문제)

41 다음은 소득세에 대한 설명이다. 빈칸에 들어갈 적절한 내용은?

> 우리나라 소득세법은 소득원천설에 입각한 열거주의 과세방식을 택하고 있다. 다만, 예외적으로 ( ), ( ), ( )에 대해서는 법령에 열거되어 있지 않는 경우에도 유사한 소득은 동일하게 과세할 수 있도록 유형별 포괄과세주의를 도입하고 있다.

① 이자소득, 배당소득, 기타소득
② 이자소득, 배당소득, 연금소득
③ 이자소득, 연금소득, 근로소득
④ 연금소득, 근로소득, 기타소득
⑤ 배당소득, 기타소득, 근로소득

42 다음 중 거주자와 비거주자에 대한 설명으로 옳지 않은 것은?

① 국내에 주소를 두거나 1 과세기간 동안 국내에 183일 이상 거소를 둔 개인은 거주자로 본다.
② 국적에 관계없이 국내에 주소 또는 183일 이상 거소를 두지 않으면 비거주자로 본다.
③ 국외에 거주하는 공무원은 비거주자로 본다.
④ 비거주자에 대해서는 국내원천소득에 대해서만 국내에서 과세한다.
⑤ 거주자의 종합소득에 대해서는 원칙적으로 종합과세하는 반면, 비거주자에 대해서는 원칙적으로 분리과세한다.

43 다음 중 기타소득에 해당하지 않는 것은?

① 상 금
② 현상금
③ 계약의 위약으로 인해 받는 위약금
④ 교통사고 가해자로부터 받는 위자료
⑤ 알선수재 및 배임에 의해 받는 금품

44 다음 중 종합소득세 절세방안에 대한 설명으로 옳지 않은 것은?

① 물품 구입 시 반드시 신용카드를 사용하거나 현금영수증을 받는다.
② 맞벌이 부부의 경우 소득이 큰 쪽에서 부양가족공제 등의 소득공제를 선택한다.
③ 퇴직금은 세부담을 줄이기 위해 가능하면 일시금으로 수령한다.
④ 상가임대소득을 분산시키기 위해 소득 없는 배우자 명의로 상가를 취득한다.
⑤ 개인사업의 규모가 커지면 법인으로의 전환을 고려해볼 수 있다.

45 다음 중 금융소득종합과세에 대한 설명으로 옳지 않은 것은?

① 세법상 금융소득종합과세 대상이 되는 것은 이자소득과 배당소득에 국한된다.
② 중도양도가 가능한 채권에 대해서는 보유기간별로 이자소득을 계산하여 양도자의 이자소득으로 과세한다.
③ 부부의 금융소득은 합산하여 금융소득 종합과세 기준금액 초과 여부를 판단한다.
④ 종합과세 대상이 되면 당초 원천징수당한 세액은 기납부세액으로 공제가 되어 이중과세가 조정된다.
⑤ 2천만원을 초과하는 경우 종합과세되며, 2천만원 이하의 금액에 대해서는 원천징수세율로 분리과세한다.

46 다음 중 이자소득에 해당하지 <u>않는</u> 것은?

① 물품을 판매하고 대금의 결제방법에 따라 추가로 지급받는 금액

② 10년 미만 단기 저축성보험의 보험차익

③ 금융회사와 환매수 또는 환매도하는 조건으로 매매하는 채권 및 증권의 매매차익

④ 직장공제회로부터 받는 반환금에서 납입공제료를 차감한 금액

⑤ 외국법인이 발행한 채권 또는 증권의 이자와 할인액

47 다음 중 법인이 잉여금을 자본에 전입하여 무상주를 발행하는 경우, 의제배당으로 과세되는 잉여금의 종류는?

① 주식발행초과금

② 각종적립금

③ 합병차익

④ 분할차익

⑤ 감자차익

48 다음 자료를 바탕으로 202X년도 귀속 금융소득 종합과세되는 배당소득금액은 얼마인가?

- 국내은행 정기예금이자 : 500만원
- 국내 일반법인 현금배당 : 3,500만원

① 3,550만원

② 3,600만원

③ 3,700만원

④ 4,220만원

⑤ 4,500만원

49 다음 중 원천징수로서 납세의무가 종결되어 종합과세되지 않는 금융소득이 <u>아닌</u> 것은?

① 3년 이상 보유한 10년 이상인 장기채권의 이자와 할인액으로서 분리과세를 신청한 경우

② 세금우대종합저축의 이자

③ 비영업대금의 이익

④ 직장공제회 초과반환금

⑤ 부동산 경매입찰을 위한 법원보증금에서 발생하는 이자소득

50 다음 중 원천징수세율의 연결이 옳지 <u>않은</u> 것은?

① 비영업대금의 이익 : 25%

② 출자공동사업자의 배당소득 : 25%

③ 직장공제회 초과반환금 : 기본세율

④ 분리과세신청을 한 3년 이상의 장기채권의 이자 및 할인액 : 30%

⑤ 비실명금융소득(금융회사가 지급하는 경우) : 42%

51 다음 중 수입시기와 원천징수시기에 대한 설명으로 옳지 <u>않은</u> 것은?

① 수입시기는 소득수령자가 소득세신고를 해야 하는 연도를 결정하는 시기이다.

② 원천징수시기는 소득지급자가 원천징수를 해야 하는 시기이다.

③ 원천징수시기는 원칙은 현금주의에 의하나, 지급시기의 의제규정이 있다.

④ 수입시기와 원천징수시기는 항상 일치한다.

⑤ 수입시기를 기준으로 금융소득을 합산하여 2천만원 초과여부를 판단한다.

52 다음 중 금융소득종합과세 절세전략에 대한 설명으로 옳지 않은 것은?

① 타익신탁을 활용하여 수익을 분산한다.

② 중도해지 이자소득감액분에 대한 처리는 중도해지일이 속하는 과세기간의 종합소득금액에서 감액해야 한다.

③ 주식시장에서 직접 주식 등을 매매하기 어려운 경우 주식형 펀드상품을 활용한다.

④ 비과세 혜택을 받을 수 있는 장기저축성보험을 활용한다.

⑤ 주거래 금융회사를 선정하여 거래하는 것이 좋다.

53 다음 중 소득세법상 양도에 대한 설명으로 옳지 않은 것은?

① 권리의 이전을 위한 당사자 간 유효한 의사표시가 있어야 한다.

② 자산의 사실상 이전이 있어야 한다.

③ 등기·등록과 같은 형식적인 절차를 이행해야 한다.

④ 반드시 유상에 의한 이전이 이루어져야 한다.

⑤ 부담부증여에서 수증자가 증여자의 채무를 인수하는 것은 양도에 해당한다.

54 다음 중 양도 또는 취득시기에 대한 설명으로 옳지 않은 것은?

① 대금청산 전에 등기 등을 한 경우 – 등기부·등록부 등에 기재된 등기·등록 원인일

② 자가 건설 건축물의 경우 – 사용승인서 교부일

③ 상속의 경우 – 상속이 개시된 날

④ 장기할부조건인 경우 – 소유권이전등기접수일, 인도일 또는 사용수익일 중 빠른 날

⑤ 매매계약서상 기재된 잔금지급약정일보다 잔금을 앞당기는 경우 – 실제 대금을 수수한 날

55 다음 중 미등기 양도자산을 양도하는 경우에 적용되는 사항에 대한 설명으로 옳지 않은 것은?

① 각종 감면제도의 적용이 배제된다.

② 양도세율은 60%로 최고 양도소득세율이 적용된다.

③ 양도소득 기본공제의 적용이 배제된다.

④ 장기보유특별공제의 적용이 배제된다.

⑤ 1세대 1주택 비과세 혜택을 받을 수 없다.

56 다음은 배우자 등 이월과세에 대한 설명이다. 빈칸에 들어갈 내용으로 올바르게 묶인 것은?

> 거주자가 양도일로부터 소급하여 ( ) 이내에 그 배우자 또는 직계존비속으로부터 증여받은 토지·건물 및 특정시설물 이용권·회원권을 양도하는 경우 양도차익을 계산함에 있어서 취득가액은 ( )으로 한다.

① 3년, 양도자가 증여받을 당시 가액

② 5년, 증여자의 취득 당시 가액

③ 5년, 양도자가 증여받을 당시 가액

④ 10년, 증여자의 취득 당시 가액

⑤ 10년, 양도자가 증여받을 당시 가액

57 다음 중 장기보유특별공제와 양도소득 기본공제에 대한 설명으로 옳지 <u>않은</u> 것은?

① 양도소득 기본공제는 보유기간에 관계없이 등기만 되어 있으면 적용이 가능하다.

② 양도소득세 과세대상인 주식과 부동산에 대한 양도소득이 있는 거주자에 대해 연 250만원의 양도소득 기본공제가 적용된다.

③ 장기보유특별공제는 주식에 대한 적용이 배제된다.

④ 장기보유특별공제는 보유기간이 3년 이상인 경우에만 적용된다.

⑤ 미등기 양도자산의 경우 장기보유특별공제와 양도소득 기본공제의 적용이 배제된다.

58 다음 중 배우자가 없어도 1세대로 인정되는 경우가 <u>아닌</u> 것은?

① 거주자의 연령이 30세 이상인 경우

② 배우자가 사망한 경우

③ 미성년자인 경우

④ 배우자와 이혼한 경우

⑤ 최저 생계비 수준 이상으로서 소유 주택을 관리하며 독립된 생계를 유지할 수 있는 경우

59 다음 중 1세대 1주택 관련 양도소득세 비과세 특례 조항에 대한 설명으로 옳지 <u>않은</u> 것은?

① 겸용주택의 경우 주택 면적이 주택 외의 면적보다 적거나 같으면 주택 외의 부분에 대해서 주택으로 보지 않는다.

② 다가구주택을 하나의 매매단위로 1인에게 양도하는 경우 단독주택으로 본다.

③ 상속으로 인하여 1세대 2주택이 된 경우, 상속받은 주택을 먼저 양도하면 기간에 관계없이 1세대 1주택으로 보아 비과세 규정을 적용한다.

④ 세대합가로 인한 1세대 2주택이 된 경우, 합가 후 10년 내에 먼저 양도하는 주택은 1세대 1주택으로 보아 비과세 규정을 적용한다.

⑤ 공동상속주택의 경우 상속지분이 가장 큰 상속인을 해당 주택의 소유자로 본다.

60 다음 중 별도의 감면신청 없이도 세금이 비과세되는 대상이 <u>아닌</u> 것은?

① 파산선고에 의한 처분으로 발생하는 소득

② 농지의 교환으로 발생하는 소득

③ 농지의 분합으로 발생하는 소득

④ 8년 이상 자경한 농지의 양도로 인해 발생하는 소득

⑤ 1세대 1주택과 이에 부수되는 토지의 양도로 인해 발생하는 소득

61 A씨가 2024년 3월 8일에 사망한 경우, 다음 자료를 바탕으로 계산한 추정상속재산가액은?

> 2023년 5월 1일에 A씨 명의의 건물을 5억원에 처분하였으며, 용도입증금액은 1억원이다.

① 1억원   ② 1.5억원   ③ 2억원

④ 2.5억원   ⑤ 3억원

62 아버지인 피상속인이 사망했다고 할 때 다음 자료를 토대로 계산한 간주상속재산금액은?

> 가. 계약자 : 아버지
> 나. 피보험자 : 아버지
> 다. 수익자 : 아들
> 라. 사망보험금 : 10억원
> 마. 불입보험료 : 4억원(피상속인이 불입한 보험료는 2억원)

① 0원   ② 2억원   ③ 4억원
④ 5억원   ⑤ 10억원

63 다음 중 상속세 과세가액에 산입되지 <u>않는</u> 것은?

① 피상속인이 위탁한 신탁재산
② 피상속인의 퇴직수당
③ 피상속인이 상속인에게 상속개시일 7년 전에 증여한 재산가액
④ 피상속인이 상속인이 아닌 자에게 상속개시일 3년 전에 증여한 재산가액
⑤ 피상속인이 상속개시일 6개월 전에 부담한 채무부담액 1억원(전액 용도 불분명)

64 아버지의 사망으로 1,400만원의 장례비용이 소요되었으나, 이에 대한 지출이 확인되는 증빙서류는 없다. 봉안시설에 아버지를 모시면서 700만원의 추가비용이 들었을 경우 공제되는 총 장례비용은? (단, 봉안시설에 대한 비용은 증빙서류가 있다)

① 500만원   ② 1,000만원   ③ 1,300만원
④ 1,700만원   ⑤ 2,100만원

65 다음 중 배우자상속공제금액의 최대한도는 얼마인가?

① 5억원   ② 10억원   ③ 20억원
④ 25억원   ⑤ 30억원

66 다음 중 공제대상 금융재산에 포함되지 <u>않는</u> 것은?

① 예 금   ② 보험금   ③ 주 식
④ 어 음   ⑤ 수 표

67 다음 중 상속세의 세율에 대한 설명으로 옳지 <u>않은</u> 것은?

① 5단계 초과누진세율이다.
② 증여세율보다 세율이 낮다.
③ 최저세율은 10%이다.
④ 최고세율은 50%이다.
⑤ 과세표준이 30억원을 초과하는 경우 최고세율을 적용한다.

68 다음 중 상속세의 납부에 대한 설명으로 옳지 <u>않은</u> 것은?

① 납부세액이 1천만원을 초과하는 경우 납부기한 경과 후 2개월 내에 분납이 가능하다.
② 연부연납금액에 대해서는 가산금을 부과한다.
③ 연부연납과 물납은 세무서장의 허가가 있어야 가능하다.
④ 분납과 연부연납은 동시에 신청이 가능하다.
⑤ 연부연납제도를 이용하기 위해 납세의무자는 납세담보를 제공해야 한다.

69 다음 중 동일인으로부터 재차증여를 받는 경우 합산과세되는 기간으로 옳은 것은?

① 1년   ② 5년   ③ 10년
④ 15년   ⑤ 20년

70 다음 중 증여로 보는 경우로 적절한 것은?

① 이혼에 의해 재산상 손해배상의 대가로 받는 위자료
② 민법에 의한 재산분할청구권의 행사에 의한 재산분할
③ 취득원인무효에 의한 권리말소
④ 신고기한 경과 후 3개월 내 증여재산의 반환 시 당초 증여분
⑤ 상속세 신고기한 중 상속재산의 협의분할

71 다음 중 증여세 납부 의무가 없는 거래로 적절한 것은?

① 특수관계인에게 시가 10억원의 건물을 14억원에 양도하였다.
② 특수관계인에게 시가 20억원의 상가를 15억원에 양도하였다.
③ 특수관계인이 아닌 자에게 시가 5억원의 건물을 9억원에 양도하였다.
④ 특수관계인이 아닌 자에게 시가 20억원의 유가증권을 16억원에 양도하였다.
⑤ 특수관계인이 아닌 자에게 시가 8억원의 토지를 5억원에 양도하였다.

72 A씨(30세)가 2022년 할아버지로부터 4,000만원을 증여받았으며, 2024년 아버지로부터 3,000만원을 증여받을 경우 2024년 증여세 계산 시 증여재산공제액은?

① 0원
② 500만원
③ 1,000만원
④ 2,000만원
⑤ 3,000만원

73 2024년 6월 4일에 아버지로부터 주택을 증여받은 경우 증여세 신고기한은?

① 2024년 8월 31일
② 2024년 9월 30일
③ 2024년 10월 31일
④ 2024년 11월 30일
⑤ 2024년 12월 31일

74 다음 중 상증법상 보충적 평가방법에 대한 설명으로 옳지 않은 것은?

① 저당권이 설정된 재산은 평가기준일 현재의 시가(보충적 평가방법에 의한 평가액)와 당해 재산이 담보하는 채권액 중 작은 금액으로 평가한다.
② 상장주식은 평가기준일 전후 2개월간 공표된 한국거래소 최종시세가액의 평균액을 평가금액으로 한다.
③ 주택은 개별주택가격 및 공동주택가격으로 평가한다.
④ 무기정기금을 받을 권리는 1년분 정기금에 20배를 곱한 금액을 평가금액으로 본다.
⑤ 아파트 입주권의 경우 평가기준일까지 불입한 금액과 평가기준일 현재의 프레미엄 상당액을 합한 금액으로 평가한다.

75 다음 중 상속세와 증여세에 대한 설명으로 옳지 않은 것은?

① 상속세와 증여세 모두 과세표준이 50만원 미만인 경우 과세하지 않는다.
② 상속세는 과세체계의 주체가 피상속인이고, 증여세는 수증자이다.
③ 상속세와 증여세에서 재산평가방법, 감정평가수수료 공제제도, 5단계 초과누진세율은 동일하게 적용되고 있다.
④ 수증된 재산에 대해 영리법인은 증여세 납세의무를 지고 있다.
⑤ 증여세는 상속세에 비해 각종 공제폭이 작다.

76 다음 중 상속세와 증여세의 절세 전략에 대한 설명으로 옳지 <u>않은</u> 것은?

① 보유기간이 긴 부동산은 상속재산으로 물려주기 보다는 미리 처분하는 것이 좋다.

② 피상속인의 사망 직전 피상속인의 예금계좌에서 예금을 인출해선 안 된다.

③ 금융재산의 비율이 크다면 부동산을 취득한 후 상속재산으로 남기는 것도 절세가 될 수 있다.

④ 증여는 수증자와 증여자별로 각각 과세되기 때문에 결혼식 때 각 하객의 축의금이 50만원 이하이면 전체 축의금의 액수와 관계없이 증여세가 면제된다.

⑤ 고령의 고액 자산가의 경우 세대생략 상속을 고려한다.

77 다음 중 취득세 비과세 대상이 <u>아닌</u> 것은?

① 위탁자와 신탁자 간 신탁재산 이전

② 천재·지변 등 멸실로 인한 2년 이내 대체 취득

③ 수용에 따른 보상금수령일로부터 1년 이내 대체 부동산 취득

④ 상속으로 인한 1가구 1주택 취득

⑤ 국가·지방자치단체 등의 취득

78 다음 중 재산세에 대한 설명으로 옳지 <u>않은</u> 것은?

① 주택을 부부 공동으로 소유한 경우에도 납부세액은 단독으로 소유했을 때와 동일하다.

② 건물(주택 외)의 재산세는 연 2회에 걸쳐 납부한다.

③ 재산세의 과세기준일은 6월 1일로 종합부동산세와 동일하다.

④ 지방자치단체의 장은 재산세의 납부세액이 250만원을 초과하는 경우에는 납부할 세액의 일부를 분할 납부하게 할 수 있다.

⑤ 과세기준일 현재 재산을 사실상 소유하고 있는 자는 재산세를 납부할 의무가 있다.

79 다음 빈칸에 들어갈 금액으로 적절한 것은?

> 1세대 2주택자로서 국내에 있는 재산세 과세대상인 주택의 공시가격을 합한 금액이 (   )을 초과하는 자는 종합부동산세를 납부할 의무를 진다.

① 3억원

② 5억원

③ 6억원

④ 9억원

⑤ 12억원

80 다음 중 납부세액이 250만원을 초과하는 경우 분납이 가능한 세금은?

① 양도소득세

② 종합부동산세

③ 종합소득세

④ 상속세

⑤ 증여세

제3과목 ▪ 보험 및 은퇴설계 (20문제)

81 다음 중 위험관리에 대한 설명으로 옳지 <u>않은</u> 것은?

① 모든 위험을 회피하는 것은 불가능하며, 위험회피가 반드시 바람직한 것은 아니다.

② 소극적 위험보유의 경우 적극적 위험보유에 비해 사고발생에 따른 영향이 심각하다.

③ 건물에 화재경보기, 자동소화기 등을 설치하는 것은 손해빈도통제의 예이다.

④ 보험에 가입하면 손해복구자금을 신속하게 조달할 수 있으며 납입보험료에 대한 세제혜택을 받을 수 있다.

⑤ 저빈도 · 고강도 위험에 대해서는 자체조달보다는 외부조달이 더 효과적이다.

82 다음 중 보험계약의 요소에 대한 설명으로 옳지 <u>않은</u> 것은?

① 보험가액은 손해보상에 있어서 법률상 최고한도이다.

② 손해보험에서 피보험자란 피보험이익의 주체로서 보험금 청구권자를 의미한다.

③ 피보험이익이란 피보험자가 보험의 목적에 대해 가지고 있는 경제적 이해관계를 말한다.

④ 보험가액은 피보험이익을 금전적으로 평가한 가액이다.

⑤ 손해보험의 경우 물건이나 재산, 생명보험의 경우 생명이나 신체 등 보험에 부쳐진 대상을 보험계약의 목적이라고 한다.

83 다음의 경우 지급되는 보험금은?

> 보험계약의 수익자인 남편 A씨는 갑작스러운 사업의 실패로 생활이 어려워짐에 따라 보험금을 타내기 위해 고의로 아내인 피보험자 B씨를 살해하였다. 현재 A씨의 고의성은 입증된 상태이다.

① 장해보험금

② 사망보험금

③ 해지환급금

④ 이미 납입한 보험료

⑤ 지급되는 보험금 없음

84 보험회사의 자산운용수익률 및 시장금리에 따라 일정 기간마다 적립이율이 변동하여 이자금액이 증감하는 보험은?

① 확정금리형보험

② 금리연동형보험

③ 실적배당형보험

④ 자산연계형보험

⑤ 배당보험

85 다음 중 변액보험에 대한 설명으로 옳지 <u>않은</u> 것은?

① 최저보증에 한해 예금자보호가 적용된다.

② 투자위험에 대한 부담은 보험계약자가 진다.

③ 특별계정에서 운용되는 계약자적립금에서 특별계정 운용보수 및 수탁보수를 매일 차감한다.

④ 변액종신보험은 투자실적에 따라 사망 당시 지급되는 보험금이 기본보험금보다 낮아질 수 있다.

⑤ 변액연금보험은 연금개시시점에 기납입보험료를 보증한다.

86 다음 중 주택화재보험에서 보상하는 손해에 해당하지 <u>않는</u> 것은?

① 벼락으로 인한 충격손해
② 폭발 및 파열에 따른 직접손해
③ 화재 진압을 위해 지출한 손해방지비용
④ 전기 기기로부터의 파급손해
⑤ 피난 중 발생한 분실손해

87 다음 중 자배법상 피해자 보호를 위한 제도에 대한 설명으로 옳지 <u>않은</u> 것은?

① 배상책임의 주체는 운전자 아닌 운행자로 확대된다.
② 책임보험의 가입을 강제하고 있다.
③ 운전자에게 과실이 없을 경우 운행자에게 손해배상청구를 할 수 없다.
④ 입증책임을 가해자(운행자)에게 전환함으로써 피해자 구제를 도모하고 있다.
⑤ 피해자의 직접청구권 및 가불금청구권을 인정하고 있다.

88 다음 장기손해보험에 대한 설명 중 빈칸에 들어갈 내용으로 적절한 것은?

일반손해보험은 보험사고 발생 시 보험가입금액에서 지급보험금이 차감되어 잔존금액 내에서 보장되나, 장기손해보험은 1회의 사고에 의해 지급되는 보험금이 보험가입금액의 (　　　) 미만이면 몇 번의 사고가 발생하더라도 보험가입금액이 감액되지 않는다.

① 40%
② 50%
③ 60%
④ 70%
⑤ 80%

89 다음 중 노인장기요양보험의 재가급여에 해당하지 <u>않는</u> 것은?

① 방문요양
② 주·야간 보호
③ 방문간호
④ 시설급여
⑤ 방문목욕

90 A씨는 보험금 1억원을 수령하였다. 보험료 납부 내역이 다음과 같을 경우 보험금 수령으로 인한 증여재산가액은?

• 만기보험금 : 1억원
• 총 납부 보험료 : 5천만원
• 총 납부 보험료 중 A씨가 납입한 보험료 : 2천만원

① 0원
② 1천만원
③ 2천만원
④ 4천만원
⑤ 6천만원

91 다음 중 은퇴설계에 대한 설명으로 옳지 <u>않은</u> 것은?

① 은퇴설계는 특정 시점에 걸쳐 이루어진다.
② 은퇴 이후 행복한 삶을 영위하기 위해 재무적·비재무적인 요소를 균형 있게 설계하는 것을 말한다.
③ 은퇴설계가 필요한 배경에는 기대수명의 급속한 증가를 들 수 있다.
④ 경제(재무), 건강, 삶의 보람(비재무)은 은퇴설계의 3가지 기본 축으로 행복한 노후생활을 결정짓는 요소이다.
⑤ 재무적인 부분에서 돈의 수명을 자신의 수명보다 더 길게 설계하는 것이 중요하다.

92 다음 중 은퇴자금 설계의 주요 포인트에 대한 설명으로 옳지 않은 것은?

① 장수 리스크에 대응하기 위해 최대한 인출 시기를 늦추는 등의 전략을 세워야 한다.

② 우리나라 국민 1인당 평생 의료비는 약 1억원이며, 의료비 지출은 남녀 모두 노년기에 급격히 증가하게 된다.

③ 자녀 출가 이후 부부가 함께 지내는 시간이 과거보다 길어짐에 따라 부부 중심의 은퇴설계를 해야 한다.

④ 부동산 자산의 비중이 높은 베이비 부머의 경우 부동산을 활용해 노후자금을 설계하는 것이 가장 바람직하다.

⑤ 노후자금 적립은 소비용 계좌, 투자용·노후자금 준비용 계좌, 예비용 계좌를 구분하여 목적별로 자금을 관리하는 것이 효율적이다.

93 다음 중 은퇴설계의 비재무적 요소에 대한 설명으로 옳지 않은 것은?

① 노후의 주거지는 병원 접근성이 좋은 지역, 대중교통 이용이 편리한 역세권 등을 우선적으로 검토해야 한다.

② 노후의 건강과 행복에 영향을 미치는 인간관계를 호위대 모델로 설명한다.

③ 취미나 여가활동 등은 개인적인 영역이므로 비재무적인 요소로 고려하지 않는다.

④ 유니버설 디자인은 고령자가 다치지 않고 건강하게 생활할 수 있도록 한다.

⑤ 삶을 아름답게 마무리할 수 있도록 웰 다잉을 위한 준비를 한다.

94 다음 중 국민연금제도에 대한 설명으로 옳지 않은 것은?

① 물가상승률을 반영한 연금을 지급하기 때문에 연금수령액의 실질가치를 보존할 수 있다.

② 1957~1960년에 태어난 사람은 만 61세부터 노령연금을 수령할 수 있다.

③ 반드시 가입기간 10년을 채워야만 연금을 수령할 수 있다.

④ 노령연금 수급권자가 희망할 경우 최대 5년간 연금지급을 연기할 수 있다.

⑤ 자영업자의 경우 본인이 보험료(9%) 전액을 부담해야 한다.

95 다음 중 특수직역연금에 대한 설명으로 옳지 않은 것은?

① 군인연금은 다른 직역연금과 달리 연금수령 기준을 나이가 아닌 복무기간으로 하고 있다.

② 국민연금가입기간과 직역재직기간 연계 시 연금지급은 최종 재직기관에서 지급한다.

③ 사학연금의 부담금은 개인, 법인, 국가가 공동으로 부담하고 있다.

④ 군인연금은 20년 미만 복무하고 퇴역할 경우 퇴직일시금을 지급한다.

⑤ 원칙적으로 군인연금은 기여금을 납부하는 군인에게 적용된다.

96 다음 중 퇴직연금제도에 대한 설명으로 옳지 <u>않은</u> 것은?

① 확정기여형 제도는 자산운용에 대한 책임이 근로자에게 있다.

② 가입근로자를 대상으로 1년에 1회 이상 가입자 교육을 실시하도록 규정하고 있다.

③ 확정기여형 제도의 경우 연간 임금 총액의 12분의 1 정도로 기업이 부담하는 부담금의 수준은 일정하다.

④ 급여상승률보다는 운용수익률이 더 높을 것이라고 기대된다면 확정급여형 제도를 선택하는 것이 유리하다.

⑤ 기업은 노사 합의를 통해 퇴직연금을 도입할 수 있으며 DB형과 DC형 중 하나만을 도입할 수도 있고, 둘 다 도입할 수도 있다.

97 다음 중 IRP의 중도 인출이 가능한 사유로 옳지 <u>않은</u> 것은?

① 무주택자인 가입자가 본인 명의의 주택을 구입하는 경우

② 천재지변에 의한 피해 등 노동부장관이 정하여 고시하는 사유와 요건을 갖춘 경우

③ 근로자 또는 그 부양가족이 질병 또는 부상에 따라 3개월 이상 요양을 하는 경우

④ 퇴직금 중간정산 신청일로부터 역산하여 5년 이내에 근로자가 개인회생절차개시의 절차를 받은 경우

⑤ 담보를 제공하는 날부터 역산하여 5년 이내에 가입자가 파산선고를 받은 경우

98 다음 중 주택연금제도에 대한 설명으로 옳지 <u>않은</u> 것은?

① 주택을 담보로 하여 평생 동안 연금을 지급받는 제도이다.

② 부부 중 한 명 사망 시 배우자의 연금은 감액된다.

③ 근저당권 설립일 기준으로 주택소유자 또는 배우자의 나이가 만 55세 이상이어야 한다.

④ 다주택 보유자도 일정 조건을 충족시키면 주택연금에 가입할 수 있다.

⑤ 주택연금의 지급방식은 종신방식, 확정기간방식, 대출상환방식, 우대방식이 있다.

99 다음 중 고객의 니즈를 파악하기 위해 주의해야 할 사항에 대한 설명으로 옳지 <u>않은</u> 것은?

① 다양한 질문을 통해 문제를 정리하고 명확히 할 필요가 있다.

② 고객의 잠재적인 요구사항이나 문제를 질문을 통해 잘 이끌어 내야 한다.

③ 일반적으로 고객은 처음부터 문제의 핵심을 말하려고 하므로 잘 경청해야 한다.

④ 고객의 말, 표정, 행동 등을 잘 관찰해야 한다.

⑤ 고객 스스로 마음 속에 답을 가지고 있는 경우도 있으므로 답을 유도하는 질문을 해보아야 한다.

100 다음 중 고객면담의 의의와 효과에 대한 설명으로 옳지 <u>않은</u> 것은?

① 고객과의 신뢰관계를 형성하기 좋은 기회이다.

② 질문지로 파악하기 힘든 미묘한 뉘앙스를 파악할 수 있다.

③ 고객에게 FP 본인의 전문성을 보여줄 수 있는 기회가 된다.

④ 고객의 성격, 투자에 대한 자세, 인생의 목표와 희망 등을 구체적으로 파악하고 고객에 대해 이해할 수 있다.

⑤ 면담을 통해 고객의 재무 상황을 한 번에 파악하여 보다 효율적으로 프로세스를 진행할 수 있다.

제3회 적중 실전모의고사

제1과목 ▪ 자산관리 기본지식 (40문제)

1 다음 중 개인 재무설계의 의미에 대한 설명으로 옳지 <u>않은</u> 것은?

① 재무설계는 재무적, 비재무적 자원을 적절하게 관리하는 과정이다.

② 재무설계는 생애 주기상의 변화를 고려해야 한다.

③ 재무설계는 고객의 문제 평가에서 시작하고 재무 상담은 고객의 목표로부터 시작한다.

④ 재무설계는 평생에 걸쳐 지속적으로 이루어져야 한다.

⑤ 재무설계는 개인적 상황의 변화를 고려해야 한다.

2 다음 중 노년부양비를 구하는 식은?

① (노년인구 / 생산가능인구) × 100

② (유년인구 / 생산가능인구) × 100

③ (생산가능인구 / 유년인구) × 100

④ (생산가능인구 / 노년인구) × 100

⑤ (노년인구 / 유년인구) × 100

3 다음에 해당하는 접촉방법은?

> • 심리적 부담이 적음
> • 동시에 많은 사람들과 접촉이 가능
> • 늦은 밤이나 새벽 시간에는 발송 금지

① DM

② SMS

③ PM

④ TA

⑤ DY

4 다음 중 생애주기별 재무목표로 옳지 <u>않은</u> 것은?

① 가족형성기 – 자동차 구매자금 마련

② 가족축소기 – 노후자금 마련

③ 자녀성장기 – 주택 확장자금 마련

④ 자녀양육기 – 주택자금 마련

⑤ 청년기 – 기타 목적자금 마련

5 다음에 해당하는 정보수집방법은?

> • 많은 자료 수집이 가능
> • 고객을 잘 이해할 수 있음
> • 고객과의 신뢰가 증가

① 면 담

② MSN

③ 인터넷

④ 전 화

⑤ 설문서

6 다음 중 고정지출에 해당하는 것은?

> 가. 사교육비
> 나. 건강의료비
> 다. 부채상환 원리금
> 라. 대출금 상환금
> 마. 주택관리비
> 바. 교통비

① 가, 나, 다

② 가, 라, 바

③ 나, 다, 바

④ 나, 라, 마

⑤ 다, 라, 마

7 다음 중 자산부채상태표에 대한 설명으로 옳지 <u>않은</u> 것은?

① 자산, 부채, 순자산으로 구성된다.
② 일정 시점에 가계의 자산부채를 한눈에 보여준다.
③ 재무상태 변동의 원인을 표시한다.
④ 자산부채상태표를 통해 유동성을 파악할 수 있다.
⑤ 자동차는 개인사용자산에 포함된다.

8 다음 중 30대 고객에 대한 재무설계 제안으로 옳은 것은?

> 가. 3층 보장에 의한 연금자산 및 평생 보장을 준비해야 한다.
> 나. 대출 리파이낸싱을 통해 투자여력을 확보해야 한다.
> 다. 부동산에 너무 많은 투자를 해선 안 된다.
> 라. 연금의 납입금액은 크게 하고, 납입기간은 짧게 해야 한다.
> 마. 단기, 중기, 장기 목표를 세우고 기간별로 투자해야 한다.

① 가, 나, 다　　　② 가, 다, 마
③ 가, 라, 마　　　④ 나, 다, 라
⑤ 나, 라, 마

9 다음 중 개인사업자의 재무설계 상담 시 고려사항으로 옳은 것은?

> 가. 노란우산공제의 가입 여부를 확인한다.
> 나. 사업 관련 절세전략을 고려한다.
> 다. 실물자산과 금융자산의 비율을 조정한다.
> 라. 노출되지 않은 자산에 대한 세무조사를 대비한다.
> 마. 종업원 4대 보험과 퇴직연금 가입여부를 확인한다.

① 가, 나, 마　　　② 가, 다, 라
③ 가, 라, 마　　　④ 나, 다, 라
⑤ 나, 다, 마

10 다음에 해당하는 계약체결기법은?

> 내년에 세법이 개정될 것이기 때문에 올해 가입하시는 것이 유리합니다.

① 묵시적 동의법
② 양자택일법
③ 손해암시법
④ 예화법
⑤ 스토리텔링법

11 다음 중 개방경제하의 거시경제 모형의 가정으로 옳지 <u>않은</u> 것은?

① 장기라는 언급이 없어도 장기를 가정한다.
② 물가변동 언급이 없으면 물가변동은 없다.
③ 모든 변수는 실질변수이다.
④ Ceteris Paribus는 설명되는 변수 이외의 다른 변수는 일정한 것으로 가정하는 것을 말한다.
⑤ 환율은 지급환율로 표시한다.

12 다음 중 총공급곡선상의 이동요인은?

① 물가 상승
② 실업자 증가
③ 기대 인플레이션 상승
④ 신자원 발견
⑤ 자연재해

13 다음 중 GDP 갭에 대한 설명으로 옳은 것은?

① 잠재GDP가 실제GDP를 초과할 경우, 경기가 과열된다.

② 음(-)의 GDP 갭은 완전고용 되어있지 않음을 의미한다.

③ 실재GDP가 잠재GDP를 초과할 경우, 확장적 재정정책을 필요로 한다.

④ 음(-)의 GDP 갭은 인플레이션을 가속화시킨다.

⑤ 양(+)의 GDP 갭은 한 나라가 최대한 생산할 수 있는 수준 미만에서 조업하고 있음을 의미한다.

14 다음 자료를 토대로 계산한 실업률은?

- 비노동가능인구 : 200명
- 비경제활동인구 : 300명
- 실업자 : 100명
- 취업자 : 400명

① 12.5%

② 16.7%

③ 20%

④ 25%

⑤ 33.3%

15 다음 중 실업에 대한 설명으로 옳지 <u>않은</u> 것은?

① 실업이란 일할 능력이 있으나 일할 의사와 기회가 없는 상태를 말한다.

② 구조적 실업은 기업이 요구하는 기술이 변화함에 따라 생기는 실업이다.

③ 계절적 실업은 노동수요가 계절적으로 변동하는 경우 발생하는 실업이다.

④ 경기적 실업은 경기확장기에는 감소하고 경기수축기에는 증가한다.

⑤ 마찰적 실업은 노동의 수요와 공급이 일치되지 않아 생기는 실업이다.

16 다음은 재정·통화정책의 시차에 대한 설명이다. 빈칸에 들어갈 내용으로 올바르게 묶인 것은?

- 변경된 (   )의 효과가 완전하게 나타나는 데 소요되는 시간은 통상 짧은 편이다.
- 재정정책 담당자가 경제기조가 변했다는 것을 인식하는 데 걸리는 시간은 통상 (   )이다.
- 경제기조 변동에 반응해 재정정책을 변경하는 데 소요되는 시간은 (   )에 포함된다.

① 재정정책, 긴 편, 내부시차

② 재정정책, 긴 편, 외부시차

③ 재정정책, 짧은 편, 내부시차

④ 통화정책, 긴 편, 외부시차

⑤ 통화정책, 짧은 편, 내부시차

17 다음 중 광의통화에 해당하는 것은?

가. 현금통화
나. 만기 2년 미만의 정기예·적금
다. 요구불예금
라. 기타 예수금
마. 정부가 발행한 유동성 시장금융상품

① 가

② 가, 나

③ 가, 나, 다

④ 가, 나, 다, 라

⑤ 가, 나, 다, 라, 마

18 다음 중 통화정책에 대한 설명으로 옳지 <u>않은</u> 것은?

① 준통화비율이 상승하면 통화승수는 증가한다.

② 예금자의 소득이 낮을수록 현금보유비율이 하락한다.

③ 중앙은행이 통화안정증권을 매입할 경우 통화공급이 증가한다.

④ 중앙은행이 외환시장에서 외환을 매도하면 통화공급이 감소한다.

⑤ 한국은행은 환매조건부채권(RP)금리를 운용목표로 하는 금리중심 통화정책을 운영하고 있다.

19 다음 중 실질이자율과 대부자금 공급곡선에 대한 설명으로 옳지 않은 것은?

① 물가가 상승할 것으로 기대되면 가계의 대부자금 공급이 감소한다.

② 실질GDP가 증가할 것으로 기대되면 기업의 대부자금 공급이 증가한다.

③ 재량적 재정지출의 감소는 정부의 대부자금 공급을 증가시킨다.

④ 가계의 실질 부가 감소할 경우 대부자금 공급이 감소한다.

⑤ 국내 실질GDP가 증가하면 해외부문으로부터 공급받는 대부자금 공급이 증가한다.

20 다음 중 외환수요의 주체는?

> 가. 중앙은행
> 나. 해외부문으로부터 수입하는 국내 수입업자
> 다. 자국에 직접투자하는 해외투자자
> 라. 해외에 수출하는 국내수출업자
> 마. 외국인관광객

① 가, 나

② 다, 마

③ 가, 나, 라

④ 가, 다, 라

⑤ 나, 다, 마

21 다음 중 환율 상승을 유발시키는 요인은?

① 국내 물가 하락

② 국내외국인 관광객 증가

③ 거주자의 해외주식투자 증가

④ 비거주자의 국내채권투자 증가

⑤ 수출 증가

22 다음 중 국제수지표에서 대외의 자금유입(대변)에 기록하는 항목은?

① 비거주자의 국내자산 매각

② 중앙은행 준비자산 증가

③ 재화와 용역의 수입

④ 대외부채 증가

⑤ 이전소득 지출

23 다음 중 확장적 재정정책에 따른 거시경제 변수의 변화로 옳지 않은 것은?

① 물가 – 상승

② 본원통화 – 변화 없음

③ 실질환율 – 하락

④ 경상수지 – 감소

⑤ 준비자산 – 증가

24 다음 중 확장적 통화정책에 따른 거시경제 변수의 변화로 옳지 않은 것은?

① 실질GDP – 증가

② 본원통화 – 변화 없음

③ 실질환율 – 하락

④ 국내 민간총투자 – 증가

⑤ 준비자산 – 변화 없음

25 다음 중 우리나라 100대 통계지표에 대하여 최근 시계열 데이터, 그래프 등의 통계자료를 속보로 제공하는 정보원은?

① 한국은행 경제통계시스템
② 기획재정부
③ 통계청 e-나라지표
④ 통계청 국가통계포털
⑤ 금융감독원

26 서로 대립하는 2개의 법률적 지위나 자격이 동일인에게 귀속되는 경우 어느 한 쪽이 다른 한 쪽에 흡수되어 소멸하는 것은?

① 멸 실
② 소 멸
③ 포 기
④ 혼 동
⑤ 취 득

27 다음 중 담보물권에 대한 설명으로 옳지 않은 것은?

① 물권은 공통적으로 부종성, 수반성, 물상대위성, 불가분성을 가지고 있다.
② 지적재산권에 대해서는 질권을 설정할 수 없다.
③ 저당권의 객체 중 민법이 인정하는 것은 부동산과 지상권, 전세권이다.
④ 근저당권이란 계속적인 거래로부터 발생하는 장래 채권을 결산기에 계산한 후, 잔존하는 채무를 채권 최고액의 범위 내에서 담보하는 저당권이다.
⑤ 동일 부동산에 여러 저당권이 있을 경우에 설정 등기의 선·후에 의해 순위가 결정된다.

28 다음 중 주식회사에 대한 설명으로 옳지 않은 것은?

① 주주총회 결의의 성립이 선언된 때부터 주주의 의사와 관계없이 관계자 전원을 법적으로 구속한다.
② 신주발행은 이사회의 결정만으로 가능하다.
③ 채권자 보호를 위해 주주총회 결의일로부터 2주 이내에 회사채권자에 대하여 1개월 이상의 일정한 기간 내에 자본금 감소에 대한 이의를 제출할 것을 공고·최고하여야 한다.
④ 정관의 변경, 자본의 감소, 이사·감사의 선임, 회사의 합병 등은 주주총회 특별결의사항이다.
⑤ 신주발행에서 신주는 자기자본이므로 상환해야 할 부담이 없다.

29 다음 중 대출금 채권의 회수에 대한 설명으로 옳지 않은 것은?

① 상계는 단독행위이다.
② 상계적상이 발생한 이후에는 상계에 의하여 소멸하는 채권에 대한 약정이자나 지연손해금이 발생한다.
③ 은행이 상계를 실행하는 경우에 채권·채무의 이자 등과 지연배상금의 계산기간은 은행의 상계통지가 채무자에게 도달한 날로 하도록 규정한다.
④ 상계의 의사표시를 해야만 상계의 효과가 발생한다.
⑤ 최소한 자동채권은 변제기에 있어야 유효한 상계가 된다.

30 다음 중 약관에 대한 설명으로 옳은 것은?

> 가. 약관의 중요내용에 대한 설명은 구두로 하는 것이 원칙이다.
> 나. 은행이 약관 사본교부의무에 위반하는 계약을 체결할 경우, 보험계약자는 보험 계약이 성립한 날부터 6개월 이내에 그 계약을 해제할 수 있다.
> 다. 은행은 고객에게 계약의 종류에 따라 일반적으로 예상되는 방법으로 약관 내용을 명시하여 알 수 있도록 해야 한다.
> 라. 약관과 개별약정이 충돌할 경우, 개별약정은 무효가 된다.
> 마. 은행은 고객이 요구할 때에는 당해 약관의 사본을 고객에게 교부해 알 수 있도록 해야 한다.

① 가, 나, 마
② 가, 다, 라
③ 가, 다, 마
④ 나, 다, 마
⑤ 나, 라, 다

31 다음 중 신탁의 목적 및 종류에 대한 설명으로 옳지 않은 것은?

① 재산권이 법으로 제한된 자가 신탁의 수익자가 된 신탁은 무효이다.
② 공익신탁은 학술, 종교 등 공익을 목적으로 하는 신탁이다.
③ 집단신탁은 신탁계약이 개별 위탁자마다 체결되어 분별관리되는 신탁이다.
④ 수탁자에게 소송행위를 시키는 목적의 신탁은 금지된다.
⑤ 영업신탁을 영위하려면 자본시장법에 의한 인가가 필요하다.

32 다음 중 증권선물위원회 등의 지도·감독을 받아 금융기관에 대한 검사·감독업무 등을 수행하는 무자본특수법인은?

① 기획재정부
② 금융감독원
③ 공정거래위원회
④ 한국은행
⑤ 금융위원회

33 다음 중 누구의 명의로 하든지 타인의 계산으로 금융투자상품의 매도·매수 등을 영업으로 하는 것은?

① 투자중개업
② 집합투자업
③ 투자일임업
④ 투자매매업
⑤ 신탁업

34 다음 중 여신전문금융업법에 대한 설명으로 옳지 않은 것은?

① 분실된 신용카드의 부정사용으로 인한 손해는 분실 신고 전 3개월까지 발생한 사용금액에 대해서는 신용카드사가 책임을 진다.
② 위조·변조된 신용카드의 부정사용으로 인한 손해는 일반적으로 신용카드사가 그 책임을 진다.
③ 금융리스에서 리스회사는 리스물건에 대한 유지·관리의무를 부담하지 않는다.
④ 리스회사는 리스물건의 구입대금만큼 과세대상에서 제외되어 절세가 가능하다.
⑤ 금융리스와 할부매매는 매도인에게 물건의 소유권이 유보되고 매수인이 유지·관리·위험의무를 진다는 점에서 유사하다.

35 다음 중 상속에 대한 설명으로 옳은 것은?

> 피상속인 A에게는 어머니 B와 형 C가 있고 배우자 D 사이에서 낳은 자식 E와 양녀로 들인 F가 있다.

① F는 상속인이 되지 못한다.

② D가 사실혼의 배우자더라도 공동상속인이 된다.

③ 자식 E가 없다면 어머니 B와 배우자 D가 공동상속인이 된다.

④ D와 E, F가 없다면 B와 C는 공동상속인이 된다.

⑤ D와 E, F의 유류분은 2분의 1로 동일하다.

36 다음 중 유언과 유증, 유류분에 대한 설명으로 옳은 것은?

① 유언은 하나의 의사표시이자 동시에 법률행위로, 상대방이 없는 단독행위이다.

② 유언이 유언자의 진정한 의사·의지에 합치한다면 일정한 방식에 따르지 않아도 유효하다.

③ 모든 유언은 증인이 필요하다.

④ 유증은 포괄적 유증과 특별유증으로 구분되며 상속재산의 일부를 비율로 표시하는 유증은 무효이다.

⑤ 유류분권은 피상속인의 배우자, 직계비속, 직계존속, 형제자매, 4촌 이내 방계혈족이 상속재산에 대해 일정비율을 취득할 수 있는 권리를 말한다.

37 다음 개인회생제도에 대한 설명 중 빈칸에 들어갈 내용을 순서대로 나열한 것은?

> • 개인회생 신청 시 유치권이나 질권 등으로 담보되지 않은 개인회생채권은 (   )을 넘지 않아야 한다.
> • 변제계획은 변제계획인가일로부터 (   ) 이내에 변제를 개시하여 정기적으로 변제하는 내용을 포함해야 하며, 변제계획이 정하는 변제기간은 변제개시일로부터 (   )을 초과해서는 안 된다.

① 10억원, 1개월, 3년

② 10억원, 1개월, 5년

③ 10억원, 3개월, 3년

④ 15억원, 1개월, 3년

⑤ 15억원, 3개월, 5년

38 다음 중 자금세탁방지제도에 대한 설명으로 옳지 않은 것은?

① 고객확인제도의 실제 소유자 확인방법으로 법인의 경우 의결권 있는 발행주식 총수의 25% 이상을 소유한 최대주주 등으로 파악한다.

② 고액현금거래보고제도는 일정한 금액 이상의 현금거래를 금융정보분석원에 보고하도록 한 제도이다.

③ 고액현금거래보고제도는 1거래일 동안 1천만원 이상의 현금을 입·출금한 경우, 금융회사의 주관적 판단에 의해 금융정보분석원에 보고해야 한다.

④ 의심거래보고제도에서 의심되는 거래의 합당한 근거의 판단주체는 금융회사이다.

⑤ 금융정보분석원장이 수사기관 등 법집행기관에 제공한 특정금융거래정보는 재판에서 증거로 채택할 수 없다.

39 다음 중 자본시장법상 투자권유 관련절차에 대한 설명으로 옳지 않은 것은?

① '고객정보파악 ⇨ 고객의 투자성향파악 ⇨ 금융투자상품의 투자위험도 분류' 순으로 진행된다.

② 표준투자권유준칙은 투자위험도를 초저위험, 저위험, 중위험, 고위험, 초고위험으로 구분한다.

③ 적합성의 원칙으로 금융회사가 투자자에게 적합성 원칙 대상 상품을 판매하려는 경우, 투자권유가 없더라도 투자자정보를 반드시 판단해야 한다.

④ 투자권유 전에 면담 등을 통해 고객의 투자목적과 투자경험 등의 정보를 파악한다.

⑤ 표준투자권유준칙은 고객정보를 점수화하여 고객의 투자성향을 안정형, 안정추구형, 위험중립형, 적극투자형, 공격투자형으로 구분한다.

40 다음 중 개인(신용)정보에 대한 설명으로 옳지 않은 것은?

① 법률의 특별한 규정이나 법령에서 정하는 의무준수를 위해 불가피한 경우에는 정보주체의 동의 없이 개인정보 제공이 가능하다.

② 고유식별정보에는 주민등록번호, 외국인등록번호, 여권번호, 운전면허번호가 있다.

③ 정보주체가 자신의 개인정보의 열람을 요구할 경우 5일 이내에 조치하여야 한다.

④ 1만명 이상의 개인정보가 유출된 경우, 5일 이내에 안전행정부에 신고해야 한다.

⑤ 정보주체가 자신의 개인정보의 처리정지를 요구할 경우 10일 이내에 조치하여야 한다.

제2과목 ▪ 세무설계 (40문제)

41 다음 중 종합소득금액에 대한 설명으로 옳지 않은 것은?

① 이자소득과 배당소득은 필요경비가 인정되지 않아 총수입금액이 바로 소득금액이 된다.

② 소득세법상 열거되어 있지 않은 소득은 모두 기타소득으로 과세한다.

③ 계약의 위약 또는 해약에 따른 위약금이나 해약금은 기타소득에 해당한다.

④ 일당 15만원 이하의 일용직근로자의 근로소득금액은 0원이다.

⑤ 부동산의 임대보증금에 대한 간주임대료는 사업소득 총수입금액에 산입된다.

42 다음 중 사업소득의 필요경비로 공제할 수 없는 것은?

① 매출원가

② 종업원의 급여

③ 임차료

④ 광고선전비

⑤ 대표의 개인용도로 사용한 가사 관련 비용

43 다음 중 종합소득공제에 대한 설명으로 옳지 <u>않은</u> 것은?

① 장애인인 기본공제대상자는 추가공제를 받을 수 있다.

② 종합소득금액이 3천만원 이하인 거주자가 배우자 없는 여성으로서 부양가족이 있는 세대주인 경우 부녀자공제를 적용받을 수 있다.

③ 퇴직소득금액이 500만원인 배우자는 기본공제대 상자가 된다.

④ 거주자 및 배우자의 형제자매는 기본공제대상자 에 포함될 수 있다.

⑤ 경로우대공제는 1인당 연 100만원을 적용한다.

44 다음은 무주택세대의 세대주인 근로소득자의 주택 자금공제에 대한 설명이다. 빈칸에 들어갈 적절한 내용은?

> 국민주택규모의 주택을 임차함에 따른 주택임차자 금의 원리금상환액에 대해서는 해당 원리금상환액의 (   )를 소득공제 받을 수 있다.

① 40%

② 50%

③ 60%

④ 70%

⑤ 80%

45 다음 중 금융소득종합과세에 대한 설명으로 옳지 <u>않은</u> 것은?

① 금융소득 2천만원 초과 여부를 따질 때에 비과 세·분리과세 금융소득도 포함된다.

② 장기채권의 이자에 대해서는 당해 보유자가 종합 과세와 분리과세 중 선택이 가능하다.

③ 부부의 금융소득은 합산하여 과세하지 않으며 개 인별로 종합과세 여부를 판단한다.

④ 이자소득과 배당소득만이 금융소득 종합과세 대 상이 된다.

⑤ 금융회사에서 이자소득이나 배당소득을 수령할 때, 원천징수당한 세액은 종합과세 신고 시 기납 부세액으로 공제해 준다.

46 다음 중 소득세법상 이자소득에 해당하는 것은?

① 물품을 매입할 때 대금의 결제방법에 따라 에누 리되는 금액

② 외상매입금이나 미지급금을 약정기일 전에 지급 함으로써 받는 할인액

③ 외상매출금이나 미수금의 지급기일을 연장하여 주고 추가로 지급받는 금액

④ 금전대여를 영업으로 하지 않는 사람이 일시적으 로 금전을 대여함으로써 지급받은 이자

⑤ 물품을 판매하고 대금의 결제방법에 따라 추가 로 지급받는 금액

47 다음 중 현행 배당소득의 Gross-up율로 옳은 것은?

① 10%

② 11%

③ 12%

④ 13%

⑤ 14%

48 다음 중 Gross-up 대상이 되는 배당소득에 해당하는 것은?

① 집합투자기구로부터의 이익
② 국내 일반법인으로부터 받은 주식 배당
③ 자기주식소각익의 2년 이내 자본전입으로 인한 의제배당
④ 토지의 재평가차액을 자본전입한 의제배당
⑤ 유동화전문회사의 배당

49 다음 중 세금우대종합저축에 대한 설명으로 옳지 않은 것은?

① 금융회사가 취급하는 적립식 또는 거치식 저축으로서 저축가입 당시 저축자가 세금우대를 신청한 저축을 대상으로 한다.
② 저축계약기간은 1년 이상이어야 한다.
③ 일반 원천징수세율보다 낮은 9%의 원천징수세율이 적용되는 분리과세저축이다.
④ 65세 이상의 노인, 장애인 등의 1인당 가입한도는 1,000만원이다.
⑤ 계약일로부터 1년 이내에 해지 또는 인출하거나 그 권리를 이전하는 때에는 감면한 세액을 추징한다.

50 다음 중 금융회사가 지급하는 비실명금융소득의 원천징수세율은 얼마인가?

① 14%
② 25%
③ 30%
④ 38%
⑤ 90%

51 다음 중 금융소득의 수입시기에 대한 설명으로 옳지 않은 것은?

① 잉여금처분에 의한 배당의 수입시기는 해당 법인의 사업 연도 종료일이다.
② 인정배당의 수입시기는 해당 법인의 결산확정일이다.
③ 채권의 보유기간 이자상당액의 수입시기는 채권의 매도일 또는 이자지급일이다.
④ 유사배당의 수입시기는 배당금 지급을 받은 날이다.
⑤ 수입시기는 소득수령자가 소득세신고를 해야 하는 연도를 결정하는 시기를 말한다.

52 다음 중 금융소득종합과세의 절세전략에 대한 설명으로 옳지 않은 것은?

① 주식형펀드의 수익 중 주식매매차익 등에 대해서는 금융소득으로 과세되지 않으므로 주식형펀드를 적극 활용한다.
② 10년 만기 정기예금의 이자수령은 만기에 일시에 받는 것보다 매년 받는 것으로 설정한다.
③ 금융소득을 분산시키기 위해 타익신탁제도를 활용한다.
④ 비과세저축과 분리과세저축을 최대한 활용한다.
⑤ 국외에서 수령한 금융소득 중 원천징수되지 않은 것이 있는 경우에도 금융소득이 2천만원 이하인 경우 종합과세대상이 아니다.

53 다음 중 양도소득세 과세대상에 해당하지 않는 것은?

① 지역권
② 사업용 고정자산과 함께 양도하는 영업권
③ 전세권
④ 주권상장법인이 아닌 법인의 주식
⑤ 아파트 분양권

54 다음 중 2021년 6월 1일 이후 양도 시 양도소득세 율로 옳지 <u>않은</u> 것은?

① 6개월간 보유한 등기된 상가 – 50%

② 1년 이상 2년 미만 보유한 등기된 주택 – 60%

③ 2년 이상 보유한 등기된 토지 – 기본세율

④ 중소기업 이외의 법인주식으로서 대주주가 6개월 간 보유한 주식 – 20%

⑤ 중소기업 이외의 법인주식으로서 소액주주가 1년 이상 보유한 주식 – 20%

55 다음 자료를 바탕으로 계산한 양도차익은?

구 분	실지거래가액	기준시가
양도 시	24억원	20억원
취득 시	확인할 수 없음	10억원

① 11.5억원

② 11.7억원

③ 11.9억원

④ 12억원

⑤ 12.7억원

56 거주자가 같은 해에 양도소득세 과세대상인 부동 산, 부동산에 관한 권리, 기타자산, 상장주식, 비상 장주식을 각각 양도한 경우 양도소득금액에서 최 대로 공제받을 수 있는 양도소득 기본공제액은?

① 250만원   ② 500만원

③ 750만원   ④ 1,000만원

⑤ 1,200만원

57 다음 중 양도소득세의 신고 및 납부에 대한 설명으 로 옳지 <u>않은</u> 것은?

① 부동산의 양도세 예정신고기한은 양도일이 속하 는 분기의 말일로부터 2월 이내이다.

② 양도세 예정신고기한 이내에 주소지 관할 세무서 장에게 신고·납부해야 한다.

③ 양도소득세 예정신고를 한 경우 확정신고를 하 지 않아도 된다.

④ 일반 무신고의 경우 20%의 무신고가산세가 부과 된다.

⑤ 양도소득세 납부세액이 1천만원을 초과하는 경우 납부기한 경과 후 2개월 이내에 분납이 가능하다.

58 다음은 대체취득에 따른 일시적 1세대 2주택 비과 세 요건에 대한 설명이다. 빈칸에 들어갈 내용으로 올바르게 묶인 것은?

국내에 1주택을 보유한 1세대가 종전주택을 양도하 기 전에 다른 신규주택을 취득함으로써 일시적으 로 2주택이 된 경우 종전주택을 취득한 날로부터 (   ) 이상 지난 후 신규주택을 취득하고 신규주 택 취득일로부터 (   ) 이내에 2년 이상 보유한 종전주택을 양도하는 경우 이를 비과세되는 1세대 1주택으로 본다. (단, 종전주택과 신규주택 모두 조 정대상지역 내의 토지가 아님)

① 1년, 2년   ② 1년, 3년

③ 2년, 3년   ④ 2년, 5년

⑤ 3년, 5년

59 다음 중 자경농지에 대한 감면과 관련된 설명으로 옳지 <u>않은</u> 것은?

① 경작 기간이 8년 이상이어야 한다.

② 양도하는 토지가 농지여야 한다.

③ 매 5년간 2억원을 한도로 양도소득세를 100% 감 면한다.

④ 상속받은 농지의 경작 기간에 있어서 피상속인이 경작한 기간도 상속인이 경작한 기간으로 본다.

⑤ 거주요건 중 거주지와 농지 간 거리의 제한은 없다.

60 다음 중 양도소득세 절세방안에 대한 설명으로 옳지 않은 것은?

① 보유주택 중 양도차익이 큰 고가주택이 포함되어 있다면 고가주택을 맨 마지막에 양도하는 것이 절세금액을 극대화하는 방법이다.

② 무허가주택도 1세대 1주택 판정 시 주택으로 본다는 점에 유의한다.

③ 공동으로 증여받아 지분으로 보유 중인 주택은 공동 보유자 모두 각각 1주택을 보유한 것으로 간주한다.

④ 두 건의 부동산 중 하나라도 양도차손이 발생하는 경우 같은 연도에 중복 양도한다.

⑤ 배우자 등에게 증여받은 재산은 적어도 증여취득일로부터 3년이 지난 후에 양도하면 양도세를 대폭 줄일 수 있다.

61 다음 중 상속과 유류분의 연결이 옳지 않은 것은?

① 피상속인의 배우자 – 법정상속분의 1/2

② 피상속인의 직계존속 – 법정상속분의 1/2

③ 피상속인의 직계비속 – 법정상속분의 1/2

④ 피상속인의 형제자매 – 법정상속분의 1/3

⑤ 피상속인의 4촌 이내 방계혈족 – 없음

62 다음 중 상속세 과세가액에 합산되지 않는 것은?

① 상속개시일 4년 전에 피상속인이 상속인이 아닌 자에게 증여한 재산

② 상속개시일 6년 전에 피상속인이 상속인에게 증여한 재산

③ 피상속인이 수익자인 타익신탁의 신탁재산

④ 피상속인 이외의 자가 납부한 보험료에 상당한 보험금

⑤ 피상속인의 퇴직금

63 피상속인의 사망 전 2년 이내에 피상속인이 부담한 채무부담액이 다음과 같을 경우, 추정상속재산가액을 계산한 값은?

- 채무부담액 : 5억원
- 용도불입증금액 : 2억원

① 1억원

② 2.5억원

③ 3억원

④ 3.5억원

⑤ 5억원

64 피상속인의 상속인으로 배우자와 자녀가 있는 경우 상속공제의 최소 금액은?

① 5억원

② 10억원

③ 15억원

④ 30억원

⑤ 32억원

65 다음 중 상속세 기타 인적공제에 대한 설명으로 옳지 않은 것은?

① 연로자공제는 상속인 및 동거가족 중 65세 이상인 자를 대상으로 1인당 5,000만원을 공제할 수 있다.

② 자녀공제는 1인당 5,000만원을 공제할 수 있다.

③ 미성년자공제는 19세의 나이에 달할 때까지 1년당 1,000만원씩 공제할 수 있다.

④ 장애인공제는 장애인의 기대여명에 달할 때까지 연수에 1,000만원을 곱한 금액을 공제할 수 있다.

⑤ 자녀공제와 미성년자공제의 중복적용은 불가능하다.

66 다음은 동거주택 상속공제에 대한 내용이다. 빈칸에 들어갈 내용으로 올바르게 묶인 것은?

> 피상속인과 직계비속인 상속인이 상속개시일로부터 소급하여 (   ) 이상 하나의 주택에서 동거한 경우, 일정 요건을 모두 갖춘 때 주택가액의 (   )에 상당하는 금액을 6억원을 한도로 하여 공제받을 수 있다.

① 5년, 40%

② 5년, 100%

③ 8년, 70%

④ 10년, 40%

⑤ 10년, 100%

67 세대를 건너 아들이 아닌 손자(미성년자)에게 상속재산가액 20억원을 초과하여 상속할 경우 할증되는 세율로 옳은 것은?

① 10%

② 20%

③ 30%

④ 40%

⑤ 50%

68 다음 중 상속세 연부연납 제도에 대한 설명으로 옳지 않은 것은?

① 연부연납 가산금을 추가 납부해야 한다.

② 납부세액이 1,000만원을 초과해야 한다.

③ 납세의무자는 납세담보를 제공해야 한다.

④ 일반상속재산의 경우 연부연납 허가일로부터 10년의 연부연납이 가능하다.

⑤ 관할 세무서장의 허가가 있어야 한다.

69 7년 전 아버지로부터 500만원을 증여받고, 현재 어머니로부터 400만원을 증여받을 경우 금번 증여에 따른 증여재산가액은?

① 200만원

② 400만원

③ 500만원

④ 700만원

⑤ 900만원

70 다음 중 증여로 보는 거래에 해당하지 <u>않는</u> 것은?

① 저가 또는 고가에 재산 양도행위

② 용역의 저가 제공

③ 상속재산의 협의 분할 후 상속세 과세표준 신고기한 이후의 재분할

④ 이혼 시 재산분할청구권 행사에 의한 재산분할

⑤ 채무면제

71 다음 자료를 바탕으로 계산한 보험금 수령에 따른 증여재산가액은?

> 가. 계약자 : 아들
> 나. 피보험자 : 아버지
> 다. 수익자 : 아들
> 라. 만기보험금 : 3억원
> 마. 불입보험료 : 2억원(아들과 아버지가 각각 1억원을 불입함)

① 0원

② 1억원

③ 1.5억원

④ 2억원

⑤ 3억원

72 다음 중 증여재산공제액의 연결이 옳지 않은 것은?

① 계모가 미성년 자녀에게 증여 시 - 2천만원

② 시어머니가 성년인 며느리에게 증여 시 - 5천만원

③ 자녀가 아버지에게 증여 시 - 5천만원

④ 아버지가 성년 자녀에게 증여 시 - 5천만원

⑤ 남편이 아내에게 증여 시 - 6억원

73 다음은 상속재산의 평가방법에 대한 설명이다. 빈 칸에 들어갈 내용으로 올바르게 묶인 것은?

> 상속재산가액의 시가를 알 수 없는 경우 해당 자산과 면적·위치·용도·종목 및 기준시가가 동일하거나 유사한 다른 자산이 있다면 그 가액을 시가로 할 수 있는데, 이때는 상속개시일 (　　) (　　)부터 상속세를 신고하는 날까지의 유사매매사례가액 등을 적용하게 된다.

① 전후, 6개월

② 전후, 3개월

③ 전, 3개월

④ 전, 6개월

⑤ 후, 6개월

74 다음 중 상속세와 증여세에 동일하게 적용되는 사항이 아닌 것은?

① 과세방법

② 세 율

③ 분납제도

④ 세대생략할증률

⑤ 과세최저한

75 다음 중 상속세와 증여세에 대한 설명으로 옳지 않은 것은?

① 피상속인이 비거주자인 경우 국내재산에 대해서만 상속세가 과세된다.

② 수증자가 비거주자인 경우 국내 자산 및 국외 예·적금에 대해서만 증여세가 과세된다.

③ 상속세는 피상속인의 모든 재산이 합산과세되나 증여세보다 공제폭이 크다.

④ 상속세는 상속인의 주소지 관할 세무서에 신고한다.

⑤ 상속세는 상속인이, 증여세는 수증자가 납세의무자이다.

76 다음 중 자산관리사가 고객에게 상속 및 증여와 관련해 조언한 내용으로 옳지 않은 것은?

① 가능하면 상속을 앞두고 피상속인의 계좌에서 예금을 인출하여 현금으로 보관한다.

② 가능하면 사망하기 10년 이전에 증여하는 것이 좋다.

③ 저평가된 재산 위주로 사전 증여한다.

④ 보유기간이 오래된 부동산은 처분하지 않고 상속 재산으로 물려주는 것이 좋다.

⑤ 취득가액이 매우 작아서 양도차익이 매우 크게 산정되는 경우가 아니라면 부담부증여를 활용하는 것이 좋다.

77 다음 중 취득세에 대한 설명으로 옳지 않은 것은?

① 취득세의 부동산 표준세율은 4%이며, 중과기준 세율은 2%이다.

② 상속취득의 경우 상속개시일이 속하는 달의 말일로부터 6개월 이내에 취득세를 신고해야 한다.

③ 취득가액이 50만원 이하인 경우 취득세를 과세하지 않는다.

④ 취득세 과세표준은 시가표준액으로 한다.

⑤ 별장, 골프장, 고급주택 등에 대해서는 취득세가 중과세된다.

78 다음 중 가장 높은 재산세율이 적용되는 부동산은?

① 공장용지

② 농 지

③ 골프장용 토지

④ 임 야

⑤ 건축물의 부속토지

79 토지분 종합부동산세 납세의무자의 종합부동산세 세부담 상한선으로 옳은 것은?

① 105%

② 110%

③ 130%

④ 150%

⑤ 170%

80 다음 빈칸에 들어갈 내용으로 적절한 것은?

> 재산세와 종합부동산세의 과세기준일은 매년 (   )로 동일하다. 따라서 부동산을 보유하고 있는 입장일 경우 그 전까지 양도한다면 당해 연도의 재산세와 종합부동산세는 매수자에게 돌아간다.

① 1월 1일

② 5월 31일

③ 6월 1일

④ 7일 1일

⑤ 12월 31일

제3과목 ▪ 보험 및 은퇴설계 (20문제)

81 다음 중 위험에 대한 설명으로 옳지 <u>않은</u> 것은?

① 질문표, 체크리스트, 플로우차트 등 다양한 방법을 통해 위험을 확인해야 한다.

② 위험을 확인하는 가장 큰 목적은 무의식적인 위험보유를 최소화하기 위함이다.

③ 위험은 잠재적 손실의 크기와 발생 가능성에 따라 평가한다.

④ 심각한 위험은 그렇지 않은 위험에 비해 우선적으로 처리되어야 한다.

⑤ 중요한 위험은 개인 또는 가계를 파산으로 이끌수 있는 위험이다.

82 다음 중 보험계약법에 대한 설명으로 옳지 <u>않은</u> 것은?

① 상법의 일부를 구성하며, 독립된 법으로 존재하지 않는다.

② 보험계약자와 보험회사 사이의 계약관계를 규율한다.

③ 보험계약법상 보험은 손해보험과 생명보험으로 분류된다.

④ 보험계약자에게 불리하게 변경된 보험약관은 그 범위 내에서 무효로 하고 있다.

⑤ 보험계약자 등에게 불이익하게 보험약관을 변경할 수 없도록 보험계약자 등의 불이익변경금지의 원칙을 두고 있다.

83 다음 중 보험계약의 부활요건으로 적절하지 <u>않은</u> 것은?

① 계속보험료 미납으로 해지된 계약일 것

② 보험계약이 해지된 후 5년 이내의 계약일 것

③ 해지환급금이 지급되지 않은 상태일 것

④ 연체된 보험료 전액과 이자를 납입할 것

⑤ 보험자의 승낙이 있을 것

84 다음 계약자가 계약 전 알릴 의무사항 등에 대한 설명 중 빈칸에 들어갈 내용으로 올바르게 묶인 것은?

> 보험회사는 보험계약자 등이 계약 전 알릴 의무사항을 위반한 경우에도 책임개시일로부터 보험금 지급사유가 발생하지 않고 무진단계약의 경우 (   ) 이상 경과한 경우 보험계약을 해지할 수 없다. 다만, 보험회사가 보험계약자 등이 대리진단, 약물복용 등 뚜렷한 사기 의사에 의해 계약이 성립하였음을 입증하는 경우 책임개시일로부터 (   ) 이내에 보험계약을 해지할 수 있다.

① 1년, 2년
② 1년, 5년
③ 2년, 5년
④ 2년, 7년
⑤ 3년, 10년

85 연금보험에 대한 설명으로 옳지 않은 것은?

① 연금보험은 연금개시 전의 위험보장기간과 연금지급기간으로 구분된다.
② 연금개시 전 피보험자 사망 시 이미 납입한 보험료를 지급하고 계약은 소멸된다.
③ 계약자는 2개 이상의 급부를 병행하여 선택할 수 있다.
④ 상속형 연금을 수령하다 사망한 경우 지급금액이 원금보다 적을 수 있다.
⑤ 종신형 연금은 연금 개시 이후에는 계약의 해지가 불가능하다.

86 손해보험에 대한 설명으로 옳지 않은 것은?

① 주로 피보험자의 재산이 보험사고 발생의 객체가 된다.
② 대수의 법칙이 지배되고 있다.
③ 보험사고발생 시기, 여부, 사고발생의 크기 모두 불확실하다.
④ 피보험자가 입은 손해만큼의 보상이 이루어진다.
⑤ 이득금지의 원칙이 적용된다.

87 다음 중 교통사고 시 반의사불벌과 보험가입의 특례가 적용되지 않고 항상 처벌하는 경우에 해당하지 않는 것은?

① 사망사고
② 신호위반
③ 뺑소니사고
④ 제한속도의 10km 초과운전 중 발생한 사고
⑤ 중앙선 침범

88 다음 중 산업재해보상보험에 대한 설명으로 옳지 않은 것은?

① 보험급여는 평균임금을 기초로 정률 보상 방식에 의해 산정된다.
② 보험료는 사업주와 근로자가 절반씩 부담한다.
③ 업무상 재해에 대해 사용자의 고의·과실 유무를 불문하고 사용자에게 무과실책임을 부과하고 있다.
④ 근로자가 업무상 사유에 의해 사망한 경우 유족급여는 연금지급을 원칙으로 한다.
⑤ 휴업급여의 1일당 지급액은 평균임금의 70% 상당액이다.

89 월 적립식 장기저축성보험(2017년 4월 1일 이후 가입)의 비과세 요건에서 보험료 납입기간과 계약기간을 순서대로 나열한 것은?

① 5년 이상, 10년 이상
② 10년 이상, 5년 이상
③ 5년 이상, 5년 이상
④ 10년 이상, 10년 이상
⑤ 10년 이상, 15년 이상

90 다음 중 특정시장 고객의 특징에 대한 설명으로 옳지 <u>않은</u> 것은?

① 대부분 고학력 엘리트로 구성되어 있다.

② 자녀에 대한 교육열이 강하다.

③ 동료·동창 의식이 강한 편이다.

④ 대부분 진보적인 경향을 가지고 있다.

⑤ 접근성은 낮지만 한 번 신뢰를 쌓아두면 좋은 협력자가 될 수 있다.

91 다음 중 우리나라의 은퇴환경 변화에 대한 설명으로 옳지 <u>않은</u> 것은?

① 우리나라의 고령화 속도는 세계 1위 수준으로 전 세계에서 유례를 찾아볼 수 없을 정도로 빠르게 진행되고 있다.

② 기대수명은 꾸준히 높아지고 있으며, 남녀 기대수명의 차이는 점차 축소되고 있다.

③ 2025년에는 65세 이상 인구가 20%가 넘는 고령사회로의 진입이 확실시되고 있다.

④ 2020년에는 최빈 사망연령이 90세를 넘어서 100세 시대에 진입할 것으로 전망되고 있다.

⑤ 건강수명은 평균수명에서 질병 등으로 혼자서 생활할 수 없는 평균 장애기간을 차감한 기간으로 선진국에서는 기대수명보다 중요한 지표로 활용된다.

92 다음 중 은퇴설계 시 선행적으로 검토해야 할 사항에 대한 설명으로 옳지 <u>않은</u> 것은?

① 은퇴설계는 개인이 아닌 부부 중심의 설계가 이루어져야 한다.

② 사적인 영역을 침해할 수 있는 비재무적인 요소는 제외한다.

③ 장수 리스크 등의 문제에 직면하지 않도록 100세 시대에 맞는 인생지도를 설계해야 한다.

④ 은퇴 이후의 시간 활용에 대한 고려도 은퇴설계에 포함해야 한다.

⑤ 일시적인 목돈보다 매월 정기적으로 소득이 들어오는 연금수급권 등의 평생 소득을 확보하는 것이 중요하다.

93 다음 중 국민연금에 대한 설명으로 옳지 <u>않은</u> 것은?

① 연금보험료율은 9%이며, 사업장가입자는 회사와 본인이 절반씩 부담하고 지역가입자는 본인이 전액 부담한다.

② 추납보험료, 연체금, 반납금을 포함한 가입자 본인이 부담한 연금보험료 전액에 대해 소득공제 혜택이 있다.

③ 노령연금은 연금 지급사유가 발생한 연령의 생일이 속한 달의 다음 달부터 매달 25일에 지급된다.

④ 노령연금 수급개시연령은 수급자가 희망하는 경우 5년 한도로 늦추거나, 더 빨리 수령할 수 있다.

⑤ 노령연금 및 반환일시금은 소득세 과세 대상이지만, 장애연금과 유족연금은 소득세 과세 대상이 아니다.

94 다음 중 군인연금에 대한 설명으로 옳지 <u>않은</u> 것은?

① 당초 공무원연금에 포함되어 운영되었으나 1963년부터 분리 운영되고 있다.

② 재원은 군인 개인의 기여금과 국고 부담금으로 충당된다.

③ 퇴역연금은 복무기간이 20년 이상일 때 수급 가능하다.

④ 사망보상금, 장애보상금은 기여금을 납부하는 군인에게만 지급된다.

⑤ 연금수령 기준은 나이가 아닌 복무기간을 기준으로 한다.

95 다음 퇴직급여의 과세에 대한 설명 중 빈칸에 들어갈 내용으로 옳은 것은?

> 이연퇴직소득은 연금으로 수령 시 퇴직시점에 계산한 퇴직소득세율의 (   )로 과세된다.

① 30%

② 40%

③ 50%

④ 60%

⑤ 70%

96 다음 중 퇴직연금제도의 유형 선택 시 점검사항에 대한 설명으로 옳지 <u>않은</u> 것은?

① 자산운용에 자신이 없는 근로자는 DB형을 선택하는 것이 좋다.

② 급여상승률보다는 운용수익률이 높을 것이라고 기대된다면 DC형이 유리하다.

③ DB형은 임금 상승률이 높은 직장에서 오래 근무한 근로자에게 유리하다.

④ 상대적으로 안전한 노후자금을 확보하길 원하는 근로자는 DC형을 선택하는 것이 좋다.

⑤ 직장 이동이 잦은 근로자는 DC형을 선택하는 것이 좋다.

97 다음 세제적격 연금저축계좌에 대한 설명 중 빈칸에 들어갈 내용으로 옳은 것은?

> 연금저축계좌는 최소한 (   ) 이상 납입하고 (   ) 이후 연금으로 받아야 하며, 연금저축계좌에 납입한 금액 중 연간 (   ) 한도 내에서 세액공제 혜택이 적용된다.

① 5년, 50세, 400만원

② 5년, 55세, 600만원

③ 5년, 60세, 700만원

④ 10년, 55세, 400만원

⑤ 10년, 60세, 600만원

98 다음 중 농지연금제도에 대한 설명으로 옳지 <u>않은</u> 것은?

① 가입자는 만 60세 이상의 농업인이어야 한다.

② 가입자는 영농 경력이 5년 이상이어야 한다.

③ 대상 농지는 전, 답, 과수원으로 실제 영농 중인 농지여야 한다.

④ 연금 수령 중 담보농지의 경작이나 임대가 제한된다.

⑤ 농지연금의 수혜자가 사망할 경우 배우자가 승계하여 배우자 사망 시까지 지급받을 수 있다.

99 다음 중 성년후견제도에 대한 설명으로 옳지 <u>않은</u> 것은?

① 후견인은 한 명을 둘 수도 있고 여러 명을 둘 수도 있다.

② 친족회의에 의해 후견인에 대한 실질적인 감독이 이루어지고 있다.

③ 후견인은 재산관리뿐만 아니라 신상 결정도 가능하다.

④ 잔존능력과 의사결정능력을 존중하는 것을 기본으로 하고 있다.

⑤ 성년후견제도의 종류에는 법정후견과 임의후견이 있다.

100 다음 중 은퇴설계 프로세스에 대한 설명으로 옳지 <u>않은</u> 것은?

① 1단계는 고객과의 관계를 정립하고 고객 관련 정보를 수집하는 단계이다.

② 2단계는 고객정보의 분석 및 은퇴설계 제안서를 제시하는 단계이다.

③ 3단계는 제안 내용의 실행 지원과 함께 사후관리가 함께 이루어지는 단계이다.

④ 은퇴설계 프로세스 3단계는 순서와 관계없이 필요에 따라 변화시키는 것이 효율적이다.

⑤ 3단계에서 FP는 타사 상품일지라도 고객의 이익에 맞는 금융상품이 있다면 고객의 이익을 최우선으로 상품정보를 제공해야 한다.

정답 및 해설

제1회 적중 실전모의고사

제1과목 ▪ 자산관리 기본지식

1 ⑤	2 ②	3 ④	4 ④	5 ②
6 ③	7 ②	8 ④	9 ⑤	10 ①
11 ②	12 ②	13 ③	14 ①	15 ③
16 ②	17 ①	18 ②	19 ④	20 ④
21 ③	22 ②	23 ①	24 ②	25 ④
26 ①	27 ③	28 ②	29 ③	30 ⑤
31 ④	32 ⑤	33 ①	34 ④	35 ⑤
36 ④	37 ②	38 ⑤	39 ④	40 ②

제2과목 ▪ 세무설계

41 ③	42 ④	43 ①	44 ③	45 ④
46 ③	47 ⑤	48 ⑤	49 ③	50 ②
51 ④	52 ⑤	53 ③	54 ②	55 ④
56 ①	57 ③	58 ①	59 ②	60 ③
61 ②	62 ②	63 ③	64 ②	65 ②
66 ③	67 ③	68 ⑤	69 ④	70 ④
71 ⑤	72 ②	73 ②	74 ③	75 ②
76 ②	77 ⑤	78 ②	79 ①	80 ②

제3과목 ▪ 보험 및 은퇴설계

81 ④	82 ③	83 ③	84 ③	85 ②
86 ②	87 ③	88 ②	89 ④	90 ⑤
91 ③	92 ①	93 ②	94 ⑤	95 ⑤
96 ②	97 ③	98 ④	99 ④	100 ③

제1과목 ▪ 자산관리 기본지식

[1~10] 재무설계의 의의 및 재무설계 프로세스

1 재무설계는 비재무적자원을 관리하는 과정으로 확대되고 있다.

2 '가, 다'는 옳은 설명이다.
　나. 사회 경제적 배경에 대한 설명이다.

라. 공적연금을 제외한 사적연금의 준비는 많지 않은 실정이다.
　마. 소비자의식 변화에 대한 설명이다.

3 노령화지수 = (노년인구 / 유년인구) × 100

4 '다 ⇨ 가 ⇨ 라 ⇨ 나 ⇨ 마' 순이다.

5 자녀양육기 - 자녀 교육자금 마련, 주택자금 마련 등

6 '나, 다, 라'는 비재무적 정보에 해당한다.
　'가, 마'는 재무적 정보에 해당한다.

7 ① ③ ④ ⑤ 고정지출에 해당한다.

8 '나, 다, 마'는 40대 고객의 특징에 해당한다.
　'가, 라'는 20대 고객의 특징에 해당한다.

9 전문직 종사자나 임대사업자의 재무설계 시에 고려할 사항이다.

10 예외발견법은 계약체결기법에 해당하지 않는다.

[11~25] 경제동향분석 및 예측

11 장기에는 가격과 임금이 신축적이다.

12 상품·서비스수지가 흑자인 경우에 중앙은행의 준비자산이 늘어난다.

13 환율이 상승할 경우에 생산요소 가격이 상승하여 총공급이 감소하고 단기 총공급곡선은 좌측으로 이동한다.

14 '가'는 가계의 소비지출을 증가시키는 요인이다.
　'나, 다'는 가계의 소비지출을 감소시키는 요인이다.
　라. 기업의 투자지출을 증가시키는 요인이다.

15 노동의 한계생산량은 양(+)의 값을 갖는다.

16 노동의 수요와 공급의 일시적 불일치로 생기는 실업은 마찰적 실업이다.

17 재정적자 시 정부재원 조달 방법으로는 조세, 국채발행(국채의 공개시장매각, 국채의 중앙은행 인수)이 있다.

18 '가, 다, 라'는 본원통화가 증가되는 경우에 해당한다.
　'나, 마'는 본원통화가 감소되는 경우에 해당한다.

19 실질이자율이 상승할 경우, 해외로부터의 대부자금 공급량이 증가한다.

20 ① ② ③ ⑤ 수요곡선이 우측으로 이동한다.

21 실질환율이 높다는 것은 자국재화가 상대국재화보다 저렴함을 의미한다.

22 ① ② ③ ④ 환율의 하락요인에 해당한다.

23 ② 생산물시장 : 총수요 증가 ⇨ 실업률 감소
③ 노동시장 : 실질임금 상승 ⇨ 가계 노동공급량 증가
④ 생산물시장 : 실질이자율 상승 ⇨ 대부자금 공급량 증가
⑤ 생산물시장 : 외환 공급 증가 ⇨ 환율 하락

24 '다, 라, 마'는 옳은 설명이다.
가. 본원통화에 영향을 미치지 않는다.
나. 명목GDP가 증가한다.
바. 경상수지는 감소한다.

25 기업경기실사지수(BSI)

$$= \frac{\text{긍정 응답자 수} - \text{부정 응답자 수}}{\text{총 응답자 수}} \times 100 + 100$$

$$= \frac{130명 - 70명}{200명} \times 100 + 100 = 130$$

[26~40] 법 률

26 점유권은 기본물권에 해당한다.

27 주식배당을 하면 회사의 자산에는 변동이 없지만 자본은 증가할 수 있다.

28 • 현금 예금계약의 성립시기에 대한 설명이다.
• 현금 계좌이체 예금계약의 성립시기는 예금원장에 입금기록이 된 때이다.

29 '가, 나'는 약관의 해석원칙에 해당한다.
다. 약관은 각 계약당사자가 아닌 평균인의 이해능력을 기준으로 해석해야 한다.
라. 약관과 개별약정이 충돌할 경우, 충돌부분에 대해서는 개별약정이 우선한다.

30 신탁재산에서 손실이 발생하면 이는 모두 수익자에게 귀속된다.

31 부동산투자신탁은 다수의 소액투자자로부터 공모에 의해 자금을 조달한다.

32 금융소비자보호법은 원칙적으로 원금손실위험이 있는 보장성 상품 및 투자성 상품의 경우는 손실감수능력을, 상환의무를 부담하는 대출성 상품의 경우는 상환능력을 중심으로 판단하도록 규정하고 있다.

33 은행의 건전성 감독기구는 조세포탈·불공정행위·내부자거래 등의 혐의가 있을 경우에 영장 없이 금융거래정보를 제공받을 수 있다.

34 장외파생상품 매매의 경우, 전문투자자로 자동전환되지는 않고 전문투자자로 전환되겠다는 의사를 통지함으로써 전환될 수 있다.

35 가맹점계약은 신용카드사가 사업장을 직접 방문하여 체결해야 한다.

36 한정후견인은 피한정후견인의 행위에 대한 취소권을 갖는다.

37 ① 사실혼 배우자는 법정상속인이 될 수 없다.
② 양자녀도 직계비속에 포함된다.
③ 상속재산의 분할 순서는 '유언분할 ⇨ 협의분할 ⇨ 법정상속순위(가정법원 심판)' 순이다.
⑤ 상속인은 피상속인 사망일이 아닌 상속이 개시된 때에 피상속인의 재산상의 모든 권리를 포괄적으로 승계한다.

38 개인회생채권자목록에 기재된 개인회생채권은 변제계획에 의하지 않고는 변제하거나 받을 수 없다.

39 '가, 나, 다'는 옳은 설명이다.
라. 자금세탁의 범죄화란 자금세탁을 본 범죄와 별개의 범죄로 보고 자금세탁 그 자체가 중형으로 처벌되도록 하는 것을 말한다.

40 '나, 라'는 옳은 설명이다.
가. 별도의 동의를 받는다면 개인정보를 당초 수집목적 외로 이용할 수 있다.
다. 개인정보를 제공할 경우, 원칙적으로 동의를 받아야 하나 불가피한 경우에는 동의 없이 제공할 수 있다.
마. 정보주체는 금융기관에 대해 자신의 신용정보를 열람하거나 제공해줄 것을 청구할 수 있다.

제2과목 ■ 세무설계

[41~44] 소득세

41 소득원천설은 계속적·반복적으로 발생하는 금액만 과세대상 소득으로 보며 일시적·우발적으로 발생하는 소득은 과세소득에서 제외시킨다는 학설로서, 기계장치를 처분하여 발생하는 유형자산처분이익에 대해 소득세를 과세하지 않는 근거가 된다.

42 종합소득세 과세대상이 되는 소득의 종류에는 이자소득, 배당소득, 사업소득, 근로소득, 연금소득, 기타소득이 있다.

43 부녀자공제와 한부모가족공제가 모두 해당하는 경우에는 한부모가족공제를 적용한다.

44 현금영수증 사용분은 사용금액의 30%가 공제 가능하다.

[45~52] 금융소득종합과세

45 종합소득세율이 원천징수세율보다 낮을 경우, 환급세액은 발생하지 않는다. 국가에서 초과분에 대한 환급을 하는 경우, 종합과세의 취지가 무색해지기 때문에 최소한 14%의 원천징수세율만큼은 부담하도록 하기 위한 비교과세제도를 두고 있다.

46 외상매입금이나 미지급금을 약정기일 전에 지급함으로써 받는 할인액은 이자소득으로 보지 않는다.

47 종합과세 기준금액 구성액의 산출은 '이자소득 ⇨ 본래 Gross-up 대상이 아닌 배당소득 ⇨ 본래 Gross-up 대상인 배당소득' 순이다.

48 만기 10년 이상인 채권을 3년 이상 보유한 경우, 보유자의 신청에 의하여 (30%)로 분리과세를 적용받을 수 있다.

49 • 금융회사가 지급하는 비실명금융소득의 원천징수세율은 90%이다.
　　 • 비금융회사가 지급하는 비실명금융소득의 원천징수세율은 45%이다.

50 정기예·적금의 이자의 수입시기는 실제로 이자를 지급받는 날이다.

51 다. 주거래 금융회사를 선정하여 거래하는 것이 좋다.

52 비거주자의 금융소득이 국내사업장이나 부동산임대와 실질적인 관련이 있는 경우에는 금융소득의 크기와 관계없이 종합과세대상이 된다.

[53~60] 양도소득세

53 사업용 고정자산과 함께 양도하는 영업권에 대하여 양도소득세가 과세된다.

54 기타 필요경비의 공제여부는 양도시기의 영향을 받지 않는다.

55 등기된 주택은 2년 이상 보유한 경우 일반세율(6~45%)을 적용한다.

56 장기보유특별공제는 3년 이상 보유한 토지와 건물, 조합원 입주권에 한하여 적용되며, 주식의 경우 적용되지 않는다.

57 주식의 양도소득세 예정신고납부기한은 양도일이 속하는 반기의 말일로부터 2월 이내이므로 예정신고납부기한은 양도일이 속하는 분기인 6월의 말일로부터 2월 이내인 8월 31일이다.

58 보유기간은 2년 이상이어야 한다.

59 1세대 1주택자가 1주택을 가진 (60세) 이상의 직계존속을 동거봉양하기 위해 세대를 합친 경우에는 세대를 합친 날로부터 (10년) 이내에 먼저 양도하는 주택에 대하여는 양도소득세를 비과세한다.

60 1세대 1고가주택에 대한 양도차익은 '실지거래가액에 의한 양도차익 × (양도가액 – 12억원) / 양도가액'으로 5억원의 양도차익이 발생한 1세대 1고가주택에 대한 양도차익은 '5억원 × (18억원 – 12억원) / 18억원'이 된다.

[61~76] 상속·증여세

61 배우자의 유류분은 법정상속분의 1/2이다.

62 상속인이 아닌 자에게 증여한 것은 상속개시일로부터 5년 이내의 증여재산만 합산한다.

63 • 상속개시일 전 2년 이내 현금·예금 및 유가증권의 재산처분대가가 5억원 이상이며 그 용도가 명백하지 않은 경우에 해당되어 상속으로 추정한다.
　　 • 상속추정재산가액
　　 = 처분재산가액 – 사용처 소명액
　　 　 – Min[20% 상당액, 2억원]
　　 = 6억원 – 1억원 – Min[6억원 × 20%, 2억원]
　　 = 3억 8천만원

64 배우자가 실제 상속받은 금액이 없거나 상속가액이 5억원 미만인 경우 최저 상속공제액인 5억원을 공제한다.

65 순금융재산가액이 2,000만원을 초과할 경우 순금융재산가액의 20%를 공제하되, 2,000만원에 미달하면 2,000만원을 공제한다. 따라서 해당 문제의 경우 순금융재산가액의 20%가 1,000만원이기 때문에 2,000만원에 미달하므로 상속공제액은 2,000만원이 된다.

66 상속세 신고기한은 상속개시일이 속하는 달의 말일로부터 6개월 이내이므로 2024년 6월 30일이다.

67 납부세액은 2천만원 이상이어야 한다.

68 동일인(증여자가 직계존속인 경우 그 배우자 포함)으로부터 수회에 걸쳐 증여를 받은 경우에는 10년간 이를 합산하여 1천만원 이상인 경우 합산과세한다. 따라서

8년 전 아버지로부터 증여받은 금액 3억원과 현재 어머니로부터 증여받은 금액 2억원을 합하여 증여재산가액은 5억원이다.

69 채무인수액을 제외한 부분에 대해서는 수증자에게 증여세를 과세한다.

70 • 시가와 대가의 차액이 시가의 30%을 초과하므로 증여로 보아 증여세가 과세된다.
 • 증여재산가액 = (대가 – 시가) – 3억원
       = (60억원 – 40억원) – 3억원 = 17억원

71 직계비속으로부터 증여받은 경우 공제액은 5천만원이다.

72 상속재산의 경우 일반적으로 평가기준일 (전후) (6개월) 이내의 기간 중 매매, 감정, 수용, 경매 또는 공매가 있는 경우 그 금액을 시가로 보고 있다.

73 특정시설물 이용권 : 평가기준일까지 불입한 금액 + 평가기준일 현재의 프레미엄 상당액

74 증여세의 관할 세무서는 수증자 주소지의 관할 세무서이다.

75 창업자금을 증여받은 수증자는 증여일로부터 1년 이내에 창업해야 한다.

76 증여세는 재산가액 전체가 증여세 과세표준을 이루지만, 양도소득세는 양도가액에서 취득가액을 차감한 양도차익에 과세표준을 구성하기 때문에 일반적으로 부담부증여를 활용하는 것이 절세의 한 방법이 될 수 있다. 하지만, 취득가액이 아주 작아서 양도차익이 매우 크게 산정되는 경우도 있기 때문에 무조건 부담부증여를 활용하는 것이 바람직하다고 볼 수는 없다.

[77~80] 취득세·재산세·종합부동산세

77 분양권은 취득세 과세대상이 아니며, 양도세가 과세된다.

78 ① 과세기준일은 6월 1일이다.
 ③ 재산세의 납세지는 과세대상 부동산의 소재지를 관할하는 시·군·구이다.
 ④ 사실상 과세대상 물건을 소유하고 있는 자는 재산세 납세의무를 진다.
 ⑤ 토지에 대한 과세는 9월에 100% 과세된다.

79 재산세 과세대상 중 주택과 토지를 과세대상으로 한다.

80 취득세와 재산세는 공동 취득, 단독 취득에 관계없이 세액이 동일하므로 공동명의 취득에 의한 절세효과가 없다.

제3과목 • 보험 및 은퇴설계

[81~90] 보험설계

81 사고발생빈도를 줄이는 노력이 필요한 것은 고빈도·저강도 위험에 해당한다.

82 급부 반대급부 균등의 원칙은 개별 보험계약자 입장에서 각자의 입장에 상응하는 보험료를 납부해야 한다는 원칙을 말한다.

83 보험기간이 길수록, 보험료 납입기간이 짧을수록 예정이율의 변화에 따른 보험료 변동폭이 크다.

84 보험금 청구권, 보험료·환급금 반환청구권의 소멸시효 기간은 3년이다.

85 변액보험에 대한 설명이다.

86 단독 의료실비보험은 재가입 시 재가입 절차를 요하고 있다.

87 주택화재보험금
 = 손해액 × 보험가입금액 / (보험가액 × 80%)
 = 2,000만원 × 4,000만원 / (1억원 × 80%)
 = 1,000만원

88 암 등록자의 등록일로부터 5년간 본인부담금 비율은 총 진료비의 5%이다.

89 일시납 보험의 과세 제외 요건은 계약자 1인당 납입보험료 합계액이 1억원 이하(월 납입식 저축성 보험, 종신형 연금보험 제외)이고, 계약기간은 (10년) 이상이어야 한다. 이때 (10년) 경과 전 납입보험료를 확정된 기간 동안 연금형태로 지급받는 경우 보험차익이 과세된다.

90 현상파악 질문에 대한 설명이다.

[91~100] 은퇴설계

91 예상보다 오래 살게 됨으로써 발생하게 되는 위험은 장수 리스크라고 한다.

92 은퇴 크레바스란 은퇴 후 국민연금 등을 받기 전까지 생기는 소득의 공백기간으로, 은퇴 크레바스 극복을 위해 재취업 혹은 사적연금을 활용하는 전략이 필요하다.

93 은퇴 이후 자신의 사회적 입장의 변화가 나타난다.

94 연금보험료 추후 납부제도에서 납부예외기간동안의 보험료는 과거 기준이 아니라 현재 소득 기준으로 산정된다.

95 2016년 퇴직자의 공무원연금 연금수급개시연령은 60세이다. 다만, 2033년 이후에는 65세로 상향된다.

96 확정급여형의 퇴직급여액은 퇴직금과 동일한 수준으로 사전에 확정되어 있다.

97 연간 1,800만원까지 납입이 가능하며, 분기 한도는 없다.

98 수급대상자는 장기요양기관에 재가급여는 15%, 시설급여는 20%의 본인 부담금을 납부한다.

99 은퇴설계 프로세스 1단계에서는 은퇴설계의 목적, 프로세스 전체 흐름, 고객에게 제공하는 서비스 내용, 은퇴설계 제안서 작성을 위해 필요한 정보, 고객과 FP의 책임사항, 컨설팅 보수 관련 사항 등을 고객에게 미리 설명해야 한다.

100 수입 항목은 크게 지속적인 수입과 일시적인 수입으로 나누며 모두 해당 연도를 기준으로 세후 소득을 기입한다.

정답 및 해설

제2회 적중 실전모의고사

제1과목 ▪ 자산관리 기본지식

1 ③	2 ⑤	3 ①	4 ②	5 ⑤
6 ④	7 ①	8 ③	9 ④	10 ①
11 ①	12 ③	13 ①	14 ③	15 ③
16 ①	17 ③	18 ⑤	19 ④	20 ②
21 ④	22 ②	23 ①	24 ⑤	25 ④
26 ③	27 ④	28 ⑤	29 ④	30 ②
31 ④	32 ②	33 ⑤	34 ⑤	35 ⑤
36 ③	37 ③	38 ⑤	39 ③	40 ②

제2과목 ▪ 세무설계

41 ②	42 ③	43 ④	44 ③	45 ③
46 ①	47 ②	48 ③	49 ③	50 ⑤
51 ④	52 ②	53 ③	54 ①	55 ②
56 ③	57 ②	58 ②	59 ③	60 ④
61 ⑤	62 ④	63 ③	64 ③	65 ③
66 ⑤	67 ③	68 ③	69 ③	70 ③
71 ④	72 ③	73 ②	74 ①	75 ⑤
76 ③	77 ④	78 ③	79 ③	80 ②

제3과목 ▪ 보험 및 은퇴설계

81 ③	82 ⑤	83 ③	84 ②	85 ④
86 ⑤	87 ③	88 ⑤	89 ④	90 ⑤
91 ①	92 ④	93 ③	94 ②	95 ②
96 ④	97 ③	98 ②	99 ③	100 ⑤

제1과목 ▪ 자산관리 기본지식

[1~10] 재무설계의 의의 및 재무설계 프로세스

1 '가, 라, 마'는 옳은 설명이다.
나. 재무설계가 필요한 인구통계적 배경에 해당한다.
다. 투자자 보호 제도가 강화되었다.

2 금융연수원은 자산관리사 자격을 주관하고 있다.

AFPK와 CFP는 한국 FPSB에서 주관한다.

3 재무설계 절차는 '고객과의 관계정립 ⇨ 고객 정보수집 및 재무목표 설정 ⇨ 고객의 재무상태 분석 및 평가 ⇨ 재무설계 제안 ⇨ 재무설계 실행 ⇨ 정기점검 및 사후관리' 순이다.

4 해결질문에 해당한다.

5 '나, 라, 마'는 비재무적 정보에 해당한다.
'가, 다'는 재무적 정보에 해당한다.

6 '가, 나, 다'는 금융투자자산에 해당한다.
'라, 마'는 현금성자산에 해당한다.

7 너무 많은 대안을 나열하지 말아야 한다.

8 '나, 다, 라'는 전문직 종사자 상담 시 고려사항에 해당한다.
가. 개인사업자 상담 시의 고려사항에 해당한다.
마. 근로소득자 상담 시의 고려사항에 해당한다.

9 예화법에 해당한다.

10 자산부채상태표는 일정 기간이 아닌 특정 시점에서 고객의 자산·부채·순자산을 한눈에 보여준다.

[11~25] 경제동향분석 및 예측

11 생산요소 공급의 주체는 가계이다.

12 ① 기술이 발전하면 총수요곡선은 우측으로 이동한다.
② 실질소득이 증가하면 투자지출은 증가한다.
④ 물가의 상승기대는 투자지출과 정(+)의 관계이다.
⑤ 조세 부담이 증가할 것으로 기대되면 투자지출은 감소한다.

13 실질임금의 상승은 노동공급곡선상에서 노동공급량을 변화시키며, 실질임금 이외 변수의 변화가 노동공급곡선을 이동시킨다.

14 현금보유에 따른 기회비용을 줄이기 위한 비용(Shoe-leather Costs)을 발생시킨다.

15 자연실업률하의 장기필립스곡선은 인플레이션율과 실업률의 평면에서 수직이다.

16 국채를 중앙은행이 인수할 경우에 구축효과가 발생하지 않는다.

17 본원통화 = 화폐발행액 + 중앙은행 지준예치금
= 현금통화 + 예금은행 시재금 + 중앙은행 지준예치금
= 현금통화 + 예금은행 지급준비금

= 40억원 + 100억원

= 140억원

18 ① ② ③ ④ 통화량을 감소시키는 정책이다.

19 자국의 경상수지가 흑자일 경우, 해외부문으로부터의 국내 대부자금 수요가 증가한다.

20 현물환율은 거래일로부터 2영업일 이내에 결제가 이루어지는 외환거래에 적용되는 환율이고 선도환율은 2영업일을 초과하여 결제가 이루어지는 거래에 적용되는 환율이다.

21 '가, 다, 마'는 자금의 사용(차변)에 기록하는 항목이다. '나, 라'는 자금의 원천(대변)에 기록하는 항목이다.

22 실질임금이 상승하지만 실질임금상승률이 물가상승률보다 낮아 고용량은 증가한다.

23 ② 국내 민간총투자는 증가한다.
③ 명목환율은 상승한다.
④ 실질환율은 상승한다.
⑤ 자본·금융수지는 하락한다.

24 총체적 변수에 파급되며 같은 시기에 동일한 방향으로 움직인다. (공행운동)

25 '나, 라'는 동행종합지수에 해당한다.
'가, 다'는 선행종합지수에 해당한다.
마. 후행종합지수에 해당한다.

[26~40] 법 률

26 법인은 법적 요건을 갖춘 경우에 권리능력을 갖지만 자연인은 생존하는 동안 권리능력을 가진다.

27 담보물권의 목적은 목적물의 사용·수익이 아니라 목적물의 교환가치를 채권의 담보로 제공하는 목적이다.

28 주주가 1인인 회사도 회사로 인정된다.

29 배당금은 주주총회나 이사회결의일로부터 1개월 이내에 지급되어야 한다.

30 어음대출은 여신거래약정서 이외에 채무이행을 담보하기 위한 어음을 추가로 징구하는 것이다.

31 채권자 사해신탁의 경우, 수탁자가 선의이더라도 수탁자나 수익자에게 원상회복을 청구할 수 있다.

32 청약철회권은 단순 변심처럼 별도 요건 없이 행사기간 이내에 금융소비자가 철회권을 행사하면 계약이 무효가 된다.

33 '가, 나, 다, 라' 모두 불공정영업행위에 해당한다.

34 파생상품은 거래소 시장 거래 여부에 따라 장내파생상품과 장외파생상품으로 나뉜다.

35 • 여신전문금융회사의 총자산은 자기자본의 (10배) 범위에서 금융위원회가 정하는 배수에 해당하는 금액을 초과해서는 안 된다.
• 신용카드 도난 시, 회원이 도난사실을 신용카드사에 통지하기 전에 발생한 카드사용에 대해서는 (일정 기간(60일 이내)에 대하여 책임을 진다.)

36 ① 민법은 부부재산의 귀속에 대하여 별산제를 채용하고 있다.
② 재판상의 이혼이 성립되기 위해서는 일정한 사유가 필요하다.
④ 재산분할청구권은 이혼을 한 당사자의 일방이 다른 일방에 대하여 재산분할을 청구할 수 있는 권리를 말한다.
⑤ 부부 일방이 혼인 중 자기 명의로 취득한 재산은 그의 특유재산으로 한다.

37 상속인은 상속개시가 있음을 안 날로부터 3개월 이내에 단순승인을 할 수 있다.

38 개인회생절차 개시의 신청이 기각되면 중지된 절차는 속행된다.

39 • 의심거래보고제도에서 자금세탁을 한다고 의심되는 합당한 근거의 판단주체는 (금융회사)이며, (주관적 판단)에 의존한다.
• 자금세탁의 범죄화란 자금세탁을 본 범죄와 (독립된 범죄)로 규정하고 처벌하는 것을 말한다.

40 투자자가 거부하는 취지의 의사표시를 하였음에도 불구하고 투자성 있는 보험계약에 대하여 투자권유를 하는 행위, 의사표시를 한 후 1개월이 지난 후에 다시 투자권유를 하는 행위, 다른 종류의 금융투자상품을 투자권유하는 행위는 가능하다.

제2과목 ▪ 세무설계

[41~44] 소득세

41 우리나라 소득세법은 소득원천설에 입각한 열거주의 과세방식을 택하고 있다. 다만, 예외적으로 (이자소득), (배당소득), (연금소득)에 대해서는 법령에 열거되어 있지 않은 경우에도 유사한 소득은 동일하게 과세할 수 있도록 유형별 포괄과세주의를 도입하고 있다.

42 국외에서 근무하는 공무원은 거주자로 본다.

43 교통사고 가해자로부터 받는 위자료, 이혼 시 배우자로 부터 받는 위자료는 소득세법상 열거된 기타소득에 해당하지 않는다.

44 퇴직금은 연금수령이 일시금 수령에 비해 세부담이 70% 이기 때문에 가능하면 연금으로 수령하는 것이 좋다.

[45~52] 금융소득종합과세

45 부부의 금융소득은 합산하지 않으며 별도로 계산한다.

46 물품을 판매하고 대금의 결제방법에 따라 추가로 지급받는 금액은 이자소득에 해당하지 않는다.

47 법인이 잉여금을 자본에 전입하여 무상주를 발행하는 경우에 주식발행초과금, 합병차익, 분할차익, 감자차익 등의 자본준비금은 의제배당으로 과세되지 않는다.

48 배당소득금액 = 배당소득 + (Gross-up 대상인 배당소득 × 10%)

= 3,500만원 + (2,000만원 × 10%)

= 3,700만원

참고 Gross-up 대상인 배당소득 : 종합과세되는 배당소득이어야 하므로 다른 금융소득과 합산하여 2,000만원을 초과하는 배당소득이 Gross-up 대상에 포함됨 따라서, 현금배당 2,000만원이 Gross-up 대상인 배당소득이 됨

49 비영업대금의 이익은 25%의 세율로 원천징수되지만, 타 금융소득과 합산한 금액이 2천만원을 초과할 경우에는 종합과세대상이 된다.

50 금융회사가 지급하는 비실명금융소득에 대한 원천징수세율은 90%이다.

51 수입시기와 원천징수시기는 대부분의 경우 일치하나, 경우에 따라 일치하지 않는 것도 있다.

52 중도해지 이자소득감액분에 대한 처리는 중도해지일이 속하는 과세기간의 종합소득금액에서 빼는 방법과 당초 신고한 과세기간의 소득을 감액하는 방법 중 과세부담이 적은 방법을 선택한다.

[53~60] 양도소득세

53 등기·등록과 같은 형식적인 절차와 관계없이 자산의 사실상의 양도가 이루어져야 한다.

54 대금청산 전에 등기 등을 한 경우 등기부·등록부 등에 기재된 등기·등록 접수일을 양도 또는 취득시기로 본다.

55 미등기 양도자산에 대해서는 70%의 최고 양도소득세율을 적용한다.

56 거주자가 양도일로부터 소급하여 (5년) 이내에 그 배우자 또는 직계존비속으로부터 증여받은 토지·건물 및 특정시설물 이용권·회원권을 양도하는 경우 취득가액은 (증여자의 취득 당시 가액)으로 한다.

57 양도소득세 과세대상인 주식과 부동산에 대해서는 양도소득 기본공제가 각각 연 250만원이 적용되므로 총 연 500만원의 양도소득 기본공제가 적용된다.

58 미성년자의 경우 배우자가 없어도 1세대로 인정되는 경우에 해당하지 않는다.

참고 최저 생계비 수준 이상으로서 소유 주택을 관리하며 독립된 생계를 유지할 수 있는 경우 예외적으로 1세대로 인정됨(미성년자 제외)

59 상속으로 인하여 1세대 2주택이 된 경우, 상속받은 주택을 먼저 양도하면 양도소득세가 과세되며 일반주택을 상속받은 주택보다 먼저 양도하는 경우 기간에 관계없이 1세대 1주택으로 보아 비과세 규정을 적용한다.

60 8년 이상 자경한 농지의 양도로 인해 발생하는 소득은 비과세 대상이 아니며, 별도의 신청에 의해 이루어지는 감면 대상이다.

[61~76] 상속·증여세

61 • 상속개시일 전 1년 이내 부동산의 재산처분 대가가 2억원 이상이며 그 용도가 명백하지 않은 경우에 해당되어 상속으로 추정한다.

• 상속추정재산가액
= 처분재산가액 − 사용처 소명액
− Min[20% 상당액, 2억원]
= 5억원 − 1억원 − Min[5억원 × 20%, 2억원]
= 3억원

62 • 피상속인이 부담한 보험료에 해당하는 보험금은 간주상속재산으로 보며, 이때 간주상속재산은 다음과 같이 계산한다.

• 간주상속재산(보험금)
= 보험금 × 피상속인이 부담한 보험료 총액
/ 불입보험료 총액
= 10억원 × 2억원 / 4억원
= 5억원

63 피상속인이 상속개시일 전 1년(2년) 이내에 부담한 채무의 합계액이 2억원(5억원) 이상으로써 그 용도가 불분명한 경우에 상속으로 추정한다.

64 일반 장례비용은 입증이 없는 경우에도 500만원이 공제되며, 봉안시설 또는 자연장지 사용비용은 증빙으로 입증 시 500만원까지 추가로 공제 가능하다. 따라서, 총 1,000만원이 장례비용으로 공제된다.

65 배우자상속공제의 최대한도는 30억원이다.

66 수표는 공제대상 금융재산에 포함되지 않는다.

67 상속세와 증여세의 세율은 같다.

68 분납과 연부연납은 동시에 신청할 수 없다.

69 재차증여재산의 합산과세기간은 10년이다.

70 신고기한 경과 후 3개월 내 증여재산의 반환 시 당초 증여분에 대해서는 증여로 보아 증여세가 과세된다. 반면, 증여재산반환에 대해서는 증여로 보지 않아 증여세가 과세되지 않는다.

71 특수관계가 없는 자 간의 거래의 경우로써, 시가와 대가의 차액이 시가의 30% 미만인 경우는 증여로 보지 않아 증여세가 과세되지 않는다.

72 • 성년자녀의 직계존속에 대한 증여재산공제액은 5,000만원(매 10년)이다.
　　• 증여재산 공제액
　　　= 5,000만원 – 4,000만원(10년 이내 공제액)
　　　= 1,000만원

73 증여세 신고기한은 증여받은 날이 속하는 달의 말일로부터 3월 이내이므로 2024년 9월 30일이다.

74 저당권이 설정된 재산은 평가기준일 현재의 시가와 당해 재산이 담보하는 채권액 중 큰 금액으로 평가한다.

75 영리법인은 증여세 납세의무가 없다.

76 보유기간이 긴 부동산은 처분하기보다는 상속재산으로 물려주는 것이 좋다.

[77~80] 취득세·재산세·종합부동산세

77 상속으로 인한 1가구 1주택 취득의 경우 중과기준세율(종전의 취득세율)을 공제한 세율을 적용하여 취득세를 과세한다.

78 건물(주택 외)의 재산세는 7월에 한꺼번에 납부한다.

79 1세대 2주택자로서 국내에 있는 재산세 과세대상인 주택의 공시가격을 합한 금액이 (6억원)을 초과하는 자는 종합부동산세를 납부할 의무를 진다.

80 종합부동산세는 납부세액이 250만원을 초과하는 경우 분납이 가능하지만, 나머지 양도소득세, 상속세, 증여세, 종합소득세는 납부세액이 1,000만원을 초과할 경우 분납이 가능하다.

제3과목 ▪ 보험 및 은퇴설계

[81~90] 보험설계

81 건물에 화재경보기, 자동소화기 등을 설치하는 것은 손해강도통제의 예이다.

82 손해보험의 경우 물건이나 재산, 생명보험의 경우 생명이나 신체 등 보험에 부쳐진 대상을 보험의 목적이라고 한다. 보험계약의 목적(= 피보험이익)은 피보험자가 보험의 목적에 대해 가지고 있는 경제상의 이해관계를 말한다.

83 보험수익자가 고의로 피보험자를 해친 경우 사망보험금은 지급되지 않으며 해당 계약의 해지환급금이 지급된다.

84 보험회사의 자산운용수익률 및 시장금리에 따라 일정 기간마다 적립이율이 변동하여 이자금액이 증감하는 보험은 금리연동형보험에 해당한다.

85 변액종신보험은 사망보험금이 계약 당시 설정한 기본보험금보다 낮아질 경우 기본보험금을 지급보증하고 있다.

86 피난 중 발생한 분실·도난손해에 대해서는 보상하지 않는다.

87 자배법은 조건부 무과실책임주의를 채택하고 있기 때문에 운전자에게 과실이 없는 경우에도 운행자에게 손해배상청구를 할 수 있다.

88 일반손해보험은 보험사고 발생 시 보험가입금액에서 지급보험금이 차감되어 잔존금액 내에서 보장되나, 장기손해보험은 1회의 사고에 의해 지급되는 보험금이 보험가입금액의 (80%) 미만이면 몇 번의 사고가 발생하더라도 보험가입금액이 감액되지 않는다.

89 노인장기요양보험의 재가급여에는 방문요양, 방문목욕, 방문간호, 주·야간 보호, 단기보호, 복지용구 등이 있다.

90 증여재산가액 = 보험금 × 보험금 수령인이 아닌 자가
납부한 보험료 / 총불입보험료
= 1억원 × 3천만원 / 5천만원
= 6천만원

[91~100] 은퇴설계

91 은퇴설계는 특정 시점이 아닌 전 생애에 걸쳐 이루어진다.

92 부동산을 노후자금으로 활용할 경우 유동성 리스크, 가격하락 리스크 등 부동산 리스크가 있기 때문에 부동산을 활용한 노후자금 설계는 바람직하지 않으며, 부동산 자산에 편중된 자산구조의 재조정을 고려해볼 필요가 있다.

93 의미있고 보람찬 노후를 보내기 위해 취미·여가활동 및 사회활동의 비재무적인 요소도 고려해야 한다.

94 1957~1960년에 태어난 사람은 만 62세부터 연금을 수령할 수 있다.

95 연계 시 연금 지급은 가입기간만큼 각 연금기관이 지급한다.

96 급여상승률보다는 운용수익률이 더 높을 것이라고 기대된다면 적립금을 직접 근로자가 운용하게 되는 확정기여형 제도를 선택하는 것이 유리하다.

97 가입자 또는 그 부양가족이 질병 또는 부상에 따라 6개월 이상 요양을 하는 경우 중도 인출이 가능하다.

98 부부 중 한 명이 사망해도 배우자의 연금은 감액되지 않는다.

99 일반적으로 고객은 처음부터 문제의 핵심을 말하려고 하지 않기 때문에 문제 해결을 위해 '실례가 안된다면 말씀해 주시겠습니까?'라는 질문을 고객에게 해보는 것도 효과적이다.

100 면담을 통해 고객의 재무 상황을 한 번에 파악하기는 힘들다. 고객이 본인의 재무 상황 등을 모두 다 기억하고 있는 경우가 드물기 때문이다. 따라서 질문지를 이용하여 재무 상황, 보장내용 등에 대한 정확한 정보를 얻는 것이 좋다.

제3회 적중 실전모의고사

제1과목 ▪ 자산관리 기본지식

1 ③	2 ①	3 ②	4 ⑤	5 ①
6 ⑤	7 ③	8 ②	9 ①	10 ③
11 ①	12 ①	13 ②	14 ③	15 ①
16 ①	17 ③	18 ②	19 ④	20 ①
21 ③	22 ②	23 ②	24 ②	25 ①
26 ④	27 ②	28 ②	29 ②	30 ③
31 ③	32 ②	33 ①	34 ①	35 ⑤
36 ①	37 ②	38 ②	39 ③	40 ③

제2과목 ▪ 세무설계

41 ②	42 ⑤	43 ③	44 ①	45 ①
46 ④	47 ①	48 ⑤	49 ①	50 ⑤
51 ①	52 ⑤	53 ①	54 ④	55 ②
56 ②	57 ⑦	58 ⑤	59 ⑤	60 ⑤
61 ①	62 ④	63 ①	64 ②	65 ①
66 ⑤	67 ④	68 ②	69 ②	70 ④
71 ③	72 ②	73 ④	74 ①	75 ②
76 ①	77 ④	78 ②	79 ④	80 ③

제3과목 ▪ 보험 및 은퇴설계

81 ⑤	82 ③	83 ②	84 ③	85 ②
86 ②	87 ④	88 ②	89 ①	90 ④
91 ③	92 ②	93 ②	94 ④	95 ⑤
96 ④	97 ②	98 ④	99 ③	100 ④

제1과목 ▪ 자산관리 기본지식

[1~10] 재무설계의 의의 및 재무설계 프로세스

1 재무상담은 고객의 문제 평가에서 시작하고 재무설계는 고객의 목표로부터 시작한다.

2 노년부양비 = (노년인구 / 생산가능인구) × 100

3 SMS에 해당한다.

4 청년기 – 첫 직장 잡기, 결혼자금 마련 등
기타 목적자금 마련은 가족축소기에 해당한다.

5 면담에 해당한다.

6 '다, 라, 마'는 고정지출에 해당한다.
'가, 나, 바'는 변동지출에 해당한다.

7 재무상태 변동의 결과를 표시한다.

8 '가, 다, 마'는 30대 고객에 대한 제안이다.
나. 40대 고객에 대한 제안이다.
라. 50대 고객에 대한 제안이다.

9 '가, 나, 마'는 옳은 설명이다.
다. 전문직 종사자와 임대사업자의 고려사항이다.
라. 임대사업자의 고려사항이다.

10 손해암시법에 해당한다.

[11~25] 경제동향분석 및 예측

11 장기라는 언급이 없으면 단기를 가정한다.

12 ② ③ ④ ⑤ 총공급곡선의 이동요인이다.

13 ① 실제GDP가 잠재GDP를 초과할 경우, 경기가 과열된다.
③ 잠재GDP가 실제GDP를 초과할 경우, 확장적 재정정책을 필요로 한다.
④ 양(+)의 GDP 갭은 인플레이션을 가속화시킨다.
⑤ 음(-)의 GDP 갭은 한 나라가 최대한 생산할 수 있는 수준 미만에서 조업하고 있음을 의미한다.

14 실업률 $= \dfrac{\text{실업자}}{\text{경제활동인구}} \times 100$

$= \dfrac{100명}{100명 + 400명} \times 100 = 20\%$

참고 경제활동인구 = 실업자 + 취업자

15 실업이란 일할 능력과 의사가 있으나 기회가 없는 상태를 말한다.

16 • 변경된 (재정정책)의 효과가 완전하게 나타나는 데 소요되는 시간은 통상 짧은 편이다.
• 재정정책 담당자가 경제기조가 변했다는 것을 인식하는 데 걸리는 시간은 통상 (긴 편)이다.
• 경제기조 변동에 반응해 재정정책을 변경하는 데 소요되는 시간은 (내부시차)에 포함된다.

17 '가, 나, 다'는 광의통화에 해당한다.
　라. 금융기관유동성(L_f)에 해당한다.
　마. 광의유동성(L)에 해당한다.

18 예금자의 소득이 낮을수록 현금보유비율이 증가한다.

19 가계의 실질 부가 감소할 경우 대부자금 공급이 증가한다.

20 '가, 나'는 외환수요의 주체이다.
　'가, 다, 라, 마'는 외환공급의 주체이다.
　참고 중앙은행은 수요와 공급의 주체에 모두 해당함

21 ① ② ④ ⑤ 환율하락을 유발하는 요인이다.

22 ① ② ③ ⑤ 대외로 자금유출(차변)에 기록하는 항목이다.

23 준비자산 – 변화 없음

24 실질환율 – 상승

25 한국은행 경제통계시스템이 해당한다.

[26~40] 법 률

26 혼동에 대한 설명이다.

27 지적재산권에 대해서는 질권을 설정할 수 있다.

28 이사·감사의 선임은 주주총회 보통결의사항이다.

29 상계적상이 발생한 이후에는 상계에 의하여 소멸하는 채권에 대한 약정이자나 지연손해금이 발생하지 않는다.

30 '가, 다, 마'는 옳은 설명이다.
　나. 은행이 약관 사본교부의무에 위반하는 계약을 체결할 경우, 보험계약자는 보험 계약이 성립한 날부터 3개월 이내에 그 계약을 취소할 수 있다.
　라. 약관과 개별약정이 충돌할 경우, 충돌부분에 대해서는 개별약정이 우선한다.

31 개별신탁은 신탁계약이 개별 위탁자마다 체결되어 분별관리되는 신탁이다.

32 금융감독원에 대한 설명이다.

33 투자중개업에 대한 설명이다.

34 분실 신고 전 60일까지 발생한 사용금액에 대해서 신용카드사가 책임을 진다.

35 ① 양자도 상속인이 될 수 있다.
　② D가 사실혼의 배우자면 공동상속인에 포함되지 않는다.
　③ 자식 E가 없다면 배우자 D와 F가 공동상속인이 된다.
　④ D와 E, F가 없다면 직계존속인 B만 상속인이 된다.

36 ② 유언이 유언자의 진정한 의사·의지에 합치해도 일정한 방식에 따르지 않으면 무효이다.
　③ 자필증서 유언은 증인이 필요 없다.
　④ 포괄적 유증은 유증 목적의 범위를 상속재산의 전부 또는 비율로 표시하고, 특정유증은 유증의 목적이 특정되어 있다.
　⑤ 4촌 이내 방계혈족은 유류분권이 없다.

37 • 개인회생 신청 시 유치권이나 질권 등으로 담보되지 않은 개인회생채권은 (10억원)을 넘지 않아야 한다.
　• 변제계획은 변제계획인가일로부터 (1개월) 이내에 변제를 개시하여 정기적으로 변제하는 내용을 포함해야 하며, 변제계획이 정하는 변제기간은 변제개시일로부터 (3년)을 초과해서는 안 된다.

38 고액현금거래보고제도는 1거래일 동안 1천만원 이상의 현금을 입·출금한 경우, 거래자의 신원 등의 객관적 사실을 자동 보고한다는 점에서 합당한 근거를 주관적으로 판단하여 보고하는 의심거래보고제도와 구별된다.

39 적합성 → 적정성

40 정보주체가 자신의 개인정보의 열람을 요구할 경우 10일 이내에 조치하여야 한다.

제2과목 ▪ 세무설계

[41~44] 소득세

41 소득세법에 기타소득으로 열거된 것들만 소득세법상 기타소득으로 과세한다.

42 사업소득의 필요경비에는 매출원가, 종업원의 급여, 임차료, 기타 판매비와 일반 관리비 등이 있으며, 개인적인 용도로 사용한 비용은 사업소득의 필요경비로 공제되지 않는다.

43 배우자는 연령의 제한은 없지만, 연간 소득금액이 100만원 이하인 경우에 기본공제대상자가 된다. 연간 소득금액에는 종합소득 외에 퇴직소득 및 양도소득도 포함된다.

44 국민주택규모의 주택을 임차함에 따른 주택임차자금의 원리금상환액에 대해서는 해당 원리금상환액의 (40%)를 소득공제 받을 수 있다.

[45~52] 금융소득종합과세

45 비과세·분리과세 금융소득은 금융소득 2천만원 초과 여부를 따질 때에는 포함되지 않는다.

46 비영업대금의 이익은 소득세법상 이자소득으로 본다.

47 현행 배당소득의 Gross-up율은 10%이다.

48 법인세가 과세된 소득을 재원으로 하는 배당소득이어야 Gross-up 대상이 된다. 따라서 집합투자기구로부터의 이익, 자기주식소각익의 2년 이내 자본전입으로 인한 의제배당, 토지의 재평가차액을 자본전입한 의제배당, 유동화전문회사의 배당 등은 Gross-up 대상이 되지 않는다.

49 65세 이상의 노인, 장애인 등의 1인당 가입한도는 3,000만원이다.

50 금융회사가 지급하는 비실명금융소득의 원천징수세율은 90%이다.

51 잉여금처분에 의한 배당의 수입시기는 잉여금처분 결의일이다.

52 국외에서 수령한 금융소득 중 원천징수되지 않은 것이 있는 경우에는 금융소득의 크기와 관계없이 종합과세 대상이 된다.

[53~60] 양도소득세

53 지역권은 양도소득세 과세대상이 아니다.

54 중소기업 이외의 법인주식으로서 대주주가 1년 미만으로 보유한 주식에 대해서는 30%의 양도소득세율이 적용된다.

55 양도차익 = 양도가액 - 취득가액 - 기타 필요경비
  • 환산취득가액 = 24억원 × 10억원 / 20억원 = 12억원
  • 기타 필요경비 = 10억원 × 3 / 100 = 0.3억원
  ∴ 양도차익 = 24억원 - 12억원 - 0.3억원 = 11.7억원
  참고 기타 필요경비는 취득 당시 기준시가의 3%임

56 양도소득 기본공제의 대상은 '부동산, 부동산에 관한 권리 또는 기타자산' 및 '상장주식 또는 비상장주식'별로 각각 연 250만원을 공제하여 최대로 500만원까지 공제받을 수 있다.

57 부동산의 양도세 예정신고기한은 양도일이 속하는 달의 말일로부터 2월 이내이며, 주식의 경우 양도일이 속하는 분기의 말일로부터 2월 이내이다.

58 국내에 1주택을 보유한 1세대가 종전주택을 양도하기 전에 다른 신규주택을 취득함으로써 일시적으로 2주택이 된 경우 종전주택을 취득한 날로부터 (1년) 이상 지난 후 신규주택을 취득하고 신규주택 취득일로부터 (3년) 이내에 2년 이상 보유한 종전 주택을 양도하는 경우 이

를 비과세되는 1세대 1주택으로 본다.

59 거주요건 중 농지 소재지에 거주한다는 것은 농지에 소재하는 시·군·구 안의 지역 또는 그 지역과 인접한 시·군·구 안의 지역 또는 농지로부터 직선거리 20km 이내의 지역에 거주하는 것을 의미하는 것으로 농지와 거주지 간의 거리 제한이 있다.

60 배우자 등으로부터 증여받은 재산은 5년 이내에 되파는 경우 증여받은 자의 최근일의 취득금액이 인정되지 않으며 당초 증여자의 취득금액을 이용하여 양도세를 계산한다. 따라서, 증여받은 부동산은 적어도 증여취득일로부터 5년이 지난 후에 양도해야 세무상 불이익을 받지 않는다.

[61~76] 상속·증여세

61 피상속인의 직계존속의 유류분은 법정상속분의 1/3이다.

62 피상속인 이외의 자가 납부한 보험료에 상당한 보험금은 상속세 과세가액에 합산되지 않는다.

63 상속추정재산가액
  = 처분재산가액 - 사용처 소명액
    - Min[20% 상당액, 2억원]
  = 5억원 - 3억원 - Min[5억원 × 20%, 2억원]
  = 1억원

64 피상속인의 상속인으로 배우자와 자녀가 있는 경우 배우자상속공제 최저액 5억원과 일괄공제액 5억원으로 총 10억원이 공제 가능한 최소 금액이 된다.

65 자녀가 미성년자인 경우 자녀공제와 미성년자공제의 중복적용이 가능하다.

66 피상속인과 직계비속인 상속인이 상속개시일로부터 소급하여 (10년) 이상 하나의 주택에서 동거한 경우, 일정 요건을 모두 갖춘 때 주택가액의 (100%)에 상당하는 금액을 6억원을 한도로 하여 공제받을 수 있다.

67 세대를 생략하여 상속 시 30%의 세율이 할증된다. 단, 상속인이 미성년자이고 상속재산가액이 20억원을 초과하면 40%의 할증율을 적용한다.

68 납부세액이 2,000만원을 초과해야 한다.

69 7년 전 아버지로부터 받은 증여액과 현재 어머니로부터 받은 증여액을 합산하여 1천만원을 넘지 않으므로 합산 과세되지 않는다. 따라서, 금번 증여에 따른 증여재산가액은 400만원이 된다.

70 이혼 시 재산분할청구권 행사에 의한 재산분할은 증여로 보지 않는다.

71
- 보험금 수령인이 보험금의 일부를 불입한 경우 증여재산가액은 다음과 같이 계산한다.
- 증여재산가액 = 보험금 × 보험금 수령인 외의 자가 불입한 보험료액 / 보험료 총 불입액
  = 3억원 × 1억원 / 2억원
  = 1.5억원

72 시어머니와 며느리는 친족 관계이므로 1,000만원이 공제된다.

73 해당 자산과 유사한 다른 자산이 있을 경우, 상속개시일 '전 6개월'부터 상속세를 신고하는 날까지의 유사매매사례가액 등을 적용한다.

74 상속세는 유산세방식으로, 증여세는 유산취득세방식으로 과세한다.

75 상속세는 피상속인의 주소지 관할 세무서에 신고한다.

76 상속을 앞두고 피상속인의 예금계좌에서 예금을 인출해선 안 된다. 인출액에 대한 사용처를 밝혀야 할 뿐만 아니라 금융재산 공제대상에서 제외되기 때문이다.

[77~80] 취득세·재산세·종합부동산세

77 취득세 과세표준은 원칙적으로 취득자가 신고한 취득 당시의 가액에 의하며 예외적으로 신고가 없거나 신고가액이 시가표준액에 미달하는 경우 시가표준액을 과세표준으로 한다.

78 골프장용 토지는 고율분리 과세대상으로 4%의 세율이 적용된다. 공장용지, 농지, 임야 등은 저율분리 과세대상이다.

79 토지분 종합부동산세 납세의무자의 종합부동산세 세부담 상한선은 150%이다.

80 재산세와 종합부동산세의 과세기준일은 매년 (6월 1일)로 동일하다.

제3과목 ▪ 보험 및 은퇴설계

[81~90] 보험설계

81 개인 또는 가계를 파산으로 이끌 수 있는 위험은 치명적 위험이다.

82 보험계약법상 보험은 손해보험과 인보험으로 분류되며, 인보험은 다시 생명보험과 상해보험으로 분류된다.

83 해약환급금을 받지 않은 상태에서 보험계약이 해지된 후 3년 이내의 계약이어야 한다.

84 보험회사는 보험계약자 등이 계약 전 알릴 의무사항을 위반한 경우에도 책임개시일로부터 보험금 지급사유가 발생하지 않고 무진단계약의 경우 (2년) 이상 경과한 경우 보험계약을 해지할 수 없다. 다만, 보험회사가 보험계약자 등이 대리진단, 약물복용 등 뚜렷한 사기 의사에 의해 계약이 성립하였음을 입증하는 경우 책임개시일로부터 (5년) 이내에 보험계약을 해지할 수 있다.

85 연금개시 전 피보험자 사망 시 책임준비금을 지급하고 계약은 소멸된다.

86 손해보험은 생명보험과 달리 우연한 사고의 발생에 있어서도 사고의 종류에 따라 상당한 편차가 생기는 경우가 많기 때문에 대수의 법칙이 적용되기 어려운 분야도 있다.

87 제한속도보다 20km를 초과한 속도위반 사고 시 반의사불벌과 보험가입의 특례가 적용되지 않고 항상 처벌된다.

88 산재보험료는 사업주가 전액 부담하는 것을 원칙으로 한다.

89 월 적립식 장기저축성보험의 비과세 요건 중 보험료 납입기간과 계약기간은 각각 5년 이상, 10년 이상이다.

90 특정시장 고객은 전문직이나 특수직에 근무하여 고소득을 올리는 계층으로 대부분 보수적인 경향을 가지고 있다.

[91~100] 은퇴설계

91 65세 이상 인구가 20%가 넘는 사회는 초고령사회라고 한다.

92 은퇴설계는 재무적·비재무적인 요소가 균형을 이루도록 해야 한다.

93 추납보험료를 포함한 연금보험료 전액에 대해 소득공제 혜택이 있다. 다만, 연체금, 반납금, 사용자 부담분은 소득공제 대상에서 제외된다.

94 사망보상금, 장애보상금은 기여금을 납부하지 않는 병사에 대해서도 지급된다.

95 이연퇴직소득은 연금으로 수령 시 퇴직시점에 계산한 퇴직소득세율의 (70%)로 과세된다.

96 DC형은 퇴직급여액이 운용실적에 따라 변동될 수 있으며, 근로자가 운용에 대한 책임을 지기 때문에 상대적으로 안전한 노후자금을 확보하길 원하는 근로자는 DB형을 선택하는 것이 좋다.

97 연금저축계좌는 최소한 (5년) 이상 납입하고 (55세) 이후 연금으로 받아야 하며, 연금저축계좌에 납입한 금액 중 연간 (600만원) 한도 내에서 세액공제 혜택이 적용된다.

98 연금 수령 중 담보농지를 직접 경작하거나 임대할 수 있다.

99 후견 감독인에 의해 후견인에 대한 실질적인 감독이 이루어진다.

100 프로세스 3단계는 순서에 따라 진행되는 것이 효율적이다.

해커스
은행FP
자산관리사 1부
최종핵심정리문제집

시험에 출제될 문제만 엄선한

적중 실전모의고사
실전모의고사 3회분 + 정답 및 해설

절취선